Norbert Varnholt, Peter Hoberg, Stefan Wilms, Uwe Lebefromm
Investitionsmanagement

Norbert Varnholt, Peter Hoberg, Stefan Wilms, Uwe Lebefromm

Investitions-management

Betriebswirtschaftliche Grundlagen und Umsetzung mit SAP S/4HANA®

2. Auflage

DE GRUYTER
OLDENBOURG

ISBN 978-3-11-078670-5
e-ISBN (PDF) 978-3-11-078677-4
e-ISBN (EPUB) 978-3-11-078681-1

Library of Congress Control Number: 2023937127

Bibliografische Information der Deutschen Nationalbibliothek
Die Deutsche Nationalbibliothek verzeichnet diese Publikation in der Deutschen Nationalbibliografie;
detaillierte bibliografische Daten sind im Internet über http://dnb.dnb.de abrufbar.

© 2023 Walter de Gruyter GmbH, Berlin/Boston
Einbandabbildung: pictafolio/iStock/Getty Images Plus
Satz: Integra Software Services Pvt. Ltd.
Druck und Bindung: CPI books GmbH, Leck

www.degruyter.com

Vorwort zur zweiten Auflage

Die zweite Auflage weist gegenüber der ersten Auflage folgende Überarbeitungen und Erweiterungen auf.

Die SAP Kapitel:

3. SAP Projekt-System in SAP S/4HANA und

4. SAP Investitions-Management in SAP S/4HANA

wurden komplett neu geschrieben und auf den Stand SAP S/4 HANA gebracht.

Neu in das vorliegende Buch aufgenommen wurde das SAP Portfolio- und Projektmanagement in SAP S/4HANA, weil dieses Modul zum Zeitpunkt der ersten Auflage seitens SAP noch nicht zur Verfügung stand. Eine derartige ganzheitliche und sehr aktuelle Darstellung dieser drei Bereiche liegt in der deutschsprachigen Literatur (abgesehen von den SAP-internen Schulungsunterlagen) noch nicht vor.

Mit den neu aufgenommenen Ausführungen zu Liegenschaftszinssätzen thematisiert das vorliegende Werk einen aktuellen Investitionsrechnungsschwerpunkt der Immobilienwirtschaft.

Eine Erweiterung gegenüber den Inhalten der ersten Auflage stellt ebenfalls das Kapitel „End of Life Management von Marken" dar. Diese Ausführungen sind hinsichtlich Ihrer Anwendung in Wirtschaftszweigen überwiegend für Konsumgüterunternehmen relevant.

Das neue Kapitel „Investitionsentscheidungssituationen, -prozesse und –träger" weist keine Branchenbezogenheit auf, sondern bezieht sich auf die Unternehmensgröße. Größere Mittelständler und Großunternehmen benötigen eine Formalisierung der Investitionsentscheidungsprozesse weil ein Geschäftsführender Gesellschafter alleine die Vielzahl und Komplexität der Investitionsentscheidungen nicht mehr bewältigen kann.

Das neue Kapitel „Inflation in der Investitionsrechnung" ist sowohl für alle Wirtschaftszweige als auch für alle Unternehmensgrößen bedeutsam und von hoher tagespolitischer Aktualität. Inflationen treten nicht nur in Entwicklungs- und Schwellenländern sondern auch in hoch entwickelten Volkswirtschaften im Laufe ihrer Wirtschaftsgeschichte immer wieder auf. Insofern ist dieses Kapitel also auch von grundsätzlicher Bedeutung.

Im Weiteren wurde ein Kapitel für die Methodik der Integration qualitativer Kriterien aufgenommen, was in der Praxis leider häufig unterbleibt mit der Folge möglicher Fehlentscheidungen. Probleme der herkömmlichen Verfahren können damit reduziert werden.

Die aus der ersten Auflage weitergeführten Kapitel zu den betriebswirtschaftlichen Grundlagen wurden überarbeitet und wenn nötig aktualisiert.

Das vorliegende Werk erhebt nach wie vor zwei wesentliche Ansprüche:

1. Den Anspruch sowohl für Praktiker als auch für Studierende geeignet zu sein.

https://doi.org/10.1515/9783110786774-202

2. Den Anspruch modular lesbar zu sein. Die betriebswirtschaftlichen Grundlagen und die SAP-Teile sind aufeinander abgestimmt aber trotzdem auch unabhängig voneinander lesbar.

Die Autoren sind dankbar für Anregungen aus der Leserschaft, wie wir diesen Ansprüchen ggf. noch besser gerecht werden können.

Die Autoren der ersten Auflage freuen sich, Herrn Dr. Lebefromm als Mitautor für die zweite Auflage gewonnen zu haben.

Worms im Frühjahr 2023

Norbert T. Varnholt
Peter Hoberg
Uwe Lebefromm
Stefan A. Wilms

Vorwort zur ersten Auflage

Das vorliegende Buch wendet sich an alle Leser, die mit dem Investitionscontrolling in der Praxis und in den Hochschulen befasst sind. Es bietet unmittelbare Umsetzungs- und Entscheidungsunterstützung sowohl mit Excel als auch mit SAP. Auch Unternehmen und Hochschulen, die SAP nicht für das Investitionscontrolling benutzen, können das Excel-orientierte Grundlagenkapitel fruchtbar anwenden. Es bietet – auf Basis langjähriger Praxiserfahrung – einen kompakten und verständlichen Überblick über die am häufigsten eingesetzten Methoden der Investitionsrechnung und führt zu den in der Praxis noch zu selten eingesetzten Vollständigen Finanzierungsplänen, welche die derzeit besten Methoden des Investitionscontrollings darstellen.

Die SAP-orientierten Kapitel 2 und 3 können auch für Unternehmen, die sich mit der weiterführenden Professionalisierung des Investitionscontrollings befassen, d. h. mit der Integration des Investitionscontrollings in das SAP-S/4HANA System, nützlich sein. Auch Unternehmen mit einem ansonsten gut ausgebauten Controlling führen das Investitionscontrolling und das Projektcontrolling oft noch als nicht integrierte Insellösungen durch und verzichten damit auf die Integrationsvorteile eines ERP-Systems.

Das vorliegende Buch verfolgt somit ein doppeltes Ziel:
1. Für Einsteiger in Praxis und Hochschulen: die Möglichkeit, sich kompakt und praxisorientiert in das Investitionscontrolling einzuarbeiten
2. Für Entscheider in Unternehmen: veraltete oder unpassende Methoden des Investitionscontrollings zu identifizieren und das Investitionscontrolling in ein vorhandenes ERP-System zu integrieren

Die Zukunft von Unternehmen wird wesentlich von den zutreffenden Investitionsentscheidungen und damit einem professionellen Investitions- und Projektmanagement geprägt. Fehlentscheidungen können das Überleben gefährden. Umgekehrt kann das Unternehmen von guten und rechtzeitigen Investitionsentscheidungen profitieren. Dies bezieht sich auf alle Bereiche des Unternehmens. Auch in der Marketingabteilung sind Investitionsentscheidungen zu treffen, wenn es z. B. um die Einführung eines neuen Produkts geht.

Wem diese Aussage zu theoretisch klingt, der möge einen Blick in die tagespolitischen Medien werden und sich über das Schicksal vom Flughafen BER oder vom Stuttgarter Bahnhof S21 informieren. Die Hamburger Elbphilharmonie ist zwar fertig, aber zu welchem Preis?

Die zutreffende Analyse von Investitionsprojekten ist somit eine wichtige Fähigkeit, die in keinem Unternehmen und in keiner Behörde fehlen darf. Leider zeigen die praktischen Erfahrungen, dass einige Unternehmen methodisch sehr schwach aufgestellt sind. Dies führt dazu, dass viele Analysen grob fehlerhaft sind. Probleme tauchen u. a. an folgenden Stellen auf:

https://doi.org/10.1515/9783110786774-203

– Falsche Definition des Umfanges der Investitionen
– Zu kurze Planungszeiträume und Vernachlässigung von Restwerten
– Begriffsverwirrungen
– Unvollständige Datenerfassung
– Fehlerhafte Datenaufbereitung
– Fortführung der Unterlassens-Alternative fehlt
– Einsatz ungeeigneter Kriterien zur Bestimmung der Vorteilhaftigkeit
– Vernachlässigung der Probleme, die durch die schwierige Datenprognose entstehen
– Unsaubere Anwendungen von Methoden
– Berücksichtigung von Sunk Cost

Daher widmet sich Kapitel 1 den Fragen, die bei der Beurteilung von Investitionsprojekten zu berücksichtigen sind.

Für denjenigen Teil der Leserschaft, der sich an den Hochschulen mit der Investitionsrechnung beschäftigt, gilt: Viele Verfahren der Investitionsrechnung müssen intensiv trainiert werden, damit sie wirklich beherrscht werden. Erst beim Durchrechnen von Aufgaben und Fällen werden viele Probleme deutlich, so dass mit jeder Übung auch das Verständnis wächst. Um diesen Lernprozess zu unterstützen, gibt es für alle wichtigen Themen sogenannte Selbstlernmodule, die Sie unter www.degruyter.com/view/product/498113 finden. Ausgewählte Aufgaben wurden in den vorliegenden Text als Verständnishilfen integriert.

Mit der adäquaten Entscheidung für ein Projekt ist aber nur ein erster – allerdings sehr wichtiger – Schritt vollzogen. Im nächsten Schritt müssen die Entscheidungen auch umgesetzt werden. Dabei ist permanent zu prüfen, ob es im Zeitablauf neue Informationen gibt, die eine Anpassung der Entscheidungen erfordern.

Die Umsetzungen der Entscheidungen erfolgt über Maßnahmenpläne, die auf die richtige EDV-Unterstützung angewiesen sind. In den Kapiteln 2 und 3 wird anhand von SAP-Beispielen aufgezeigt, wie die Entscheidungen in die Planung und später in die Ist-Erfassung umgesetzt werden können. Schrittweise wird anhand von Bildschirmabgriffen aufgezeigt, wie vorzugehen ist. Hierbei wird ersichtlich, dass im SAP die Begriffe und Methoden nicht so korrekt abgegrenzt werden, wie in der Theorie gefordert.

Zusammenfassend lässt sich festhalten: Das vorliegende Buch wendet sich gleichermaßen an Studierende und Praktiker, die wissen möchten, wie gute oder bessere Investitionsentscheidungen vorbereitet und umgesetzt werden können.

Worms, im Sommer 2018

Norbert Varnholt
Peter Hoberg
Ralf Gerhards
Stefan A. Wilms

Inhaltsverzeichnis

1 Investitionsrechnung

1.1 Grundlagen der Investitionsrechnung

Eine wichtige Aufgabe des Controllings besteht in der Beurteilung der Vorteilhaftigkeit von Handlungsmöglichkeiten. Der Begriff der Handlungsmöglichkeit (HM) sei als Oberbegriff für andere Ausdrücke wie Projekte, Investitionen, Alternativen, Vermögensanlagen usw. verwendet.

Die Ermittlung der Vorteilhaftigkeit von Handlungsmöglichkeiten ist ein komplizierter und zeitaufwändiger Prozess, weil im Laufe der Beurteilungszeit immer neue Ideen und Interessen auftauchen, für die wieder Daten geplant und ggf. geschätzt werden müssen.

Mit der Entscheidung für eine Handlungsmöglichkeit legen sich die Unternehmen häufig für viele Jahre fest, welche Produkte sie anbieten wollen. Zudem wird lange Zeit Kapital und häufig in großer Höhe gebunden. Ein Wechsel ist nur selten ohne hohe Kosten möglich. Manchmal setzt sogar ein Unternehmen seine gesamte Zukunft auf das neue Produkt. So ist Boeing bei der Neuentwicklung des Jumbos (Boeing 747) extrem hohe Risiken eingegangen. Auch wenn nicht jede Investitionsentscheidung über die Existenz eines Unternehmens entscheidet, können die Konsequenzen im Falle des Scheiterns erheblich sein. Eine sorgfältige Analyse ist somit notwendig.

1.1.1 Anwendungsmöglichkeiten

Die Anwendungsmöglichkeiten und Anwendungsnotwendigkeiten der Investitionsrechnung sind in den letzten Jahren zunehmend gestiegen. Obwohl es im Rechnungswesen nicht immer nachvollzogen wird, gibt es über die klassischen Fälle hinaus immer mehr unternehmerische Entscheidungen, die mit den Mitteln der Investitionsrechnung zu bewerten sind. Zu nennen sind Investitionen in selbst erstellte Software, Lizenzen, Knowhow der Mitarbeiter (*human ressource capital*), Forschung und Entwicklung, Verbesserungen der Prozesse im Betrieb und zwischen Betrieben, Investitionen in den Markt (Wert der Marke, Listungsgelder, Werbekampagnen), in Vertriebs- und Beratungspartner (Beispiel: Logopartner SAP) usw. Immer häufiger haben Entscheidungen Auswirkungen, die weit über das Berichtsjahr hinausgehen.[1] Auch wenn diese Leistungen des Unternehmens teilweise nur schwer objektiv zu messen sind, spielen sich hier viele wesentliche Investitionen ab, die im externen Rechnungswesen häufig nicht als

---

1 Dazu im Gegensatz steht die Praxis einiger insbesondere amerikanischer Großunternehmen, die Führungskräfte immer schneller auszutauschen (*job rotation* oder sogar *hire and fire*), was dazu führt, dass die für eine Entscheidung Verantwortlichen nur noch selten auf der Position sind, wenn sich die Ergebnisse auswirken.

https://doi.org/10.1515/9783110786774-001

aktivierter Vermögensgegenstand/Wirtschaftsgut in der Bilanz erfasst werden (dürfen). Daher hat z. B. die Schmalenbach-Gesellschaft für Betriebswirtschaft e. V. schon vor einiger Zeit sieben Bereiche identifiziert, in denen Leistungen zusätzlich erfasst werden müssten.[2] Die Märkte haben längst erkannt, dass das vollständige Vermögen einer Unternehmung praktisch nie in der Bilanz wiedergegeben ist. So beträgt der Marktwert von Microsoft, Google, Apple oder SAP ein Vielfaches von dem Wert der ausgewiesenen Aktiva. Unternehmensintern bzw. für Entscheidungen wie Unternehmenskäufe und Verbindungen (*merger & acquisitions*) und Eintritt und Ausscheiden von Gesellschaftern jedoch können und müssen auch Investitionen, die zur Schaffung nicht aktivierbarer immaterieller Werte führen, adäquat bewertet werden.

1.1.2 Entscheidungssituation

Wenn Investitionsentscheidungen anstehen, so sollte zunächst die Problemstellung exakt beschrieben werden. Der einfachste Fall der Beurteilung von Investitionen liegt dann vor, wenn eine Handlungsmöglichkeit HM gegen die Unterlassensalternative HM_0 (wird auch Do-Nothing- oder 0-Alternative genannt) geprüft wird, und weitere nicht in Betracht gezogen werden.[3] Nach unserer Einschätzung überwiegt diese Fragestellung, z. B. in der Form, ob eine Rationalisierungsinvestition durchgeführt oder ob ein neues Produkt eingeführt werden soll.

Wenn mehrere Handlungsmöglichkeiten zur Auswahl stehen, so müssen zwei zusätzliche Faktoren berücksichtigt werden. Als Erstes muss ermittelt werden, ob sich die Handlungsmöglichkeiten gegenseitig ausschließen.[4] Als Beispiel diene die Fragestellung, ob ein benötigtes Werk in Deutschland oder in Tschechien gebaut werden soll.

Im Weiteren erfolgt dann die Prüfung, ob Engpässe irgendeiner Art vorliegen. Ein möglicher Engpass dürfte sicherlich das zur Verfügung stehende Kapital darstellen (vgl. hierzu die immer wieder aufflammende Diskussion zur „Kapitalklemme im Mittelstand" und den möglichen Nachteilen, die der deutsche Mittelstand von Basel III zu erwarten hat).[5] Theoretisch korrekt müssten Totalmodelle gebildet werden, welche die finanziellen Konsequenzen aller Handlungsmöglichkeiten zu jedem wichtigen Zeitpunkt im

---

2 Vgl. Arbeitskreis „Immaterielle Werte im Rechnungswesen" der Schmalenbach-Gesellschaft für Betriebswirtschaft e. V., S. 989–995.
3 Hier wird bewusst von der vorherrschenden Literaturmeinung abgewichen, die häufig nicht die Unterlassensalternative, sondern eine Finanzanlage als Vergleichsmaßstab heranzieht. Vgl. D. Adam, Investitionscontrolling, 3. Auflage 1999. Dies ist jedoch nicht realistisch, weil es für Unternehmen keinen oder nur selten einen Grund gibt, warum sie Finanzanlagen durchführen sollen. Eine umfangreiche Begründung findet man bei Hoberg (2003), S. 588 ff.
4 Adam nennt diese Problemkonstellation Wahlproblem. Vgl. D. Adam, S. 9. Den Engpassfall nennt er Budgetierungsproblem.
5 Vgl. Varnholt/Vogelsang/Pott u. a.

Zeitablauf darstellen. Dies erscheint schon allein wegen der zu aufwändigen Datenbeschaffung unmöglich bzw. aufgrund des Modellbildungs- und Rechenaufwands für die Praxis untauglich. Deswegen werden einfachere Partialmodelle eingesetzt, die dann notwendigerweise nicht alle Interdependenzen abbilden. Bei Kapitalmangel und damit konkurrierenden HM sollten dann Renditegrößen zur Ermittlung der Vorteilhaftigkeit eingesetzt werden,[6] auch wenn sie nicht notwendigerweise optimale Entscheidungen ermöglichen, weil sie die Kapitalbindung im Zeitablauf nicht vollständig berücksichtigen. Damit liegen folgende Fallunterscheidungen vor (siehe Tab. 1.1).

Tab. 1.1: Systematik der Entscheidungssituationen bei mehreren Handlungsmöglichkeiten (eigene Darstellung).

Ausschluss	Handlungsmöglichkeiten schließen sich	
	nicht aus	**aus**
Kein Engpass	Fall 1: Alle Handlungsmöglichkeiten werden durchgeführt, wenn sie besser sind als die Unterlassensalternative.	Fall 2: Handlungsmöglichkeit wählen, die den besten Wert im Vergleichskriterium aufweist
Engpass/ Engpässe (z. B. Kapital)	Fall 3: Handlungsmöglichkeiten nach Maßgabe der Engpassergiebigkeit wählen, bis Engpass erschöpft	Fall 4: Mehrstufige bzw. simultane Auswahl der Handlungsmöglichkeiten notwendig

Im ersten Fall ist die Entscheidung weitgehend problemlos. Da annahmegemäß keine Engpässe vorliegen und sich die Handlungsmöglichkeiten auch nicht gegenseitig ausschließen, können alle HM durchgeführt werden, die besser sind als die Unterlassensalternative. Als einfacher Sonderfall kann hier der Vergleich einer einzigen Handlungsmöglichkeit mit ihrer Unterlassensalternative eingeordnet werden, was gleichwohl den in der Praxis vorherrschenden Fall darstellt.

Fall 2 geht davon aus, dass sich die Handlungsmöglichkeiten gegenseitig ausschließen. In diesem Fall wird die wirtschaftlichere gewählt. Dazu werden ab Kapitel 1.6 Vergleichskriterien entwickelt.

In Fall 3 konkurrieren mehrere unabhängig voneinander realisierbare Handlungsmöglichkeiten um die knappen Kapazitäten eines Engpasses. Hier soll davon ausgegangen werden, dass das zur Verfügung stehende Kapital begrenzt sei, was sicherlich für

---

6 Die Frage, ob differenzbasierte Kriterien (z. B. Endwert) oder verhältnisorientierte (z. B. interner Zinssatz) eingesetzt werden sollen, soll an dieser Stelle noch nicht vertieft werden. Da in der Praxis aber im Idealfall mehrere Kriterien berechnet werden sollten, ist die kategorische Beantwortung der Frage häufig gar nicht notwendig. Es ist dann nur von Vorteil, wenn sich der Entscheidungsträger die Ergebnisse aller Kriterien ansehen kann.

viele Unternehmen zutrifft. Dann sind diejenigen Handlungsmöglichkeiten zu wählen, welche a) absolut vorteilhaft sind (siehe Fall 1) und b) bezogen auf den Engpass die besten Ergebnisse bringen.

Für Fall 4 (Engpass und gegenseitige Ausschließung) ist zunächst zu prüfen, wie die Ausschließung (einiger) Handlungsmöglichkeiten abgebildet werden kann. Manchmal können Differenzinvestitionen das Problem lösen.[7] Bei der Auswahl der besten HM muss dann noch berücksichtigt werden, was mit den ggf. nicht ausgeschöpften Engpasseinheiten passieren soll.

Wenn sich nur einige Handlungsmöglichkeiten gegenseitig ausschließen, Interdependenzen und/oder mehrere Engpässe vorliegen, erfolgt die Lösung üblicherweise mit den Verfahren der linearen Optimierung.[8] Eine solche simultane Planung ist in der Theorie sehr überzeugend, kann in der Praxis wegen der hohen Anforderungen an die Beschaffung der Daten nur schwer eingesetzt werden und wird daher hier für die Anwendungen im Investitionscontrolling nicht näher diskutiert. In der Praxis wird häufig nur der einfachste Fall 1 betrachtet, was schon kompliziert genug sein kann, insbesondere wenn Daten für einen Planungszeitraum von mehreren Jahren gesammelt werden müssen. Es wird im ersten Schritt untersucht, ob z. B. ein neues Werk gebaut werden soll. Dazu werden zunächst branchendurchschnittliche, vorsichtig geschätzte Standortkosten angenommen. Erst nach der Grundsatzentscheidung wird dann über den genauen Standort entschieden. Aus theoretischer Sicht muss dann das Zerschneiden der Interdependenzen zwischen Werksneubau und optimalen Standort beklagt werden.[9] Andererseits verkleinert dieser Stufenansatz die Entscheidungskomplexität auf ein besser handhabbares Maß. Außerdem hat sich bei den Automobilfirmen gezeigt, dass dieser Ansatz seine betriebswirtschaftlichen „Vorteile" hat, weil die Unternehmen mit der getroffenen Grundsatzentscheidung eines Werksneubaus viel „besser" die Subventionen aller Art in die Höhe treiben und damit Kommunen, Bundesländer oder Nationen gegeneinander ausspielen können.

1.1.3 Probleme während des Entscheidungsprozesses

Für den Homo oeconomicus ist die Vorgehensweise zum Treffen der besten Entscheidung einfach. Er verfügt über alle Daten und wählt ohne Emotionen diejenige Handlungsmöglichkeit aus, die für ihn den höchsten Zielerreichungsgrad aufweist. Dieses für pädagogische Zwecke gut geeignete Modell hält der Überprüfung in der Wirklichkeit nicht stand. Als erstes ist das Informationsproblem zu nennen. In praktisch keiner Handlungsmöglichkeit können alle Daten zutreffend erfasst werden. Schon für die

---

7 Vgl. zu den Differenzinvestitionen Adam, S. 63 f.
8 Vgl. beispielhaft zur simultanen Programmoptimierung mit linearer Optimierung H. L. Grob, S. 408 ff.
9 Im schlimmsten Fall könnte die Nichtberücksichtigung eines günstigen Standortes dazu führen, dass das ganze Projekt nicht durchgezogen wird.

Analyse der Zahlungen und Zahlungsänderungen, die von einer einzigen Handlungs-möglichkeit ausgelöst werden, vergehen in der Praxis häufig viele Monate, bis das Pro-jektteam auch nur für die wichtigsten Parameter belastbare Schätzungen hat aufstellen können. Wird zusätzlich berücksichtigt, dass die Entscheidung über die Durchführung einer Handlungsmöglichkeit Einfluss nimmt auf die Zahlungsänderungen anderer Handlungsmöglichkeiten, so explodiert die Anzahl der notwendigen Informationen. Diese Art von Interdependenzen kann kaum in handhabbaren Entscheidungsmodellen abgebildet werden, so dass am Anfang jeder Analyse die mehr oder weniger bewusste Entscheidung steht, was alles nicht berücksichtigt wird.

Der zweite große Problemkomplex besteht in der Art und Weise, in der Menschen ihre Entscheidungen treffen. Die Rationalität, welche der Homo oeconomicus defini-tionsgemäß aufweist, kann von menschlichen Entscheidungsträgern nicht erwartet werden. In den letzten Jahren sind immer mehr Abweichungen vom Idealbild einer rationalen Entscheidung gefunden worden (vgl. z. B. Kahnemann, S. 107 ff.).

Im Folgenden seien kurz einige Probleme aufgeführt, welche die Entscheidungs-träger kennen sollten, damit sie möglichst wenig Einfluss nehmen auf die zu treffende Entscheidung:

Sunk Cost Fallacy: Wegen hoher bereits getätigter Investitionen hält das Unterneh-men fälschlicherweise an einem Projekt fest, obwohl sich die Erfolgschance drastisch verschlechtert haben (vgl. Hoberg 2016, S. 20 f.).

Availability Bias: Es werden nur die vorhandenen Informationen ausgewertet, ohne zu prüfen, ob diese ausreichen bzw. ob es bessere gibt.

Confirmation Bias: In Gruppen gibt es manchmal Verstärkungseffekte, die dafür sor-gen, dass nicht passende Informationen ausgeblendet werden. Niemand will der Spielverderber in der allgemeinen Euphorie sein. Dadurch werden mögliche Pro-bleme nicht oder nicht ernsthaft gesucht.

Overconfidence: Auch aufgrund unvollständiger Informationen ist der Entschei-dungsträger von der Richtigkeit seiner Qualitäten und Annahmen überzeugt (So glau-ben 80 % aller deutschen Autofahrer, besser als der Durchschnitt zu fahren). Negative Informationen werden ausgeblendet.

Framing: Die Schätzung von Daten kann vom Umfeld abhängen. Wenn vor der Schät-zung positive Rückmeldungen über die Arbeitsqualität kamen, fallen auch die Absatz-schätzungen höher aus.

Anchoring: Das menschliche Gehirn sucht nach Ankern, um neue Informationen einzu-ordnen. Selbst wenn Zahlen überhaupt nichts mit dem Schätzproblem zu tun haben, werden sie teilweise als Ausgangspunkt für z. B. realisierbare Absatzpreise verwendet.

Die kleine Auswahl zeigt, dass viele Entscheidungsträger nicht immer rational entscheiden. Dieses Problem kommt zu der nicht ausreichenden Verarbeitungskapazi-tät für die zahlreichen Informationen.

Bei wichtigen Entscheidungen sollte somit überlegt werden, ob Unterstützung (z. B. Berater) von außen zugezogen werden sollten. Diese können dann ggf. auf die obigen Effekte hinweisen.

1.1.4 Phasen des Entscheidungsprozesses

Gerade bei großen Investitionsprojekten vergeht üblicherweise sehr viel Zeit von den ersten Ideen bis zur Entscheidung der Durchführung. Nach der Entscheidung wiederum dauert es häufig Jahre, bis das Projekt umgesetzt ist und seinen Nutzen entfaltet. Insofern endet das hier vorgestellte Phasenmodell nicht wie üblich mit der Entscheidung, sondern umfasst auch die Umsetzung und das Investitionsmanagement. Dementsprechend ist auch das Buch gegliedert. Die üblichen Stufen bis zur Entscheidung werden in Kapitel 1 behandelt.

Ausgangspunkt für alle Unternehmensentscheidungen ist die langfristig angelegte Zielsetzung der Gewinn- oder Unternehmenswertmaximierung (siehe Abb. 1.1, Box 1). Es geht somit nicht um ein kurzfristiges Quartals- oder Geschäftsjahrdenken wie es im angelsächsischen Bereich häufig anzutreffen ist, sondern um das langfristige Wohl des Unternehmens. Letzteres findet sich erfreulicherweise nicht selten im deutschen Mittelstand.

Wenn neue Ideen für Investitionen gefunden werden sollen (Box 2), so sollte sich das Unternehmen vorher überlegen, wo seine Stärken liegen und ob die avisierten Märkte attraktiv sind. Letzteres bezieht sich auf die Marktgröße, das Wachstum, die Profitabilität und die Markteintrittshürden. Hier kann die Portfoliotheorie angewendet werden.

In Box 3 der Abbildung ist mit der Datenanalyse für jede Handlungsmöglichkeit ein in der Realität sehr zeitaufwendiger Schritt beschrieben. In immer wieder neuen Runden werden in der Praxis die Handlungsmöglichkeiten und die Annahmen modifiziert. Dabei muss das Unternehmen aufpassen, dass die negativen psychologischen Effekte (siehe Kap. 1.1.3) möglichst gering gehalten werden. Gerade bei längeren Phasen tritt häufig noch ein weiteres Problem auf. Die sicher notwendigen Marktanalysen beziehen sich oft nur auf die Vergangenheit und altern immer weiter. Es muss somit darauf geachtet werden, dass nicht der heutige Markt analysiert wird, sondern der Markt zu dem Zeitpunkt, an dem das Produkt eingeführt werden soll (vgl. zur sogenannten antizipativen Marktanalyse Hoberg 2017b, S. 30 ff.).

Box 4 zeigt die investitionsrechnerische Beurteilung. Dies ist allerdings kein einmaliger Vorgang, sondern muss fast immer wieder neu durchgeführt werden, wenn sich neue Daten und Annahmen ergeben. Häufig erfolgt auch nach einem eher schlechten Ergebnis der Rücksprung (Feedbackschleife) in die vorgelagerten Schritte.

1	Oberste Zielsetzung des Unternehmens: Nachhaltige Unternehmenswertmaximierung

2	Generierung von Investitionsideen auf Basis a) eigener Stärken und b) der Marktattraktivität

3	Datenanalyse: Zustand heute und in Zukunft

Kapitel 1

4	Betriebswirtschaftliche Beurteilung, z. B. mit den Verfahren der Vollständigen Finanzpläne (VoFi)

5	Berücksichtigung der nicht finanziellen Konsequenzen (qualitative Kriterien)

6	Entscheidung: Aufnahme ins Investitionsprogramm

7	SAP – Portfolio und Projekt Management in SAP S/4HANA Unternehmensportfolio der strategischen Geschäftsfelder Daraus abgeleitet: Produktportfolio Führt zur Definition strategischer Projekte zur Produktinnovation und Prozessinnovation mit Portfolio-Management und Ressourcen-Management

Kapitel 2

8	SAP-Projekt-System in SAP S/4HANA Umsetzung des Portfolios mit SAP S/4HANA Projektsystem Projektstruktur und Projektstrukturplan-Elemente Steuerung der Projekte Netzpläne und Netzplanvorgänge Arbeiten mit der Projektplantafel Steuerung der Netzpläne Definition der Projekt-Meilensteine Monitoring des Projekt-Fortschritts

Kapitel 3

9	SAP Investitions-Management in SAP S/4HANA Abbildung des Investitionsprogramms in SAP ERP IM Ausblick: SAP S/4 HANA Maßnahmeanforderungen Wirtschaftlichkeitsrechnung von Maßnahmeanforderungen Planung und Budgetierung von Investitionsmaßnahmen Berechnung von Kennzahlen zu Investitionsmaßnahmen Ist-Kontierung und Abrechnung von Investitionsmaßnahmen

Kapitel 4

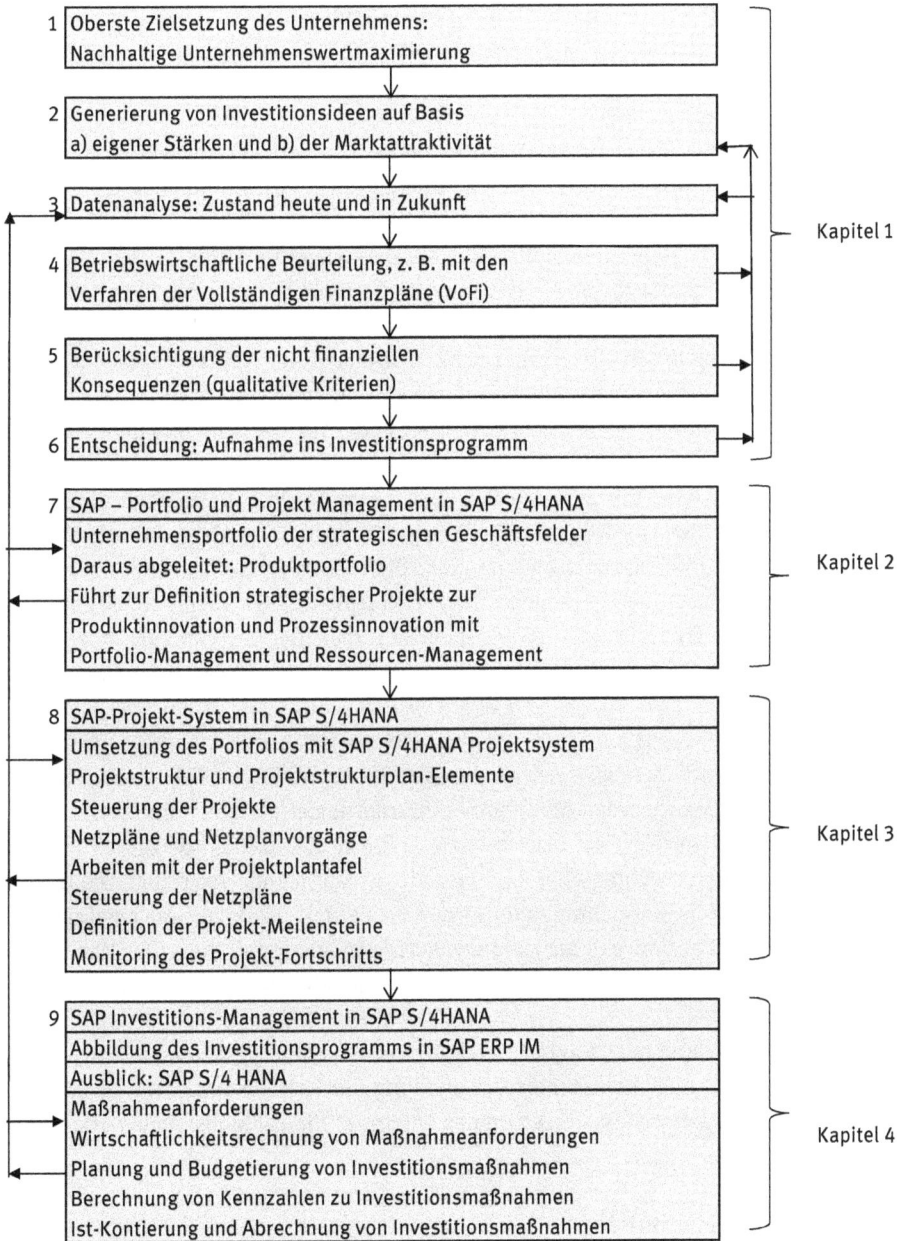

Abb. 1.1: Phasenmodell inklusive Umsetzung und Investitionsmanagement (eigene Darstellung).

Bevor eine Entscheidung getroffen werden kann, muss der schwierige Versuch unternommen werden, die nicht monetarisierten Effekte in die Gesamtbewertung einfließen zu lassen (siehe Box 5). Erst dann sollte im letzten Schritt (Box 6) die Entscheidung getroffen werden.

Das Kapitel 2 mit Bezug auf Box 7 startet auf Basis getroffener Investitions-Entscheidungen. Die Organisation strategischer Entscheidungen erfolgt im Kontext der strategischen Ziele des Unternehmens. Daraus leitet sich das Unternehmensportfolio mit der Definition der strategischen Geschäftsfelder ab. Dies wiederum führt zu Definition des strategischen Produktportfolios. Als Ergebnis strategischer Planung folgt die Definition strategischer Projekte zur Produkt- und Prozessinnovation. Die Organisation, Planung und das Monitoring des Portfolios und das Management der damit verbundenen Ressourcen wird im SAP Portfolio- und Projektmanagement vorgenommen.

Kapitel 3 mit Bezug auf Box 8 erklärt die Umsetzung der strategischen Maßnahmen auf operativer Ebene mit dem Projektsystem in SAP S/4HANA. Über Projektstrukturplan-Elemente wird die gesamte Projektstruktur in einem Projektstrukturplan (PSP) abgebildet. Hier werden die PSP-Elemente budgetiert, geplant und die Kontierung von Kosten und Erlösen vorgenommen. Die logistische Seite erfolgt über Netzpläne, wobei die Netzplanvorgänge mehrerer Netzpläne jeweils einem PSP-Element zugeordnet werden. Es wird gezeigt, wie die Ressourcen den Netzplanvorgängen zugeordnet werden können und wie das Management des gesamten Projektes im SAP- System abgebildet ist

In Kapitel 4 mit Bezug auf Box 9 wird der betriebswirtschaftliche Kontext des Investitions-Managements dargestellt. Zunächst durchlaufen Investitionsvorhaben einen Genehmigungsprozess. Dazu werden Maßnahme-Anforderungen definiert und bewertet. Es wird exemplarisch gezeigt, wie betriebswirtschaftliche Kennzahlen berechnet werden können, um die Entscheidung über eine Investitions-Maßnahme zu treffen. Die Umsetzung der Investitions-Maßnahme-Anforderung erfolgt mit der Investitionsmaßnahme. Neben der Option der Verwendung von Innenaufträgen und Projekten, auf welche im Kapitel 2 eingegangen wird, können auch Investitionsmaßnahmen direkt kontiert und abgerechnet werden.

Es werden mit Kapitel 2, Kapitel 3 und Kapitel 4 die Möglichkeiten zur Umsetzung des Investitions-Managements unter Verwendung des SAP Portfolio- und Projektmanagements, des SAP-Projektsystems und des SAP Investitions-Managements erklärt.

1.1.5 Begriff der Investition

Wie z. B. Däumler zutreffend ausführt, ist eine eindeutige Einordnung von Investitionen selten möglich.[10] Ob eine Investition nun als Ersatz-, Neu-, Rationalisierungs-, Umwelt-

---

10 Vgl. K. D. Däumler, Grundlagen der Investitionsrechnung, in: Controller Magazin 1/2001, S. 62.

investition, Infrastrukturinvestition etc. eingeordnet wird, spielt nur eine untergeordnete Rolle.[11] Eine Systematik soll hier daher erst gar nicht versucht werden, weil daraus kaum ein Nutzen für die Praxis abgeleitet werden kann.[12]

Wesentlich ist jedoch der Begriff der Investition. Zur Charakterisierung einer Investition reicht es nicht aus, von einer Zahlungsreihe zu sprechen, die mit einer Auszahlung beginnt. Denn einige Projekte können nämlich mit einer Anzahlung des Kunden beginnen, so dass die erste Zahlung keine Auszahlung ist.[13] Die Verteilung der Ein- und Auszahlungen ist weitgehend Verhandlungssache, so dass aus ihrem zeitlichen Anfall nichts geschlossen werden sollte.

Ein weiteres Problem der Definition liegt darin, dass der Unsicherheitsaspekt nicht berücksichtigt wird. (Fast) jede Investition zeichnet sich dadurch aus, dass die zukünftigen Ein- und Auszahlungen nicht sicher sind (der Entscheidungsträger hat nur bestimmte Erwartungen), während die kurzfristig zu tätigenden Auszahlungen meistens viel besser geplant werden können. Daher sollte in der Praxis auch der Großteil der für eine Investitionsbeurteilung notwendigen Zeit auf die Planung der Daten verwandt werden. Dieser Aspekt wird im Punkt 1.4.1 ausführlicher behandelt, spielt aber für die formale investitionsrechnerische Beurteilung kaum eine Rolle.

Wenn jetzt noch berücksichtigt wird, dass statt der Auszahlungen auch andere Güter eingesetzt werden können, so könnte sehr weit definiert werden:

Investition ist der Einsatz von Gütern in der Erwartung auf höheren zukünftigen Nutzen.

Damit werden auch nicht oder kaum quantitativ erfassbare Größen eingeschlossen. Dieser nicht quantitative Teil wird zumindest teilweise in dem Abschnitt 1.11 abgehandelt.

1.2 Statische Investitionsrechnung

Wenn die Daten (Investitionsplan, Zinssätze, Zeiträume und finanzielle Konsequenzen) bekannt sind, können die Handlungsmöglichkeiten im nächsten Schritt bewertet werden. In diesem Kapitel werden die statischen Verfahren vorgestellt, bevor dann die Grundlagen für die dynamischen Verfahren gelegt werden.

---

11 Zu den Infrastrukturinvestitionen ist anzumerken, dass ihre Bewertung häufig außerordentlich schwierig, wenn nicht gar kaum sinnvoll möglich ist. Die Erneuerung des innerbetrieblichen Straßennetzes fuhrt z. B. zu keinen direkt zuordnbaren Einzahlungen. Andererseits könnte man ihnen alle Umsätze zuordnen, wenn ohne die Erneuerung keine Produktion mehr möglich ist.
12 Nur in Sonderfällen ist eine Einordnung wichtig, z. B. für die Frage der steuerlichen Aktivierbarkeit.
13 Dieser Fall ist gar nicht so selten. Insbesondere Großunternehmen stellen häufig im 4. Quartal fest, dass Investitionsbudgets noch nicht ausgeschöpft sind, so dass sie von sich aus hohe Anzahlungen anbieten. Die Lieferanten nehmen dieses Angebot i. d. R. gerne an, auch wenn sie dafür einen zinsbedingten Abschlag akzeptieren müssen.

Die Verfahren der statischen Investitionsrechnung (Kosten-, Gewinn-, Rentabilitätsvergleichsrechnung sowie statische Amortisation) erfreuen sich weiterhin großer Beliebtheit in der Praxis.[14] Nach einer Untersuchung von Zischg haben 80 von 232 Unternehmen ausschließlich die statischen Verfahren eingesetzt,[15] obwohl sich die Literatur einig ist, dass den dynamischen Verfahren der Vorzug gebührt, zumal der Nachteil des größeren Rechenaufwandes im Zeitalter der ubiquitären PCs nicht mehr zählt.

Da die Verwendung in der Praxis kurzfristig nicht geändert werden kann, besteht das Ziel dieses Kapitels u. a. im Herausarbeiten von Anwendungsbedingungen, unter denen die statische Investitionsrechnung eingesetzt werden darf.

Es sei bereits kurz angedeutet, dass die statische Investitionsrechnung teilweise überraschend gute Ergebnisse liefert, wenn zwei Fehler, die bis jetzt von der Literatur übersehen wurden, korrigiert werden. Erstaunlich ist, dass sie dann in einigen gar nicht seltenen Fällen sogar bessere Entscheidungen ermöglicht als die dynamische Investitionsrechnung in ihrer heutigen Form. Es wird sich später zeigen, dass somit auch die dynamische Rechnung verbessert werden sollte. Dazu erfolgen ab Kapitel 1.6 Vorschläge.

1.2.1 Annahmen der statischen Investitionsrechnung

Allgemeine Annahmen in der Investitionsrechnung
Wie bei allen anderen Verfahren zur Investitionsrechnung auch beruht die Ergebnisqualität der statischen Investitionsrechnung entscheidend auf der Qualität der Planung. Viele Standardaufgaben in der Vorbereitung der Investitionsbeurteilung laufen somit gleich ab, unabhängig davon, ob später statische oder dynamische Verfahren eingesetzt werden. So müssen die folgenden Teilschritte immer durchlaufen werden:
a) Klare Definition der Handlungsmöglichkeit
b) Festlegung des Planungszeitraums
c) Ableitung der finanziellen Konsequenzen, die durch die Handlungsmöglichkeit verursacht werden
d) Ermittlung des Kalkulationszinsfußes
e) Intraperiodische Verzinsung

Der letzte Schritt e) wird üblicherweise nicht in der statischen Analyse vorgenommen. Die notwendigen Erweiterungen werden in Kap. 1.14.2 vorgestellt.

Nach erfolgreicher Durchführung dieser Vorarbeiten können die richtigen Verfahren ausgewählt werden.

---

14 Vgl. Däumler 2003, S. 28.
15 Vgl. Zischg, S. 6.

Spezifische Annahmen der statischen Investitionsrechnung

Die Grundidee der statischen Investitionsrechnung besteht in der Konzentration aller Daten auf eine Durchschnittsperiode, die somit möglichst repräsentativ für alle weiteren Perioden, über die die Investition läuft, sein sollte.[16] Anders formuliert: Ein mehrperiodiger Investitionszeitraum wird in eine einzige Durchschnittsperiode verdichtet, in der stellvertretend für alle anderen Perioden die Vorteilhaftigkeit der Investition ermittelt werden soll.

Geplant werden müssen die Umsätze und die Kosten. Da sie nur für die Durchschnittsperiode gelten, ist die Dimension/Einheit: € in der Durchschnittsperiode (€/DP). Zahlungen tauchen in der herkömmlichen statischen Investitionsrechnung – außerhalb der statischen Amortisationsrechnung – nur für zwei Elemente auf:

die Anschaffungsauszahlung (nach allen Rabatten plus Nebenkosten)

den Restverkaufserlös am Ende der Laufzeit

Wenn der Entscheidungsträger sicher sein möchte, dass die Umsätze und Kosten der Durchschnittsperiode repräsentativ sind, muss er alle einzelnen Werte ermitteln und daraus unter Berücksichtigung von Zins und Zinseszinsen die Durchschnitte berechnen. Wenn er aber dafür schon alle Detailzahlen erarbeiten musste, macht es wenig Sinn, diese wieder unter Informationsverlusten (Zeitpunkt ihres Anfalls) in einer Durchschnittsgröße zu verschmelzen, wie sie für die statischen Rechnungen benötigt werden. Wenn hingegen grob geschätzt wird, können die Ergebnisse sehr ungenau werden. Daher wird der Ansatz auch als „unechte" Durchschnittsperiode bezeichnet (vgl. Hölscher/Helms, S. 36).

Ein weiteres Problem der statischen Rechnung wird von der Literatur weitgehend übersehen. Es geht um die auf den ersten Blick überraschende Frage, wann denn die Kosten und Erlöse innerhalb einer Periode anfielen. Um innerhalb der Periode den implizit unterstellten zeitlichen Anfall herauszufinden, sei eine einzige Periode betrachtet. Kosten und Leistungen fallen üblicherweise während des ganzen Jahres (Periode) an. Also liegt der Durchschnitt des Anfalls häufig in der Mitte der Periode, woraus zwei Teilperioden entstehen. Laut den (impliziten) Annahmen gibt es aber nur eine einzige, dann repräsentative Periode. Damit sind dann eigentlich nur Anfang und Ende der Periode klar definiert. Wie oben erwähnt fallen aber viele Größen zur Periodenmitte an. Selbst im „einperiodigen" Fall einer repräsentativen Durchschnittsperiode gibt es somit zwei Teilperioden, nämlich vom Anfang bis zur Periodenmitte und dann von der Periodenmitte bis zum Periodenende. Infolgedessen müssten eigentlich Zinseszinseffekte berücksichtigt werden, was aber in der statischen Rechnung bisher nicht der Fall war und in der Literatur bisher nicht berücksichtigt wurde. Dies kann bei bestimmten Datenkonstellationen (insbesondere bei hohen Zinssätzen) zu Problemen führen.

---

16 Vgl. z. B. Götze 2014, S. 56.

Der Anfall von Umsätzen und Kosten genau zur Periodenmitte trifft nicht zu bei starken saisonalen Schwankungen und z. B. bei Kosten, die am Anfang des Jahres verursacht werden und deren Kapitalbindung üblicherweise in den statischen Verfahren nicht erfasst wird. Als Beispiel seien Kosten für Versicherungsbeiträge mit Fälligkeit am Jahresanfang genannt.

Die Periodenmitte als richtiger zeitlicher Bezugszeitpunkt gilt für die laufenden z. B. monatlichen Kosten und Umsätze, für den Wertverzehr (kalkulatorische Abschreibung) sowie für die Kapitalkosten auf die Differenz von Anschaffungs- und Liquidationswert[17].

Die kalkulatorischen Kapitalkosten KKK ergeben sich gemäß folgender Formel:

$$KKK = \frac{A_0 + LE_{tn}}{2} \cdot i \quad \text{in } \text€/DP$$

KKK   Kalkulatorische Kapitalkosten (Zinsen) in der Durchschnittsperiode in €/DP
A_0 Anschaffungsauszahlung zum Startzeitpunkt $t = 0$
LE_{tn} Liquidationserlös zum Endzeitpunkt $t = tn$
i   Kalkulationszinssatz

Wenn nur der abnehmende Teil der Kapitalbindung interessiert, so kann der Liquidationserlös auf null gesetzt werden, so dass zunächst $A_0/2 \cdot i$ resultiert. Nach Umstellung ergibt sich dann $A_0 \cdot i/2$. Auf die ganze Anschaffungsauszahlung wird also eine Halbjahresverzinsung angesetzt. Mit dieser Umformung lässt sich dann auch ableiten, dass die Zinsen zum Halbjahr anfallen.

Grafisch sieht das wie folgt aus (siehe Abb. 1.2):

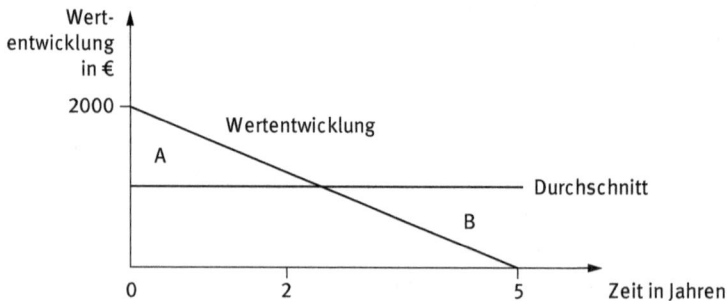

Abb. 1.2: Kapitalbindung in der statischen Investitionsrechnung (eigene Darstellung).

---

17 Vgl. Hoberg 2004a, S. 271–279

Die gleichmäßig fallende Gerade gibt die Entwicklung des jeweiligen Wertes der Maschine an.[18] Von der Anschaffungsauszahlung von 2000 bis zum Restwert von 0 fällt sie im Falle gleichmäßigen Wertverzehrs gleichmäßig über die Nutzungsdauer. Das Dreieck A ist nun so groß wie das Dreieck B und kann entsprechend umgeklappt werden, so dass die halbe Zeit das ganze Kapital gebunden ist.

Da es in der statischen Rechnung keine Informationen gibt, wie die Kapitalkosten zu verrechnen sind, sind im ersten Schritt beide Formeln akzeptabel. Es hilft aber ein Rückgriff auf die Umsätze. Wenn diese erst zur Periodenmitte verrechnet werden, dann können auch die Zinsen auf die Anschaffungsauszahlung erst zur Jahresmitte bezahlt werden. Bis dahin wird eine halbe Jahresverzinsung auf die volle Anschaffungsauszahlung fällig.

Dazu im Gegensatz fallen die Zinsen auf das permanent gebundene Kapital zum Periodenende an und müssen dann umgerechnet werden (siehe Kapitel 1.13.2).

In der statischen Rechnung gibt es durch die Größen Kosten und Umsatz noch das zusätzliche Problem, dass die Zeitpunkte der Kosten- bzw. Umsatzentstehung (nach Gefahrenübergang) fast nie mit den eigentlich wichtigeren Zahlungseingängen und Zahlungsausgängen zusammenfallen. Die hohen Forderungsbestände vieler Unternehmen bestätigen das Problem eindrucksvoll.

In der dynamischen Investitionsrechnung kann der Anwender sich mit der intraperiodischen Verzinsung (siehe Kap. 1.4.2) retten. Je länger die gewährten Zahlungsziele sind, umso stärker ist die Abweichung zwischen Annahme und Realität. Beträgt in einem einfachen Beispiel das Zahlungsziel 6 Monate, dann kommen die Einzahlungen erst am Jahresende statt zur Jahresmitte. Bei einem Halbjahreszinssatz von 5 % würde sich der Umsatz, der ja zur Jahresmitte gebucht wird, entsprechend verringern, was gleichzeitig ein Problem für die Deckungsbeitragsrechnung bedeutet (Vgl. Hoberg 2004b, S. 347 ff.). Angesichts einer Umsatzrentabilität vieler deutscher Unternehmen von ca. 3 % vor Steuern und 2 % nach Steuern wäre das mehr als die durchschnittliche Umsatzrentabilität.[19]

Ein weiteres Problem hinsichtlich des Anfalls der Zahlungen liegt in dem Teil des Kapitals, der über die gesamte Laufzeit gebunden ist. Die Zinsen auf das auch noch am Periodenende gebundene Kapital (z. B. Liquidationserlös oder Güter ohne Wertänderung) fallen am Periodenende an. Mithin dürften diese Zinskosten gar nicht mit den anderen Kostenpositionen verrechnet werden, weil sie nicht gleichnamig sind, sprich sich auf unterschiedliche Zeitpunkte beziehen.

---

18 Handels- und steuerrechtlich würde man vom jeweiligen Restbuchwert reden.

19 Vgl. zu diesen Zahlen die Bundesbankstatistik für das verarbeitende Gewerbe, http://www.bundes bank.de/statistik/statistik_wirtschaftsdaten_tabellen.php#unternehmensbilanzstatistik, Abruf vom 19.07.2011. Die dort aufgeführten Zahlen dürften eher zu hoch liegen, weil einmal Unternehmen nicht mehr erfasst werden, die durch Konkurs ausgeschieden sind und neue, die noch nicht erfasst wurden, und weil im Weiteren in den kleinen Unternehmen kalkulatorische Kosten (insbesondere Unternehmerlohn) nicht immer richtig berücksichtigt werden.

Auch die Anschaffungsauszahlung A_0 muss präzisiert werden. Da in der statischen Rechnung nur eine einzige Anschaffungsauszahlung berücksichtigt werden kann, ist die Annahme notwendig, dass sämtliche Bestandteile (Anzahlung, Etappenzahlungen, Schlusszahlungen, Rückvergütungen etc.) verzinslich auf den Zeitpunkt $t = 0$ bezogen wurden. Nur dann kann die statische Rechnung sinnvoll eingesetzt werden. Es handelt sich also um eine weitere der vielen impliziten Annahmen. Das Beispiel in Tab. 1.2 illustriert die Vorgehensweise. Es sei darauf hingewiesen, dass diese korrekte Vorgehensweise auch in der dynamischen Investitionsrechnung Anwendung finden muss. Insgesamt müssen 8 Mio € bezahlt werden, die sich jedoch auf 4 Zeitpunkte verteilen. Nach der Auftragserteilung wird die Anlage beim Hersteller produziert und getestet. Danach wird sie wieder abgebaut, verschifft und im Zielland wieder ausgeladen und verzollt, sodass sie dann in die Zielfabrik geliefert werden kann. Es mögen folgende Daten gelten:

Ein Unternehmen will eine neue große Anlage kaufen, für die ein Zahlungsplan beschlossen wurde.

Der effektive Monatszinssatz des Unternehmens beträgt: 0,500 %

Monat der Inbetriebnahme: 4

Jahr der Inbetriebnahme: 2025

Tab. 1.2: Ableitung der Auszahlungshöhe zum Startzeitpunkt (eigene Darstellung).

Ereignis	Anteil	Betrag in T €	Zeitpunkt		Aufzinsmonate	Aufzinsfaktor	Endwert in T €
			Monat	Jahr			
Vertragsabschluss	12,5 %	−1000	2	2024	14	1,0723	−1072,3
Fertigstellung	37,5 %	−3000	8	2024	8	1,0407	−3122,1
Anlieferung	25,0 %	−2000	12	2024	4	1,0202	−2040,3
Abnahme	25,0 %	−2000	9	2025	−5	0,9754	−1950,7
Summe	100,0 %	−8000					−8185,5

Annahme: Innerhalb eines Monats sei jeweils der 1. geplant.

Jede Teilzahlung wird daraufhin untersucht, wie groß der Abstand zum Startzeitpunkt ist, welcher üblicherweise im Zeitpunkt der Inbetriebnahme besteht. Die Anzahlungen sind dann aufzuzinsen. Die dazu notwendige Vorgehensweise wird im Kap. 1.4.2 erklärt.

Die Anzahlung anlässlich des Vertragsabschlusses von 1 Mio € möge am 1.2.2024 geleistet werden. Bis zur Inbetriebnahme am 1.4.2025 vergehen 14 Monate, um welche die Zahlung aufgezinst wird, was 1,0723 Mio € ergibt.

Dagegen sind die Abschlusszahlungen, die erst später nach der Inbetriebnahme fällig werden, abzuzinsen. Nach der Berücksichtigung des Zahlungsplanes ist die exakte Höhe der Anschaffungsauszahlung bekannt.

Erst wenn die oben erwähnten impliziten Annahmen der statischen Rechnung beachtet werden, ist eine Betrachtung der Verfahren sinnvoll.

1.2.2 Statische Kostenvergleichsrechnung

Das einfachste Verfahren der statischen Investitionsrechnung besteht in der Kostenvergleichsrechnung. Sie geht von der Annahme aus, dass die Nutzenseite aller Handlungsmöglichkeiten (weitgehend) gleich ist, vernachlässigt werden kann oder nicht relevant ist. Dazu reicht es nicht, dass die Umsätze übereinstimmen, sondern es muss zusätzlich gewährleistet sein, dass sonstige Nutzenelemente (Beispiele: Garantie, Kundendienst, Image, Umweltaspekte etc.) keine oder nur geringe Unterschiede aufweisen.

Als Beispiel sei die Auswahlentscheidung zwischen verschiedenen Gabelstaplern für das Fertigwarenlager eines Konsumgüterunternehmens angeführt. Wenn die technischen Anforderungen hinsichtlich Tragkraft, Geschwindigkeit, Wendekreis, Ergonomie etc. erfüllt sind, kann die Auswahl ohne Berücksichtigung der Nutzenseite erfolgen. Denn dem Käufer der Endprodukte, die mit dem Stapler im Lager bewegt werden, ist es nicht wichtig, ob im Lager ein Stapler der Marke A oder B verwendet wurde.

Es wird dann diejenige Handlungsmöglichkeit gewählt, welche die geringsten Gesamtkosten der Durchschnittsperiode aufweist. Im seltenen Fall ohne Alternativen, d. h. ohne eine Auswahlmöglichkeit zwischen verschiedenen Gabelstaplerherstellern, ist das Kriterium für oder gegen die Handlungsmöglichkeit, ob eine von der Geschäftsführung bzw. dem Controlling gesetzte Kostenobergrenze, d. h. Investitionsbudget unterschritten wird. Diese Kostenobergrenze kann ihrerseits wiederum durch Finanzierungsengpässe begründet sein.

Die Gesamtkosten GK der statischen Kostenvergleichsrechnung ergeben sich gemäß der folgenden Formel:

$$GK = K_{lfd} + WV + KKK \text{ in } €/DP$$

GK: Gesamtkosten pro Durchschnittsperiode in €/DP
K_{lfd}:   Laufende Kosten pro Durchschnittsperiode in €/DP
WV: Wertverzehr (Kalk. Abschreibung) in der Durchschnittsperiode in €/DP
KKK: kalkulatorische Kapitalkosten (Zinsen) in der Durchschnittsperiode in €/DP

Die laufenden Kosten K_{lfd} umfassen alle variablen und fixen Kosten, welche nicht auf die Auszahlung für das Investitionsobjekt (häufig in t = 0) zurückzuführen sind. Denn die Investition verursacht den Wertverzehr und die Zinsen, was separat abgebildet wird.

Zum tieferen Verständnis der Methode ist die Erwähnung der Durchschnittsperiode wichtig, weil insbesondere bei den Zinsen die exakten Kosten in einer Periode von denen des Durchschnitts abweichen (vorher höher und hinterher niedriger). Wenn vom Zinseszinseffekt abgesehen wird, gleichen sich die Effekte allerdings aus. Für die Durchschnittsperiode – bei den Zinsen die Mitte der mittleren Periode –

passt der Ansatz dann aber. Zinsen auf das Umlaufvermögen seien in den laufenden Kosten enthalten.

Der Wertverzehr WV und die kalkulatorischen Kapitalkosten KKK können formelmäßig genauer wie folgt dargestellt werden:

$$GK = K_{lfd} + \frac{A_0 - LE_{tn}}{tn} + \frac{A_0 + LE_{tn}}{2} \cdot i \text{ in } €/DP$$

A_0:   Anschaffungsauszahlung in t = 0
L_{tn}:   Liquidationserlös als Einzahlung in t = tn
tn: Anzahl Perioden (letztes Element des Zeitindex t)
i: Periodenzinssatz

Der Wertverzehr WV in der Durchschnittsperiode ergibt sich somit, indem der gesamte Wertverzehr (Anschaffungsauszahlung abzüglich Liquidationserlös LE_{tn}) durch die Anzahl der Perioden (tn) dividiert wird. Dies entspricht der Methode der linearen Abschreibung. Es sei darauf hingewiesen, dass in der Praxis der Liquidationserlös am Ende einer Handlungsmöglichkeit auch negativ sein kann. Gute Beispiele liefert die Energiewirtschaft. Beim Braunkohleabbau muss am Ende kostenträchtig rekultiviert werden und im Falle von Atomkraftwerken muss ein Abbau der Anlage erfolgen, der ca. 1 Mrd € pro Anlage erfordert. In solchen Fällen muss der Wertverzehr höher angesetzt werden.

Die kalkulatorischen Kapitalkosten KKK werden ermittelt, indem das durchschnittlich gebundene Kapital mit dem Periodenzinssatz multipliziert wird. Auch hier zeigen sich die Grenzen der statischen Investitionsrechnung, weil im Zeitverlauf unterschiedliche Zinssätze nicht abgebildet werden können.

Beispiel
Anschaffungsauszahlung A_0:   100.000 € in t = 0
Laufzeit tn: 5 Jahre
Liquidationserlös L_{tn} netto: 50.000 € in t = 5
Laufende Kosten: 20.000 € in der Mitte der Durchschnittsperiode
Jahreszinssatz: 10 %

$$GK = K_{lfd} + \frac{A_0 - LE_{tn}}{tn} + \frac{A_0 + LE_{tn}}{2} \cdot i \text{ in } €/DP$$

$$GK = 20.000 + 10.000 + 75.000 \cdot 0,1 = 37.500 \quad \text{in } €/DP$$

Wenn diese Handlungsmöglichkeit die geringsten Kosten von mehreren möglichen Handlungsmöglichkeiten aufweist, wird sie durchgeführt.

Diese Vorgehensweise des statischen Kostenvergleichs kann auch für den Verfahrensvergleich eingesetzt werden, bei dem es darum geht, aus mehreren unterschiedlichen Produktionsverfahren das geeignete zu wählen. Voraussetzung ist dabei, dass die Verfahren quantitativ und qualitativ gleichwertig sind. Dies ist aber selten der Fall, weil größere Anlagen typischerweise höhere Kapitaldienste aufweisen und dafür aber geringere variable Kosten (z. B. bei Personal und Material) nach sich ziehen. Zudem haben sie meistens eine höhere jährliche Ausbringungsmenge. Solange auch die kleinste Maschine die maximal mögliche Absatzmenge im gesamten Planungszeitraum schafft, kann der statische Kostenvergleich ausreichen. Mit Hilfe einer Gewinnschwellenanalyse (Break-even-Analyse) kann dann ermittelt werden, ab welcher Menge die größeren Maschinen vorteilhaft werden (vgl. zur Break-even-Analyse Varnholt/Hoberg/Gerhards/Wilms/Lebefromm, S. 488 ff.).

Wenn die geplanten Mengen nicht von allen Maschinen in der betrachteten Periode produziert werden können, können einige Probleme auftauchen. Ein wachsendes Unternehmen wird im Laufe der Jahre höhere Mengen benötigen, welche dann größere Maschinen voraussetzen. In so einem Fall muss das Problem dynamisch, d. h. über viele Jahre, analysiert werden. Das geeignete Instrumentarium besteht dann im Vollständigen Finanzplan (VoFi), der in Kap. 1.6.3 vorgestellt wird.

Bewertung der Kostenvergleichsrechnung

Auch wenn die statische Kostenvergleichsrechnung in einfachen Fällen eingesetzt werden kann, so dürfen die Nachteile nicht verschwiegen werden:
- Nichtberücksichtigung von Zinseszinsen
- Durchschnittskosten sind ungenau bzw. wenn sie exakt ermittelt werden, liegen bereits die Daten für eine dynamische Rechnung vor.
- Kalkulation mit Kosten statt mit Auszahlungen (dieser Kritikpunkt kann durch die Annahme von Zahlungszielen überwunden werden, siehe Kap. 1.5.3)
- Implizit wird angenommen, dass bei einem Vergleich von verschiedenen Handlungsmöglichkeiten die kürzer laufenden Handlungsmöglichkeiten mit den gleichen Kosten wiederholt werden können.
- Unbegrenzte Finanzierungsmöglichkeiten werden vorausgesetzt.
- Annahme, dass die Nutzenseite hinsichtlich erzielbarer Umsatzerlöse und qualitativer Faktoren bei allen Handlungsmöglichkeiten nahezu gleich ist.

Wenn die letzte Bedingung hinsichtlich erzielbarer Umsatzerlöse und qualitativer Faktoren nicht erfüllt ist, so darf die Kostenvergleichsrechnung nicht mehr angewendet werden, sondern es ist z. B. die Gewinnvergleichsrechnung zu wählen.

Die Einhaltung der Voraussetzungen der statischen Investitionsrechnung muss in der Praxis durch das Aussenden von Ausschreibungen und das Einholen von Angeboten umgesetzt werden. Dies ist das Tagesgeschäft von Beschaffungsabteilungen und/oder Projektmitarbeitern, die für Investitionsprojekte verantwortlich sind. Damit die Kostenvergleichsrechnung auf der oben geforderten Gleichwertigkeit der Handlungsamöglichkeiten aufsetzen kann, sind genaue Spezifikationen bzw. Pflichtenhefte als Grundlage der Ausschreibungen zu erstellen. Über die technischen Spezifikationen hinaus sind Garantie- und Kundendienstleistungen zu berücksichtigen.

Probleme entstehen unter anderem bei den Ausschreibungen der öffentlichen Hand, bei denen aufgrund des europäischen Vergaberechts europaweit auszuschreiben ist und der günstigste Anbieter den Vertrag erhalten muss. Der günstigste Anbieter hat aber selten die besten Garantie- und Kundendienstleistungen anzubieten. Wenn ein Bauträger oder eine Kommune in Deutschland eine Ausschreibung nach VOB-Recht durchführt, heißt das nicht, dass die i. d. R. vierjährigen Gewährleistungsansprüche bei einem nicht-deutschen Vertragspartner auch wirklich durchsetzbar sind.

Die statische Kostenvergleichsrechnung wird in der Praxis sehr häufig durchgeführt (vgl. z. B. Zischg, S. 70 ff.). Dies beruht einerseits auf der Tatsache, dass der Kostenvergleich der eingehenden Angebote für diejenigen Vermögensgegenstände, die im Startzeitpunkt eines Projektes im Zeitpunkt t = 0 angeschafft werden, Teilbestandteil aller Investitionsrechnungsverfahren ist. Zum anderen beruht diese Aussage darauf, dass viele Projekte wie z. B. Infrastrukturprojekte keine Berücksichtigung von Marktdaten erfordern.

1.2.3 Statische Gewinnvergleichsrechnung

Jenseits von reinen Rationalisierungs- und Ersatzinvestitionen, für welche die statische Kostenvergleichsrechnung oben vorgestellt wurde, wirken viele Handlungsmöglichkeiten auch auf die Nutzenseite (insbesondere Umsätze). Also sind dann die Nutzenänderungen, die durch die Handlungsmöglichkeiten ausgelöst werden, zu beachten. Wie ausgeführt, geht die statische Gewinnvergleichsrechnung implizit davon aus, dass auch die Umsätze – ähnlich wie die laufenden Kosten – zur Periodenmitte anfallen. Sie haben dann also auch die Dimension € der Durchschnittsperiode zur Periodenmitte oder kurz €/DP. Leider wird in der Literatur häufig nicht erwähnt, welcher Umsatz gemeint ist (vgl. z. B. Wöhe, S. 478). Es kann aber nur der Nettoumsatz sein, der sich nach Abzug aller Erlösminderungen/Rabatte und nach dem Effekt von Zahlungsbedingungen ergibt (Vgl. zu den Einzelheiten der Nettopreise und Nettoumsätze Varnholt/Hoberg/Gerhards/Wilms/Lebefromm, S. 133 ff.))

Der Gewinn ergibt sich als Differenz der Nettoumsätze U_N abzüglich der bereits diskutierten Kosten. Damit ergibt sich folgende einfache Formel für den Durchschnittsgewinn G:

$$G = \underset{\text{Nettoumsätze}}{U_N} \quad \underset{\text{laufende Kosten}}{-K_{lfd}} \quad \underset{\text{Wertverzehr}}{-WV} \quad \underset{\text{kalk. Kap. Kosten}}{-KKK} \qquad \text{in €/DP}$$

Die 3 Kostenpositionen stimmen mit der Kostenvergleichsrechnung überein, so dass sie praktischerweise direkt übernommen werden können.

Als Vorteilhaftigkeitskriterium gilt, dass die Handlungsmöglichkeit einen positiven Gewinn aufweisen muss. Denn dann sind alle Kosten (inklusive der gesamten Kapitalkosten auf die Anschaffungsauszahlung) abgedeckt.

Solange genügend Kapital vorhanden ist und auch sonst keine Restriktionen (z. B. knappes Fachpersonal), wird nach der statischen Gewinnvergleichsrechnung jede Handlungsmöglichkeit realisiert, welche einen positiven Gewinn aufweist.

Fortgeführtes Beispiel

Zusätzlich zu den Beispielsdaten der Kostenvergleichsrechnung mögen jährlich 40.000 €/DP Nettoumsätze jeweils in der Mitte der Durchschnittsperiode anfallen. Der Gewinn beträgt dann:

$$G = U_N - K = 40.000 - 37.500 = 2.500 \quad \text{in } €/DP$$

Da der Gewinn positiv ist, wird die Handlungsmöglichkeit positiv eingeschätzt. Wenn wirklich keine Engpässe vorliegen, würde die Handlungsmöglichkeit einen positiven Gewinnbeitrag liefern und somit durchgeführt.

Bewertung der Gewinnvergleichsrechnung

Folgende Probleme sind zu nennen:
- Nichtberücksichtigung von Zinseszinsen
- Durchschnittskosten und Durchschnittsleistungen sind ungenau bzw. wenn sie exakt ermittelt werden, liegen bereits die Daten für eine dynamische Rechnung vor.
- Kalkulation mit Kosten und Leistungen statt mit Aus- und Einzahlungen (dieser Kritikpunkt kann wie beschrieben durch die Annahme von Zahlungszielen überwunden werden)
- Implizit wird angenommen, dass bei einem Vergleich die kürzer laufenden Handlungsmöglichkeiten mit den gleichen Gewinnen wiederholt werden können.
- Unbegrenzte Finanzierungsmöglichkeiten werden vorausgesetzt.

Wenn die letzte Bedingung nicht erfüllt ist, so darf die Gewinnvergleichsrechnung nicht mehr eingesetzt werden, sondern es ist die Rentabilitätsvergleichsrechnung zu wählen.

1.2.4 Statische Rentabilitätsvergleichsrechnung

Für die Rentabilitätsvergleichsrechnung gelten die gleichen Probleme wie die für die Kosten- und Gewinnvergleichsrechnung. Allerdings kommen noch einige dazu, weil die Rentabilität, die ja als durchschnittlicher jährlicher Wertzuwachs des Kapitals verstanden werden kann, besonders hohe Anforderungen an die Datenqualität stellt. Die Rentabilität wird berechnet, indem der Gewinn vor Abzug der Zinsen auf das durchschnittlich gebundene Kapital bezogen wird, woraus sich die übliche Formel wie folgt ergibt:

$$SR = \frac{\left(U_N - K_{lfd} - \dfrac{A_0 - LE_{tn}}{tn} \right)}{\dfrac{A_0 + LE_{tn}}{2}}$$

SR: Durchschnittliche statische Rentabilität in einem Jahr

Um eine Jahresrentabilität errechnen zu können, muss der Überschuss am Ende der Periode auf das eingesetzte Kapital am Anfang der Periode bezogen werden.

Eine Handlungsmöglichkeit ist im ersten Schritt vorteilhaft, wenn die statische Rentabilität SR größer ist als der gegebene Kapitalkostensatz alternativer Projekte mit ähnlichem Risiko (vgl. zur Ableitung des Zinssatzes Kap. 1.4.4). Denn dann bringt das eingesetzte Kapital mehr als es kostet.

Im zweiten Schritt muss allerdings untersucht werden, welche Rendite die konkurrierenden Handlungsmöglichkeiten aufweisen. Denn Renditekriterien sind insbesondere dann sinnvoll, wenn das Investitionskapital begrenzt ist. Dann können nur die Handlungsmöglichkeiten mit den höchsten Renditen realisiert werden.

Das bisher in der Literatur ungelöste Hauptproblem bei der statischen Rentabilität ist die Behandlung der finanziellen Komponenten, die nicht am Jahresanfang oder am Jahresende anfallen. Während Umsätze und laufende Kosten wie oben gezeigt eine halbe Periode aufgezinst werden können, ist bei den anderen Größen der Verlauf der Kapitalbindung zu untersuchen. Es muss dabei nach Höhe und Art des Wertverzehrs WV differenziert werden. In Abschnitt 2.11.2 werden dazu Vorschläge gemacht.

Fortgeführtes Beispiel

$$SR = \frac{U_N - K_{lfd} - \dfrac{A_0 - LE_{tn}}{tn}}{\dfrac{A_0 + LE_{tn}}{2}}$$

$$SR = \frac{40.000 - 20.000 - 10.000}{75.000} = \frac{10.000}{75.000} = 0,1333 = 13,33\%$$

Da die statische Rendite größer ist als der gegebene Kalkulationszinssatz von 10 % hat die Handlungsmöglichkeit die erste Hürde genommen. Im Weiteren muss geprüft werden, wie gut sich die konkurrierenden Handlungsmöglichkeiten verzinsen. Sind alle besser, so wird die Handlungsmöglichkeit nicht durchgeführt.

Bewertung der Rentabilitätsvergleichsrechnung

Folgende Probleme sind zu nennen:
– Nichtberücksichtigung von Zinseszinsen
– Durchschnittskosten und Durchschnittsleistungen sind ungenau bzw. wenn sie exakt ermittelt werden, liegen bereits die Daten für eine dynamische Rechnung vor.

- Kalkulation mit Kosten und Nettoumsätzen statt mit Aus- und Einzahlungen (dieser Punkt kann durch die Annahme von Zahlungszielen überwunden werden, siehe Kap. 1.4.2 Zeitlicher Anfall von Zahlungen (intraperiodisch)
- Implizit wird angenommen, dass bei einem Vergleich die kürzer laufenden Handlungsmöglichkeiten mit den gleichen Renditen wiederholt werden können.

Im Weiteren muss sichergestellt sein, dass die Durchschnittswerte für Kosten und Umsätze stimmen. Da dies auf der Absatzseite nur sehr selten der Fall ist, muss die Anwendung der statischen Gewinn- und Rentabilitätsvergleichsrechnung die Ausnahme bleiben.

Gesamtbewertung der statischen Verfahren

Die Untersuchungen haben gezeigt, dass die statische Investitionsrechnung viele Voraussetzungen für eine korrekte Anwendung beinhaltet:
- Der Anwender muss sich darüber bewusst sein, dass fast alle Kosten und Umsätze implizit auf die Periodenmitte bezogen sind.
- Zinsen auf den Liquidationserlös müssen auf die Periodenmitte umgerechnet werden.
- Zahlungszeitpunkte müssen dann berücksichtigt werden, wenn der Anfall der Zahlungen (wesentlich) von der Periodenmitte abweicht.

Die Kostenvergleichsrechnung in ihrer modifizierten Form kann für kurze und unendliche (sehr lange) Laufzeiten akzeptiert werden. Das Problem der Vernachlässigung von Zinseszinsen bleibt aber bestehen. Angesichts der vielen Einschränkungen sollte sich auch die Praxis von den statischen Verfahren trennen oder sie nur als Näherungsverfahren einsetzen. Vollständige Finanzpläne sind methodisch viel besser und durch den Einsatz von PCs auch nicht aufwändiger. Mit ihnen lassen sich dann auch die Besteuerung und die teilweise Berücksichtigung der Unsicherheit von Daten über Sensitivitätsanalysen bewältigen. Aufgrund der vielen Probleme sollten diese Verfahren eigentlich nicht eingesetzt werden. Aber da viele Unternehmen nicht genügend Knowhow für die dynamischen Verfahren haben, muss der Controller die Probleme kennen. In Kap. 1.11.2 werden Vorschläge gemacht, wie einige Probleme entschärft werden können.

Selbstlernmodul

Statische Investitionsrechnung

Um die Vorgehensweise bei der Ermittlung der statischen Verfahren einüben zu können, wird unter www. degruyter.com/view/product/498113 das Selbstlernmodul „Statische Verfahren" angeboten, mit welchem der Leser die Kalkulation solange üben kann, bis sie „sitzt". Im Menü „Formeln-Berechnungsweise" muss die Berechnung auf manuell gestellt werden. Auch im Menu „Datei-Optionen-Formeln" auf manuell stellen und keinen Haken vor „Neuberechnung vor Speichern".

Aufgabe

Bewerten Sie drei unterschiedliche Hotels mit den drei Verfahren der statischen Investitionsrechnung.
Dazu erzeugt das Programm die folgende Aufgabenstellung:
Laufzeit in Jahren (tn): 10
Zinssatz p. a. (wacc): 8,00 %

1. Ermitteln Sie, welches Hotel die geringsten Kosten aufweist.

Rechengröße	Einheit	Hotel 1	Hotel 2	Hotel 3
A_0	Mio € in t = 0	82	117	134
LE_{tn}	Mio € in t = 10	5	−20	−16
Lfd. Kosten	Mio €/DP*	5,00	6,00	8,00
Gesamtkosten	Mio €/DP			

* Mio € in der Mitte der Durchschnittsperiode

2. Errechnen Sie, welches Hotel den höchsten Gewinn bringt.

Rechengröße	Einheit	Hotel 1	Hotel 2	Hotel 3
Nettoumsatz	Mio €/DP	29,00	37,00	23,00

3. War es nötig, die Gewinnvergleichsrechnung durchzuführen?
4. Welches Hotel hat die höchste Rendite?

Rechengröße	Einheit	Hotel 1	Hotel 2	Hotel 3

Lösung

1. Kostenvergleich

Rechengröße	Einheit	Hotel 1	Hotel 2	Hotel 3
A_0	Mio € in t = 0	82	117	134
LE_{tn}	Mio € in t = 10	5	−20	−16
Wertverzehr	Mio €/DP	7,70	13,70	15,00
Ø Kapitalbindung	Mio €/DP	43,50	48,50	59,00
Zinsen	Mio €/DP	3,48	3,88	4,72
Lfd. Kosten	Mio €/DP	5,00	6,00	8,00
Gesamtkosten	Mio €/DP	16,18	23,58	27,72

beste

2. Gewinnvergleich

Rechengröße	Einheit	Hotel 1	Hotel 2	Hotel 3
Nettoumsatz	Mio €/DP	29,00	37,00	23,00
Gesamtkosten	Mio€/DP	16,18	23,58	27,72
Gewinn	Mio€/DP	12,82	13,42	−4,72
			beste	

3. Der Gewinnvergleich ist nötig, da die Umsätze nicht gleich sind.
4. Renditevergleich

Rechengröße	Einheit	Hotel 1	Hotel 2	Hotel 3
Gewinn vor Zinsen	Mio €/DP	16,30	17,30	0,00
Kapitalbindung	Mio €/DP	43,50	48,50	59,00
Rendite	Mio €/DP	37,5 %	35,7 %	0,0 %
		beste		

1.3 Zins- und Zinseszinsrechnung

1.3.1 Grundlagen

Im Rahmen der dynamischen Verfahren der Investitionsrechnung wird die Annahme einer repräsentativen Durchschnittsperiode aufgegeben und es werden die Zahlungen bzw. Zahlungsänderungen (anstelle von Nettoumsätzen und Kosten) mit den wahrscheinlichen Zahlungszeitpunkten geplant. Durch den mehrjährigen Ansatz verteilen sich die durch Handlungsmöglichkeiten ausgelösten Zahlungen und Zahlungsänderungen auf viele Jahre. Zahlungen, die zu unterschiedlichen Zeitpunkten anfallen, sind jedoch nicht direkt vergleichbar. Der Zinseffekt muss berücksichtigt werden. Daher besteht ein wesentliches Werkzeug der Investitionsrechnung in der Zins- und Zinseszinsrechnung. Nur durch das Auf- und Abzinsen können Zahlungen vergleichbar gemacht werden (siehe Kap. 1.4.2). Basis der Überlegungen ist die Präferenz der Entscheidungsträger für frühere Einzahlungen bei gleichem Betrag. Bei der Frage, ob jemand 100 € heute oder in einem Jahr bekommen möchte, ist die Antwort eindeutig. Eine Einzahlung soll so früh wie möglich kommen, weil dann schon über sie verfügt werden kann. Dies wird Zeitwert des Geldes genannt.

Im Weiteren dürfen eine Zahlung von 100 € heute und eine weitere von 200 € in einem Jahr nicht addiert werden, weil sie zu unterschiedlichen Zeitpunkten anfallen. Entweder muss die erste Zahlung aufgezinst werden oder die zweite Zahlung ist abzuzinsen. Ohne Auf- und Abzinsungen wären die Zahlungen nicht vergleichbar. Insofern soll hier dieses Werkzeug vorgestellt werden.

Einfach zu verstehen sind Auf- und Abzinsungen, wenn man sich vorstellt, welche Anlagen bzw. Kreditaufnahmen hinter ihnen stehen. Eine Aufzinsung kann somit als Anlage eines Betrages über eine bestimmte Anzahl von Perioden (tn) verstanden werden. Bei einem Jahreszinssatz von i = 10 % wird so aus 100 € nach einem Jahr 100 € + 0,1 · 100 € = 110 €. Am Ende des ersten Jahres werden dem Anleger somit 10 € an Zinsen gutgeschrieben, so dass sich sein Vermögen auf 110 € in t = 1 erhöht.[20] Kürzer geschrieben kann der Endbetrag, der sich nach einem Jahr ergibt, auch als 100 € · 1,1 ermittelt werden. Der Faktor 1,1 heißt Jahreszinsfaktor und wird hier mit dem Symbol q abgekürzt.

Wenn der Betrag von 110 € ein weiteres Jahr angelegt wird, so erhält der Anleger 110 € · 1,1 = 121 € in t = 2. Durch die Wiederanlage der Zinsen von 10 € sind Zinseszinsen in Höhe von 1 € entstanden. Dieser Zinseszinseffekt entsteht immer, wenn über mehrere Verzinsungsperioden angelegt wird. Allgemein lässt sich schreiben:

$$EB_{tn} = AB \cdot (1 + i)^{tn} = AB \cdot q^{tn} \quad \text{in € zum Zeitpunkt t = tn}$$

EB_{tn} Endbetrag in t = tn
AB Anfangs-/Anlagebetrag in t = 0
i Jahreszinssatz
q Jahreszinsfaktor: 1 + i

Der Jahreszinsfaktor muss die Größe 1 enthalten, welche für das Kapital steht, das am Ende wieder zur Verfügung stehen muss. Dazu kommen dann die Zinsen.

Nach 10 Jahren (tn = 10) ergibt sich dann ein Endbetrag von:

$$EB_{tn} = AB \cdot (1 + i)^{tn} = AB \cdot q^{tn} \quad \text{in € zum Zeitpunkt t = tn}$$

$$EB_{tn} = 100 \cdot 1,1^{10} = 259,37 \text{ € in t = 10}$$

Der Zinseszinseffekt macht nach 10 Jahren also schon 259,37 – 200 (einfache Zinsen) = 59,37 € aus.

Für einige wichtige Zeiträume sind die Endbeträge in Tab. 1.3 aufgeführt. Es ist zu sehen, dass der Endbetrag schon nach wenigen Jahrzehnten über alle Grenzen wächst.

Ebenfalls aufgeführt sind Abzinsungen, die nun näher erläutert werden sollen. Es geht dabei um den Fall, dass eine Zahlung, die zu einem bestimmten Zeitpunkt angefallen ist oder anfallen wird, auf einen früheren Zeitpunkt bezogen wird. Als Beispiel sei eine Zahlung genannt, die am Jahresanfang 2024 kommen soll und deren Wert per Jahresanfang 2020 bestimmt werden soll. Dieses ist die allgemeine Formulierung. In der Praxis kommt häufig die Frage auf, was eine zukünftige Zahlung per heute wert ist (Barwertbildung). Im Rahmen der Unternehmensbewertung sind Abzinsungen der

---

[20] Diese Aussage gilt nur nominal. Inwieweit sein Vermögen auch real (d. h. in Kaufkraft gemessen) zugenommen hat, hängt von der Inflationsrate ab. Dies wird in einem besonderen Absatz behandelt.

Tab. 1.3: Allgemeine Auf- und Abzinsungstabelle (eigene Darstellung).

Anzahl Jahre	Aufgezinster Betrag € in t	Abgezinster Betrag € in t = 0
0	100,00	100,00
1	110,00	90,91
2	121,00	82,64
3	133,10	75,13
4	146,41	68,30
5	161,05	62,09
6	177,16	56,45
7	194,87	51,32
8	214,36	46,65
9	235,79	42,41
10	259,37	38,55
50	11739,09	0,85
100	1378061,23	0,01
200	18990527646,05	0,00

Anfangsbetrag: 100 €
Jahreszinssatz: 10 % p. a.
Jahreszinsfaktor: 1,10

Planeinzahlungsüberschüsse (*Cashflows*) bei der heute vorherrschenden Discounted Cashflow (DCF) Methode anzuwenden.

Auch für handels- und steuerrechtliche Bewertungsfragen sind Barwerte häufig zu bilden.[21] Der Effekt ist insbesondere bei der Ermittlung von Pensionsrückstellungen zu berücksichtigen. Dazu kann die oben aufgeführte Formel für den Endbetrag nach dem Anfangsbetrag aufgelöst werden.

$$BW = AB = \frac{ZB_t}{q^t} \quad \text{in € zum Zeitpunkt t = 0}$$

BW   Barwert, zum Zeitpunkt 0
ZB_t Zukunftsbetrag, zum Zeitpunkt t

In Tab. 1.3 ergibt sich für eine Zahlung, die in t = 1 kommt, ein Barwert von 100 €/1,1 = 90,91 € in t = 0. Dieser Betrag lässt sich wie folgt interpretieren. Wenn jemand in t = 1 eine Zahlung von 100 erwartet, über diese aber schon heute verfügen möchte, dann nimmt er heute einen Kredit von 90,91 € auf. Die Bank verlangt darauf 10 % Zinsen, was 9,09 € ausmacht. Die Summe beträgt dann 100,00 €, die genau mit der erwarteten Zahlung in t = 1 zurückgezahlt werden kann. Abzinsungen lassen sich also über Kreditvorgänge veranschaulichen.

---

21 Vgl. z. B. § 253 Abs. 2 S. 1 HGB Rückstellungen mit einer Restlaufzeit von mehr als einem Jahr sind mit dem ihrer Restlaufzeit entsprechenden durchschnittlichen Marktzinssatz der vergangenen sieben Geschäftsjahre abzuzinsen.

Auch für die Abzinsung sei der Fall sehr langer Zeiträume betrachtet. Wie die Tabelle zeigt, reduziert sich der Barwert sehr schnell. Für eine Zahlung von 100 € in 10 Jahren würde man heute nur 38,55 € erhalten. Bei 50 Jahren liegt der Barwert bereits unter 1 €. Dies ist auch der Grund, warum unendlich lang laufende Zahlungsreihen keine unendlich hohe Barwertsumme aufweisen (genauer in Kap. 1.5). Die weit in der Zukunft liegenden Zahlungen sind durch die hohe Abzinsung kaum werthaltig.

Selbstlernmodul
Auf- und Abzinsen

Um das Auf- und Abzinsen zu beherrschen, sollten einige Aufgaben gerechnet werden. Die Autoren haben deswegen ein Excel-Modul entwickelt, mit dem unbegrenzt geübt werden kann. Das Programm – ein Excel-Spreadsheet – befindet sich unter www.degruyter.com/view/product/498113. In der folgenden Tabelle ist ein Beispiel abgedruckt. In der ersten Zeile kann der Übungszweck ausgewählt werden. Zur Wahl stehen:

Aufzinsen,

Abzinsen oder

Auf- und Abzinsen, was per Zufallsgenerator ausgewählt wird.

Das Programm generiert immer wieder neue Aufgabenstellungen, die aus den folgenden Elementen bestehen:

Zeitpunkte der Zahlungen

Höhe der Zahlung

Jahreszinssatz

Aufgabe

Für den 01.01 des Jahres 2018 wurde eine Zahlung von 5.883 € vorgegeben. Sie soll auf den 01.01 des Jahres 2030 bezogen werden. Mit diesen Daten soll der Wert der Zahlung zum Zielzeitpunkt bestimmt werden.

Übungsziel auswählen	Aufzinsen	
Eingabefelder (werden automatisch nach F9 gefüllt)		
Startzeitpunkt (Zeitpunkt des Anfalls)		
1.1. des Jahres	2018	
Zahlung zum Startzeitpunkt	588,00	
Zielzeitpunkt (Zeitpunkt des neuen Bezugs)		
1.1 des Jahres	2030	
Jahreszinssatz	12,100 %	i
Ergebnisfelder		
Verzinsungsrichtung	Aufzinsen	
Jahreszinsfaktor	1,1210	q
Erstes Datum		
Jahr	2018	
Zweites Datum		
Jahr	2030	
Anzahl Jahre	**12**	**tn**
Aufzinsfaktor gesamte Laufzeit	3,9379	$= q^{tn}$
Abzinsfaktor gesamte Laufzeit	n. a.	$= q^{tn}$
Wert der Zahlung zum Zielzeitpunkt	2315,50	

Lösung

Gemäß den Daten ist eine Aufzinsung notwendig, und zwar um 12 Jahre. Als Zinssatz i wurde 12,1 % p. a. bestimmt. Aus ihm kann dann der Jahreszinsfaktor q = 1 + i mit 1,121 abgeleitet werden. Dieser ergibt bei 12 Jahren einen Aufzinsungsfaktor über alle 12 Perioden von $1{,}121^{12}$ = 3,9379, womit dann die Zahlung von 588 € multipliziert wird. Als Endbetrag erhält der Anleger 2315,50 € zum Zielzeitpunkt, der im Beispiel auf den 1.1.2030 fällt.

Der Benutzer sollte seine Lösung mit dem Lösungsvorschlag im zweiten Kasten vergleichen. Durch Drücken der F9-Taste kann dann die nächste Aufgabe generiert und gelöst werden. Dies sollte so lange wiederholt werden, bis die selbst erarbeiteten Lösungen (fast) immer richtig sind.

Das Feld „Übungsziel" ist im Beispiel mit „Aufzinsen" belegt. Der Leser hat aber genauso die Möglichkeit, sich Aufgaben zum Abzinsen oder gemischt mit Auf- und Abzinsen generieren zu lassen. Mit

1.3.2 Einheiten von Zinssätzen

Zinssätze weisen in den üblichen Darstellungen keine Einheiten auf. Die Zinsen, welche in € gemessen werden, sind auf den Anlagebetrag bezogen, der ebenfalls in € angegeben wird. Es kürzt sich somit heraus.

Bei genauer Betrachtung stellt das eine vergebene Chance dar, weil die Information, dass die beiden Zahlungen zu unterschiedlichen Zeitpunkten anfallen, nicht ausgenutzt werden. Dies ist aber möglich und führt zu einem Informationsgewinn (vgl. Hoberg (2018), S. 468 ff.).

Ausgangspunkt sind Zahlungen, welche in der Einheit den Zeitpunkt ihres Anfalls tragen sollten. Wenn Sie nach 2 Jahren kommen, wäre die Einheit $€_2$. In diesem Fall ist ein Jahresindex gewählt worden. Die Indices können aber auch monatlich gewählt werden. Auf dieser Basis können Verzinsungen untersucht werden.

Zunächst seien die Aufzinsungen näher betrachtet. Dazu sei das obige Beispiel der zehnjährigen Aufzinsung erweitert. Die erste Zahlung von 100 € möge auf t = 3 bezogen sein. Bei der Aufzinsung wird es zu diesem Zeitpunkt t = 3 eine Auszahlung von 100 € geben, wofür dann in t = 13 eine Einzahlung mit Verzinsung eintreffen soll. Die beiden Zeitpunkte geben nicht nur an, wann die Zahlungen auftreten, sondern auch, welche Kaufkraft sie enthalten. In t = 3 würde der Entscheidungsträger auf 100 € verzichten, was selbstverständlich in der Kaufkraft zum Zeitpunkt t = 3 ausgedrückt ist. In t = 13 kommt dann der angelegte Betrag mit Zinsen zurück, diesmal aber mit der Kaufkraft in t = 13. Um die unterschiedliche Kaufkraft der Euros und auch die Zahlungszeitpunkte abbilden zu können, bietet es sich an, die Einheit € mit einem Zeitindex zu versehen. Es geht dann mit $€_3$ um Zahlungen, die in t = 3 mit der Kaufkraft in t = 3 anfallen. Parallel besagt $€_{13}$, dass die Zahlung in t = 13 kommt und somit auch die Kaufkraft in t = 13 aufweist. Damit ergibt sich die erweiterte Formel für den Wert der Zahlung in t = 13 zu:

$$W_{13} = 100\ €_3 * 2{,}5937 €_{13}/€_3 = 259{,}37 €_{13}$$

Der Aufzinsungsfaktor $q = 1{,}1^{10} = 2{,}5937$ hat im Beispiel die Einheit $\text{€}_{13}\, /\, \text{€}_3$. Durch den Zeitindex sind die Einheiten nicht mehr identisch und kürzen sich nicht mehr heraus, was implizit in der traditionellen Vorgehensweise angenommen wird. Das Nicht-Herauskürzen ist korrekt, weil Euros in $t = 3$ eine andere Kaufkraft ausweisen als solche in $t = 13$.

Im Beispiel bedeutet dies, dass jeder Euro, der in $t = 3$ (steht im Nenner) investiert wird, in $t = 13$ eine Rückzahlung von 2,5937 erzeugt. Multipliziert mit dem Investitionsbetrag in $t = 3$ wird somit auch die Einheit transformiert: Aus €_3 entsteht durch Multiplikation mit $\text{€}_{13}\, /\, \text{€}_3$ die neue Einheit €_{13}. Damit wird viel deutlicher, was eine Aufzinsung bedeutet.

Es kann nun die allgemeine Einheit des einjährigen Aufzinsungsfaktors $q = 1 + i$ entwickelt werden. Zur Verallgemeinerung wird statt Euro die allgemeine Einheit Geldeinheiten (GE) verwendet, so dass dann alle Währungen einbezogen sind.

Dann muss eine Zahlung, die in t anfällt und somit die Einheit GE_t aufweist, bei der Aufzinsung in eine Zahlung mit der Einheit GE_{t+1} transformiert werden. Der Aufzinsungsfaktor hat somit allgemein die Einheit:

$$GE_{t+1}/GE_t$$

Die gleiche Einheit gilt nicht nur für den Zinsfaktor, der ja die Wertsumme von Kapital und Verzinsung angibt, sondern auch für den Zinssatz i, der nur für den (nominalen) Wertanstieg durch die Verzinsung steht.

Werden mehrere Perioden betrachtet, so muss der Aufzinsungsfaktor für die gesamte Laufzeit gebildet werden. Wird die Länge der Laufzeit mit LZ bezeichnet, so ergibt sich die Einheit des mehrjährigen Aufzinsungsfaktors zu:

$$GE_{t+LZ}/GE_t.$$

Der Anlagebetrag in $t = 0$ möge $100\ \text{€}_0$ betragen. Er wird jetzt für verschiedene Zeiträume aufgezinst.

Im einjährigen Fall wird der Betrag von $100\ \text{€}_0$ um eine Periode aufgezinst. Der Aufzinsungsfaktor hat die Einheit $GE_1\, /\, GE_0$. Das Ausmultiplizieren der Einheiten ergibt dann:

$$GE_0 * GE_1/GE_0 = GE_1.$$

Bei 2 Jahren sind es:

$$GE_0 * GE_2/GE_0 = GE_2, \text{usw.}$$

Es können somit sämtlich Zeiträume für Aufzinsungen leicht dargestellt werden.

Einen Sonderfall stellt die Anlage über 0 Jahre dar:

$$GE_0 * GE_0/GE_0 = GE_0.$$

Nur in diesem wenig sinnvollen Spezialfall sind die Einheiten des Aufzinsungsfaktors gleich und können herausgekürzt werden.

Parallel kann die Vorgehensweise für Abzinsungen abgeleitet werden. Für diesen Fall sei angenommen, dass gemäß dem Kapitalwertkriterium alle Zahlungen auf den Startzeitpunkt t = 0 zu beziehen sind (vgl. z. B. Kruschwitz, S. 51 ff. oder Wöhe, S. 487). Im Beispiel muss die zusätzliche Zahlung von 100 $€_3$ in t = 3 somit auf den Zeitpunkt t = 0 über 3 Perioden abgezinst werden. In der üblichen Schreibweise ergibt sich der Wert per t = 0 wie folgt:

$$W_0 = 100\ € / 1,1^3 = 100/1,331 = 75,13\ €$$

mit

W_0 Wert der Zahlung in t = 0 (nach Abzinsung)

In der erweiterten Version hingegen kann notiert werden:

$$W_0 = 100\ €_3 / (1,331\ €_3/€_0) = 75,13€_0$$

Der Abzinsungsfaktor ABZF ergibt sich als Kehrwert des Aufzinsungsfaktors q zu:

$$ABZF = 1/q = 1/(1,331€_3/€_0) = 0,7513€_0/€_3$$

mit

ABZF Abzinsungsfaktor

Der Abzinsungsfaktor ABZF transformiert somit wie gefordert Zahlungen aus t = 3 in Zahlungen in t = 0. Der Abzinsungsfaktor mit der Einheit $€_0 / €_3$ besagt daher, dass es für jeden Euro, der in t = 3 anfällt (Nenner), 0,7513 Euro zum Zeitpunkt t = 0 gibt. In der Praxis kann sich der Anwender vorstellen, dass in t = 0 ein Kredit von 0,7513 Euro aufgenommen wird, wenn dafür in t = 3 ein Euro zurückgezahlt wird. Abzinsungen können also auch als Kreditaufnahme interpretiert werden.

Noch allgemeiner hat der Abzinsungsfaktor ABZF bei einer Laufzeitlänge LZ die Einheit:

$$€_0/€_{0+Lz} = €_0/€_{Lz}.$$

Im zehnjährigen Fall wird somit die Zahlung von 100 GE_{10} zum Zeitpunkt t = 10 durch den zehnjährigen Zinsfaktor q^{10} mit der Dimension GE_{10} / GE_0 dividiert. Die Einheit GE_{10} kürzt sich heraus, so dass die abgezinste Zahlung die geforderte Einheit GE_0 aufweist.

Nur in dem wenig sinnvollen Spezialfall einer Abzinsung um 0 Perioden können die Einheiten des Faktors herausgekürzt werden, weil dann die Einheiten identisch sind.

Es wurde gezeigt, dass einzelne Auf- und Abzinsungen mit der Angabe der genauen Einheiten wesentlich präziser dargestellt werden können.

Mit dem Aufzinsen und Abzinsen kann der Entscheidungsträger nun Zahlungen, die zu einem beliebigen Zeitpunkt in der Vergangenheit, Gegenwart oder Zukunft anfallen, auf einen beliebigen Zeitpunkt in der Vergangenheit, Gegenwart oder Zukunft beziehen. Damit stehen die Instrumente zur Verfügung, die später z. B. für das Kapi-

talwert- oder Endwertkriterium (klassische dynamische Verfahren der Investitionsrechnung) notwendig sind.

1.4 Bestandteile von Handlungsmöglichkeiten

Handlungsmöglichkeiten müssen unter mehreren Aspekten untersucht werden. Wichtig sind die durch sie ausgelösten Zahlungen und Zahlungsänderungen inklusive des
zeitlichen Anfalls. Im Weiteren müssen Zins- und Steuersätze geplant werden.

1.4.1 Zahlungen

Zahlungen stellen für den Betriebswirt Glücksfälle dar, weil sie mit dem Valutadatum
auf dem Bank- oder Kassenkonto gebucht werden und damit direkt mit ihrer Liquiditätswirkung beobachtbar sind. Alle weiteren Begriffe wie z. B. Erlöse, Kosten, Aufwand
etc. sind Konstrukte, die meistens jenseits der direkten Beobachtbarkeit liegen. Sie werden als Konstrukte mittels Aufwands- oder Kostenbuchungen gebildet, um bestimmte
Rechnungszwecke zu operationalisieren wie z. B. die Ermittlung des jährlichen perio-
dengerechten Betriebsergebnisses, wozu u. a. die Verteilung von Zahlungen auf Perioden notwendig ist.[22,23]

   Im ersten Schritt ist der zu verwendende Zahlungsbegriff zu klären. Däumler
z. B. fordert „reine Kassenbewegungen" für die Auslösung einer Zahlung.[24] Zunächst
ist zu erwähnen, dass er Kasse offenbar unter Einbeziehung von Bankkonten versteht.
Aber auch dies reicht nicht aus, da wesentliche Elemente fehlen, nämlich verhinderte
bzw. reduzierte Zahlungen. Beispiel: Wenn Rationalisierungsinvestitionen durchgeführt werden, gibt es auf der Positivseite üblicherweise keine Einzahlungen. Die positiven Konsequenzen liegen in der Verminderung der Auszahlungen.

   Daher soll hier von finanziellen Konsequenzen oder Zahlungen im weiten Sinne
gesprochen werden.[25] Positive finanzielle Konsequenzen (Einzahlungen im weiten
Sinne) enthalten somit Einzahlungen im engen Sinne, verhinderte Auszahlungen und

---

22 Vgl. D. Schneider 1997, S 34 ff.
23 Nur Teile der Kostenerfassung sind relativ leicht zu erfassen. So ist eine Materialentnahme aus einem
Lager zum Einsatz des Materials in der Produktion sogar logistisch/physisch beobachtbar und zeitlich auf
die Minute exakt erfassbar. Das Rechnungswesen kann den Logistikprozess sehr gut abbilden, wenn unmittelbar (*realtime*) gebucht wird: Im Moment der Entnahmebuchung des Materials erfolgt eine Minde-
rung des Bestandskontos und eine Erhöhung des Aufwands- bzw. Kostenkontos. Die Mengenkomponente
ist somit abbildbar, wenn die EDV-Systeme richtig laufen. Die Wertkomponente bleibt aber zunächst offen,
insbesondere wenn man daran denkt, dass ggf. zu Wiederbeschaffungspreisen bewertet werden muss.
24 Vgl. Däumler, S. 63.
25 Vgl. zum Zahlungsbegriff Hoberg 1984, S. 61 ff.

die Verringerung von Auszahlungen (z. B. geringere Kraftstoffkosten beim Kauf eines Dieselfahrzeugs). Alle drei Elemente können durch eine Handlungsmöglichkeit verursacht werden. Damit ist klar, dass die Zahlungshöhen jeweils im Vergleich zur Unterlassensalternative abgeleitet werden müssen. Die möglichen Erscheinungsformen der positiven finanziellen Konsequenzen sind in der Tab. 1.4 dargestellt.

Parallel können die negativen finanziellen Konsequenzen (Tab. 1.5) aufgeführt werden, die auch als Auszahlungen im weiten Sinne bezeichnet werden können.

Tab. 1.4: Positive finanzielle Konsequenzen (Einzahlungen im weiten Sinne), (eigene Darstellung).

Typ der finanziellen Konsequenz	Beispiel
Einzahlungen im engen Sinne	Kunde kauft Produkt mit Barzahlung
Verhinderte Auszahlungen	Keine Mietzahlung durch Hauskauf
Reduktion von Auszahlungen	Weniger Kraftstoffkosten durch Ersatz von Benziner durch Diesel

Tab. 1.5: Negative finanzielle Konsequenzen (Auszahlungen im weiten Sinne), (eigene Darstellung).

Typ der finanziellen Konsequenz	Beispiel
Auszahlungen im engen Sinne	Kauf von Rohstoffen gegen bar
Verhinderte Einzahlungen	Kein Gehalt wegen Studium
Reduktion von Einzahlungen	Ein Neuprodukt kannibalisiert die bestehenden Produkte.

Bei den negativen finanziellen Konsequenzen ist vor allen Dingen der letzte Punkt bemerkenswert, weil hier in der Praxis häufig Fehler begangen werden. Wenn ein Markenartikler eine neue Variante einführt (*range extension*), dann werden davon häufig auch die Verkäufe der bisherigen Produkte betroffen. Dies muss berücksichtigt werden, weil die Investitionsbeurteilung ansonsten fälschlicherweise zu positiv ausfällt. Die kannibalisierten Einzahlungsüberschüsse der bestehenden Produkte müssen von denen der neuen abgezogen werden. In der Praxis sind die Kannibalisierungseffekte aber schwierig zu planen, zumal die Produktmanager, die ein Interesse daran haben, ein neues Produkt einzuführen, nicht unbedingt bereitwillig und realistisch Auskunft über Kannibalisierungseffekte geben werden.

In ähnlicher Form lässt sich ein solcher Fehler auch bei Entscheidungen zu neuen Fabriken im Ausland finden. Nach einigen Jahren des Exports prüfen Unternehmen, ob es sich jetzt nicht lohnt, ein Werk im belieferten Markt zu eröffnen, um Transportkosten, Zölle usw. einzusparen. Wenn die Vergleichsrechnung durchgeführt wird, darf nicht vergessen werden, dass dann die Deckungsbeiträge aus dem Export wegfallen werden.

Entsprechend der Systematik der Zahlungen im weiten Sinne ist nach den wichtigsten Bestandteilen der Zahlungen zu fragen:
– Höhe der Zahlungen (inkl. Rückvergütungen und Zahlungskonditionen wie Skonto)

- Zeitpunkt der Zahlungen (z. B. Valutabuchung auf Girokonto)
- Sicherheit des Eintreffens der Zahlungen (Rating/Kreditwürdigkeit des Kunden)
- Währung der Zahlungen (Umrechnungskurse/Devisenkursschwankungen)

Insbesondere bei Einzahlungen kann sich das Unternehmen nicht sicher sein, dass die Rechnungen auch bezahlt werden. Vornehmlich Kunden mit einem schlechten Rating sollten besonders beobachtet werden. Ggf. sind bei den Einzahlungen Abschläge – z. B. für Forderungsausfälle – vorzusehen, die auf den Erfahrungen der Vergangenheit beruhen können.

Die Währungsproblematik möge das folgende Beispiel verdeutlichen:

Ein deutscher Maschinenlieferant erwartet am 01.01.XX für eine Maschinenlieferung am 01.07.XX die folgenden Zahlungen in der Gesamthöhe von 1 Mio \$.

01.02.XX Anzahlung 30 % zu einem Wechselkurs von 1,04 \$/€

01.07.XX Zweite Rate (40 %) bei Lieferung zum erwarteten Kurs von 1,08 \$/€

01.09.XX Abschlussrate (30 %) bei Abnahme zum erwarteten Kurs von 1,11 \$/€

Während die erste Zahlung bei unterschriebenem Vertrag fast sicher ist (aber verspätet kommen kann), hängen die weiteren Zahlungen auch von der eigenen Leistung ab und vom Können und Wollen des Kunden. Hier sollten vorsichtshalber Verspätungen eingerechnet werden. Auch der Dollarkurs kann sich schnell ändern. Daher ist eine bewusste Entscheidung des Lieferanten gefragt, ob er das Währungsrisiko tragen möchte oder ob er sich über Devisentermingeschäfte absichern möchte. Im konkreten Fall könnte er die zu erwartenden Dollars schon heute auf Termin verkaufen. Absicherungen auf den Terminmärkten sind sehr sinnvoll, weil die Unternehmen eben nicht ihren Geschäftsschwerpunkt in Spekulationsgeschäften haben, sondern in ihrem jeweiligen Geschäftszweck. Daher empfiehlt sich ein Ausschalten dieser Risiken, was allerdings auch mit dem Verzicht auf positive Abweichungen verbunden ist.

Verschiebungen zwischen den Zahlungen im geringen Umfang können über Devisenkonten ausgeglichen werden. Wichtig dabei ist, dass der Lieferant nicht die einzelne Zahlung, sondern immer nur die Salden aus all seinen Dollargeschäften absichert. Ein Zusammenfassen (*netting*) ist also vorher erforderlich. Für die Investitionsrechnung bedeutet diese Absicherung, dass einige der Risiken (und Chancen) abgefangen werden.

1.4.2 Zeitlicher Anfall von Zahlungen (intraperiodisch)

Alle Verfahren der Investitionsrechnung können nur dann zuverlässig gute Ergebnisse liefern, wenn die Inputdaten sauber erfasst und aufbereitet wurden. Diese Aufgabe ist sehr zeitraubend, da z. B. Marktforschungsdaten hinsichtlich erwarteter Mengen oder Preisbereitschaften letztendlich in finanzielle Größen übersetzt werden müssen. In der statischen Investitionsrechnung (siehe Kap. 1.2) sind dies Kosten und Nettoumsätze (Erlöse) und in der dynamischen Investitionsrechnung Zahlungen bzw. Änderungen von

Zahlungen. Üblicherweise werden diese Größen jährlich erfasst und dann in den Investitionsrechnungsverfahren verarbeitet. Diese jährliche Sichtweise führt zu dem überraschenden Ergebnis, dass fast kein Autor erwähnt, zu welchem Zeitpunkt innerhalb eines Jahres (also intraperiodisch) die Zahlungen anfallen (vgl. z. B. Wöhe, S. 487ff.). Hölscher/ Helms (S. 52) weisen auf das Problem hin, bieten aber keine Lösung an. Dabei kann die exakte zeitliche Erfassung entscheidend sein, wie das folgende einfache Beispiel zeigt.

Einführendes Beispiel
Eine Handlungsmöglichkeit HM1 möge eine Investition von 100 T €$_0$ in t = 0 erfordern. Die Umsätze innerhalb des ersten und einzigen Jahres mögen 109 T € betragen. Ein Zeitindex kann noch nicht angegeben werden, weil nicht klar ist, zu welchem Zeitraum im Jahr kommen wird. Der Kalkulationszinsfuß belaufe sich auf 10 % p. a. (auch Wacc: Weighted Average Cost of Capital genannt). Fast alle Autoren gehen davon aus, dass damit die Einzahlung z. B. aus einem Umsatzprozess am Jahresende kommt (vgl. beispielsweise Ewert/ Wagenhofer, S. 44). Dies stimmt jedoch nur im Ausnahmefall. Wenn es sich um eine einzige Einzahlung handelt, kann sie an jedem Tag des betrachteten Jahres und sogar in den Folgeperioden kommen, wenn z. B. lange Zahlungsziele vereinbart wurden. Die Vorteilhaftigkeit von Handlungsmöglichkeiten kann davon abhängen, wann die Einzahlungen dem Konto gutgeschrieben werden. Zum Vergleich der Konsequenzen möge der Kapitalwert als Vergleichskriterium dienen. Danach werden alle Zahlungen jeweils auf den Startzeitpunkt t = 0 abgezinst und dann summiert. Damit ergeben sich die folgenden Ergebnisse:

   Wenn die Einzahlung (wenig realistisch) am Jahresanfang (also t = 0) käme, dann lohnt sich die Investition, da der Kapitalwert (Summe der Barwerte in t = 0) – 100 + 109 = 9 T €$_0$ betrüge.

   Ebenfalls vorteilhaft wäre sie bei Anfall zur Jahresmitte (halbjährige Abzinsung der 109 T€): $-100 + 109/1,1^{0,5} = 3,93$T €$_0$.

   Träfe die Einzahlung erst am Ende des ersten Jahres ein, so würde sich der Kapitalwert auf $-100 + 109/1,1 = -0,91$T €$_0$ reduzieren. Die Handlungsmöglichkeit wäre nicht mehr vorteilhaft. Wenn der Zahlungseingang sogar aufgrund von langen Zahlungszielen erst am Ende des zweiten Jahres käme, betrüge der Kapitalwert sogar nur – 9,92T €$_0$. Die Handlungsmöglichkeit würde sich noch weniger lohnen.

   Die Frage nach dem Eintreffen der Zahlungen kann also über die Vorteilhaftigkeit einer Handlungsmöglichkeit entscheiden. Sie muss somit sorgfältig und explizit behandelt werden.

Der Anfall von Zahlungen als Basisproblem
Schon das Beispiel einer einzigen Zahlung hat gezeigt, dass die Zahlungszeitpunkte exakt erfasst werden müssen. Das Problem ist in der Praxis nicht einfach zu lösen, weil im Rechnungswesen (RW) üblicherweise Kosten und Leistungen (internes RW) bzw. Aufwand und Ertrag (externes RW) ohne Berücksichtigung der Zahlungszeitpunkte verbucht werden. Auch die operative Planung des Kostencontrollings findet in

Kosten und Erlösen statt. Die Finanzierungseffekte werden intern über kalkulatorische Zinsen auf die Bestände des Umlauf- und Anlagevermögens ermittelt und im externen Rechnungswesen üblicherweise pauschal und ohne Projektzuordnung über das Finanzergebnis der GuV erfasst. Dieser meist auf Durchschnitten beruhende Ansatz ist nicht exakt; denn bei einer Umsatzbuchung (zum Zeitpunkt des Gefahrenübergangs) kann das Geld in dem einen Extremfall bereits eingetroffen sein (Vorkasse) bzw. im zweiten Extremfall erst nach vielen Jahren kommen. Es ist offensichtlich, dass der wirtschaftliche Wert dieser beiden Umsätze sehr unterschiedlich ist.

In der Praxis wird bei der Investitionsrechnung häufig unterschieden in:

– Vereinfachte Investitionsrechnungen z. B. für Standard- Investitionen in Anlagen zur Produktion von Konsumgütern mit zu erwartenden regelmäßigen Einzahlungen/Erträgen. Hierbei werden durchschnittliche Zahlungsziele und Forderungsausfälle aufgrund von Erfahrungswerten unterstellt. Zur Abbildung von Saisoneffekten sind i. d. R. Vorlagen verfügbar.
– Projekt-Investitionsrechnungen für volumen- oder laufzeitmäßig bedeutende Investitionen
– Investitionen mit unregelmäßigen oder atypischen Ein- oder Auszahlungen.

Für alle Fälle liegen häufig Standard-(Excel)-Vorlagen in der Form von Monats- und Jahresrechnungen bereit.

Es müssen somit Informationen ergänzt werden, zu welchen Zeitpunkten aus Umsätzen Einzahlungen werden. Denn erst mit den Einzahlungen können eigene Auszahlungsverpflichtungen ohne Aufnahme von Fremdkapital beglichen werden. Solche Einzahlungen können z. B. in Europa an jedem Werktag des Jahres eintreffen, also an ungefähr 250 Tagen.[26] In betriebswirtschaftlichen Berechnungen können aber nicht so viele Tage berücksichtigt werden, ohne dass der Erfassungsaufwand sehr groß würde. Insofern gibt es eine Einigung, dass finanzielle Größen nur an bestimmten Tagen verglichen werden. Für Zahlungen hat sich das Jahresende, also der 31.12, als Vergleichszeitpunkt herausgebildet und auch bewährt. Damit gilt die zeitliche Struktur der Abb. 1.3.

Für den Bezug auf das Jahresende sprechen auch steuerliche Überlegungen. Wenn eine Zahlung z. B. am 1.7. des zweiten Jahres kommt, so bleibt sie bei Aufzinsung auf das Jahresende im gleichen Steuerjahr. Würde sie abgezinst – in diesem Fall auf den 31.12 des Jahres 1 – würde sie in ein anderes Steuerjahr fallen. Diese Überlegungen sind nicht notwendig, wenn ohne Einfluss von Steuern kalkuliert wird.

In der Kosten- und Leistungsrechnung ist die Frage nach dem Bezugszeitpunkt zunächst überraschend. Bei näherer Untersuchung erschließt sich dann die implizite Annahme, dass es sich um die Periodenmitte handeln muss (Vgl. Hoberg 2004, S. 75–81). Wenn dann die Zahlungsziele bekannt sind, können die Kosten und Leistungen in

---

[26] In internationalen Konzernen können an allen Tagen Zahlungen kommen wegen der unterschiedlichen nationalen und religiösen Feiertage sowie Wochenendtagen.

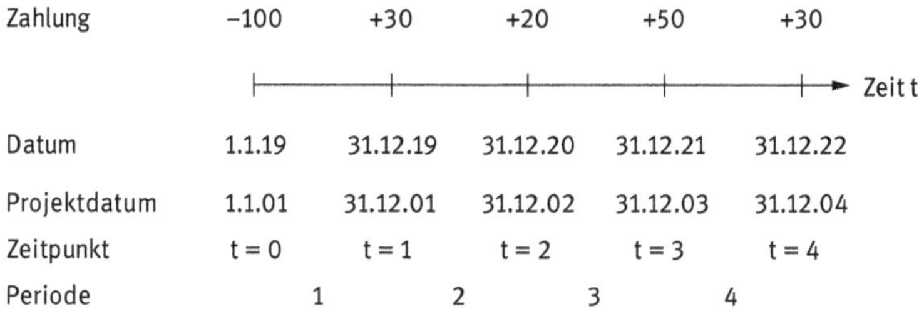

Zahlung	−100	+30	+20	+50	+30	
	├──────┼──────┼──────┼──────┼──────▶ Zeit t					
Datum	1.1.19	31.12.19	31.12.20	31.12.21	31.12.22	
Projektdatum	1.1.01	31.12.01	31.12.02	31.12.03	31.12.04	
Zeitpunkt	t = 0	t = 1	t = 2	t = 3	t = 4	
Periode		1	2	3	4	

Abb. 1.3: Zeitstruktur für die Erfassung von Zahlungen (eigene Darstellung).

Zahlungen transformiert werden. Auf keinen Fall darf für Kosten und Leistungen einfach angenommen werden, dass sie am Jahresende anfielen. Die möglichen problematischen Schlussfolgerungen zeigen sich z. B. bei Ewert/Wagenhofer (S. 65), welche Kosten zur Jahresmitte mit Einzahlungen zum Jahresende saldieren und dabei falsche Ergebnisse ermitteln und dann falsche Schlussfolgerungen ziehen.

Transformation von Zahlungen auf Bezugszeitpunkte

Wie oben erwähnt, lässt sich eine Investitionsrechnung kaum durchführen, wenn alle 365 möglichen Zahlungszeitpunkte in einem Jahr erfasst werden müssen. Deswegen ist es notwendig, die Zahlungen einer Periode zu einem bestimmten Zeitpunkt zusammenzufassen. Die Periode ist fast immer ein Jahr lang, kann aber auch davon abweichen, wenn z. B. der Gesamtzeitraum kurz ist oder wenn Zahlungen quartalsweise anfallen. Aber üblicherweise werden die Zahlungen eines Jahres zusammengefasst.

Die Zusammenfassung ist nur dann zulässig, wenn die Zahlungen vorher auf einen identischen Zeitpunkt bezogen worden sind. Denn die Addition einer Zahlung von 100 € am 1.4. und einer weiteren von 200 € am 1.7. ist nur erlaubt, wenn sie durch Auf- oder Abzinsen in einem vorbereitenden Schritt zeitlich vergleichbar gemacht wurden.[27] Prinzipiell ist jeder Zeitpunkt zulässig. Im Beispiel bieten sich der 1.4. und der 1.7. an. Wenn der 1.7. ausgewählt wird, muss die Zahlung von 100 € vom 1.4. um 3 Monate aufgezinst werden. Beträgt der Zinssatz für ein Vierteljahr 3 %, dann würde sich die Zahlung auf 103 € zum 1.7. aufzinsen. Danach ist die Antwort möglich: Der Gesamtwert der Zahlungen beträgt 303 € und zwar genau am 1.7. des Jahres.

Allerdings kann es nur im Sonderfall angebracht sein, den Vergleichszeitpunkt nach dem Anfall einer bestimmten Zahlung auszuwählen, weil weitere Zahlungen hinzukommen können und weil im mehrperiodigen Fall der Abstand zwischen den

---

27 Vergleichbar ist die Situation, wenn 2 Beträge in unterschiedlicher Währung vorliegen. Diese dürfen auch nicht in einem Schritt addiert werden. Zunächst müssen sie vergleichbar gemacht werden, indem sie in eine einheitliche Währung umgerechnet werden. Bei Zahlungen (in der gleichen Währung) aber zu unterschiedlichen Zeitpunkten funktioniert die Vergleichbarmachung über den einheitlichen Vergleichszeitpunkt.

erfassten Zeitpunkten genau ein Jahr betragen sollte. Insofern bietet es sich an, von vornherein einen stets gleichen Vergleichszeitpunkt innerhalb einer Periode zu wählen. Er besteht üblicherweise im Jahresende, selten auch im Jahresanfang.

Somit ist als Aufgabe festzuhalten, dass alle Zahlungen auf das Jahresende hoch- oder abgezinst werden müssen. Im Steuerfall sollte die Zahlung auf das Jahresende des zutreffenden Steuerjahres bezogen werden, damit die Grenzen des Steuerjahres nicht verlassen werden (siehe zur Investitionsrechnung mit Steuern Kap. 1.6.3).

Transformation einzelner Zahlungen

Bei großen Projekten fallen für das Unternehmen häufig nur wenige Einzahlungen an. Nicht selten erhält es eine Anzahlung, dann Zahlungen bei Erreichen bestimmter Zwischenziele (Milestones) und dann eine Abschlusszahlung. Bei lang laufenden Projekten kann es dadurch sein, dass es nur eine einzige Einzahlung pro Jahr gibt.

Wenn z. B. eine Anzahlung von 1 Mio € am 1.7. eintrifft, so kann sie ein halbes Jahr zum Jahresende aufgezinst werden. Bei 10 % effektivem Kapitalkostensatz beträgt der Monatskapitalkostensatz $1{,}1^{(1/12)} - 1 = 0{,}797\%$. Ein halbes Jahr bedeutet dann eine Aufzinsung um $1{,}00797^6 - 1 = 4{,}8809\%$ auf $1.048.809\,€_{0{,}5}$. Der Zeitindex von 0,5 zeigt, dass die Zahlung auf die Jahresmitte bezogen wurde.

Fällt hingegen eine Abschlusszahlung von 3 Mio € erst im Folgejahr (z. B. am 31.1.) an, ist aber der Umsatz im Dezember des alten Jahres gebucht, so sollte die Zahlung auf den 31.12. des alten Jahres bezogen werden, indem sie einen Monat abgezinst wird. Die Zahlung für das Jahresende ergibt sich dadurch wie folgt:

$$WZ_{JE} = \frac{3.000.000}{1{,}00797^1} = 2.976.267 \text{ in € am Jahresende}$$

WZ_{JE} Wert der Zahlung zum Jahresende

Alternativ könnte die Zahlung auch über 11 Monate auf das Ende des Folgejahres bezogen werden. Das wäre im Falle der Berücksichtigung von Ertragssteuern aber nicht angemessen, weil der Umsatz und die Betriebseinnahme noch im alten Jahr liegen, und damit auch im alten Jahr steuerlich wirksam werden. Insbesondere wenn die Steuersätze von Jahr zu Jahr unterschiedlich wären, würde es Probleme geben.

Die Probleme des unterschiedlichen zeitlichen Anfalls von Zahlungen können bei jeder Art von Zahlungen auftreten, Besonders zu erwähnen sind:
- Startbetrag (auch Anfangsinvestition, Startzahlung oder Anfangsauszahlung genannt)
- Laufende Ein- und Auszahlungen
- Restwerte bzw. Restverbindlichkeiten
- Steuerzahlungen

Gerade bei größeren Handlungsmöglichkeiten (Projekten) kann sich die Erstellung der Investitionsobjekte (z. B. Fabrik) über viele Jahre hinziehen. Üblicherweise wird aber in der Investitionsrechnung nur eine Anfangsauszahlung in t = 0 erfasst. Um diese zu erreichen, müssen die verschiedenen Projektauszahlungen auf einen einheitlichen Startzeitpunkt bezogen werden, was wiederum durch Auf- und Abzinsungen geschieht (Vgl. zu den Details und einem Beispiel Hoberg (2014b), S. 1337 ff.).

Selbstlernmodul
Auf- und Abzinsen
Um das Auf- und Abzinsen über Monate üben zu können, wurde ein weiteres Selbstlernmodul entwickelt, das Sie unter www.degruyter.com/view/product/498113 finden. Das folgende Beispiel möge die Funktionsweise verdeutlichen.

Im ersten Schritt kann der Anwender das Übungsziel auswählen:
- Aufzinsen
- Abzinsen
- Auf- oder Abzinsen (durch Zufallsgenerator bestimmt)

Im Beispiel ist mit "Auf- oder Abzinsen" die anspruchsvollste Variante gewählt.
  Vorbemerkung:
- Im Menü „Formeln – Berechnungsweise" muss die Berechnung auf „manuell" gestellt werden.
- Auch im Menu „Datei – Optionen – Formeln" muss auf manuell gestellt werden.
- Es darf kein Haken vor „Neuberechnung vor Speichern" gesetzt werden.

Startzeit (Zeitpunkt des Anfalls)	
Monat	5
Anfall im Monat	vorschüssig
Jahr	2023
Zahlung zum Startzeitpunkt	499,00
Zielzeitpunkt (Zeitpunkt des neuen Bezugs)	
Monat	12
Anfall im Monat	nachschüssig
Jahr	2024
Jahreszinssatz	4,300 %
Umrechnung auf Monat	effektiv

Im konkreten Fall soll eine Zahlung von 499, die vorschüssig in 5/2023 anfällt, auf den Zeitpunkt 12/2024 (nachschüssig) bezogen werden. Da hier über die Jahresverzinsungen hinaus auch Monatsverzinsungen benötigt werden, muss im ersten Schritt der Monatszinssatz ermittelt werden. Als Umrechnungsvorschrift ist in diesem Fall "effektiv" angegeben, so dass die Monatszinsermittlung unter Berücksichtigung des Zinseszinseffektes erfolgen muss (Einzelheiten zur Monatsverzinsung im Abschnitt 1.1.4). Die Monatsverzinsung ergibt sich dann zu $1,043^{(1/12)} - 1 = 0,351$ % pro Monat. Alternativ kann die Umrechnung "nominal" verlangt werden, woraus dann 4,3%/12 = 0,358 % pro Monat resultieren würde. Der Prozentsatz muss ein wenig höher sein, weil er keinen Zinseszinseffekt enthält.

Verzinsungsrichtung	Aufzinsen	
Monatszinssatz	0,351 %	
Monatszinsfaktor	1,00351	
Erstes Datum		
Monat	5	
Anfall im Monat	vorschüssig	
Jahr	2023	
Zweites Datum		
Monat	12	
Anfall im Monat	nachschüssig	
Jahr	2024	
Monate Startjahr	8	
Monate volle Jahre	0	
Monate Endjahr	12	
Anzahl Monate	20	
Aufzinsfaktor gesamte Laufzeit	1,0727	$= q^{tn}$
Abzinsfaktor gesamte Laufzeit	n. a.	
Wert der Zahlung zum Zielzeitpunkt	535,27	

Im ersten Schritt ist die Verzinsungsrichtung zu klären. Da die Startzahlung vor dem Zielzeitpunkt liegt, geht es um eine Aufzinsung. Dann muss die Anzahl der Monate für die Aufzinsung bestimmt werden. Im Beispiel fällt die Startzahlung im Monat 5 vorschüssig, also am 1.5.2023 an, so dass es noch 8 Monate bis zum Jahresende sind. Dann kommt kein vollständiges Jahr mehr (also 0·12 Monate = 0) und im Zieljahr nochmals 12 Monate, weil die Zahlung Ende des Jahres 2024 anfällt. Somit beträgt der Zeitabstand 8 + 0 + 12 = 20 Monate, womit dann der Aufzinsungsfaktor zu 1,0727 berechnet werden kann. Durch Multiplikation mit der Ausgangszahlung von 499,00 € ergibt sich dann die Zahlung zum Zielzeitpunkt von 535,27 €.

Durch Drücken der Funktionstaste 9 kann eine neue Aufgabe generiert werden, die gelöst werden sollte und dann mit dem Lösungsvorschlag verglichen werden kann. Da die Auf- und Abzinsungen immer wieder in der Investitionsrechnung benötigt werden, sollte der Leser so lange üben, bis er diese Fertigkeit gut beherrscht.

Transformation vieler gleichmäßiger Zahlungen

Der Regelfall in vielen Branchen dürfte darin bestehen, dass das Unternehmen viele Einzahlungen erhält und auf der anderen Seite viele Auszahlungen bestreiten muss. Auch diese Zahlungen müssen in ihrem zeitlichen Anfall vereinheitlicht werden, was z. B. durch einen Bezug auf das Jahresende durchgeführt werden kann. Häufig unterliegen diese Zahlungen einer gewissen Regelmäßigkeit. So sind immer am Monatsende die Auszahlungen für die Gehälter inkl. der Sozialbeiträge fällig. Auf der Einzahlungsseite gibt es häufig Servicegebühren, die das Unternehmen monatlich oder quartalsweise vorschüssig erhält. Diese regelmäßigen Zahlungen können mit Hilfe von Endwertfaktoren auf das Jahresende bezogen werden. Im Weiteren ist zu untersuchen, ob die Zahlungen immer am Ende einer Teilperiode (Monat, Quartal) anfallen (nachschüssig) wie z. B. die Gehälter am Monatsende oder vorschüssig am Anfang der Teilperiode wie z. B. die Wartungszahlungen am Anfang eines Quartals. Die allgemeine Formel für den Endwertfaktor bei nachschüssig anfallenden Zahlungen lautet:[28]

$$EW_{nach} = RZ \cdot \frac{(q^{tn} - 1)}{i} \quad \text{in € zum Zeitpunkt } t = tn$$

EW_{nach} Endwert für nachschüssig anfallende Zahlungen
RZ Regelmäßige Zahlungen in € am Teilperiodenende
i Zinssatz für Teilperiode, z. B. Monat oder Quartal
q Zinsfaktor für Teilperiode (1 + i)
tn Anzahl der Teilperioden, z. B. 12 bei monatlichen Zahlungen

Der Faktor $(q^{tn} - 1) / i$ wird Endwertfaktor genannt.

Abb. 1.4 zeigt, wie der Endwertfaktor wirkt. Jede einzelne Zahlung muss auf den Endzeitpunkt $t = tn$ hochgezinst werden. In der Grafik werden 4 Perioden betrachtet, in denen jeweils eine Zahlung von 100 am jeweiligen Periodenende anfällt. Es gilt wieder ein Jahreszinssatz i von 10 %.

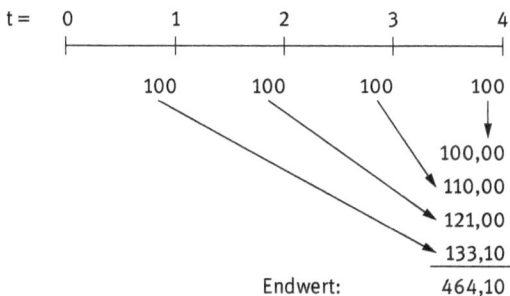

Abb. 1.4: Grafische Darstellung der Aufzinsung gleichmäßiger nachschüssiger Zahlungen zum Endwert (eigene Darstellung).

Ein Rechenbeispiel möge die Vorgehensweise zeigen, wobei wieder von einem Monatszinssatz von 0,797 % ausgegangen wird. Hat das Unternehmen 12-mal monatlich 500 T € nachschüssig an Gehaltsauszahlungen zu leisten, so ergibt sich der Endwert am Ende des Jahres zu:

$$EW_{nachmG} = 500 \, \text{T€} \cdot \frac{(1{,}00797^{12} - 1)}{0{,}00797} \quad \text{in T € zum Jahresende}$$

EW_{nachmG} Endwert am Jahresende für nachschüssige monatliche Gehaltszahlungen

$$EW_{nachmG} = 500 \, \text{T€} \cdot 12{,}54 = 6{,}270 \quad \text{in T € zum Jahresende}$$

---

28 Die Faktoren werden ausführlich in Kap. 1.5 behandelt.

Der nachschüssige Endwertfaktor beträgt somit 12,54, woraus sich dann ein Endwert von 6,270 Mio € ergibt.

Wenn die Zahlungen jeweils am Anfang der Teilperioden (z. B. Monate, Quartale, Jahre) anfallen, dann muss der vorschüssige Endwertfaktor zum Einsatz kommen:

$$EW_{vor} = RZ \cdot \frac{(q^{tn} - 1)}{i} \cdot q \qquad \text{in € zum Zeitpunkt tn}$$

EW_{vor} Endwert für vorschüssige Zahlungen

Abb. 1.5 veranschaulicht das Ergebnis grafisch.

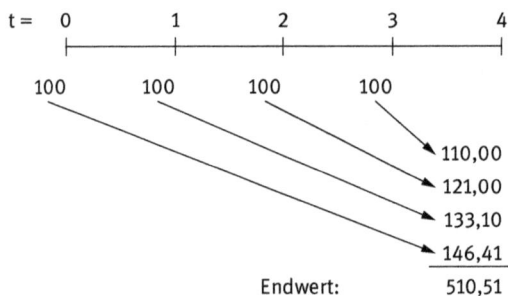

Abb. 1.5: Grafische Darstellung der Aufzinsung gleichmäßiger vorschüssiger Zahlungen zum Endwert (eigene Darstellung).

Der Endwert im vorschüssigen Fall muss genau um den Zinssatz höher sein, weil jede Zahlung nun genau eine Periode früher zur Verfügung steht. Die zusätzlichen Zinsen betragen dann 0,1· 464,10 € = 46,41 €, so dass sich der Gesamtendwert zu 464,10 + 46,41 = 464,10 · 1,1 = 510,51 ergibt.

Mit dieser Formel sei das Beispiel der quartalsweisen vorschüssigen Serviceeinzahlungen fortgeführt. Der Quartalszinssatz lautet $1{,}1^{(1/4)} - 1 = 2{,}411\%$. Wenn die regelmäßigen Einzahlungen 1 Mio € je Quartalsanfang betragen, gilt:

$$EW_{vorqS} = 1.000\,T€ \cdot \frac{(1{,}02411^4 - 1)}{0{,}02411} \cdot 1{,}02411 \qquad \text{in € in t = tn = 4}$$

EW_{vorqS} Endwert für vorschüssige quartalsweise Serviceeinzahlungen

$$EW_{vorqS} = 1.000\,T€ \cdot 4{,}247 = 4.247\,T€ \qquad \text{in € in t = tn = 4}$$

Der vorschüssige Endwertfaktor beträgt 4,247, so dass sich der Endwert zum Jahresende – nach tn = 4 Quartalen – auf 4,247 Mio € beläuft.

Somit lässt sich festhalten, dass im Falle regelmäßiger Zahlungen der Endwertfaktor das richtige Instrument ist, um die Zahlungen auf das Jahresende zu beziehen.

Wenn nicht der Endzeitpunkt, sondern der Anfang der Bezugszeitpunkt sein soll, so sind alle Zahlungen auf den Startzeitpunkt t = 0 abzuzinsen. Die Zahlen aus dem nachschüssigen Endwertbeispiel seien auf diesen Barwertfall mittels Abb. 1.6 übertragen.

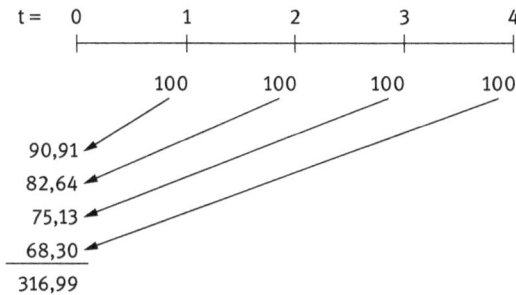

```
t =   0         1         2         3         4
      ├─────────┼─────────┼─────────┼─────────┤

               100       100       100       100

   90,91
   82,64
   75,13
   68,30
  ─────────
   316,99
```

Abb. 1.6: Grafische Darstellung der Abzinsung gleichmäßiger Zahlungen zum Kapitalwert (eigene Darstellung).

Jede einzelne Zahlung wird auf den Startzeitpunkt abgezinst (Barwertbildung) und dann aufsummiert. Das Ergebnis der Summe der Barwerte in t = 0 von 316,99 wird als Kapitalwert bezeichnet.

Transformation ungleichmäßiger Zahlungen

Aufwendiger wird die Bestimmung der Zahlungen per Jahresende, wenn sehr viele Zahlungen ohne erkennbaren Rhythmus zu erwarten sind. Unternehmen aus den Konsumgüterwirtschaftszweigen FMCG-Bereich (Fast Moving Consumer Goods) beliefern praktisch täglich ihre Kunden und erhalten somit auch täglich mehrere Zahlungen. Diese lassen sich nur schwer einzeln erfassen und hochzinsen. Hier müssen dann Heuristiken helfen.

Das Unternehmen muss versuchen, aus der Vielzahl der Lieferungen ein zeitliches Muster zu erkennen. Häufig liegt der Fall vor, dass sich die Lieferungen ziemlich gleichmäßig über das Jahr verteilen. Damit käme dann die durchschnittliche Lieferung ungefähr zur Jahresmitte. Wenn an allen 250 Arbeitstagen des Jahres für je 1 Mio € geliefert wird, so ist dies gleichbedeutend damit, dass durchschnittlich 250 Mio € zur Jahresmitte geliefert werden. Frühere und spätere Lieferungen gleichen sich jeweils zum 1. Juli aus. Damit wäre dann der gesamte Lieferstrom in einem Zeitpunkt (1. Juli) zusammengefasst. Im Fall ohne Zahlungsziele und ohne weitere Rabatte kann dieser Betrag jetzt auf das Jahresende hochgezinst werden wie unter Kap. 1.3.1 gezeigt wurde. Aus 250 Mio € – über das Jahr verteilt – werden dann 250 · 1,048809 = 262,2 Mio € am Jahresende. Der korrekte Wert (262,3) würde sich ergeben, wenn die Zahlungen innerhalb eines Monats auf das Monatsende hochgezinst würden und dann mit dem Endwertfaktor auf das Jahresende bezogen würden. Den Unterschied ist vernachlässigbar.

Wenn Zahlungsziele gegeben werden müssen, so reduziert sich der Zeitraum zwischen dem durchschnittlichen Zahlungseingang und dem Jahresende. Bei 2 Monaten Zahlungsziel ist dann nur noch um 4 Monate aufzuzinsen. Die Formel hierfür lautet wie folgt:

$$EW_{ZZ} = JU \cdot q^{(12 - AM - ZZ)} \qquad \text{in € zum Jahresende}$$

EW_{ZZ} Endwert bei Berücksichtigung von Zahlungszielen in € am Jahresende
JU   Jahresumsatz, in € (zur Jahresmitte bei gleichmäßigem Anfall)
q   Monatszinsfaktor (1 + i)
AM   Anzahl Monate bis zum Zeitpunkt des Anfalls des durchschnittlichen Umsatzes (6 Monate bei gleichmäßigem Anfall)
ZZ   Zahlungszielmonate

Die Anzahl der Aufzinsungsmonate verkürzt sich somit auf (12 – 6 – 2) = 4 Monate.

$$EW_{ZZ} = 250 \text{ Mio €} * q^{(12 - 6 - 4)} \qquad \text{in Mio € am Jahresende}$$

$$EW_{ZZ} = 250 \text{ Mio €} * q^4 \qquad \text{in Mio € am Jahresende}$$

$$EW_{ZZ} = 258{,}07 \text{ Mio €} \qquad \text{in Mio € am Jahresende}$$

Mit diesem Ansatz können auch sehr zahlreiche Zahlungen ohne großen Aufwand auf das Jahresende bezogen werden. Die Genauigkeit leidet kaum, solange die Zahlungen entweder weitgehend gleichverteilt sind oder symmetrisch zur Jahresmitte anfallen. Wenn der Durchschnitt der Umsätze in etwa zur Jahresmitte kommt, ist das Verfahren somit akzeptabel.

Die Berechnungsmethode muss natürlich angepasst werden, wenn sich die Annahme des gleichmäßig über das Jahr verteilten Umsatzes nicht halten lässt, weil z. B. Saisoneffekte zu berücksichtigen sind. Der Osterhasenverkäufer, der seine durchschnittlichen Umsätze zum 1.3. tätigen möge, würde bei einem Monat Zahlungsziel um (12 – 2 – 1) = 9 Monate aufzinsen.

Bei sehr unregelmäßigen Zahlungen kann die Jahresmitte nicht mehr als repräsentativer Zeitpunkt verwendet werden. Dann kann man die Monate analysieren und für jeden Monat die Umsätze ermitteln, welche durchschnittlich in der Monatsmitte kommen dürften. Danach kann dann jeder einzelne Monatsendbetrag auf das Jahresende hochgezinst werden.

Erst wenn diese Arbeitsschritte durchgeführt worden sind, fallen die Zahlungen so an (nämlich am Jahresende) wie es viele Autoren ohne Diskussion annehmen. Bei einigen Autoren (vgl. z. B. Götze, S. 66 f. und Wöhe, S. 482) findet sich zumindest ein kurzer Hinweis. Aber durch die notwendigen Transformationen kann sich die Höhe der Zahlungen wesentlich ändern, so dass sie essentiell sind.

Wenn die Entscheidungsträger an korrekten Entscheidungen interessiert sind, müssen sie sich die Mühe machen, den zeitlichen Anfall aller Zahlungen zu berücksichtigen. In der Literatur sollten diese Arbeitsschritte aufgeführt werden oder zumindest die Annahme erwähnt werden, dass alle Zahlungen (wunderbarerweise) am Jahresende eintreffen.

1.4.3 Unsicherheit bei der Zahlungsprognose

Wie bereits oben erwähnt, verwendet der Controller einen sehr großen Anteil seiner Arbeitszeit auf die Planung und da insbesondere auf die Datenermittlung. Selbst wenn er die interessenbedingten Über- oder Unterschätzungen der Bereiche/Funktionen durchschaut, bleibt das objektive Prognoseproblem, welches sich insbesondere auf der Absatzseite manifestiert. Als dramatisches Beispiel können immer noch die Gebote in der UMTS-Auktion am Anfang des Jahrtausends dienen. Mobilcom als einer der sechs „erfolgreichen" Bieter hatte ca. ein Jahr nach Zuschlag mitgeteilt, dass die entscheidende Prognosegröße „Umsatz pro Person und Monat" wohl nur zu 50 % der erwarteten Beträge kommen wird. Wenn angenommen wird, dass der bezahlte Betrag nahe der Preisobergrenze[29] lag, lässt sich konstatieren, dass die ausgegebenen acht Mrd € nur noch die Hälfte wert sind. Also entsteht ein „Verlust" von vier Mrd €, weil sich wesentliche Teile der Prognose innerhalb nur eines Jahres als weitgehend illusorisch erwiesen haben. Im Jahr 2003 hat sich dann auch der restliche Wert in Luft aufgelöst. Mobilcom versuchte zwar, für die Rückgabe der Lizenz vom Staat Geld zu bekommen, musste letztendlich aber selbst für die Folgen der falschen Prognose aufkommen.

Dieses Planungsproblem ist nicht allgemeingültig lösbar. Für die Praxis ergeben sich daraus zwei Schlussfolgerungen:

Die Datenprognose muss insbesondere bei wichtigen Projekten mit größter Sorgfalt durchgeführt werden. Hier sollte der Entscheider auch nicht vor einer Validierung durch externe Fachleute zurückschrecken. Die Autoren haben schon viele haarsträubende Fälle (*business cases*) gesehen, deren Fehler relativ leicht erkennbar waren. „Beliebt" sind Doppelzählungen aufgrund unklarer Definition der Handlungsmöglichkeiten, extreme Absatzsteigerungen am Ende der Laufzeit (Hockeyschlägereffekt), unvollständige Kosten, Vernachlässigung von Kannibalisierungseffekten, Unterschätzung der Konkurrenzreaktionen etc. Hier kann oftmals mit relativ wenig zusätzlichem Planungsaufwand großer Schaden verhindert werden.

Im Weiteren muss kontrolliert werden, ob die Daten auch für die Lebensdauer der Handlungsmöglichkeit erhoben wurden. Es kommt immer wieder vor, dass die Einzahlungsprognosen auf der Basis von Marktforschungsdaten vorgenommen wurden, welche in der Vergangenheit erhoben wurden, dann aber nicht mehr für die Zu-

---

29 Die Preisobergrenze wird auch mit den Methoden der Investitionsrechnung ermittelt. Sie bestimmt sich über den gerade noch positiven Kapitalwert (Summe der abgezinsten Überschüsse im Planungszeitraum).

kunft angepasst wurden. Bis zur Markteinführung können sich wichtige Daten wie die Kundenwünsche, die Konkurrenzsituation und auch der technische Stand wesentlich geändert haben. Insb. darf nicht übersehen werden, dass die Konkurrenz reagieren wird (vgl. zu dieser Forderung nach einer antizipativen Marktanalyse Hoberg 2017b, S. 30 f).

Wesentliche Prognosegrößen (z. B. Absatzmenge, Nettopreise, Lebensdauer u. ä.) sollten variiert werden. Nachdem der wahrscheinlichste Fall durchgerechnet wurde, wird dann simuliert, was bei einer Verschlechterung einer oder mehrerer Größen passiert (Sensitivitätsanalyse). Noch intensiver kann sich der Entscheidungsträger mit dem Problem der Unsicherheit beschäftigen, indem er Risikoanalysen per Simulation anwendet[30] (z. B. Monte-Carlo-Simulation). Dabei werden für wichtige Größen Wahrscheinlichkeitsverteilungen geschätzt, z. B. für Preise und Mengen. Per Zufallsgenerator werden dann dafür Realisationen erzeugt und auf dieser Basis wird ein Ergebnis (z. B. der Endwert) berechnet. Dies wird sehr häufig wiederholt, bis für das Ergebnis eine Verteilung vorliegt, die dem Entscheidungsträger deutlich macht, in welchem Bereich das voraussichtliche Ergebnis wohl liegen wird. Auf dieser Basis können dann Anpassungsmaßnahmen durchgeführt werden. Wenn z. B. eine Airline sieht, dass schlechte Ergebnisse auf stark gestiegene Kerosinpreise zurückzuführen sind, so kann das Unternehmen versuchen, mit Termingeschäften gegenzusteuern und damit das Risiko zu verringern (Hedging). Allerdings verringern sich auch mit geringerem Risiko die Chancen.

Aus diesen Ausführungen lässt sich erkennen, dass der erfahrene Controller nicht nur sein Controlling-Instrumentarium beherrschen sollte, sondern auch hinreichende Markt- und Technikkenntnisse besitzen sollte, um so die Planungen der Unternehmensbereiche konstruktiv beurteilen und ggf. modifizieren zu können. Wichtige Prüfpunkte sind die Vollständigkeit aller erfassten Zahlungen, ihr Realitätsgehalt und die Logik.[31]

Insbesondere langfristige Investitionsentscheidungen unterliegen zunehmend einer hohen Unsicherheit. Auch die beste Investitionsrechnung ist nur ein Instrument der Entscheidungsunterstützung. Die Investitionsentscheidung ist letztendlich eine Managemententscheidung und auch von diesem zu verantworten.

---

30 Vgl. Götze, S. 376 ff.

31 Hier ist besonders zu berücksichtigen, dass Handlungsmöglichkeiten „leben", d. h. bis zur endgültigen Entscheidung in immer neuen Versionen berechnet werden. Änderungen wichtiger Annahmen müssen konsistent in allen Bereichen nachgezogen werden. Hier ist insbesondere auf Kapazitätsgrenzen zu achten, da deren Überschreitungen zu hohen sprungfixen Kosten führen können.

1.4.4 Festlegung des Kalkulationszinssatzes (Vergleichszinssatzes)

Die durch eine Handlungsmöglichkeit ausgelösten Zahlungen fallen zu unterschiedlichen Zeitpunkten an. Sie können nur dann miteinander verglichen werden, wenn sie zeitlich „gleichnamig" gemacht werden, d. h. auf den gleichen Zeitpunkt bezogen werden. Dieser Sachverhalt kann auch als das „Grundgesetz der dynamischen Investitionsrechnung" bezeichnet werden.

Sehr häufig, aber nicht immer, ist die Startphase einer Investition durch den Kauf von Gebäuden, Maschinen, Lizenzen und durch Auszahlungen für Forschung und Entwicklung, Markenaufbau, Distributionsaufbau etc. gekennzeichnet. Es stellt sich somit regelmäßig die Frage, wie diese Auszahlungen zu finanzieren sind und ob sie von den späteren Einzahlungen überkompensiert werden.

Es werden somit Zinssätze benötigt, um die Aufgabe der Vergleichbarkeit von Zahlungen zu ermöglichen. Die methodisch einfachste Variante geht von einem einzigen Zinssatz im Rahmen eines vollständigen Kapitalmarkts aus (vgl. z. B. Hering, S. 33 ff.). In diesem extrem vereinfachenden Fall würde Folgendes gelten:
– Die Erwartungen aller Markteilnehmer wären gleich und sicher.
– Soll- und Habenzinssätze wären identisch; es gäbe somit keine Transaktionskosten.
– Fremd- und Eigenkapital würde nicht unterschieden (Homogenitätsannahme).
– Es stünde immer hinreichend viel Kapital zur Verfügung.
– Der Sollzinssatz wäre unabhängig vom Rating der Unternehmen.
– Der Habenzinssatz würde unabhängig vom Risiko bestehen.
– Die Fristigkeiten der Anlagen und Kredite hätten keinen Einfluss auf die Höhe des Zinssatzes.

Als Folge würden Kriterien wie Kapitalwert, Endwert oder Entnahme (siehe zu diesen Investitionskriterien Kap. 1.6.2) immer zu der gleichen Reihenfolge der Vorteilhaftigkeit zu führen.

Der vollkommene Kapitalmarkt kann somit nur als ein stark vereinfachendes Denkmodell aufgefasst werden.[32] Denn die Realität sieht anders aus. Unternehmen finanzieren sich i.d.R. über eine Mischung aus Eigen- und Fremdkapital mit sehr unterschiedlichen Zinssätzen, deren Höhe neben dem Risiko natürlich auch von der Laufzeit und der Flexibilität abhängen. Die hohen Eigenkapitalkosten, die aus der steuerlichen Benachteiligung und vor allen Dingen der Risikoprämie herrühren, führen insbesondere in Deutschland dazu, dass die Unternehmen im hohen Maße Fremdkapital einset-

---

[32] Wenn sich alle Zinssätze per Arbitrage angleichen, wäre zu fragen, wie es sein kann, dass Investitionen betrachtet werden, die eine andere Verzinsung aufweisen. Aber das ist nicht Thema dieses Buches, was sich auf die Realität konzentriert.

zen.[33] Der Preis für das Fremdkapital hängt entscheidend von der Bonität des Unternehmens ab. Die durch Basel III verlangten Ratings verstärken diesen Einfluss noch. Kaum eine Bank wird Darlehen vergeben, wenn das Unternehmen nicht u. a. angemessenes Eigenkapital als Risikopuffer vorweisen kann.

Man kann also davon ausgehen, dass eine Investitionsfinanzierung in vielen Fällen und insbesondere bei einem hohen Investitionsvolumen aus einer Mischung von Fremd- und Eigenkapital bestehen wird. Unternehmen sind bei großen Investitionen häufig schon durch die Banken gezwungen, auch die haftende Eigenkapitalbasis zu verbreitern. Ansonsten würden die Kredite verweigert oder viel zu teuer.

Allerdings erfolgt die tatsächliche Finanzierung eines Unternehmens nur zum Teil Projekt bezogen (ggf. Sonderkredite). Üblicherweise wird der gesamte Finanzbedarf der nächsten Perioden geplant, ermittelt und gedeckt. Im Laufe der Zeit werden also unterschiedliche Projekte von dem jeweils vorhandenen Eigen- und Fremdkapital finanziert. In einer Art Generationenvertrag (Lebenszyklusmodell) decken reife Investitionen (*cash cows*) den Finanzbedarf der cash-hungrigen Neuinvestitionen. Je nach Cashflow der Investitionen ändert sich der Finanzbedarf täglich.

Der Kalkulationszinssatz hat nun die Aufgabe, diese Finanzierungssphäre abzubilden. Für beide Kapitalarten ist dabei auch das Risiko zu erfassen. Je höher das Risiko ist, umso teurer wird das Fremdkapital (aufgrund schlechterer Ratingnoten) und umso mehr Eigenkapital muss rechnerisch in die Ermittlung des Kalkulationszinsfußes fließen, was ihn erhöht.

Die kalkulatorischen Eigenkapitalkosten bestimmen sich aus dem Vergleich mit anderen Investitionsmöglichkeiten in der gleichen Risikoklasse (lat.: Opportunitäten).

Die Kreditzinssätze, die z. B. Banken anbieten, ergeben sich aus einem Basiszinssatz (z. B. Euribor)[34] plus einen Aufschlag für Gewinn und Verwaltung und einen für das Risiko. Letzteres wird über Ratingverfahren ermittelt.[35]

Gemäß dem notwendigen Eigenkapitalanteil wird der Kalkulationszinsfuß (synonym Kalkulationszinssatz) als gewogenes Mittel aus Fremdkapitalkosten und Eigenkapitalkosten ermittelt. Bei 50 % Eigenkapital und einer geforderten Eigenkapitalverzinsung von 15 % und Fremdkapitalkosten von 5 % ergibt sich der Kalkulationszinssatz i zu:

$$i = 0,5 \cdot 15\% + (1 - 0,5) \cdot 5\% = 10\% \, \text{p. a.}$$

i   Kalkulationszinssatz p. a.

Die Lufthansa zum Beispiel führt diese Ermittlung des Kalkulationszinssatzes in Abhängigkeit vom Risiko des jeweiligen Geschäftsbereiches durch. Allerdings heißt er

---

[33] Der Steuergesetzgeber hat das Problem der steuerlich attraktiveren Fremdkapitalfinanzierung im Vergleich zur Eigenkapitalfinanzierung versucht, durch die sogenannte Zinsschranke abzumildern.
[34] Euribor: Euro Interbank Offered Rate: Veröffentlichter Zinssatz, den Banken untereinander verrechnen. Alternativ wird auch der EONIA (Euro Over Night Index Average) verwendet.
[35] Vgl. allgemein zu den Ratingverfahren Varnholt/Hoberg 2014.

6,50%	**Gesamtzinssatz**
0,50%	Gewinnanteil und Verwaltungskosten
3,00%	Aufschlag für das Risiko in Abhängigkeit der Kreditwürdigkeit des Unternehmens (→ Ratingnote)
2,00%	Inflationsrate
1,00%	Realzinssatz = Verzinsungsanspruch des Kreditgebers in gleicher Kaufkraft ohne Risiko

Nominal-
zinssatz
für die   3,0%
Geldbeschaffung

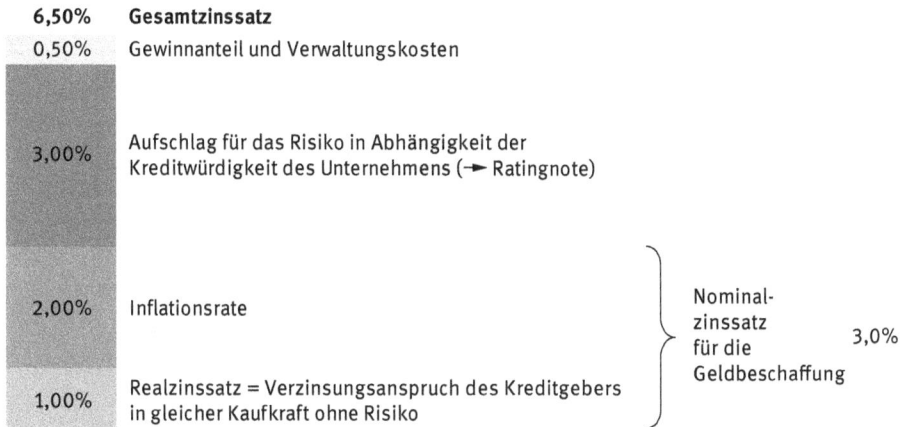

Abb. 1.7: Grafische Darstellung der Bestandteile des Gesamtzinssatzes (eigene Darstellung).

dort WACC (Weighted Average Cost of Capital) und enthält einen pauschalierten Steuereffekt. Im Falle hoher Investitionen und/oder solcher mit einer stark abweichenden Risikostruktur sollte der Kalkulationszinsfuß angepasst werden. Das Gleiche gilt bei besonders kurzen oder extrem langen Laufzeiten. Der einheitliche Kalkulationszinssatz darf also nur dann angewendet werden, wenn die zu bewertende Handlungsmöglichkeit ein ähnliches Risiko aufweist wie das Gesamtunternehmen.

Die in Abb. 1.7 vorgestellte grundlegende Vorgehensweise der Banken führt in einer Niedrigzinsphase zu einem erstaunlichen Ergebnis. Sie bieten bei Immobilienkrediten Zinssätze von teilweise unter 1 % an, obwohl die „Planinflationsrate" der EZB bei 2 % liegt. Dies ist nur verstehen, wenn die Refinanzierungsmöglichkeiten der Banken zu 0 % bei der EZB berücksichtigt werden bzw. damit Negativzinsen vermieden werden. Wie sich die Zusammenhänge bei der in 2022 hohen Inflation darstellen, wird in Abschnitt 1.12 analysiert.

Bei Kapitalknappheit erhöht sich der Kalkulationszinsfuß auf die Verzinsung der gerade nicht mehr durchgeführten Handlungsmöglichkeit (Opportunitätsgedanke). Sie wird Grenzinvestition genannt. Da allerdings das gebundene Kapital im Zeitablauf von Handlungsmöglichkeit zu Handlungsmöglichkeit unterschiedlich sein kann, ist die Bestimmung dieser Verzinsung nicht einfach. Zusätzlich ist zu beachten, dass immer andere Investitionen Grenzinvestitionen werden. Theoretisch überzeugender wäre es hier wiederum, Totalmodelle anzuwenden. Sind die Daten – wie fast immer – nicht zu beschaffen, muss der Anwender sich mit einer Schätzung auf Basis der Opportunitäten zufriedengeben.

Im Wissen um die Probleme der Schätzgrößen sollte der Entscheider mittels einer Sensitivitätsanalyse überprüfen, ob/wie sich Änderungen des Kalkulationszinsfußes auf die gefundene Lösung auswirken.

Die Ableitung des Kalkulationszinsfußes erfolgte bisher für ganze Jahre. Dies ist aber zu ungenau, da Zahlungen und Zahlungsänderungen zu jedem Zeitpunkt im Jahr anfallen können. Insofern sollte zumindest angegeben werden, in welchem Monat eine Zahlung erwartet wird. Dann muss auf das Jahresende mit einem Monatszinssatz hochgerechnet werden. Der Monatszinssatz kann effektiv oder nominal ermittelt werden. Nominal bedeutet die einfache Division des Jahreszinssatzes durch 12. Dabei wird allerdings der Zinseszinseffekt nicht berücksichtigt, was erst bei der effektiven Umrechnungsmethode der Fall ist. Diese wird auch üblicherweise in Unternehmen angewendet. Aus dem Jahreszinsfaktor q (z. B. 1,1) wird durch das Ziehen der 12. Wurzel der Monatszinsfaktor q_m ermittelt. Im Beispiel wäre es $1,1^{(1/12)} = 1,00797$. Um zu dem effektiven Monatszinssatz i_m zu gelangen, muss nur noch -1 gerechnet werden, so dass sich 0,00797 oder 0,797 % ergibt.[36]

Nach diesen Überlegungen stehen dann die jährlichen und unterjährigen Kalkulationszinssätze fest.

1.5 Faktoren für gleichmäßige Zahlungen

1.5.1 Barwert- und Endwertfaktoren

Mit dem abgeleiteten Kalkulationszinssatz können nun Zahlungen auf- bzw. abgezinst werden, um dadurch den zeitlichen Präferenzen des Entscheidungsträgers zu entsprechen. Müssen sehr viele Zahlungen transformiert werden, kann der Arbeitsaufwand teilweise erheblich werden. Um dies in Grenzen zu halten, gibt es für den Fall, dass Zahlungen immer im gleichen Abstand auftreten (lat.: äquidistant) und immer gleich hoch sind, Barwert- und Endwertfaktoren. Die Faktoren gelten im ersten Schritt nur für nachschüssige Zahlungen. Sie lassen sich leicht auf den Fall vorschüssiger Zahlungen umformen, was z. B. für die Barwertermittlung von Leasingzahlungen notwendig ist. Da im Falle der Vorschüssigkeit alle Zahlungen eine Periode früher anfallen, können die Faktoren einfach mit dem Zinsfaktor $q = (1 + i)$ multipliziert werden und sind damit dann für die Bewertung vorschüssiger Zahlungen geeignet. Wenn dies berücksichtigt wird, ergeben sich die Barwert- und Endwertfaktoren wie in Tab. 1.6 dargestellt.

Während die Transformation von Nachschüssigkeit auf Vorschüssigkeit durch Multiplikation mit $q = (1 + i)$ geschieht, kann der Wechsel vom Endwertfaktor zum Barwertfaktor durch die Division durch q^{tn}, also dem Abzinsungsfaktor für tn Perioden, vorgenommen werden.

---

36 Häufig findet sich der Vorschlag, den dezimalen Wert von 0,00797 mit 100 zu multiplizieren, um auf den Prozentwert zu kommen. Dies ist aber nicht notwendig, weil „%" ja durch 100 bedeutet, so dass beide Schreibweisen gleiche Werte erzeugen.

Tab. 1.6: Barwert und Endwertfaktor bei endlicher Laufzeit (eigene Darstellung).

Zeitlicher Anfall	Zeitlicher Bezugspunkt	
	Barwertfaktor t = 0	Endwertfaktor t = tn
vorschüssig	$\dfrac{(q^{tn}-1)\cdot q}{q^{tn}\cdot i}$	$\dfrac{(q^{tn}-1)\cdot q}{i}$
nachschüssig	$\dfrac{q^{tn}-1}{q^{tn}\cdot i}$	$\dfrac{q^{tn}-1}{i}$

1.5.2 Einheiten bei Faktoren

Barwert- und Endwertfaktoren haben in der traditionellen Darstellung keine Einheit. Diese sind aber sehr sinnvoll und werden daher im nächsten Schritt ergänzt.

Der Wert der Raten wird beim Kapitalwert auf t = 0 bezogen, so dass sich die Schreibweise KW_0 anbietet. Die gleich hohen Raten fallen erstmalig in t = 1 an und dann durchgängig bis t = 10. Insofern wird die genauere Bezeichnung $R_{1;10}$ gewählt oder allgemeiner für beliebige Laufzeitlängen tn $R_{1;tn}$. Die erste Zahl vor dem Semikolon ist der Zeitpunkt der ersten Zahlung; die Zahl hinter dem Semikolon die letzte. Damit ergibt sich:

$$KW_0 = BWF_n{}^* R_{1;tn} = 6{,}145\ \text{€}_0 / \text{€}_{1;tn}{}^* 50\ \text{€}_{1;tn} = 307{,}23\ \text{€}_0$$

mit

KW_0 Wert der abgezinsten Raten zum Zeitpunkt t = 0 in €_0

$R_{1;tn}$ Gleiche äquidistante Rate für die Zeitpunkte t = 1 bis t = tn, in $\text{€}_{1;tn}$

€_t Einheit Euro zum Zeitpunkt t

t Zeitindex, t = 1,2, … ,tn

tn Letzter Zeitpunkt, zu dem die Rate noch anfällt

Im Beispiel beträgt der letzte Zeitpunkt t = tn = 10 Jahre. Der Barwertfaktor BWF_n besitzt dann die Einheit $\text{€}_0 / \text{€}_{1;10}$. Zu interpretieren ist dies wie folgt: Für jeden Euro der gleichmäßigen Rate $R_{1;10}$, die von 1 bis 10 Jahre läuft, erhält man 6,145 €_0 zum Vergleichszeitpunkt in t = 0. Wenn die Raten mit dem BWF multipliziert werden, ergibt sich für die Einheiten:

$$\text{€}_{1;tn}{}^*\text{€}_0/\text{€}_{1;tn} = \text{€}_0$$

Mit den Einheiten lässt sich auch in diesem Fall gut kontrollieren, ob richtig gearbeitet wurde.

1.5.3 Wiedergewinnungsfaktoren

Mit Wiedergewinnungsfaktoren wird die umgekehrte Aufgabe erledigt. Jetzt ist ein hoher Betrag vorhanden, aus dem dann viele gleichmäßige Zahlungen (Raten) abgeleitet werden sollen. Das Standardbeispiel besteht aus einem Rentner, der zu seinem 66. Lebensjahr z. B. aus einer Kapitallebensversicherung oder einer Rentenversicherung ein Vorsorgekapital von 100 T € angespart hat und diesen Betrag weiter seiner Lebensversicherung oder Rentenversicherung anvertraut, die daraus konstante monatliche Raten zahlen soll. Solche Angebote werden in der Praxis heute in den meisten Fällen von der Versicherungsunternehmen ihren Kunden unterbreitet, deren Lebens- oder Rentenversicherung mit dem Eintritt in den Ruhestand den Erlebensfall erreicht, und damit zur Auszahlung ansteht.

Die Versicherung schaut in die Sterbetafel und erhält z. B. eine erwartete Restlebensdauer von 25 Jahren, was 300 Monaten entspricht. Bei einem monatlichen Zinssatz von 0,3 % muss sie nun die dem Ansparkapital entsprechende gleich hohe Rente ermitteln. Dazu kann Tab. 1.7, welche die Wiedergewinnungsfaktoren (WGF) abbildet, Hilfestellung leisten.

Tab. 1.7: Wiedergewinnungsfaktoren bei endlicher Laufzeit (eigene Darstellung).

Zeitlicher Anfall	Zeitlicher Bezugspunkt	
	WGF aus Barwert	**WGF aus Endwert**
vorschüssig	$\dfrac{q^{tn} \cdot i}{(q^{tn} - 1) \cdot q}$	$\dfrac{i}{(q^{tn} - 1) \cdot q}$
nachschüssig	$\dfrac{q^{tn} \cdot i}{q^{tn} - 1}$	$\dfrac{i}{q^{tn} - 1}$

Im Beispiel liegt der hohe Betrag bereits vor, so dass der Wiedergewinnungsfaktor (WGF) aus dem Barwert in $t = 0$ (hier 100 T €) zu errechnen ist. Die Rente möge jeweils am Ende des Monats zu zahlen sein, so dass der WGF im linken unteren Kasten zutrifft.

Damit erhalten wir für die Rente:

$$\text{Rente} = \text{Kapital} \cdot \text{WGF} = 100.000 \ € \cdot \left(1{,}003^{300} \cdot \tfrac{0{,}003}{1{,}003^{300} - 1} \right) \quad \text{in € pro Monat}$$

$$\text{Rente} = 100.000 \ € \cdot 0{,}00506 = 506 \quad \text{in € pro Monat}$$

Unser Rentner würde also eine monatlich nachschüssige Rente von 506 € erhalten, und das lebenslänglich, weil sich für die Versicherung die Fälle des früheren und späteren Versterbens ausgleichen (wenn die Sterbetafeln richtig waren). In der neuen Schreibweise kann die Einheit auch mit $€_{1;300}$ geschrieben werden.

Alle Faktoren können für Monate, Quartale oder Jahre angewendet werden. Wichtig ist, dass konsequent alle Elemente der Formel auf den gleichen Zeitraum bezogen werden. Wenn es sich um Monate handelt, muss i der Monatszinssatz sein, q der Monatszinsfaktor und tn die Anzahl der Monate. Mischungen führen zu Fehlern!

1.5.4 Auswahl der passenden Faktoren

Die beiden vorhergehenden Absätze haben gezeigt, dass für viele Aufgabenstellungen – nicht zuletzt für Kredite und Finanzanlagen – Faktoren eingesetzt werden können. Allerdings ist die Auswahl nicht ganz einfach, weil es sehr viele unterschiedliche Faktoren gibt. Daher soll in diesem Abschnitt ein Ablaufschema vorgestellt werden, das dann im nächsten Schritt mit einem weiteren Selbstlernmodul eingeübt werden kann.

Generell sind drei Fragen zur Auswahl der passenden Faktoren zu beantworten:

Soll aus einem hohen Betrag eine Vielzahl gleichmäßiger Zahlungen (Raten) entwickelt werden oder liegen kleine gleichmäßige Zahlungen vor, die dann in einen großen Betrag zusammengefasst werden?

Liegen die hohen Beträge am Anfang oder Ende des Planungszeitraums?

Fallen die Raten am Anfang der Teilperiode (z. B. Monat oder Jahr) oder am Ende an?

Das Ablaufschema in Abb. 1.8 führt über die Beantwortung der obigen Fragen zum richtigen Faktor.

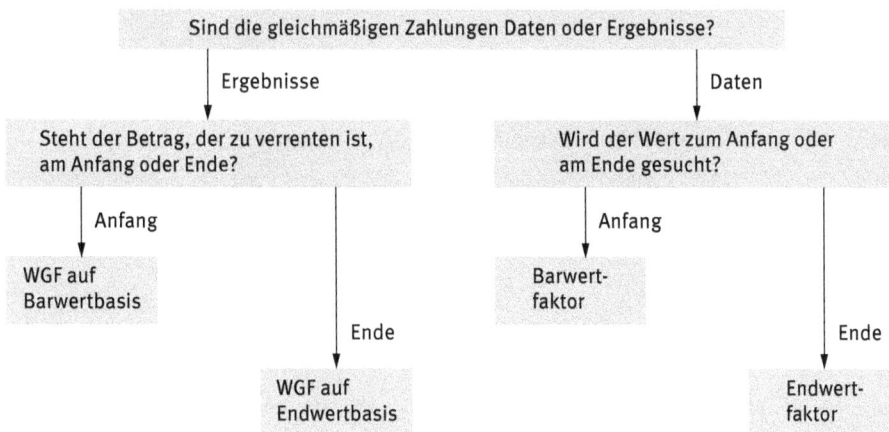

Abb. 1.8: Ablaufschema Faktoren (eigene Darstellung).

Die Vorgehensweise sei am obigen Beispiel der Ermittlung der Monatsrente gezeigt. Im ersten Schritt ist zu klären, ob die gleichmäßigen Zahlungen (hier die Renten, nicht dynamisiert) Ergebnisse oder Daten darstellen. Sie sind das Ziel der Kalkulation, also Ergebnisse. Es gilt somit der linke Ast. Der zu verrentende Betrag steht am Anfang zur Verfügung, also gilt der Wiedergewinnungsfaktor (WGF) auf Barwertebenen. Die Rente soll am Ende des Monats kommen, also nachschüssig. Damit kann die vorschüssige Variante des Wiedergewinnungsfaktors gewählt werden:

ℹ Selbstlernmodul
Kapital oder Raten

Zur Einübung dient das Selbstlernmodul Kapital und Raten, das Sie unter www.degruyter.com/view/product/498113 finden. Mit einem Zufallszahlengenerator werden dort immer neue Aufgaben erzeugt (drücken Sie dazu die Taste F9).

Vorbemerkung: Zur richtigen Funktion muss im Menü Formeln, Berechnungsoptionen und „manuell" gewählt werden. Im Menü Datei Optionen Formel muss auch „manuell" gewählt werden. Kein Haken vor „vor dem Speichern neu berechnen".

Aufgabe

Im ausgewählten Fall soll somit ein Kapital von 120,00 €, das am Ende der Planungsperiode (hier nach 38 Monaten) anfällt, auf die einzelnen Monate verteilt werden. Es gilt ein Jahreszinssatz von 5,4 %, der zunächst auf einen Monatszinssatz heruntergerechnet werden muss.

Hohes Kapital	120
Bezugszeitpunkt	Ende
Anfall der Raten (vor- und nachschüssig)	nachschüssig
Laufzeit: Monate	38
Jahreszins	5,400 %
Umrechnung auf Monat	effektiv

Ergebnisfelder

Gesuchter Faktor	Nachschüssiger WGF (Endwert)
Monatszins	0,439 %
Monatszinsfaktor	1,00439
Nachschüssiger WGF (Endwert)	0,02424
Hohes Kapital	120,00
Nachschüssige Rate	2,91

Im konkreten Fall wurde also der monatliche nachschüssige Wiedergewinnungsfaktor auf Endwertbasis gesucht, wobei die Raten nachschüssig, also jeweils am Monatsende, anfallen sollen. Gemäß Tab. 1.7 ergibt sich der Wiedergewinnungsfaktor zu:

$$WGF = \frac{i}{q^{tn}-1} = \frac{0,00439}{1,00439^{38}-1} = 0,02424$$

Mit diesem Wiedergewinnungsfaktor kann der am Ende der Laufzeit kommende Betrag von 120,00 € multipliziert werden, woraus sich dann 38 nachschüssige monatliche Raten von 2,91 € ergeben.

Wenn sehr lange Laufzeiten betrachtet werden, können die Formeln vereinfacht werden, indem man unterstellt, dass die Überschüsse ewig laufen werden. Die Periodenanzahl tn wird dann unendlich groß. Aus der Formel für endliche Laufzeiten $(q^{tn} - 1)/(q^{tn} \cdot i)$ resultiert für unendliche tn der Ausdruck $1/i$. Damit ergeben sich dann folgende Formeln:

Zeitlicher Anfall	Zeitlicher Bezugspunkt	
	Barwertfaktor	„Endwertfaktor"
vorschüssig	$\dfrac{q}{i}$	∞
nachschüssig	$\dfrac{1}{i}$	∞

Der Barwertfaktor $(1/i)$ wird auch als Multiplikator bezeichnet. Er gibt den Wert einer Handlungsmöglichkeit als Vielfaches der Überschüsse an (siehe Kapitel 1.6.5 Annuitäten). Er wird häufig in der Unternehmens- und Immobilienbewertung eingesetzt. Bei Immobilien bestimmt sich der Multiplikator als Quotient von Kaufpreis und Jahreskaltmiete. Wenn der Marktwert einer Wohnimmobilie 180 T € beträgt und die Jahreskaltmiete 12 × 500 € = 6 T €, dann erhält man einen Multiplikator von 30. Erst nach 30 Jahren hätte der Käufer seine Anfangsauszahlung amortisiert (ohne Zinsen). Außerhalb der Immobilien-Boomzeiten sind eher Multiplikatoren zwischen 20 und 25 für Wohnimmobilien üblich. Bei Gewerbeimmobilien rechnet man grob mit einem Multiplikator von 10.

Der Kehrwert $(1/(1/i) = i)$ ist wiederum der Wiedergewinnungsfaktor. Er kann besonders einfach interpretiert werden mit dem Beispiel des sehr vorsichtigen Rentners. Dieser muss aus Vorsichtsgründen davon ausgehen, dass er ewig leben wird. Dann darf er sein Vorsorgekapital niemals verringern. Anders ausgedrückt darf er nur die Zinsen auf das Vorsorgekapital entnehmen, die sich als Vorsorgekapital mal Zinssatz i ergeben.[37] Wenn er also zu Rentenbeginn einen Betrag von 100 T € angespart hat, darf er bei einem Monatszinssatz von 0,3 % nur 300 € monatlich nachschüssig entnehmen. Das Kapital wächst im Laufe des Monats auf 100.300 € an und fällt nach der Entnahme jeweils wieder auf 100.000 € zurück. Dies kann unendlich oft geschehen, wobei aber Probleme bei Steuern und Inflation auftauchen können.

1.5.5 Faktoren bei Wachstum

In den vorherigen Abschnitten galt die Annahme, dass die regelmäßigen Zahlungen immer den gleichen zeitlichen Abstand (Äquidistanz) und immer die gleiche Höhe

---

[37] Unser Rentner kann jedoch immer noch in Probleme kommen durch die beiden "Todfeinde" der Altersversorgung: Steuern und Inflation. Wie in so einer Umgebung kalkuliert werden muss, ist bei Hoberg 2004c, S. 687–692, nachzulesen.

aufweisen. Nur dann konnten die praktischen Formeln für die Faktoren angewendet werden.

Bei einigen Zahlungsreihen sind die Beträge zwar unterschiedlich, aber sie entwickeln sich mit einer konstanten Wachstumsrate. So können Personalkosten z. B. mit jährlich 3% wachsen. Oder der Cashflow eines zu bewertenden Unternehmens nimmt jährlich um 6 % zu. Für diese sogenannten geometrischen Reihen existieren Formeln, mit denen der Wert von Reihen z. B. zum Startzeitpunkt bestimmt werden kann, vorausgesetzt, dass sich die Zahlungen jährlich immer um den gleichen Prozentsatz ändern.

In der Abb. 1.9 sind einige Beispiele aufgeführt, bei denen es um das Wachstum von Personalkosten im Laufe von 10 Jahren geht. Die Personalkosten seien bereits mit der intraperiodischen Verzinsung auf das jeweilige Jahresende bezogen. Sie sind also jährlich nachschüssig.

In $t = 0$ ist das heutige Niveau angegeben, was nicht in die Barwertsumme eingeht, da die Personalkosten erst per Jahresende eingehen. Aufgabe ist somit die Zusammenfassung der Personalkosten von 10 Jahren zum Startzeitpunkt in $t = 0$.

Der Ausgangspunkt besteht in einer konstanten 10-jährigen Zahlungsreihe, die somit die eine Steigerungsrate von 0% aufweist. Ihr Wert wird durch Abzinsung und anschließender Summierung berechnet, was zu einer Barwertsumme von 614,5 $€_0$ führt:

Jährlicher Mischzinssatz (Wacc)		10,0%									
Jährliche gleiche Steigerung:		0,0%									
t=	Einheit	0	1	2	3	4	5	6	7	8	9	10
Zahlung JE	$€_t$	100	100,0	100,0	100,0	100,0	100,0	100,0	100,0	100,0	100,0	100,0
Barwert	$€_0$		90,9	82,6	75,1	68,3	62,1	56,4	51,3	46,7	42,4	38,6
Kum. BWs	$€_0$		90,9	173,6	248,7	317,0	379,1	435,5	486,8	533,5	575,9	614,5
Jährliche gleiche Steigerung:		3,0%									
Zahlung JE	$€_t$	100	103,0	106,1	109,3	112,6	115,9	119,4	123,0	126,7	130,5	134,4
Barwert	$€_0$		93,6	87,7	82,1	76,9	72,0	67,4	63,1	59,1	55,3	51,8
Kum. BWs	$€_0$		93,6	181,3	263,4	340,3	412,3	479,7	542,8	601,9	657,2	709,0
Jährliche gleiche Steigerung:		10,0%									
Zahlung JE	$€_t$	100	110,0	121,0	133,1	146,4	161,1	177,2	194,9	214,4	235,8	259,4
Barwert	$€_0$		100,0	100,0	100,0	100,0	100,0	100,0	100,0	100,0	100,0	100,0
Kum. BWs	$€_0$		100,0	200,0	300,0	400,0	500,0	600,0	700,0	800,0	900,0	1000,0
Jährliche gleiche Steigerung:		20,0%									
Zahlung JE	$€_t$	100	120,0	144,0	172,8	207,4	248,8	298,6	358,3	430,0	516,0	619,2
Barwert	$€_0$		109,1	119,0	129,8	141,6	154,5	168,6	183,9	200,6	218,8	238,7
Kum. BWs	$€_0$		109,1	228,1	357,9	499,6	654,1	822,6	1006,5	1207,1	1425,9	1664,6

Abb. 1.9: Beispiele für Barwertsummen bei gleichmäßigem Wachstum (eigene Darstellung).

Im zweiten Block wird nun eine gleichmäßige Steigerung von 3% unterstellt wie es in den letzten Jahren für die Personalkosten in etwa üblich war. Die Barwertsumme steigt dadurch auf 709 $€_0$.

In Block 3 wird der Sonderfall, dass Zinssatz und jährliche Steigerung gleich hoch sind, betrachtet. Barwertmäßig wird dadurch die Erhöhung der Personalauszahlungen exakt ausgeglichen, so dass bei 10 Jahren ein Barwertsumme von 1000 $€_0$ resultiert.

Da die Inflation seit Anfang 2022 wieder ein Thema ist, wird in Block 4 auch der Fall dargestellt, dass die Personalkosten um 20% wachsen. Die Barwertsumme beläuft sich dann auf 1664,6 $€_0$. Der Fall dürfte eigentlich nicht auftreten, weil der Wacc dann deutlich unter der Inflation liegt. Aber die EZB hat dies durch ihre Niedrigzinspolitik möglich gemacht. An den Folgen wird Europa noch lange zu tragen haben.

Um diese Kalkulationen auch jenseits von expliziten Beispielen durchführen zu können, gibt es Formeln (vgl. zu den Formeln z. B. Brealey/Myers/Marcus, S. 149 ff.), die wie üblich für nachschüssige Zahlungen gelten.

Die Formel wurde ursprünglich für andere Zwecke abgeleitet (insb. der Unternehmensbewertung), kann aber auf diesen Fall angewendet werden:

$$BWF_{W0} = \left((1+i)^{tn} - (1+w)^{tn}\right) / \left((1+i)^{tn*} \, (i-w)\right) \quad \text{in } €_0 / €_{1;tn} \quad \text{für } i \neq w$$

BWF_{W0} Nachschüssiger Barwertfaktor bei Wachstum zum Zeitpunkt t = 0 in $€_0 / €_{1;tn}$

w   Konstante Wachstumsrate (auch g wie growth genannt)

Für die 3% Variante ergibt sich bei 10 Jahren Laufzeit (tn = 10) mit der Formel der folgende Barwertfaktor:

$$BWF_{W0}(i=0,1; \ w=0,03) = \left((1+0,1)^{10} - (1+0,03)^{10}\right) / \left((1+0,1)^{10*}(0,1-0,03)\right),$$

$\quad$ in $€_0 / €_{1;10}$

$$BWF_{W0}(i=0,1; \ w=0,03) = 1,2498 / 0,18156 = 6,8837, \text{ in } €_0 / €_{1;10}$$

Nun ist zu berücksichtigen, dass die Formel für nachschüssige Zahlungen gilt. Also muss sie mit der Zahlung in t = 1 multipliziert werden, um zur Barwertsumme BWS_{W0} zu gelangen. Auch der Zeitindex in der Einheit beginnt mit t = 1. Diese Zahlung bei Wachstum Z_W beträgt im Beispiel 103 $€_1$:

$$BWS_{W0}(i=0,1; W=0,03) = BWF_{W0}(€_0 / €_{1;10})^* Z_W(€_{1;10}) = 6,8837^*103 = 709,0 \ €_0.$$

Statt einer Barwertsumme von 614,5 $€_0$ ergibt sich durch das 3-prozentige gleichmäßige Wachstum eine Barwertsumme von 709 $€_0$, wie es auch schon die Abbildung 1.9 gezeigt hat. Bei 20% sind es wieder 1664,6 $€_0$. 10% kann mit der obigen Formel nicht ermittelt werden, weil sie nur gilt, wenn Zinssatz und Wachstum nicht identisch sind, was hier aber der Fall ist. Bei der vorliegenden Identität können die Zahlungen einfach ohne Zinseffekte aufaddiert werden.

Es hat sich gezeigt, dass das Wachstum einen wesentlichen Einfluss auf die Höhe der Barwertsumme ausübt. Es muss daher möglichst genau geschätzt werden.

Negative Wachstumsraten

Die Formeln liefern auch korrekte Ergebnisse für den Fall, dass die Wachstumsraten negativ sind. Wenn die Zahlungen jedes Jahr um 10% sinken (w = -0,1 = -10%), reduziert sich die Barwertsumme wesentlich, auch weil die erste Zahlung nur noch 90 $€_1$ beträgt.

$$BWS_{W0}(i = -0,1; \ w = 0,03) = BWF_{W0}(€_0/€_{1;10}) \ ^* \ Z_W(€_{1;10})$$

$$BWS_{W0}(i = -0,1; w = 0,03) = 4,3278 \ ^* \ 90,00 = 389,5 \ €_0.$$

Dieser Ansatz kann relevant werden, wenn es z. B. um die Kaufkraft der Bürger in Inflationszeiten geht. Selbst wenn die Bürger in Deutschland noch eine kleine Nominalrendite erwirtschaften, werden sie kaufkraftmäßig durch die Inflation zu Verlierern (vgl. Hoberg (2021), S. 1 ff.).

Ewige Barwertfaktoren bei Wachstum

Ähnlich wie bei Faktoren mit begrenzter Laufzeit gibt es auch für den Wachstumsfall ewige Barwertfaktoren. Das Wort „ewig" ist ggf. nicht ganz wörtlich zu nehmen, aber der Unterschied der Barwertsummen ist sehr gering zwischen ewiger Laufzeit und sehr langer Laufzeit. Immobilien mit Laufzeiten von z. B. 100 Jahren können ein Beispiel sein. Die Formel für den ewigen Barwertfaktor lautet:

$$BWF_{W\infty0} = 1/(i - w) \quad \text{in } €_0/€_{1;\infty}$$

$BWF_{W\infty0}$ Nachschüssiger Barwertfaktor bei Wachstum für unendliche Laufzeit, in $€_0$.

Bei 0% Wachstum ergibt sich wieder der Barwertfaktor 1/i, so dass der Sonderfall w = 0 mit enthalten ist.

Mit 10% Zinssatz und 3% ewigen Wachstums erhält man für den Barwertfaktor:

$$BWF_{W\infty0}(i = 0,1; w = 0,03) = 1/(0,1 - 0,03) = 1/0,07 = 14,286 \ €_0/€_{1;\infty}$$

Der Ergebnishebel ist sehr hoch, denn bei 5% Wachstum beträgt der Barwertfaktor bereits 20 $€_0/€_{1;\infty}$. Dies erklärt auch, warum bei zu verkaufenden Unternehmen hart gerungen wird, um ein möglichst hohes Wachstum in die Bewertungskalkulationen ansetzen zu können.

Wiedergewinnungsfaktoren bei Wachstum

Der Fall des gleichmäßigen Wachstums kann auch auf die Wiedergewinnungsfaktoren übertragen werden. Dazu wird wieder der Kehrwert des Barwertfaktors gebildet.

$$WGF_w = q^{tn*}(i - p)/(q^{tn} - (1 + w)^{tn})$$

WGF_w Wiedergewinnungsfaktor für den Wachstumsfall in $€_1 / €_0$

Es sei ein Beispiel mit 3% Wachstumsrate und 10% Zinssatz betrachtet. Der Wiedergewinnungsfaktor bei gleichmäßigem Wachstum sieht bei einer Laufzeit von 10 Jahren dann wie folgt aus:

$$WGF_w(i = 0,1; w = 0,03) = (1,1^{10} * (0,1 - 0,03))/(1,1^{10} - 1,03^{10})$$

$$WGF_w(i = 0,1; w = 0,03) = 0,1816/1,2498 = 0,1453 \quad \text{in } €_1/€_0$$

Daraus resultiert die erste Rate bei Wachstum:

$$Z_{W1} = WGF_w * K_0 \qquad \text{in } €_1$$

Z_{W1} Zahlung bei Wachstum in t = 1 in $€_1$

Er sei mit einem Anfangskapital von 709 $€_0$ multipliziert:

$$Z_{W1} = 0,1453 \, €_1/ \, €_0 * 709 \, €_0 = 103,0 \, €_1$$

Es ergibt sich somit im Wachstumsfall eine erste Zahlung in t = 1 von 103 $€_1$. Im Gegensatz zum Standardfall ohne Wachstum gilt die Rate nicht für alle Zeitpunkte, sondern nur für t = 1. Die zweite Rate stimmt somit im Wachstumsfall nicht mit der ersten überein. Sie muss mit 1,03 multipliziert werden. Die letzte Rate schließlich resultiert daraus, dass 9 Mal (da nachschüssig) die Wachstumsrate von 3% angewendet wird:

$$Z_{W10} = 0,1453 \, €_1/€_0 * 709 \, €_0 * 1,03^9 \, €_{10}/€_1 = 103,0 \, €_1 * 1,03^9 \, €_{10}/€_1 = 134,4 \, €_{10}$$

Damit ergeben sich die folgenden nachschüssigen Jahresraten, die jährlich nominal um 3% steigen.

Zur Kontrolle werden die Barwerte gebildet und kumuliert. Die Barwertsumme muss selbstverständlich wieder 709 $€_0$ betragen, was auch der Fall ist. Denn es wurde ja nur verzinslich die Verteilung der Zahlungen über die 10 Jahresenden geändert.

Die Abb. 1.10 zeigt die Entwicklung der Zahlungen. Mit diesem Ansatz für gleichmäßig wachsenden Raten kann gerade in Inflationszeiten einfach ausgerechnet werden, wie Jahresraten aussehen müssen, wenn sie immer die gleiche Kaufkraft aufweisen sollen. Dafür müssen sie nominal steigen.

Am Rande sei erwähnt, dass die Formeln auch im Falle negativer Wachstumsraten funktionieren. Damit kann dann der Fall abgebildet werden, dass z. B. aufgrund des technischen Fortschritts die Jahresraten jedes Jahr geringer werden müssen.

	Einheit	t=1	2	3	4	5	6	7	8	9	10
WGF$_W$	$€_t/€_0$	0,145	0,150	0,154	0,159	0,164	0,168	0,173	0,179	0,184	0,190
Jahresrate	$€_t$	103,0	106,1	109,3	112,5	115,9	119,4	123,0	126,7	130,5	134,4
Barwerte	$€_0$	93,6	87,7	82,1	76,9	72,0	67,4	63,1	59,1	55,3	51,8
kumuliert	$€_0$	93,6	181,3	263,4	340,3	412,3	479,7	542,8	601,9	657,2	709,0

Jährlicher Mischzinssatz (Wacc) 10,0%
Zu verteilendes Kapital 709 $€_0$

WGF$_W$ Wiedergewinnungsfaktor bei Wachstum

Abb. 1.10: Beispiele für Wiedergewinnungsfaktoren bei gleichmäßigem Wachstum (eigene Darstellung).

1.6 Dynamische Investitionsrechnung

1.6.1 Vorüberlegungen

Investitionen bzw. Handlungsmöglichkeiten zeichnen sich fast immer durch eine Vielzahl von Zahlungen aus, die verteilt über den Planungszeitraum anfallen. Selbst wenn in einem ersten Schritt die intraperiodischen Zahlungen (siehe Punkt 1.4.2) bereits in Zahlungen am Jahresanfang bzw. Jahresende transformiert wurden, bleiben jeweils zum Jahresanfang bzw. -ende Zahlungssalden, die zu unterschiedlichen Zeitpunkten anfallen und somit nicht vergleichbar sind. Um die Vergleichbarkeit herzustellen, muss der zeitliche Anfall der Zahlungen analysiert werden.

Der Entscheidungsträger kann nun vorgeben, zu welchem Zeitpunkt der Vergleich durchgeführt werden soll. Die einzige Vorgabe, die er einhalten muss, ist die, dass es sich um einen **einheitlichen** Vergleichszeitpunkt für alle Handlungsmöglichkeiten handeln muss. Häufig wird der Entscheidungsträger am Ende des Projektes einen möglichst hohen Überschuss haben wollen. Dann sind alle Ein- und Auszahlungen auf den einheitlichen Vergleichszeitpunkt des Projektendes zu beziehen, indem sie entsprechend ihrem zeitlichen Abstand aufgezinst werden. Diese Vorgehensweise entspricht dem Endwertkriterium. Aber auch jeder andere Vergleichszeitpunkt kann gewählt werden, wie z. B. die Jahrtausendwende oder der 22.2.2222.

Solange einheitliche Zins- und Steuersätze gelten und kein Kapitalmangel vorliegt, ergibt sich immer die gleiche Vorteilhaftigkeitsreihenfolge.

Allerdings ist der Arbeitsaufwand bei ungewöhnlichen Vergleichszeitpunkten zu berücksichtigen, wozu dann teilweise noch Schwierigkeiten bei der Interpretierbarkeit der Ergebnisse kommen. Insofern wird neben dem Endzeitpunkt der Investition meistens nur noch der Startzeitpunkt als Alternative betrachtet (Kapitalwertkriterium). In bestimmten Situationen werden auch noch Annuitäten berechnet, die angeben, wie hoch ein z. B. jährlicher Überschuss ist.

1.6.2 Kapitalwert und Endwert

Das Kapitalwertkriterium wird in der Praxis und auch in der Theorie intensiv einge-setzt. Aus praktischer Sicht und vom Verständnis her[38] ist jedoch das Endwertkrite-rium in den meisten Aufgabenstellungen überlegen.

Allen Vorteilhaftigkeitskriterien gemeinsam ist die Grundidee des einheitlichen Vergleichszeitpunktes für alle Handlungsmöglichkeiten. Ein Vergleich kann somit nur stattfinden, wenn alle Zahlungen auf den gleichen Zeitpunkt bezogen sind. Da die Zahlungen aber zu unterschiedlichen Zeitpunkten anfallen (sowohl innerhalb der HM als auch zwischen den HM) ist ein einfacher Vergleich der Zahlungen nicht erlaubt. Wie oben ausgeführt, müssen zunächst alle Zahlungen auf einen einheitlichen Zeit-punkt auf- oder abgezinst werden. Welcher Zeitpunkt gewählt wird, ist im ersten Schritt nicht wichtig. Nur einheitlich für alle Handlungsmöglichkeiten muss er sein.

Leicht zu verstehen ist das Endwertkriterium, das die Frage beantwortet, welcher Betrag am Schluss in $t = t_n$ übrig bleibt, wenn alle Auszahlungen abgedeckt sind. Um den Endwert zu berechnen wird jede einzelne Zahlung entsprechend ihrem Abstand zum Endzeitpunkt hochgezinst. Es werden also die Einzelendwerte gebildet. Durch die Addition aller Einzelendwerte entsteht der gesamte Endwert. Das Beispiel in Abb. 1.11 zeigt die Vorgehensweise.

Endwertkriterium

Es werden die Einzelendwerte durch Aufzinsung auf den Endzeitpunkt $t = t_n$ gebildet und dann aufsummiert.

Jahreszinssatz: 10%
Anzahl Jahre (tn): 4

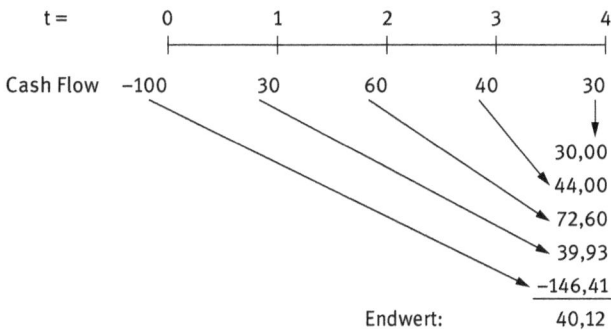

t =	0	1	2	3	4
Cash Flow	−100	30	60	40	30

30,00
44,00
72,60
39,93
−146,41

Endwert: 40,12

Abb. 1.11: Beispiel für das Endwertkriterium (eigene Darstellung).

---

[38] Der Endwert zeigt, was am Ende nach Abzug aller Auszahlungen übrig geblieben ist, eine Ge-danke, der auch für Laien unmittelbar einsichtig ist. Zudem sind für den Endwert praktisch nur Auf-zinsungen notwendig.

Für das gewählte Beispiel zeigt der Endwert, dass sich die Handlungsmöglichkeit lohnt, weil alle Auszahlungen gedeckt sind und am Ende noch ein Betrag von 40,12 übrig bleibt. Es sei nochmals darauf hingewiesen, dass diese Aussage – wie bei allen Verfahren – die Richtigkeit der prognostizierten Daten voraussetzt. Formelmäßig kann das Endwertkriterium wie folgt dargestellt werden:

$$EW = \sum_{t=0}^{tn} \ddot{u}_t \cdot q^{tn-t} \text{ in € zum Endzeitpunkt } t = tn$$

EW Endwert: Summe aller auf den Endzeitpunkt tn aufgezinsten Überschüsse
$\ddot{u}_t$ Überschuss zum Zeitpunkt t

Die Überschüsse $\ddot{u}_t$ als Differenz der Ein- und Auszahlungen können positiv oder negativ sein. Letzteres kommt häufig in der Anfangsphase vor. Bezüglich des Überschusses $\ddot{u}_t$ sei nochmals darauf hingewiesen, dass zuvor alle Überschüsse, die im Laufe des Jahres (intraperiodisch) anfallen, auf den Zeitpunkt t hochgezinst worden sein müssen (vgl. zu dieser intraperiodischen Verzinsung Abschnitt 1.4.2).

Jeder Überschuss $\ddot{u}_t$ wird gemäß seinem Abstand (tn – t) zum Endzeitpunkt t = tn aufgezinst (Bildung der Einzelendwerte). Bei 10 Perioden, also tn = 10, hat die Zahlung nach 7 Perioden einen Abstand zum Ende von 10 – 7 = 3 Perioden, muss also noch 3 Perioden aufgezinst werden. Danach werden die einzelnen Endwerte zum Gesamtendwert addiert.

Ähnlich ist die Vorgehensweise beim Kapitalwertkriterium, für das auch zunächst eine Grafik angeboten wird:

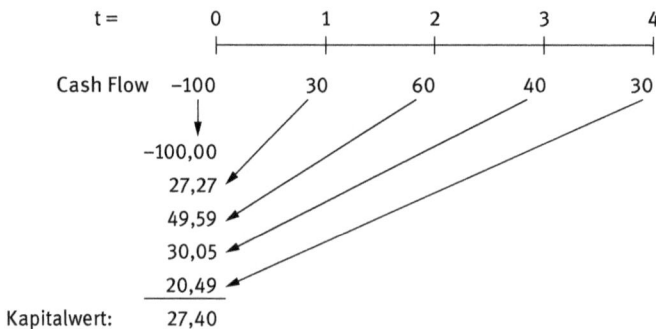

Abb. 1.12: Grafische Darstellung eines Beispiels für das Kapitalwertkriterium (eigene Darstellung).

Das Kapitalwertkriterium zeichnet sich durch den Vergleichszeitpunkt t = 0 aus. Auf diesen Zeitpunkt werden alle Zahlungen abgezinst und dann saldiert. Die Abzinsung einzelner Zahlungen wird Barwertbildung genannt. Die Summe der resultierenden Barwerte ist der Kapitalwert (siehe hierzu Abb. 1.12).

Die Anfangsauszahlung in t = 0 von − 100 muss nicht abgezinst werden, da sie bereits in t = 0 anfällt. Wenn die Prognosen insbesondere der Zahlungen des gewählten Beispiels zutreffend sind, ist die Handlungsmöglichkeit wieder vorteilhaft.

Als Interpretation des im ersten Schritt kaum zu verstehenden Kapitalwertkriteriums bietet sich an zu fragen, wie hoch die maximale Entnahme in t = 0 sein darf. Im Beispiel könnten 27,40 Geldeinheiten in t = 0 entnommen werden. Zum besseren Verständnis kann man sich vorstellen, dass für diese Entnahme in t = 0 ein zusätzlicher Kredit aufgenommen werden muss, der am Ende – um die Zinsen angewachsen – in Höhe des Endwertes zurückgezahlt werden muss.

Eine weitere Interpretationsmöglichkeit kommt aus der wertorientierten Unternehmensführung. Man fragt sich, um welchen Betrag der heutige Wert des Unternehmens steigen würde, wenn eine bestimmte Handlungsmöglichkeit durchgeführt wird. Der Kapitalwert gibt die Antwort.

Bei gleichen Zinssätzen und unbegrenzten Möglichkeiten der Kreditaufnahme lassen sich Kapitalwert und Endwert im Falle der Berechnung ohne Ertragsteuern mittels einfacher Aufzinsung ineinander überführen:

$$EW = KW \cdot q^{tn} = 27,40 \cdot 1,1^4 = 27,40 \cdot 1,4641 = 40,12 \,€ \qquad \text{am Endzeitpunkt tn}$$

Auch für den Kapitalwert KW sei die Formel angegeben:

$$KW = \sum_{t=0}^{tn} ü_t \cdot q^{-t} \qquad \text{in € zum Startzeitpunkt t = 0}$$

Jeder Überschuss $ü_t$ wird gemäß seines Abstandes t zum Zeitpunkt t = 0 abgezinst (Bildung der Einzelbarwerte). Danach werden die Einzelbarwerte zum Kapitalwert addiert.

Selbstlernmodul
Kapitalwert und Endwert
Um die Ermittlung von Kapitalwerten und Endwerten üben zu können, wird ein Selbstlernmodul zur Verfügung gestellt, das Sie unter www.degruyter.com/view/product/498113 finden. Im Register „Aufgabe" der Excel-Spreadsheets werden immer neue Aufgaben generiert, deren Lösungen dann im Register „Lösung" angegeben werden.

Aufgaben
1. Ermitteln Sie den Kalkulationszinsfuß, wenn der Kreditzinssatz 5,3 % beträgt und die geforderte Eigenkapitalverzinsung 10,8 %. Der Eigenkapitalanteil soll 11 % betragen.
2. Folgende laufende Zahlungen fallen an (jeweils zum Jahresende):

t	1	2	3	4
Einzahlungen	180	330	670	930
Auszahlungen	−340	−290	−190	−680

Für die Startinvestition fällt ein Betrag von – 490 an, der aber erst nach 2 Monaten bezahlt werden muss. Stellen Sie die Zahlenreihe auf.

t = 1 2 3 4

3. Ermitteln Sie den Kapitalwert und den Endwert. Lohnt sich die Investition?

Auf Basis der obigen Zahlen möge der Leser die Ermittlung von Kapitalwert und Endwert durchführen. Im ersten Schritt muss er jedoch den Kalkulationszinssatz (Wacc) ermitteln, so wie es in Kap. 1.3.4 erläutert ist. Zudem kann die intraperiodische Verzinsung geübt werden, da die Anschaffungsauszahlung nicht exakt in t = 0 kommt.

Lösungen

1. Mischzinssatz

$$KFZ = EKA \cdot i_{EK} + (1 - EKA) \cdot i_{FK}$$
$$KFZ = 11\% \cdot 10,8\% + 89\% \cdot 5,3\%$$
$$KFZ = 1,19\% + 4,72\%$$
$$KFZ = 5,91\% \text{ p.a.}$$

Mit dem ermittelten Zinssatz von 5,91 % p. a. können nun die Verzinsungen durchgeführt werden. Im ersten Schritt muss die intraperiodische Verzinsung vorgenommen werden, weil die Anschaffungsauszahlung nicht genau in t = 0 anfällt, sondern 2 Monate später:

2. Zahlungsstrom laufende Zahlungen (Anfall jeweils am Jahresende)

t =	0	1	2	3	4
Einzahlungen		180	330	670	930
Auszahlungen		−340	−290	−190	−680

Zahlung für Startinvestition: Da der Betrag von – 490 intraperiodisch anfällt, muss er zunächst auf den Startzeitpunkt abgezinst werden. In diesem Fall um 2 Monate.

Jahreszinssatz i:	5,91 % oder dezimal: 0,0591
Jahreszinsfaktor q:	1,0591
Monatszinsfaktor q_M:	12. Wurzel wegen Zinseszinsen 1,004792
Zinsfaktor für 2 Monate:	1,00961
Barwert (t = 0) der Anfangsauszahlung:	−485,34 (Durch Abzinsung der Investition von – 490 mit 1,00961)

Alternativ könnte auch auf das erste Jahresende (t = 1) aufgezinst werden. (Aber dann wäre es keine Anfangsauszahlung mehr.)

→ Aufbereitete Zahlungsreihe (alle Zahlungen fallen am Anfang oder am Ende einer Periode an):

t =	0	1	2	3	4
Zahlungen	−485,34 GE_0	−160,00 GE_1	40,00 GE_2	480,00 GE_3	250,00 GE_4

Als Ergebnis erhält man die Zahlungsreihe, für die nun Kapitalwert und Endwert ermittelt werden können:

3. **Endwert**

Grundidee: Bezug aller Zahlen auf den einheitlichen Vergleichszeitpunkt $t = t_n$ (hier $t_n = 4$):

Aufzinsungsfaktor (q^{t_n-t})	1,258	1,188	1,122	1,059	1,000
	GE_4/GE_0	GE_4/GE_1	GE_4/GE_2	GE_4/GE_3	GE_4/GE_4
Einzelendwerte	−610,5	−190,1	44,9	508,3	250,0
	GE_4	GE_4	GE_4	GE_4	GE_4
Summe	2,6 Endwert der Investition			GE_4	

Kapitalwert

Grundidee: Bezug aller Zahlungen auf den einheitlichen Vergleichszeitpunkt $t = 0$:

Zinsfaktor q^t	1,000	1,059	1,122	1,188	1,258
Abzinsungsfaktor (q^{-t})	1,000	0,944	0,892	0,842	0,795
Barwerte	−485,3	−151,1	35,7	404,1	198,7
	GE_0	GE_0	GE_0	GE_0	GE_0
Summe	2,1 Kapitalwert der Investition			GE_0	

Die Investition lohnt sich, weil Kapitalwert und Endwert positiv sind.

Wie oben beschrieben, wird für die Endwertkalkulation zunächst der einzelne Endwert einer jeden Zahlung gebildet, indem eine Aufzinsung auf den Vergleichszeitpunkt $t = 4$ stattfindet. Die aufgezinsten Größen haben dann die Einheit GE_4, was besagt, dass der Betrag auf den Zeitpunkt 4 bezogen ist und auch dessen Kaufkraft besitzt. Der Gesamt-Endwert entsteht dann dadurch, dass die einzelnen Endwerte aufsummiert werden. Dies ist erst zulässig, wenn alle Zahlungen auf den Zeitpunkt $t = 4$ bezogen sind.

Die parallele Vorgehensweise erfolgt bei der Kapitalwertbildung. Alle Zahlungen werden auf den Vergleichszeitpunkt $t = 0$ bezogen (Barwertbildung) und dann aufsummiert. Die Einheit ist dementsprechend GE_0.

Entnahmezeitpunkte

Mit dem Endwert hat der Entscheidungsträger alle Überschüsse auf das Ende des Planungszeitraums transformiert, mit dem Kapitalwert auf den Startzeitpunkt. Der Entscheidungsträger kann also festlegen, zu welchen Zeitpunkten er die Überschüsse erhalten möchte. Je früher dies der Fall ist, umso geringer werden sie sein. Allgemein können 4 Entnahmezeitpunkte unterschieden werden (siehe Tab. 1.8).

Unter den deutschen Bezeichnungen der Kriterien sind die international üblichen Bezeichnungen aufgeführt.

Das Entnahmemodell ist das allgemeine Modell, auf das alle anderen Modelle als Spezialfall zurückgeführt werden können.

Wenn der Entscheidungsträger die von ihm gewünschte zeitliche Struktur festgelegt hat, so kann dann mit dem Vollständigen Finanzplan (VoFi) ein Instrument eingesetzt

Tab. 1.8: Grundsätzliche zeitliche Präferenzen für Entnahmen (eigene Darstellung).

Verfahren	Vorgehensweise
Kapitalwert: Net Present Value (NPV)	Abzinsung aller finanzieller Konsequenzen auf den Startzeitpunkt t = 0 mit dem Kalkulationszinsfuß. Ist der Kapitalwert positiv, lohnt sich die Investition.
Endwert: Future Value (FV)	Aufzinsung aller finanziellen Konsequenzen auf den Endzeitpunkt t = tn mit dem Kalkulationsfuß. Ist der Endwert positiv, so lohnt sich die Investition.
Annuität: Annuity	Auf- bzw. Abzinsung aller finanziellen Konsequenzen mit dem KZF, so dass zu jedem Zeitpunkt ein gleich hoher Beitrag entnommen werden kann. Endwert 0. Ist die Annuität positiv, so lohnt sich die Investition.
Entnahme: withdrawal	Auf- bzw. Abzinsung aller finanziellen Konsequenzen auf die vom ET gewünschten Zeitpunkte mit dem KZF, wobei der verbleibende Endwert 0 sein muss. Sind die Entnahmen positiv, so lohnt sich die Investition. Während Annuitäten im Zeitablauf gleiche Höhe aufweisen, sind die Entnahmen üblicherweise unterschiedlich hoch.

werden, welches diese Struktur genau umsetzt. Unternehmen geben üblicherweise im Rahmen von Projektrichtlinien vor, welches Kriterium und damit auch welche Entnahmestruktur angewendet werden soll. Es sollten aber immer mehrere Kriterien eingesetzt werden. Neben den absoluten Kriterien wie Kapitalwert und Endwert, sollten auch Renditen und Amortisationszeitpunkte ermittelt werden.

1.6.3 Vollständige Finanzpläne

Grundlagen der Vollständigen Finanzpläne

Die Berechnungsweise mit dem Vollständigen Finanzplan (VoFi)[39] hat sich in den letzten Jahren zu einer Konkurrenz des Kapitalwertes und Endwertes entwickelt, die ja durch einfaches Auf- oder Abzinsen eine einzige Zielgröße ermitteln. Auch wenn mit den VoFis alle zeitlichen Entnahmestrukturen umgesetzt werden können, so kann doch der VoFi-Endwert am leichtesten kommuniziert werden. Es wird somit ermittelt, welcher Betrag am Ende der Laufzeit entnommen werden kann, wenn alle Auszahlungen abgedeckt sind. Folgende Vorteile sind für den VoFi-Endwert zu nennen:

---

39 Der vollständige Finanzplan wurde in der deutschsprachigen Literatur bereits 1962 von M. Heister eingeführt. Vgl. M. Heister 1962. Wesentliche Weiterentwicklungen erfuhr dieses Verfahren durch H.-L. Grob 1984, S. 16 ff., Hoberg, P. 1984a, S. 139 ff, sowie H.-L. Grob 2006.

- Zu jedem Jahresende sind die Finanzierungssalden bekannt: Damit kann vermieden werden, dass nach Deckung des anfänglichen Investitionsbedarfs neue Finanzierungslücken auftreten, wenn z. B. eine Fabrikerweiterung geplant wird.[40]
- Ertragssteuern lassen sich integrieren
- Unterschiedliche Zinssätze für verschiedene Kredittranchen sind abbildbar
- Unterschiedliche Steuersätze im Zeitablauf lassen sich berücksichtigen.
- Sonderfinanzierungsmöglichkeiten sind einfach abbildbar (zusätzlich zu den unterschiedlichen Zinssätzen)
- Wesentlich bessere Verständlichkeit durch höhere Transparenz
- Sensitivitätsanalysen sind einfach durchführbar

Der früher vorliegende Nachteil (bis in die 1980er Jahre) des höheren manuellen Rechenaufwandes ist im Zeitalter der Tabellenkalkulationen nicht mehr relevant. Dies eröffnet auch die Möglichkeit zu Sensitivitätsanalysen, weil so die „was wäre, wenn" („what if") Fragen schnell durchgespielt werden können.

Basisbeispiele für Vollständige Finanzpläne
Im Folgenden sollen vollständige Finanzpläne in unterschiedlichen Ausbaustufen vorgestellt werden:
- Basisbeispiel über 2 Jahre
- Ausbaustufe 1 über 5 Jahre und Einbeziehung des Liquidationserlöses
- Ausbaustufe 2 mit Abbildung einer dreigeteilten Finanzierung
- Ausbaustufe Ertragssteuern

Im einfachen Basisbeispiel (siehe Tab. 1.9) wird davon ausgegangen, dass die Daten entsprechend den obigen Ausführungen ermittelt wurden: Intraperiodisch anfallende Zahlungen sind aufgezinst, der Kalkulationszinsfuß von 10 % ist als Mischzinssatz ermittelt. Er gilt periodenspezifisch. Der für die Periode 1 wirksame Zinssatz ist zum Zeitpunkt 1 ausgewiesen, wobei er vom Zeitpunkt 0 bis zum Zeitpunkt 1 gilt. Im Weiteren ist angenommen, dass die Finanzierungsmöglichkeiten für das Projekt ausreichen.

Zur leichteren Nachvollziehbarkeit sind die Zeilen des Vollständigen Finanzplans durchnummeriert und die allgemeinen Rechenvorschriften dieser Ausbaustufe sind in der rechtesten Spalte durch den Verweis auf das Tabellenkalkulationsblatt angegeben:

---

[40] Verhindert wird damit allerdings nicht, dass innerhalb der Periode (intraperiodisch) evtl. Unterdeckungen auftauchen, es sei denn, dass zumindest in den ersten Jahren Auszahlungen intraperiodisch immer abgezinst werden.

Tab. 1.9: Vollständiger Finanzplan für den VoFi-Endwert (erste Ausbaustufe), (eigene Darstellung).

	Endwertkriterium	t = 0	t = 1	t = 2	Erklärung
1	Einzahlung		14.000	14.000	gegeben
2	Auszahlung	−10.000	−7.400	−4.320	gegeben
3	Projekt Cashflow	−10.000	6.600	9.680	1 + 2
4	Zinsen		-1.000	-440	$10(t-1) \cdot 5$
5	– Zinssatz		10,0 %	10,0 %	gegeben
6	Saldo nach Zinsen	−10.000	5.600	9.240	3 + 4
7	Kreditaufnahme (+), -rückzahlung (−)	10.000	-5.600	-4.400	−6
8	Anlage (−), Rückholung Anlage (+)			-4.840	
9	Kreditbestand	-10.000	-4.400	0	$9(t-1) - 8$
10	Guthaben = Entnahmemöglichkeit	0		4.840	$10(t-1) - 8$

Zum Startzeitpunkt t = 0 müssen 10.000 $€_0$ Kredit aufgenommen werden (Zeile 7), um die Anfangsinvestition finanzieren zu können.[41] Dieser Kredit führt in t = 1 zu Zinsen von 10 % auf 10.000, also 1.000 $€_1$ (Zeile 4). Die Zinsen vermindern die Einzahlungsüberschüsse (Projektcashflows) von 6.600 $€_1$ auf 5.600 $€_1$. Dieser Betrag steht nun zur teilweisen Rückzahlung des Kredites zur Verfügung, so dass sich die Schulden auf 4.400 $€_1$ reduzieren. In t = 2 wird der Projekt Cashflow wiederum durch die Zinsen reduziert. Es bleiben 9.240 $€_2$ übrig, die im ersten Schritt zur völligen Schuldenrückzahlung verwendet werden. Danach verbleiben noch 4.840 $€_2$, die in t = 2 als Überschuss entnommen werden können. Die Handlungsmöglichkeit ist vorteilhaft, weil alle Auszahlungen geleistet wurden und trotzdem noch ein Guthaben zur Entnahme aus dem Projekt vorhanden ist.

Durch den Einsatz von Tabellenkalkulationen wie z. B. Excel hält sich der Berechnungsaufwand in Grenzen. Es müssen alle Zahlungen (deren Planung allerdings extrem schwer sein kann) und Zinssätze eingegeben werden. Den Rest erledigt die Tabellenkalkulation, wenn die Formeln einmal erarbeitet worden sind.

Wenn genauer geplant werden soll, kann der Vollständige Finanzplan vielfach erweitert werden, in dem z. B. der Liquidationserlös berücksichtigt wird. In Tab. 1.10 finden Sie eine Kalkulation über 5 Perioden, in der neben dem Endwert auch der Kapitalwert ermittelt wird.

Das Beispiel zeigt, dass es wichtig ist, am Ende des Planungszeitraums zu erfassen, wie hoch der Liquidationserlös einer dann noch vorhandenen Maschine ist. Im Beispiel sind es 3.000 $€_5$. Es kann allerdings auch sein, dass am Ende eine negative Zahlung stehen muss, weil die Handlungsmöglichkeit nur beendet werden kann, wenn noch Auszahlungen geleistet werden. Diese können z. B. anfallen, wenn künftige Garantieleistungen abgedeckt werden müssen oder wenn Gebäude zurückgebaut

---

41 Alternativ kann es gerade auch in größeren Unternehmen sein, dass Liquidität zur Verfügung steht. Sie muss dann mit der Rendite der Opportunität bewertet werden.

Tab. 1.10: Vollständiger Finanzplan in Ausbaustufe 1 (eigene Darstellung).

Zeitpunkt	0	1	2	3	4	5
Zahlungen für Investition	-18.000					3.000
Lfd. Einzahlungen	0	5.800	12.200	17.600	8.500	2.000
Lfd. Auszahlungen	0	-8.000	-4.000	-5.000	-4.000	-2.000
Projekt Cash Flow	**-18.000**	**-2.200**	**8.200**	**12.600**	**4.500**	**3.000**
Kapitalkosten	0	-1.800	-2.200	-1.600	-500	-100
Periodensaldo	**-18.000**	**-4.000**	**6.000**	**11.000**	**4.000**	**2.900**
Kapitalbewegung						
– Kapitalaufnahme	18.000	4.000	0	0	0	0
– Kapitalrückzahlung	0	0	-6.000	-11.000	-4.000	-1.000
– Zinssatz		10,0%	10,0%	10,0%	10,0%	10,0%
Bestandsgrößen						
Gebundenes Kapital	18.000	22.000	16.000	5.000	1.000	0
Kapitalüberschuss	0	0	0	0	0	1.900
Kapitalwert		1.180				

Negativer Endwert

Positiver Endwert

$$= \frac{\text{Endwert von 1900}}{(1+0.1)^5}$$

werden müssen. Auch Entsorgungen (Beispiel: Atomkraftwerk) oder Rekultivierungen (Beispiel: nach Braunkohleabbau) erfordern am Ende hohe Auszahlungen.

Mit den gegebenen Daten erhält man einen positiven Endwert von 1.900 €$_5$. Das Projekt ist also vorteilhaft. Sehr einfach kann man auch ablesen, dass die dynamische Amortisation (Zeitpunkt des Rückflusses der Anfangsauszahlung, siehe auch Kap. 1.7) erst in der letzten Periode erfolgt.

Simulationen können zudem ohne Probleme durchgeführt werden. Wenn z. B. der für t = 5 angenommene Restverkaufserlös um 1.000 €$_5$ fällt, kann man sofort den neuen Endwert (hier Kapitalüberschuss) ablesen. Ohne großen Aufwand lässt sich auch der Kapitalwert ermitteln, indem der Endwert über die Laufzeit auf den Zeitpunkt t = 0 abgezinst wird.

Dies lässt sich als möglichst hohe Entnahme zum Startzeitpunkt interpretieren. Präferiert der Entscheider wie im Beispiel die maximal mögliche Entnahme am Ende der Laufzeit, so ergibt sich der Sonderfall der Endwertmaximierung. Im Weiteren sind auch alle anderen zeitlichen Verteilungen der Entnahmen nach Vorgabe des Entscheidungsträgers möglich. Gleichmäßige Entnahmen würden so dem Annuitätenmodell entsprechen.

Selbst eher unübliche Wünsche hinsichtlich der Entnahmestruktur (z. B. alle Überschüsse in t = 3 oder 50 % in t = 2 und 50 % in t = 4) lassen sich im Spreadsheet integrieren.

Ausgebautes Beispiel für einen Vollständigen Finanzplan

In der nächsten Ausbaustufe werden folgende Erweiterungen vorgenommen:

- Entnahmen während der Laufzeit der Handlungsmöglichkeit werden berücksichtigt
- Die Finanzierung wird dreifach unterteilt: Eigene Mittel, subventionierte Sonderfinanzierung und Bankenfinanzierung zu marktüblichen Konditionen
- Aufspaltung der Zinssätze in Haben- und Sollzinssätze

Die Aufspaltung der Zinssätze zeigt die Möglichkeiten des Vollständigen Finanzplans, sich fast allen Anforderungen anpassen zu können. Notwendig ist sie jedoch selten. Denn ein Unternehmen, das zwischendurch Guthaben erzielt, wird sie nur ausnahmsweise zum Habenzinssatz anlegen (z. B. Tagesgeld mit 0,5 %), sondern es wird die Kredite von anderen Handlungsmöglichkeiten zurückfahren. Die ersparten Kreditzinsen sind dann der Handlungsmöglichkeit zuzuordnen. Wenn allerdings eine Auszahlung kurzfristig geplant ist, kann es sinnvoll sein, eine entsprechende sehr kurzfristige Kapitalanlage vorzunehmen. Im VoFi (siehe Tab. 1.11) wird daher „Geldanlage" in Anführungszeichen geschrieben, um darauf hinzuweisen, dass es sich nicht um eine tatsächliche Geldanlage (wie beim Vermögensaufbau eines Privathaushaltes) handelt, sondern um die ersparten Kreditzinsen an anderer Stelle. Dieser Zusammenhang kann auch als "Generationenvertrag" zwischen den Projekten bezeichnet werden, weil ältere Projekte ihre Überschüsse den jungen cash-hungrigen Projekten zur Verfügung stellen. Dieser Sachverhalt wird im strategischen Controlling auch in der Portfolio Technik abgebildet, in der „Cash Cows" ihre Cashflows an die „Turn Arounds" oder „Stars" abgeben.

Für die Vorzeichen im Vollständigen Finanzplan bestehen Spielräume. Hier wird von der Projektsicht ausgegangen. Alle Beträge, die dem Projekt zufließen, haben ein positives Vorzeichen. Ein negatives Vorzeichen weisen solche Zahlungen auf, die aus dem Projekt abfließen. So sind Rückzahlungen eines Kredites negativ aufgeführt, weil Geld aus dem Projekt an die Bank abfließt. Hier kann der Anwender zu anderen Darstellungen kommen und z. B. die Rückzahlungen mit positivem Vorzeichen darstellen, muss dann aber die betroffenen Formeln abändern.

Die Finanzierung ist im vorliegenden Beispiel auf 3 Quellen verteilt. Die Anfangsinvestition von 18.000 €$_0$ wird im ersten Teil durch eigene Mittel von 9.000 €$_0$ finanziert. Diese eigenen Mittel waren vorher z. B. Einzahlungsüberschüsse eines oder mehrerer anderer Projekte und sind zwischenzeitlich bis zum Einsatz in der neuen Handlungsmöglichkeit angelegt worden. Danach kommt ein 2 Jahre laufender Sonderkredit von 5.000 €$_0$ zum Einsatz, der sich durch einen besonders niedrigen Zinssatz (hier 2 %) auszeichnet. Sonderfinanzierungen stehen z. B. für Existenzgründer oder auch für förderungswürdige Investitionsprojekte (z. B. Windkraftanlagen) zur Verfügung. Nur der Rest von 4.000 €$_0$ wird durch die teurere Fremdfinanzierung abgedeckt, die dann zu aktuellen Marktzinssätzen der Geschäftsbanken erfolgt.

Tab. 1.11: Ausbaustufe 2 des vollständigen Finanzplans (eigene Darstellung).

Zeitpunkt t=	0	1	2	3	4	5
Zahlungen für Investition	−18.000					1.250
Einzahlungen		5.800	11.770	17.470	8.500	2.000
Auszahlungen		−8.000	−4.000	−5.000	−4.030	−2.000
Projekt Cashflow	**−18.000**	**−2.200**	**7.770**	**12.470**	**4.470**	**1.250**
Entnahmen						−1.000
Eingesetztes Kapital	9.000					
Kreditzinsen direkte. Fin		−100	−100			
Kreditzinsen Rest. Fin		−400	−670	−470	0	0
"Guthabenzinsen"		0	0	0	730	1.250
Periodensaldo	**−9.000**	**−2.700**	**7.000**	**12.000**	**5.200**	**1.500**
Direkte Finanzierung						
– Kapitalaufnahme	5.000					
– Kapitalrückzahlung		−5.000				
Rest-Fin. Bedarf	**−4.000**	**−2.700**	**2.000**	**12.000**	**5.200**	**1.500**
Restfinanzierung						
– Kapitalaufnahme	4.000	2.700	0	0	0	0
– Kapitalrückzahlung	0	0	−2.000	−4.700	0	0
– Zinssatz		10,0%	10,0%	10,0%	10,0%	10,0%
"Geldanlage"						
– Kapitalanlage	0	0	0	−7.300	−5.200	−1.500
– Kapitalrückfluss	0	0	0	0	0	0
– Zinssatz		10,0%	10,0%	10,0%	10,0%	10,0%
Bestandsgrößen						
– Restfinanzierung	4.000	6.700	4.700	0	0	**0**
– Guthaben	0	0	0	7.300	12.500	**14.000**

Die Verzinsung der beiden Fremdfinanzierungen wird direkt im VoFi abgebildet. So müssen in t = 1 die in t = 0 aufgenommenen Kredite verzinst werden. Für die Sonderfinanzierung sind 2 % (in $€_1$ / $€_0$) auf 5.000 $€_0$ = 100 $€_1$ als Fremdkapitalzinsen zu bezahlen und für die Restfinanzierung 10 % auf 4.000 $€_0$ = 400 $€_1$.

Zum Ende des ersten Jahres fallen nochmals negative Cashflows an, wie es in vielen Projekten üblich ist. Denn zunächst muss das Produkt bekannt gemacht werden (Auszahlungen für Werbung) und die Produktion muss sich einspielen (Nullserie, Ausschuss). Damit wird aber eine zusätzliche Finanzierungstranche notwendig. Im Beispiel müssen 2.700 $€_1$ zusätzlich aufgenommen werden, was in der vorletzten Zeile zu einem Anstiegen der Restfinanzierung auf 6.700 $€_1$ führt. Hier zeigt sich nun ein wichtiger Vorteil des VoFis. Es wird deutlich, dass die Bankfinanzierung von 4.000 $€_0$ in t = 0 nicht ausreicht. Wenn nur Kapital- oder Endwerte gerechnet würden, könnte diese Notwendigkeit übersehen werden, bzw. sie wäre weniger transparent. Das würde in Bankgesprächen schlecht ankommen. Dadurch wäre der Entscheidungsträger in einer schwierigen Situation und hätte eine schlechte Verhandlungsposition, was hohe Zinssätze zur Folge hätte.

Erst in den Folgeperioden kann die Fremdfinanzierung zurückgeführt werden. In $t = 3$ wird erstmalig ein Guthaben erreicht, das dann bis zum Projektende auf 14.000 $€_5$ anwächst. Ist in diesem Falle des positiven Guthabens bereits die Vorteilhaftigkeit der Handlungsmöglichkeit gegeben? Nein, denn es fehlt noch die Verzinsung des eingesetzten Eigenkapitals, was erst nach der Berechnung des Vollständigen Finanzplans geschieht. Dazu wird nach der Opportunität gefragt, also danach, was eine alternative Anlage der 9.000 $€_0$ gebracht hätte. Wirtschaftlich gesehen müssen finanzielle Mittel in die beste, im Sinne von renditestärkste, Verwendungsrichtung gelenkt werden. Wenn die Renditen anderer Handlungsmöglichkeiten nicht bekannt sind, kann man annehmen, dass zumindest weniger Kredite aufgenommen werden. Das sei als Basisopportunität bezeichnet. Damit käme es zu einer Einsparung von 10 %. Wenn diese Einsparungen über 5 Jahre hochgezinst werden, so ergibt sich ein Endwert von 9.000 · $1,1^5 = 14.495$ €, was im ersten Schritt mehr wäre als der Endwert der berechneten Handlungsmöglichkeit. Aber es darf nicht vergessen werden, dass die Handlungsmöglichkeit eine Entnahme von 1.000 $€_5$ in $t = 5$ ermöglicht. Für einen fairen Vergleich muss auch die Opportunität diese 1.000 $€_5$ Entnahme bringen. Somit sinkt der vergleichbare Endwert auf 13.495 $€_5$. Damit ist die Opportunität dann schlechter als die Handlungsmöglichkeit.

Es lässt sich festhalten, dass im Falle von teilweiser Finanzierung durch Eigenkapital eine explizite Betrachtung der Opportunitäten der Eigenkapitalverwendung durchgeführt werden muss. Nur wenn der Endwert der Handlungsmöglichkeit höher ist als der der vergleichbaren Opportunität (alternative Kapitalanlagemöglichkeit des Eigenkapitals), ist die Handlungsmöglichkeit vorteilhaft.

Selbstlernmodul
Vollständiger Finanzplan
Auch die Beherrschung der Vollständigen Finanzpläne verlangt einige Übung, weswegen ein Selbstlernmodul zu Verfügung gestellt wird. Unter WWW.DEGRUYTER.COM/VIEW/PRODUCT/498113 finden Sie weitere Aufgaben. Das folgende Beispiel diene zur Einführung in den Excel-Spreadsheet:

Aufgabe
Eingesetztes Kapital: 0, Zinssatz (wacc): 8,00 % effektiv.
  Der positive Restwerterlös von 1.000 trifft erst 1 Monat nach dem Projektende ein.
  Sonderkredit: 1.000 zu 4,20 % über 4 Jahre.

Zeitpunkt t	0	1	2	3	4	5
Zahlung für Investition	−10.000					
Einzahlungen		8.762	2.762	2.794	3.818	2.702

(fortgesetzt)

Zeitpunkt t	0	1	2	3	4	5
Auszahlungen	0	−8.000	−2.400	−2.300	−1.000	−800
Projektcashflow						
Eingesetztes Kapital	0					
Kreditzinsen, direkte Finanzierung						
Kreditzinsen, Restfinanzierung						
Guthabenzinsen						
Periodenendsaldo						
Direkte Finanzierung						
– Kapitalaufnahme						
– Kapitalrückzahlung						
Restfinanzierung Bedarf						
Restfinanzierung						
– Kapitalaufnahme						
– Kapitalrückzahlung						
– Zinssatz						
„Geldanlage"						
– Kapitalanlage						
– Kapitalrückfluss						
– Zinssatz						
Bestandsgrößen						
– Restfinanzierung						
– Guthaben						

In diesem Beispiel wurde mit einer leichten Version gestartet, bei der kein Anfangskapital (Eingesetztes Kapital = 0) berücksichtigt werden muss. Somit ist auch nicht nötig, eine Opportunität zu berechnen. Der Leser möge die Tabelle ausfüllen und dann mit dem folgenden Lösungsvorschlag vergleichen.

Lösung

Zeitpunkt t	0	1	2	3	4	5
Zahlung für Investition	−10.000					994
Einzahlungen		8.762	2.762	2.794	3.818	2.702
Auszahlungen	0	−8.000	−2.400	−2.300	−1.000	−800
Projektcashflow	**−10.000**	**762**	**362**	**494**	**2.818**	**2.896**
Eingesetztes Kapital	0					
Kreditzinsen, direkte Finanzierung		−42	−42	−42	−42	

(fortgesetzt)

Zeitpunkt t	0	1	2	3	4	5
Kreditzinsen, Restfinanzierung		−720	−720	−752	−776	−696
Guthabenzinsen		0	0	0	0	0
Periodenendsaldo	**−10.000**	**0**	**−400**	**−300**	**2.000**	**2.200**
Direkte Finanzierung						
– Kapitalaufnahme	1.000					
– Kapitalrückzahlung					**−1.000**	
Restfinanzierung Bedarf	**−9.000**	**0**	**−400**	**−300**	**1.000**	**2.200**
Restfinanzierung						
– Kapitalaufnahme	9.000	0	400	300	0	0
– Kapitalrückzahlung	0	0	0	0	−1.000	−2.200
– Zinssatz		8,0 %	8,0 %	8,0 %	8,0 %	8,0 %
„Geldanlage"						
– Kapitalanlage	0	0	0	0	0	0
– Kapitalrückfluss	0	0	0	0	0	0
– Zinssatz		8,0 %	8,0 %	8,0 %	8,0 %	8,0 %
Bestandsgrößen						
– Restfinanzierung	9.000	9.000	9.400	9.700	8.700	**6.500**
– Guthaben	0	0	0	0	0	0

Handlungsmöglichkeit nicht vorteilhaft.

Wichtig ist, die zwei unterschiedlichen Fremdkapitalarten zu berücksichtigen. Der Sonderkredit verlangt mit 4,2 % deutlich weniger Zinsen, so dass er durchgängig in Anspruch genommen wird. Das würde auch dann gelten, wenn das Projekt keinen Finanzierungsbedarf mehr hätte. Denn dann könnte das günstige Geld in anderen Projekten des Unternehmens genutzt werden (Generationenvertrag 1).

Am Ende der Laufzeit stellt sich heraus, dass noch eine Restfinanzierung von 6.500 € offen ist. Das Projekt (die Handlungsmöglichkeit) hat es somit nicht geschafft, das eingesetzte Kapital zurückzuzahlen, weswegen das Programm in der letzten Zeile zu dem Schluss kommt: „Handlungsmöglichkeit nicht gut".

Bei anderen Datenkonstellationen kann auch ein Anfangskapital erscheinen (gesteuert über einen Zufallsgenerator). In einem solchen Fall muss dann geklärt werden, wie hoch der Endwert der Opportunität wäre. Das Excel-Programm führt diesen Vergleich durch und beurteilt wiederum, ob die Handlungsmöglichkeit gut ist.

Die Berücksichtigung von Ertragssteuern

Der Vollständige Finanzplan ist auch dann das richtige Instrument zur Beurteilung der Vorteilhaftigkeit von Handlungsmöglichkeiten, wenn Ertragssteuern zu berücksichtigen sind. Dies ist immer der Fall, wenn Handlungsmöglichkeiten steuerlich unterschiedlich behandelt werden müssen. Wenn ein Autohersteller entscheiden möchte, ob er in Westdeutschland, den neuen Bundesländern oder in Osteuropa sein neues Werk

bauen möchte, so wird jede Handlungsmöglichkeit unterschiedlich besteuert. Die Unterschiede können z. B. in folgenden Bereichen liegen:
- Steuerarten
- Steuersätze und ggf. Steuerprogression
- Abschreibungsverfahren und -vergünstigungen
- Zulagen und Zuschüsse
- Steuerfreie Jahre
- Doppelbesteuerungsabkommen etc.

Umgekehrt kann fast immer auf die Einbeziehung von Ertragssteuern verzichtet werden, wenn alle Handlungsmöglichkeiten den gleichen steuerlichen Rahmenbedingungen unterliegen.[42] Als Beispiel sei der Kauf eines LKW betrachtet. Derjenige LKW, der vor Ertragssteuern der günstigste ist, wird das auch nach Steuern sein, auch wenn sich der absolute Vorteil durch die Steuern verringern wird. Hier bringt also auch schon eine Investitionsrechnung ohne Steuern die richtige Vorteilhaftigkeitsreihenfolge.

Anders sieht es im privaten Bereich aus. Je nach Einkunftsart gelten unterschiedliche steuerliche „Spielregeln", so dass mit Steuern gerechnet werden sollte. Nur wenn z. B. unter gleich strukturierten Sparbriefen gewählt werden soll, kann die Vorsteuerbetrachtung genügen.[43]

Wenn mit Steuern gerechnet werden soll, stellt sich die Frage, welche Steuersätze relevant sind. Generell müssen Grenzsteuersätze verwendet werden, die angeben, wie hoch die zusätzliche Belastung durch die Handlungsmöglichkeit ist.

Bei Einzel- und Personengesellschaften erfolgt die Besteuerung über die Steuererklärungen der Eigentümer; es gelten somit die Grenzsteuersätze des Einkommensteuertarifes gemäß Tab. 1.12.

Tab. 1.12: Grenzsteuersätze 2022 für Einzel- und Personengesellschaften (eigene Darstellung).

Zu versteuerndes Einkommen		G-Steuersätze ohne Soli bei		G-Steuersätze mit Soli bei	
Untergrenze	Obergrenze	Untergrenze	Obergrenze	Untergrenze	Obergrenze
0	9984	0 %	0 %	0 %	0 %
9985	14926	14 %	24 %	14,77 %	25,32 %
14927	58596	24 %	42 %	25,32 %	44,31 %
58597	277826	42 %	42 %	44,31 %	44,31 %
277827	unendlich	45 %	45 %	47,48 %	47,48 %

---

42 Eine Ausnahme wäre in den seltenen Handlungsmöglichkeiten zu sehen, die nach Steuern vorteilhaft sind, aber vor Steuern negativ. Dieser Fall des Steuerparadoxons wird weiter unten in einem Exkurs besprochen.

43 Ein weiterer Grund, im Privatbereich mit Steuern zu rechnen, liegt in der Notwendigkeit, für das Alter ein Vorsorgekapital anzusparen. Dieses wächst nur mit der Verzinsung nach Steuern.

Wenn es sich um Einkünfte aus Kapitalvermögen handelt, gilt ein Grenzsteuersatz von 26,375 % unter Berücksichtigung der Solidaritätsabgabe. Dabei gilt ein Freibetrag von 801 €/a.

In allen Steuersätzen ist die Kirchensteuer von 8 bzw. 9 % auf die Steuern noch nicht enthalten. Daher kann man bei gut verdienenden Personengesellschaften davon ausgehen, dass die Gesellschafter ca. 50 % Steuern bezahlen müssen.

Kapitalgesellschaften bezahlen Körperschaftsteuer in Höhe von 15 %, worauf wiederum die Solidaritätsabgabe von 5,5 % zu rechnen ist, was die Belastung auf 15,825 % erhöht. Dazu kommt die Gewerbeertragsteuer von 3,5 % mal Hebesatz der Gemeinde.[44] Wenn letzterer 400 % beträgt, dann fallen 14 % für die Gewerbeertragsteuer an. Eine Absetzbarkeit ist nicht mehr gegeben, so dass man in guter Näherung von einer Gesamtbelastung von 30 % für Kapitalgesellschaften ausgehen kann. Von einem Vorsteuergewinn von 100 € können dann 70 € als Dividende ausgeschüttet werden.

Man könnte nun meinen, dass die Kapitalgesellschaften geringer besteuert werden. Dies ist jedoch nicht der Fall, da die Nettodividende von 70 % (100 − 30) dann auf Ebene der Besitzer nochmals der Abgeltungssteuer von 26,375 % unterliegt. Damit kommen z. B. beim Aktionär 70·(1 − 0,26375) = 51,5375 € an. Die Besteuerung liegt also auch bei knapp 50 %.

Um den steuerlichen Gewinn, also die steuerliche Bemessungsgrundlage, zu erhalten, muss die Differenz aus Betriebseinnahmen und Betriebsausgaben gebildet werden. Dadurch entsteht für die Investitionsrechnung ein Problem, weil eigentlich nur Zahlungen vorliegen, die ja nicht zum gleichen Zeitpunkt anfallen wie die Erträge und Aufwendungen, welche die Basis für die Betriebseinnahmen und Betriebsausgaben in den Fällen der Gewinnermittlung nach § 4 Abs. 1 und § 5 EStG sind. Das sind Steuerpflichtige, die Bücher führen und einen Jahresabschluss erstellen. Anders verhält es sich bei Steuerpflichtigen mit geringen Einnahmen, die nach § 4.3 EStG ihren Gewinn ermitteln. Hier werden (außer beim Anlagevermögen) steuerrechtlich die Betriebseinnahmen wie Einzahlungen und die Betriebsausgaben wie Auszahlungen behandelt (Zufluss-/Abflussprinzip gemäß § 11 EStG).

Ein Verkauf von Gütern am Ende des Jahres wird mit dem Gefahrenübergang bzw. mit der Erlangung der Kontrolle durch den Käufer zum Umsatz und zur Betriebseinnahme beim Verkäufer. Die Zahlung erfolgt dann aber häufig erst später im neuen Jahr. Allerdings gilt auch der umgekehrte Effekt, dass z. B. Roh-, Hilfs- und Betriebsstoffe in der Produktion noch im alten Jahr eingesetzt werden, aber erst im neuen Jahr bezahlt werden. Zudem heben sich die Resteffekte auch teilweise in den mittleren Perioden auf. Insofern gibt es in der Investitionsrechnung die Konvention, dass die Einzahlungen auch vollständig Betriebseinnahmen sind und die laufenden Auszahlungen auch vollständig Betriebsausgaben. Auszahlungen für aktivierungsfä-

---

44 Die gewerbesteuerlichen und einkommensteuerlichen Bemessungsgrundlagen weichen i.d.R. voneinander ab. Die häufig aber nur geringen Unterschiede werden hier nicht berücksichtigt. Aber insbesondere bei der Absetzbarkeit der Fremdkapitalzinsen kann im Einzelfall eine Erweiterung notwendig werden.

hige Güter werden normalerweise über Abschreibungen Betriebsausgaben. Dürfen bestimmte Investitionen nicht aktiviert werden, so werden sie im Jahr des Anfalls vollständig Aufwand bzw. Betriebsausgabe. Wenn z. B. in Personal oder in Marken investiert wird, darf keine Aktivierung erfolgen. Es ist dann vollständig eine Betriebsausgabe, die erst einmal die steuerliche Bemessungsgrundlage mindert.

Im Weiteren ist zu klären, ob die abzuschreibende Anschaffungsauszahlung noch im alten Jahr anfällt. Wenn dies der Fall ist, wird eine Monatsabschreibung im alten Jahr verrechnet mit der Folge, dass zunächst weniger Steuern zu zahlen sind. Das Wort „zunächst" ist in diesem Zusammenhang wichtig, weil die vorgezogene Abschreibung später wegfällt, so dass nur eine Steuerverschiebung, aber keine Steuerersparnis resultiert. Der Vorteil liegt dann in einem zinslosen Kredit durch das Finanzamt, was schön ist, aber viel weniger als eine Steuerersparnis.

Im folgenden Beispiel wird die Vorgehensweise bei der Steuerermittlung dargestellt. Die Zeilen sind wieder nummeriert und die letzte Spalte enthält die Berechnungsvorschriften in Kurzschreibweise.

Jeder Zeitpunkt muss jetzt nicht nur unter Zahlungsgesichtspunkten, sondern auch unter Steuergesichtspunkten analysiert werden. Da der Startzeitpunkt mit dem 1.01.01 im neuen Jahr liegt, braucht für $t = 0$ keine Steuerkalkulation angestellt zu werden. Die Finanzierung kann also normal berechnet werden.

Ab $t = 1$ muss mit der Steuerrechnung begonnen werden, weil damit die Steuerbelastung ermittelt wird, die als Auszahlung in die Cashflows eingeht. Der Cashflow nach Ertragssteuern wird in der Tab. 1.13 Periodensaldo genannt. Wie oben beschrie-

Tab. 1.13: Einfacher VoFi mit Ertragsteuern (eigene Darstellung).

					Kalkulation
	Zeitpunkt t	0	1	2	
		01.01.01	31.12.01	31.12.02	
1	Investition inklusive Restwert	−10.000	0	0	vorgegeben
2	Laufende Einzahlungen		9.000	12.000	vorgegeben
3	Laufende Auszahlungen		−2.400	−2.320	vorgegeben
4	**Projektcashflow**	**−10.000**	**6.600**	**9.680**	1 + 2 + 3
5	Zinsen		−1.000	−458	11(t-1)·12
6	Steuerliche Abschreibungen		−5.000	−5.000	$-\dfrac{10.000}{2}$
7	**Bemessungsgrundlage**		**600**	**4.222**	2 + 3 + 5 + 6
8	Ertragssteuern		−180	−1.267	7·9
9	Steuersatz		30 %	30 %	vorgegeben
10	**Periodensaldo**	**−10.000**	**5.420**	**7.955**	4 + 5 + 8
11	Kreditbestand	−10.000	−4.580	3.375	10 + 11(t − 1)
12	Zinssatz vor Steuern		10,0 %	10,0 %	vorgegeben

ben gilt die Annahme, dass der Projektcashflow gleichzeitig in die Bemessungsgrundlage eingeht. Dies gilt nur nicht für zu aktivierende Anschaffungsauszahlungen, die ja über Abschreibungen in die Bemessungsgrundlage einfließen.

Zum Jahresende 01 beträgt der Cashflow 6.600 $€_1$ (Zeile 4), wovon die gezahlten Zinsen von 1.000 $_1€$ abzuziehen sind. Weiter mindern die Abschreibungen die Bemessungsgrundlage. In unserem kleinen Beispiel ist angenommen, dass die Anschaffungsauszahlung von 10.000 $€_0$ über 2 Jahre abgeschrieben werden kann, so dass eine Abschreibung von 5.000 $€_{1;2}$ zu verrechnen ist. Daraus ergibt sich in t = 1 eine steuerliche Bemessungsgrundlage von 600 $€_1$. Darauf ist dann der Steuersatz für Kapitalgesellschaften von 30 % zu zahlen. Es wird angenommen, dass die Steuerzahlung von 180 $€_1$ im Schnitt am Jahresende erfolgt. Diese übliche Annahme wird weiter unten noch präzisiert.

Mit der Ermittlung der Steuerzahlung ist das Scharnier zwischen Steuerrechnung und Cashflowrechnung erreicht. Es liegen jetzt alle Zahlungen vor, die für die Berechnung des Periodensaldos notwendig sind. Da die Abschreibungen nicht zahlungswirksam sind, ergibt sich ein Periodensaldo von 5.420 $€_1$. Wie üblich wird der Betrag genutzt, um den Kreditbestand zu reduzieren. In t = 2 wiederholt sich die Vorgehensweise. Mit dem Periodensaldo kann der Kredit vollständig zurückgezahlt werden und es bleibt noch ein Endwert nach Steuern von 3.375 $€_2$. Die Handlungsmöglichkeit wäre also auch nach Steuern noch vorteilhaft.

Nach diesem einfachen Beispiel soll eine komplexere Handlungsmöglichkeit analysiert werden (siehe Tab. 1.14), in der einige zusätzliche Probleme auftauchen.

Tab. 1.14: Vollständiger Finanzplan mit Steuern (auf ganze Euro gerundet), (eigene Darstellung).

Zeitpunkt t	0	1	2	3	4	5
Investition bzw. Restwert	−18.000					
Laufende Einzahlungen		10.000	15.000	20.000	10.000	5.000
Laufende Auszahlungen		−12.200	−6.800	−7.400	−5.500	−2.000
Projektcashflow	**−18.000**	**−2.200**	**8.200**	**12.600**	**4.500**	**3.000**
Kreditzinsen						
Restfinanzierung		−1.800	−1.820	−1.321	−577	−201
Guthabenzinsen		0	0	0	0	0
Abschreibungen		−3.600	−3.600	−3.600	−3.600	−3.600
Bemessungsgrundlage		−7.600	2.780	7.679	323	−801
Ertragssteuern		3.800	−1.390	−3.840	−161	400
Steuersatz		50 %	50 %	50 %	50 %	50 %
Periodensaldo	**−18.000**	**−200**	**4.990**	**7.440**	**3.761**	**3.200**
Restfinanzierung						
- Kapitalaufnahme	18.000	200	0	0	0	0
- Kapitalrückzahlung	0	0	−4.990	−7.440	−3.761	−2.009
- Zinssatz		10,0 %	10,0 %	10,0 %	10,0 %	10,0 %

Tab. 1.14 (fortgesetzt)

Zeitpunkt t	0	1	2	3	4	5
„Geldanlage"						
– Kapitalanlage	0	0	0	0	0	−1.191
– Kapitalrückfluss	0	0	0	0	0	0
– Zinssatz		10,0 %	10,0 %	10,0 %	10,0 %	10,0 %
Bestandsgrößen						
– Restfinanzierung	18.000	18.200	13.210	5.771	2.009	0
– Guthaben	0	0	0	0	0	1.191

Als wichtige Modifikation gegenüber der einfachen Version ist die negative Bemessungsgrundlage in $t = 1$ und $t = 5$ zu nennen. Dies bedeutet, dass steuerrechtlich ein Verlust angefallen ist. Da viele Handlungsmöglichkeiten im ersten Jahr noch rote Zahlen schreiben, handelt es sich hierbei um einen häufigen und realistischen Fall. Denn in den ersten Monaten muss in den Markt investiert werden und die Produktion effizient gestaltet werden. In $t = 1$ entsteht nun eine negative Bemessungsgrundlage in Höhe von -7.600 $€_1$. In einem kleinen Unternehmen, das keine anderen Projekte mit positiven Bemessungsgrundlagen hat, würde man einen Verlustvortrag ins Auge fassen. Aber in fast allen Unternehmen gibt es eine Vielzahl von laufenden Projekten, von denen einige Überschüsse generieren. Das führt meistens in der Summe zu positiven Bemessungsgrundlagen des Gesamtunternehmens. Es kann somit eine Verrechnung stattfinden. Die negativen und positiven Bemessungsgrundlagen dürfen saldiert werden, was dazu führt, dass die jungen Handlungsmöglichkeiten mit ihren negativen Bemessungsgrundlagen die Gesamtbemessungsgrundlage des Unternehmens reduzieren und damit für eine geringere Steuerzahllast sorgen. Diese Minderzahlung kann der Handlungsmöglichkeit gutgeschrieben werden.

Im Beispiel erfolgt eine Verringerung der Zahlung von 7.600 $€_1 \cdot 50$ % = 3.800 $€_1$. Die dadurch reduzierten Steuerzahlungen entlasten den Finanzierungsbedarf. In der Anfangsphase unterstützt die Versteuerung sogar die Handlungsmöglichkeiten, wenn negative Bemessungsgrundlagen vorliegen. Erst in späteren Perioden und mit positiven Bemessungsgrundlagen werden dann Ertragssteuern gezahlt.

Die Verrechnung der Bemessungsgrundlagen kann als zweiter Teil des „Generationenvertrages" der Handlungsmöglichkeiten angesehen werden. In der Finanzierung profitieren die jungen Projekte aufgrund ihres Cashflowbedarfs und in der Besteuerung die fortgeschrittenen Projekte aufgrund ihrer ansonsten zu zahlenden Steuern.

Exakte Steuerzahlungszeitpunkte

Für die obigen Finanzpläne wurde angenommen, dass die Steuerzahlungen immer am 31.12. des jeweiligen Jahres anfallen. Diese Annahme, die überwiegend in der Literatur angewendet wird, soll hier nun genauer untersucht werden.

Realistisch ist die Annahme der Zahlung zum Jahresende sicher nicht. Einerseits fällt zum 31.12. gar keine Steuer an und zum anderen können sich die Steuerzahlungen auf bis zu 6 Termine verteilen:
– 4 Vorauszahlungen[45]
– Abschlusszahlung nach Vorlage des Jahresabschlusses
– Endgültige Abschlusszahlung nach Betriebsprüfung

Es sei der Fall einer Kapitalgesellschaft angenommen, die sowohl für die Gewerbesteuer als auch für die Körperschaftsteuer Vorauszahlungen leisten muss. In Tab. 1.15 sind die Daten der Vorauszahlungen für die Gewerbesteuer von erwarteten 100 T € aufgeführt:

Tab. 1.15: Steuerzahlungstermine der Gewerbesteuer (eigene Darstellung).

Teilbetrag	Tag	Monat	Jahr	Abschlag in T €	Tage bis ME*	Monate bis JE**
1	15	2	2019	25,0	13	10
2	15	5	2019	25,0	16	7
3	15	8	2019	25,0	16	4
4	15	11	2019	25,0	15	1

*Monatsende **Jahresende

Die Steuerzahlungen müssen somit schon weit vor dem Jahresende geleistet werden, so dass eine zusätzliche Finanzierungslast für die Unternehmen entsteht.

Ähnlich sieht es für den Zahlungsplan der Körperschaftsteuer und Einkommensteuer aus. Auch hier (siehe Tab. 1.16) wird wieder von einer Gesamtzahlung von 100 T € ausgegangen.

Tab. 1.16: Steuerzahlungstermine für die Körperschaftsteuer und die Einkommensteuer (eigene Darstellung).

Teilbetrag	Tag	Monat	Jahr	Abschlag in T €	Tage bis ME*	Monate bis JE**
1	10	3	2019	25,0	21	9
2	10	6	2019	25,0	20	6
3	10	9	2019	25,0	20	3
4	10	12	2019	25,0	21	0

*Monatsende **Jahresende

---

45 Nicht betrachtet wird an dieser Stelle die Umsatzsteuer, die bei großen Unternehmen am dritten Tag nach Monatsende für den vergangenen Monat bezahlt werden muss. Allerdings können Unternehmen gem. § 20 Abs. 1 S. 1 UStG, deren Gesamtumsatz im vorausgegangen Kalenderjahr nicht mehr als 500.000 Euro betragen hat, einen Antrag auf Umsatzsteuerzahlung nach vereinnahmten Entgelten stellen, und damit i. d. R. eine Stundung erreichen.

Auch bei der Körperschaftsteuer und Einkommensteuer müssen die Zahlungen deutlich vor dem Jahresende geleistet werden. Wenn aus Praktikabilitätsgründen die Steuerzahlungen weiter am Jahresende erfasst werden sollen, so kann mit einem Aufschlag der Tatsache Rechnung getragen werden, dass die eigentliche Belastung um die Finanzierung höher ist.

Als Zinssatz seien 10 % angenommen, die – da Betriebsausgabe[46] – in diesem Fall die Kosten für die Finanzierung der Steuervorauszahlungen mindern.

Wie oben gezeigt, beträgt die steuerliche Gesamtbelastung durch Körperschaftsteuer und Gewerbesteuer bei einem Hebesatz von 400 % in der Summe 29,825 %. Der Zinssatz vor Steuern von 10 % vermindert sich dadurch um 2,9825 Prozentpunkte auf 7,0175 % nach Steuern. Mit diesem Zinssatz nach Steuern sind nun die Vorauszahlungen aufzuzinsen.

Für die Endwerte der Steuerzahlungen für die Körperschaftsteuer siehe Tab. 1.17.

Tab. 1.17: Aufzinsung bei der Körperschaftsteuer (eigene Darstellung).

Teilbetrag	Tag	Monat	Jahr	Zinsfaktor	Endwert
1	10	3	2019	1,0564	26,409
2	10	6	2019	1,0384	25,960
3	10	9	2019	1,0209	25,524
4	10	12	2019	1,0040	25,099
Saldo				4,1197	102,9917
Faktor					1,029917
Erhöhter Steuersatz statt 15,825 %					16,30 %

Der erste Teilbetrag von 25 T € wird zunächst 21 Tage bis zum Monatsende März aufgezinst und dann über die bis zum Jahresende verbleibenden 9 Monate, wobei der Zinseszinseffekt berücksichtigt wurde. Aus den 25 T € werden somit per Jahresende 26,409 T €, eine merkliche Steigerung. Ähnlich werden die späteren Raten behandelt. In Summe sind die 4 Steuerzahlungen am Jahresende 102,99 T € wert. Der Zuwachs beläuft sich auf knapp 3 %. Er kann nun auf den unkorrigierten Steuersatz von 15,825 % addiert werden, so dass sich insgesamt ein korrigierter Steuersatz per Jahresende von 16,30 % ergibt.

Ähnlich kann die zusätzliche Belastung durch die frühzeitige Bezahlung der Gewerbesteuer ermittelt werden (siehe Tab. 1.18).

Durch die noch frühzeitigere Steuerzahlung ist der Effekt mit 3,47 % noch etwas höher. Der korrigierte Steuersatz erhöht sich damit zum Jahresende von 14,0 % auf 14,49 %.

Unter der Annahme, dass die gewerbesteuerlichen und körperschaftsteuerlichen Bemessungsgrundlagen gleich sind, können die beiden Steuersätze addiert werden. Es ergibt sich ein Gesamtsteuersatz von 30,784 % statt der 29,825 %. Dies ist ein Anstieg

---

46 Die Absetzbarkeit gilt nur soweit, wie die Zinsschranke nicht erreicht ist.

Tab. 1.18: Aufzinsung bei der Gewerbesteuer (eigene Darstellung).

Teilbetrag	Tag	Monat	Jahr	Zinsfaktor	Endwert
1	15	2	2011	1,0607	26,519
2	15	5	2011	1,0435	26,088
3	15	8	2011	1,0260	25,649
4	15	11	2011	1,0085	25,213
Saldo				4,1387	103,4680
Faktor					1,034680
Erhöhter Steuersatz statt 14 %					14,49 %

um 3,22 %. Bei einem Zinssatz von 5 % sind es 1,62 %, so dass weitgehend von einer Linearität ausgegangen werden kann, wenn die Wirkung bei anderen Zinssätzen ermittelt werden soll.

Mit einem solchen Aufschlag steht dann eine elegante Methode zur Verfügung, mit der die zusätzliche Finanzierungsbelastung erfasst wird, ohne dass eine aufwendige Erfassung der Steuerzahlungen zu den verschiedenen Terminen notwendig wird.

Exkurs: Steuerparadoxon

Die Vorteilhaftigkeit einer Handlungsmöglichkeit verringert sich üblicherweise durch die Belastung mit Ertragssteuern, weil die Einzahlungen im Steuerfall nicht nur die projektbezogenen Auszahlungen abdecken müssen, sondern auch noch die Auszahlungen für die Steuern. Der Endwert wird somit fast immer geringer sein, wenn die Ertragssteuern berücksichtigt werden. Es gibt allerdings Fälle, in denen der Endwert steigt (Vgl. zu diesem Steuerparadoxon auch Schneider 1992, S. 246 ff.). Dies ist insbesondere dann wichtig, wenn der Endwert vor Steuern negativ ist und nach Steuern positiv. Denn damit würde sich die Entscheidung über eine Handlungsmöglichkeit ändern.

Eine wichtige Voraussetzung für das Auftreten des Paradoxons sind steuerliche Verluste in der Anfangsphase der Handlungsmöglichkeit. Wenn sie mit steuerlichen Gewinnen aus anderen Projekten verrechnet werden können, führt die Realisierung der Handlungsmöglichkeit zu einer Reduktion der gesamten Steuerzahlung (Generationenvertrag Teil 2, siehe Tab. 1.14), so dass der Handlungsmöglichkeit eine positive Zahlung aufgrund der reduzierten Steuerzahlung gut geschrieben werden kann. Diese führt zu einer geringeren Kapitalbindung, was Zinsen spart. Anhand eines Beispiels (siehe Tab. 1.19) kann der Vergleich vor und nach Steuern gezeigt werden.

Wenn Ertragssteuern berücksichtigt werden (rechter Teil von Tab. 1.19), dann führt die negative Bemessungsgrundlage ($-5.000 \, €_1$) in $t = 1$ dazu, dass das Gesamtunternehmen zunächst $2.500 \, €_1$ Steuern weniger zahlt. Diese reduzieren den Finanzierungsbedarf, so dass die Kreditaufnahme um diese $2.500 \, €_1$ geringer ausfallen kann.

Tab. 1.19: Beispiel für das Steuerparadoxon (eigene Darstellung).

Ertragssteuern	ohne			mit		
Zeitpunkt t	0	1	2	0	1	2
	01.01.01	31.12.01	31.12.02	01.01.01	31.12.01	31.12.02
Investition	−10.000			−10.000		
Projektcashflow	**−10.000**	**1.000**	**10.900**	**−10.000**	**1.000**	**10.900**
Kreditzinsen Restfinanzierung		−1.000	−1.000		−1.000	−750
Guthabenzinsen		0	0		0	0
Saldo nach Zinsen	10.000			10.000		
Abschreibungen	0	−5.000	−5.000	0	−5.000	−5.000
Bemessungsgrundlage	0	−5.000	4.900	0	−5.000	5.150
Ertragssteuern	0	0	0	0	2.500	−2.575
Steuersatz	0 %	0 %	0 %	50 %	50 %	50 %
Periodensaldo	**−10.000**	**0**	**9.900**	**−10.000**	**2.500**	**7.575**
Restfinanzierung						
– Kapitalaufnahme	10.000	0	0	10.000	0	0
– Kapitalrückzahlung	0	0	−9.900	0	−2.500	−7.500
– Zinssatz		10,0 %	10,0 %		10,0 %	10,0 %
„Geldanlage"						
– Kapitalanlage	0	0	0	0	0	0
– Kapitalrückfluss	0	0	0	0	0	0
– Zinssatz	10,0 %	10,0 %	10,0 %	10,0 %	10,0 %	10,0 %
Bestandsgrößen						
– Restfinanzierung	10.000	10.000	100	10.000	7.500	0
– Guthaben	0	0	0	0	0	75

Weniger Kredit bedeutet dann in der Folgeperiode, dass auch weniger Zinsen zu zahlen sind (750 €$_2$ statt 1.000 €$_2$).

Der vollständige Finanzplan weist vor Ertragssteuern einen negativen Endwert von 100 €$_2$ aus; der Handlungsmöglichkeit gelingt es also nicht, alle Auszahlungen abzudecken. Wenn dagegen Ertragssteuern (hier mit 50 %) einbezogen werden, ergibt sich ein positiver Endwert nach Steuern von 75 €$_2$. Ein Entscheider, der in diesem Fall nur die Vorsteuervariante gerechnet hätte, hätte somit eine Fehlentscheidung getroffen.

Für den Wechsel von − 100 €$_2$ auf + 75 €$_2$ – also eine Verbesserung von 175 €$_2$ – sind 2 Effekte verantwortlich. Einmal reduziert sich ohne Betrachtung der Zinsen der negative Endwert (Restfinanzierung) bei einem Steuersatz von 50 % von − 100 €$_2$ auf − 50 €$_2$. Neben dieser Verbesserung von 50 €$_2$ kann die Kreditaufnahme in t = 1 um 2.500 €$_1$ geringer ausfallen, was im ersten Schritt zu einer Zinsersparnis von 250 €$_2$ vor Steuern in t = 2 führt. Diese wird durch den Steuereffekt auf 125 €$_2$ reduziert.

Die Gefahr des Steuerparadoxons liegt dann vor, wenn

– Der Endwert leicht negativ oder leicht positiv ist. Bei hohen absoluten Endwerten ist das Steuerparadoxon praktisch nicht anzutreffen.

– Hohe Steuersätze zur Anwendung kommen.

– In den ersten Perioden steuerliche Verluste auftreten, z. B. auch durch hohe Abschreibungen in der Startphase.

---

i **Selbstlernmodul**
Vofi mit Ertragssteuern
Um den Einfluss der Steuern auf die Vorteilhaftigkeit von Handlungsmöglichkeiten üben zu können, wird wieder das Selbstlernmodul VoFi mit Ertragssteuern angeboten, welches ähnlich wie die bisher vorgestellten funktioniert (siehe für weitere Aufgaben: www.degruyter.com/view/product/498113). Anbei eine Aufgabenstellung.

Aufgabe
Eingesetztes Kapital: 4.000
Kreditsatz: 10 %
Der positive Restwerterlös von 6.000 trifft 2 Monate vor Projektende ein.
Grenzsteuersatz: 40 %
Startzeitpunkt: 01.01.01
Steuerliche AfA-Dauer (Jahre): 7 linear

Zeitpunkt	01.01.01	31.12.01	31.12.02	31.12.03	31.12.04	31.12.05
Zahlung für Investition	−11.000					
Einzahlungen						
Auszahlungen	0	8.000	13.000	10.000	1.000	7.904
	0	−4.900	−100	−2.200	−800	−2.800
Projektcashflow						
Eingesetztes Kapital	4.000					
Kreditzinsen Restfinanzierung						
Guthabenzinsen						
Periodensaldo						
Steuerliche Abschreibungen						
Bemessungsgrundlage						
Ertragssteuer						
Steuersatz						
Restfinanzierung Bedarf						
Restfinanzierung						
– Kapitalaufnahme						
– Kapitalrückzahlung						
– Zinssatz						

(fortgesetzt)

„Geldanlage"
– Kapitalanlage
– Kapitalrückfluss
– Zinssatz

Bestandsgrößen
– Restfinanzierung
– Guthaben

Die Aufgabe enthält dieses Mal ein Anfangskapital, so dass im späteren Verlauf die Opportunität der Unterlassensalternative zu berechnen ist. Der Leser möge die Tabelle füllen und dann mit den Lösungsvorschlägen in der folgenden Tabelle vergleichen:

Lösung

Zeitpunkt	01.01.01	31.12.01	31.12.02	31.12.03	31.12.04	31.12.05
Zahlung für Investition	−11.000					6.096
Einzahlungen	0	8.000	13.000	10.000	1.000	7.904
Auszahlungen	0	−4.900	−100	−2.200	−800	−2.800
Projektcashflow	**−11.000**	**3.100**	**12.900**	**7.800**	**200**	**11.200**
Eingesetztes Kapital	4.000					
Kreditzinsen Restfinanzierung		−700	−493	0	0	0
Guthabenzinsen		0	0	314	864	991
Periodensaldo	**−7.000**	**2.400**	**12.407**	**8.114**	**1.064**	**12.191**
Steuerliche Abschreibungen		−1.571	−1.571	−1.571	−1.571	−4.714
Bemessungsgrundlage		829	10.835	6.543	−508	7.476
Ertragssteuer		−331	−4.334	−2.617	203	−2.990
Steuersatz		40 %	40 %	40 %	40 %	40 %
Restfinanzierung Bedarf	**−7.000**	**2.069**	**8.073**	**5.497**	**1.267**	**9.200**
Restfinanzierung						
– Kapitalaufnahme	7.000	0	0	0	0	0
– Kapitalrückzahlung	0	−2.069	−4.931	0	0	0
– Zinssatz		10 %	10 %	10 %	10 %	10 %
„Geldanlage"						
– Kapitalanlage	0	0	−3.141	−5.497	−1.267	−9.200
– Kapitalrückfluss	0	0	0	0	0	0
– Zinssatz		10 %	10 %	10 %	10 %	10 %
Bestandsgrößen						
– Restfinanzierung	7.000	4.931	0	0	0	0
– Guthaben	0	0	3.141	8.638	9.905	**19.105**

Das Guthaben der Handlungsmöglichkeit beträgt 19.105 €, was dann mit dem Guthaben der Opportunität (Unterlassensalternative) verglichen wird. Da diese nur ein Guthaben von 5.353 € generiert, ist die Handlungsmöglichkeit unter den angenommenen Daten vorzuziehen.

1.6.4 Rentabilitäten

Der Begriff der Rentabilität oder Rendite wird sowohl für Umsatzrenditen als auch Kapitalrenditen verwendet. Abb. 1.13 möge hierüber einen ersten Überblick liefern.

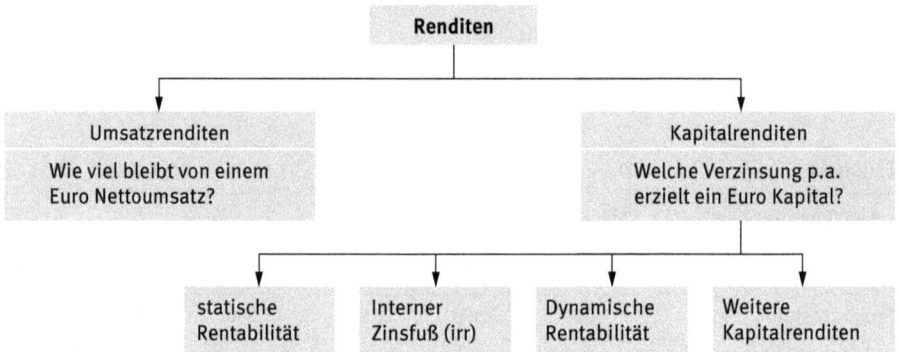

Abb. 1.13: Übersicht Renditen/Rentabilitäten (eigene Darstellung).

Während die Umsatzrenditen z. B. in der Sortimentsanalyse und in der Kundendeckungsbeitragsrechnung (vgl. z. B. Varnholt/Hoberg/Gerhards/Wilms/Lebefromm, S. 423 ff.) verwendet werden, kommen die Kapitalrenditen u. a. in der Bilanzanalyse und insbesondere in der hier behandelten Investitionsrechnung zum Einsatz. In der Bilanzanalyse steht üblicherweise das Gesamtunternehmen im Fokus, während in der Investitionsrechnung insbesondere Projekte (Handlungsmöglichkeiten, Alternativen etc.) analysiert werden. Die unterschiedlichen Charakteristika der Renditen in der Investitionsrechnung sind in Tab. 1.20 aufgeführt.

In der Investitionsrechnung wird nach den Kapitalrenditen gefragt (rechte Spalte). Im ersten Schritt ist zu klären, ob generell überhaupt verhältnisorientierte Kriterien (Rentabilitäten, Renditen) wie der Interne Zinsfuß, die Baldwin-Verzinsung, die Realverzinsung, die modifizierte Realverzinsung oder die VoFi-Verzinsung angewendet werden sollten (vgl. insbesondere Baldwin, S. 98 ff., Peters, 13–18, Hoberg 1984b, S. 1309–1314, Grob, S. 244 ff).

Denn mit dem VoFi-Endwert steht ja ein außerordentlich gutes Vergleichskriterium zur Verfügung. Allerdings lässt sich mit einem Endwert im Falle von Kapitalknappheit kaum ein Vergleich zwischen verschiedenen Handlungsmöglichkeiten durchführen. Rentabilitäten bieten hier als relative Größen bessere Analysemöglichkeiten. Neben

Tab. 1.20: Unterschiede zwischen Umsatz- und Kapitalrenditen (eigene Darstellung).

	Umsatzrenditen	Einjährige Kapitalrenditen
Leitfrage	Was bleibt vom Umsatz?	Wie verzinst sich das Kapital?
Weitere Namen	Marge	Verzinsung
Zeitpunkt (Zähler)	Erfolgsgröße zur Periodenmitte 1.7.	Erfolgsgröße zum Periodenende 31.12.
Zeitpunkt (Nenner)	Nettoumsatz zur Periodenmitte 1.7.	Kapital zum Periodenanfang 1.1.
Ertragssteuern	Ohne: Bruttoumsatzrendite	Vor und nach Ertragssteuern
	Mit: Nettoumsatzrendite	
Varianten	Rohertragsumsatzrendite	Gesamtkapitalrendite,
	Ebit-Umsatzrendite	Eigenkapitalrendite
	Ebt-Umsatzrendite	
	Gewinnumsatzrendite	
	Cashflowumsatzrendite	

dem Fall des knappen Kapitals sind Renditen auch geeignet, Vergleiche zwischen Geschäftsbereichen zu ermöglichen.

Bei der Frage nach der Vorteilhaftigkeit einer einzigen Handlungsmöglichkeit ist es nicht notwendig, verhältnisbasierte Kriterien wie den Internen Zinsfuß einzusetzen. Denn dann können die Eigen- und Fremdkapitalkosten über die Verzinsung des jeweils eingesetzten Kapitals abgebildet werden. So lässt sich dann auch eine sehr hohe Verzinsung des Eigenkapitals einbauen, so dass der Mischzinssatz (Wacc) deutlich steigt.

Wann immer also mehrere Handlungsmöglichkeiten beurteilt werden müssen, die um ein knappes Investitionsbudget konkurrieren, ist eine Anwendung der Renditekriterien zu überlegen. Die meisten BWL-Bücher beschäftigen sich mit der Internen-Zinsfuß-Methode, die daher als erstes vorgestellt und diskutiert werden soll.

Die Interne-Zinsfuß-Methode

In der Literatur wird immer noch die Interne-Zinsfuß-Methode diskutiert, die trotz ihrer bekannten Probleme in der Praxis stark verbreitet ist.[47]

In vielen Literaturbeispielen[48] gibt es keinen Grund, den Internen Zinsfuß zu benutzen (außer vielleicht pädagogische). Der Interne Zinsfuß bereitet nämlich sowohl in der Berechnung als auch in der betriebswirtschaftlichen Aussagekraft massive Probleme.

Ermittelt wird der Interne Zinsfuß, indem der Zinssatz gesucht wird, bei dessen Anwendung zur Abzinsung aller Zahlungen der Kapitalwert oder Endwert Null wird. Die dazugehörige Formel sieht wie folgt aus:

---

47 Vgl. z. B. die Umfrage von Däumler 2007, S. 271–280.
48 Vgl. K.-D. Däumler, S. 273.

$$KW = \sum_{t=0}^{tn} \ddot{u}_t \cdot (1 + IZF)^{-t} = 0 \qquad \text{€ zum Zeitpunkt t = 0}$$

$\ddot{u}_t$ Überschuss zum Zeitpunkt t
IZF   Interner Zinsfuß p. a.

Wie aus der Formel zu ersehen ist, kann nur ein einziger einheitlicher Zinssatz, nämlich der interne Zinsfuß IZF, verwendet werden. Dieser „Allzweck"-Zinssatz müsste nun zahlreiche Aufgaben erfüllen:

- Verzinsung von Anlagen im Falle von positiven Überschüssen
- Verzinsung von kurzfristigen Krediten im Falle von negativen Überschüssen
- Verzinsung von langfristigen Krediten im Falle von negativen Überschüssen
- Verzinsung von subventionierten Krediten
- Verzinsung der gesamten Handlungsmöglichkeit

Es ist offensichtlich, dass diese unterschiedlichen Aufgaben fast immer auch unterschiedliche Zinssätze erfordern. Auch wenn der Anlagenzinssatz kaum gebraucht wird (der Kreditzinssatz ist relevant, weil bei Überschüssen erst einmal Kredite zurückgeführt werden[49]), so ist die Gesamtverzinsung praktisch immer abweichend vom Kreditzinssatz. Schon rechentechnisch kann der Interne Zinsfuß also nicht alle Anforderungen befriedigen.

Das folgende einfache Beispiel möge zeigen, wie sich die Rendite einer Handlungsmöglichkeit ändert, wenn unterschiedliche Annahmen zur Verzinsung von zwischenzeitlichen Überschüssen getroffen werden. Ein Anleger kann in eine Aktie investieren zum Preis von 100 €₀/Aktie in t = 0. Er erwartet innerhalb eines Jahres eine Kurssteigerung um 10 %, so dass der prognostizierte Verkaufspreis bei 110 €₁/Aktie in t = 1 liegt. Damit würde die Rendite dieses Investments 10 % betragen. Aber neben der Kurssteigerung erwartet der Anleger auch eine Dividende von 5 €₀,₅/Aktie. Die Zahlung möge genau zum Halbjahr beim Anleger eintreffen.[50] Abb. 1.14 illustriert die Struktur der Zahlungen.

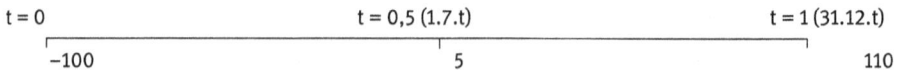

t = 0	t = 0,5 (1.7.t)	t = 1 (31.12.t)
−100	5	110

Abb. 1.14: Wiederanlageprämisse: Daten (eigene Darstellung).

---

[49] Um jederzeit Kredite zurückführen zu können, sollten entsprechende Tilgungsmöglichkeiten vorgesehen werden bzw. sollten mehrere kleine kurzfristige Kredite aufgenommen werden, die bei Fälligkeit erhöht oder reduziert werden können

[50] In der Realität werden die Dividenden üblicherweise kurz nach der Hauptversammlung gezahlt, was häufig im Mai der Fall ist.

Durch die Dividende erhöht sich die Rendite der Handlungsmöglichkeit. Selbst wenn der Anleger die zur Jahresmitte erhaltene Dividende nicht wieder anlegt (bildlich gesprochen unter das Kopfkissen legt), steigt sein Wertzuwachs am Jahresende auf 15 $€_1$/Aktie. Bei einer Anfangsinvestition in t = 0 von 100 $€_0$/Aktie bedeutet dies eine Rendite von 15/100 = 15%.

Aber der Anleger wird wohl nicht die Dividende unverzinst liegen lassen. Auch unter Sicherheits- und Flexibilitätsgesichtspunkten sollte er zumindest eine sechsmonatige Anlage in Tagesgeld durchführen. Wenn der Halbjahreszinssatz dafür 1,5 % beträgt, wächst die Dividende bis zum Jahresende auf 5,075 €/Aktie (siehe hierzu Abb. 1.15).

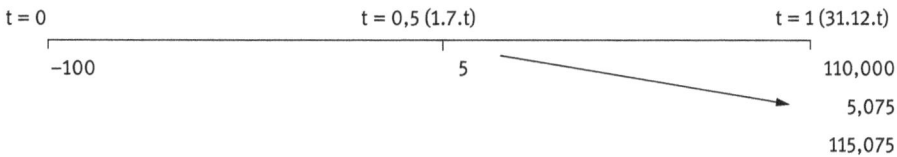

t = 0	t = 0,5 (1.7.t)	t = 1 (31.12.t)
−100	5	110,000
		5,075
		115,075

Abb. 1.15: Wiederanlageprämisse: Mit Tagesgeldanlage (eigene Darstellung).

Die Rendite steigt damit auf 15,075/100 = 15,075%.

Eine noch bessere Rendite erhält der Anleger, wenn er die Dividende zur Aktienrendite wieder anlegt. Wenn diese jährlich 10 % beträgt, dann gilt für die halbjährige Rendite $1{,}1^{0,5} - 1 = 4{,}88\%$. Diese wird auf die Dividende angewendet, so dass die Dividende bis zum Jahresende auf 5,244 $€_1$/Aktie angewachsen ist (siehe hierzu Abb. 1.16).

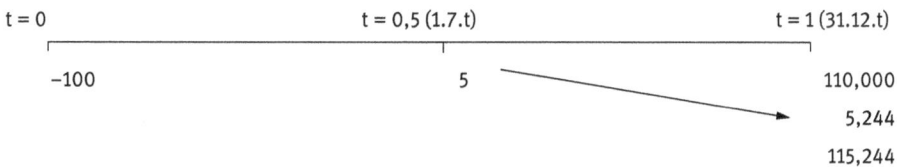

t = 0	t = 0,5 (1.7.t)	t = 1 (31.12.t)
−100	5	110,000
		5,244
		115,244

Abb. 1.16: Wiederanlageprämisse: Mit Aktienanlage (eigene Darstellung).

Die Rendite steigt damit auf 15,244/100 = 15,244%.

Bei der Internen Zinsfußmethode wird nun angenommen, dass die Wiederanlage zum Internen Zinssatz durchgeführt wird. Er beträgt hier 7,41 % für das Halbjahr, was sich wie folgt ableiten lässt. Grundbedingung für die Ableitung des Internen Zinsfußes ist, dass der Kapitalwert oder Endwert Null wird. Hier wird der Endwert Null gesetzt. Es resultiert eine quadratische Gleichung, die mit Hilfe der p/q-Formel aufgelöst wird.

$$-100 \cdot (1+r_{HJ})^2 + 5{,}00 \cdot (1+r_{HJ})^1 + 110 = 0$$

$$(1+r_{HJ})^2 - 0{,}050 \cdot (1+r_{HJ})^1 - 1{,}100 = 0$$

$$(1+r_{HJ}) = 0{,}025 \pm (0{,}000625 + 1{,}100)^{0{,}5}$$

$$= 0{,}025 \pm 1{,}049106763$$

$$r_{HJ1} = 0{,}025 + 1{,}049106763 - 1$$

$$r_{HJ1} = 0{,}074106763 \;\rightarrow\; 7{,}4107\% \text{ pro Halbjahr}$$

Die mit Hilfe der p/q-Formel aufgelöste Gleichung führt zu zwei Lösungen, von denen die zweite aber betriebswirtschaftlich nicht relevant ist (sie ist mit – 202 % stark negativ).[51] Alternativ kann die Lösung auch über die Excelfunktion IKV erfolgen. Wenn die Zahlungen (–100, + 5, + 110) in den Zellen A1 bis A3 stehen, so lautet die konkrete Excelfunktion IKV(A1.A3;0,1). Hinter dem Bereich für die Zahlungen A1 bis A3 verlangt Excel noch einen Schätzwert für den Zinssatz, der im Beispiel mit 0,1 = 10% angegeben ist. Excel verwendet zur Lösung Iterationsverfahren, weil die p/q-Formel nur für 2 Perioden mit insgesamt 3 Zahlungen einsetzbar ist.

Die erste Lösung von 7,41 % für die Halbjahresverzinsung wird nun auf die Dividendenzahlung angewendet (siehe Abb. 1.17).

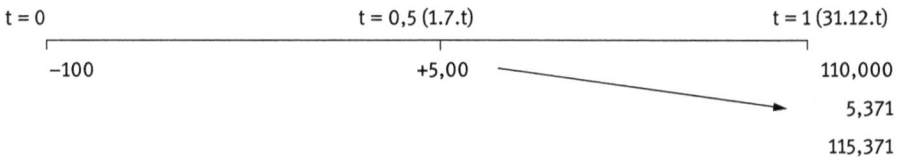

t = 0	t = 0,5 (1.7.t)	t = 1 (31.12.t)
–100	+5,00	110,000
		5,371
		115,371

Abb. 1.17: Wiederanlageprämisse: Mit Anlage zum Internen Zinsfuß (eigene Darstellung).

Daraus entsteht dann eine aufgezinste Dividende von 5,371, welche zu einer Rendite von 15,371 % führt.

Es hat sich in den verschiedenen Beispielen gezeigt, dass die Annahme zur Wiederanlage von Überschüssen (hier die Dividende) entscheidend ist für die Höhe der Gesamtrendite der Handlungsmöglichkeit. Sicherlich nur in Ausnahmen zutreffend ist die Vorgehensweise, die Gesamtrendite auch für die Verzinsung von zwischenzeitigen Überschüssen einzusetzen. Aber genau dies wird von der Internen-Zinsfuß-Methode implizit angenommen.

Wenn mehr als ein Jahr betrachtet wird, vergrößern sich die Probleme. Rechnerisch gesehen muss bei tn Perioden berücksichtigt werden, dass Polynome tn'ten Grades vorliegen. Jeder Vorzeichenwechsel kann zu einer zusätzlichen Nullstelle führen.

---

51 Alternativ kann die Methode der quadratischen Ergänzung eingesetzt werden, mit der das Verständnis der p/q-Formel erleichtert wird.

Die Zahlungsreihe − 1000; + 3350; − 3735; + 1386 hat drei Interne Zinsfüße in Höhe von + 5 %, + 10 % und + 20 %. Diese Ergebnisse werden üblicherweise mit Iterationsverfahren gewonnen, welche sich in vielen Schritten dem richtigen Ergebnis nähern. Beginnend mit einer ersten Kombination aus Zinssatz und Kapitalwert wird der Zinssatz so geändert, dass der Kapitalwert immer näher an Null herankommt. Das Iterationsverfahren kann abgebrochen werden, wenn der Kapitalwert hinreichend nah an Null herangerückt ist. Die Nullstelle gibt dann den Internen Zinsfuß an. Am Rande sei darauf hingewiesen, dass je nachdem, wo die Iteration gestartet wird, ein unterschiedliches Ergebnis herauskommen kann (vgl. zu den Details Hoberg 2017a, S. 215 ff.).

Lediglich im einfachsten Fall, nämlich bei nur einem Vorzeichenwechsel, gibt es üblicherweise nur einen Internen Zinsfuß, sprich Schnittpunkt der Kapitalwertfunktion mit der Abszisse (hier: alternative Kalkulationszinssätze). Mehrere Vorzeichenwechsel kann man jedoch auch in der Praxis nicht ausschließen. Typische Beispiele sind zweistufige Investitionen oder negative Zahlungsüberschüsse am Ende der Laufzeit z. B. für die Rekultivierungskosten im Braunkohleabbau, für Atomkraftwerke oder bei der kostspieligen Entsorgung von Bohrplattformen z. B. in der Nordsee.

Mit diesen vorher kaum abschätzbaren Rechenproblemen ist eigentlich bereits das Aus für den Internen Zinsfuß gekommen. Noch schlimmer ist jedoch die sogenannte Wiederanlageprämisse. Aus der Rechenformel (Kapitalwert = 0) ergibt sich, dass der Interne Zinsfuß die Rentabilität des jeweils gebundenen Kapitals zeigt. Dies ist häufig akzeptabel, wenn gegen die Unterlassensalternative, nämlich dem Kalkulationszinsfuß, verglichen wird.

Problematisch wird es im Falle der Kapitalknappheit, wenn aus mehreren Handlungsmöglichkeiten die rentabelsten ausgewählt werden sollen. Als relative Größe zeigt der Interne Zinsfuß nur die Verzinsung, nicht aber, wie viel Kapital im Zeitablauf verzinst wird. Die möglichen Probleme zeigt Tab. 1.21.

Tab. 1.21: Beispiel zur Internen-Zinsfuß-Methode (eigene Darstellung).

Zeitpunkt t	0	1	2
HM1	−1.000	2.000	210
HM2	−1.000	0	4.000

Da die beiden Beispielsinvestitionen nur 2 Perioden mit 3 Zahlungszeitpunkten enthalten, können sie mit der p/q Formel gelöst werden. Iterationsverfahren sind noch nicht notwendig.

Für die Handlungsmöglichkeit 1 ergeben sich dann die folgenden Internen Zinsfüße:

$r_{11} = + 110\%,$

$r_{12} = -110\%$

r_{11} Interner Zinsfuß der Handlungsmöglichkeit 1, Lösung 1

r_{12} Interner Zinsfuß der Handlungsmöglichkeit 1, Lösung 2

Für die HM2 ergeben sich die Internen Zinsfüße wie folgt:

$r_{21} = +100\%$

$r_{22} = -300\%$

Die negativen Internen Zinsfüße sind hier offensichtlich betriebswirtschaftlich nicht relevant, zeigen aber nochmals die Gefahren bei einer unvorsichtigen Anwendung der Internen-Zinsfuß-Methode.

    Da Handlungsmöglichkeit 1 die höhere interne Verzinsung aufweist, wäre sie vorzuziehen, weil sie implizit unterstellt, dass der in $t = 1$ zurückkommende Betrag von 2.000 ebenfalls zum Internen Zinsfuß angelegt werden kann. Beträgt die Verzinsung einer solchen Differenzinvestition „nur" 50 %, so erhält man in $t = 2$ nur $2.000 \cdot (1 + 0,5) + 210 = 3.210$, was deutlich unter dem Wert von 4.000 bei Handlungsmöglichkeit 2 liegt. Da die Startinvestitionen gleich angenommen sind, wäre die Handlungsmöglichkeit 2 viel besser. Die Kenntnis der Internen Zinsfüße allein reicht also nicht sicher aus für eine vernünftige Entscheidung. Man muss wissen, wie sich die Differenzen im gebundenen Kapital verzinsen.

    Auch bei unterschiedlichen Anfangsinvestitionen und unterschiedlichen Laufzeiten kann man einfach zeigen, dass die tatsächliche Vorteilhaftigkeit von der Verzinsung der jeweiligen Differenzen abhängt. Diese ist jedoch weitgehend durch den für die Entscheidungssituation individuell festgelegten Kalkulationszinsfuß bekannt, den man in jedem Fall für die Entscheidung über die Vorteilhaftigkeit benötigt.[52]

Verbesserte Berechnung der Rentabilität

Es stellt sich nach den obigen Ausführungen die Frage, warum die Differenzen dann nicht gleich mit diesem Kalkulationszinsfuß bewertet werden, was in den fortgeschritteneren Verfahren auch passiert. Aber auch diese sind nur eine (allerdings viel bessere) Notlösung, weil sie über die Differenzinvestitionen eine gleichmäßige rechnerische Kapitalbindung sicherstellen. Aber sie berücksichtigen nur pauschal über den Kalkulationszinsfuß, welche alternativen Kapitalverwendungen zu den zukünftigen Zeitpunkten

---

52 Männel versucht, die Interne-Zinsfuß-Methode über Differenzinvestitionen zu retten, die dann wieder mit der Internen-Zinsfuß-Methode bewertet wird. Dies mag in begrenzten Sonderfällen denkbar sein, ist aber bei zahlreichen Handlungsmöglichkeiten kaum praktikabel, insbesondere dann, wenn mal die eine mal die andere Handlungsmöglichkeit mehr Kapital gebunden hat. Auch hier gilt ja, dass die Differenzinvestition gegen den Kalkulationszinsfuß verglichen wird, so dass er gleich zur Bewertung der unterschiedlichen Kapitalbindungen genommen werden kann. Dadurch erspart man sich auch alle unkalkulierbaren Rechenprobleme bei komplizierteren Zahlungsreihen. Vgl. W. Männel, S. 325–341.

möglich sein werden. Diese explizite Berücksichtigung zukünftiger Handlungsmöglichkeiten kann methodisch sauber eigentlich nur über eine simultane Planung geleistet werden.[53] Diese scheitert aber regelmäßig an den Datenerfordernissen.

Es sei nun angenommen, dass die in Tab. 1.22 aufgeführte Handlungsmöglichkeit nur eine von vielen möglichen darstellt, so dass der Unternehmer sein knappes Kapital gemäß der Rentabilität zuteilt. Als relativ bestes Kriterium sollte er dann die VoFi-Rentabilität in der Ausprägung der modifizierten Realverzinsung wählen.[54] Dazu wird bestimmt, wie viel Kapital dauerhaft im Projekt gebunden ist. Der Wert für das Beispiel beträgt 600.000 €. Dafür, dass der Investor für vier Jahre auf diesen Betrag verzichtet, erhält er am Schluss einen höheren Endwert aus der Investition (hier 883.934 €).

Die Überschüsse, die ab Zeitpunkt t = 1 anfallen, werden „angelegt". Die Anführungszeichen in der Zeile („Geldanlage") der folgenden Tabelle sollen zeigen, dass es sich nicht um Finanzanlagen handeln kann. Rückfließendes Geld wird bei dem angenommenen Kapitalengpass vornehmlich für weitere Handlungsmöglichkeiten verwendet oder zumindest für die Reduktion der teuersten Kredite anderer Handlungsmöglichkeiten eingesetzt. Auf diese Weise kumuliert sich der Endbetrag zum Ende des Planungszeitraums. Er ist der Lohn dafür, dass der Investor in t = 0 sein Kapital eingesetzt hat (siehe Tab. 1.22).

Die VoFi-Rentabilität ergibt sich nun, indem der Endbetrag (Guthaben) von 883.934 €$_4$ ins Verhältnis gesetzt wird zum gebundenen Kapital von 600.000 €$_0$. Es wird nun danach gefragt, mit welchem Zinssatz das gebundene Kapital zum Endwert „hochwächst". Mathematisch wird das Verhältnis gebildet (883.934/600.000 = 1,4732) und daraus die Wurzel entsprechend der Anzahl der Perioden gezogen (hier vier), was 1,1017 ergibt. Aus diesem durchschnittlichen Wachstumsfaktor wird die VoFi-Rentabilität ermittelt, indem noch 1 abgezogen wird, wodurch 0,1017 oder 10,17 % resultiert. Diese Rentabilität von 10,17 % lässt sich nun mit den Rentabilitäten konkurrierender Handlungsmöglichkeiten vergleichen.[55]

Die Ergebnisse zeigen gut die oben beschriebenen unterschiedlichen Prämissen. Der Interne Zinsfuß geht davon aus, dass die zwischenzeitlichen Überschüsse eben zum Internen Zinsfuß von 11,51 % angelegt werden können (implizite Prämisse). Die

---

[53] Denn nur dann weiß man, welches Projekt gerade nicht mehr durchgeführt wird. Die Rendite dieses Projektes wäre dann der geeignete Kalkulationszinsfuß für die verhältnisbasierten Kriterien (Opportunitätsgedanke). In der Praxis braucht man dieses Problem nicht überzubewerten. Wenn das Grenzprojekt eine Verzinsung deutlich über dem Mischzinssatz aufweist, kann das Unternehmen die Projekte mit diesem höheren Satz nochmals durchrechnen.

[54] Die VoFi-Rentabilität ist die Obermenge vieler Verfahren. Hierzu gehört auch die modifizierte Realverzinsung, welche den in der Praxis üblichen Fall berücksichtigt, dass in t = 0 nicht alle Investitionsauszahlungen angefallen sind. Siehe Hoberg 1984b, S. 1309 ff.

[55] Wie erwähnt kann die Vergleichbarkeit stark eingeschränkt sein, wenn die Laufzeiten und/oder die Kapitalbindungsstruktur unterschiedlich sind.

Tab. 1.22: VoFi-Rentabilität in der ersten Ausbaustufe (eigene Darstellung).

Zeitpunkt t	0	1	2	3	4
Zahlungen für Investition	−600.000				
Einzahlungen		280.000	280.000	280.000	480.000
Auszahlungen		−190.000	−80.000	−70.000	−160.000
Projektcashflow	**−600.000**	**90.000**	**200.000**	**210.000**	**320.000**
Sollzinsen		0	0	0	0
Habenzinsen		0	6.300	20.741	36.893
Eingesetztes Kapital	600.000	= Anfangsbetrag			
Periodenendsaldo	**0**	**90.000**	**206.300**	**230.741**	**356.893**
Finanzierung					
– Kapitalaufnahme	0	0	0	0	0
– Kapitalrückzahlung	0	0	0	0	0
– Zinssatz	0	7,0 %	7,0 %	7,0 %	7,0 %
„Geldanlage"					
– Kapitalanlage	0	−90.000	−206.300	−230.741	−356.893
– Kapitalrückfluss		0	0	0	0
– Zinssatz		7,0 %	7,0 %	7,0 %	7,0 %
Bestandsgrößen					
– Restfinanzierung	0	0	0	0	0
– Guthaben	0	90.000	296.200	527.041	883.934

Guthaben am Ende des Planungszeitraums: 883.934
Eingesetztes Kapital: 600.000
Rendite p. a.: 10,17 %
Interner Zinsfuß p. a.: 11,51 %

VoFi-Rentabilität geht hingegen von einer expliziten Angabe (in diesem Fall von 7 %) aus. Diese bewusste Vorgehensweise ist sicherlich als wesentlich besser anzusehen.[56]

Die VoFi-Rentabilität kann weiter ausgebaut werden, indem z. B. Entnahmen im Laufe der Jahre eingegeben werden, damit der Investor schon früher von Rückflüssen profitieren kann. Dabei ist jedoch darauf zu achten, dass dann auch die konkurrierenden Handlungsmöglichkeiten die gleichen Entnahmen bringen müssen.

Im obigen Beispiel war die Gesamtkapitalrendite ermittelt worden. Aus Sicht des Investors interessiert aber noch mehr, wie hoch die Eigenkapitalrendite sein wird. Einen

---

56 Es sei nochmals darauf hingewiesen, dass auch die VoFi-Rentabilität leicht angreifbar ist, weil die wichtigen Kalkulationszinssätze im Fall der Kapitalknappheit eigentlich erst dann bekannt sind, wenn die optimale Kombination von Handlungsmöglichkeiten und Zwischenanlagemöglichkeiten bereits festgelegt wurde, was ja eigentlich Aufgabe der Rentabilitätsvergleiche war. Aber durch mehrfaches Durchrechnen mit unterschiedlichen Kalkulationszinssätzen kann der Anwender sich häufig gut einem befriedigenden Ergebnis annähern. Ansonsten kann versucht werden, das Problem mit der linearen Optimierung zu lösen (vgl. hierzu Kap. 1.10.2).

Teil der Investition wird er mit Fremdkapital finanzieren (Leverageeffekt), so dass bei guten Projekten die Eigenkapitalrendite mit zunehmender Verschuldung zunächst einmal steigt. Es sei aber sofort darauf hingewiesen, dass dieser Hebeleffekt auch in die falsche Richtung wirkt, wenn die Handlungsmöglichkeit nicht die erwarteten Rückflüsse bringt.

Für das Beispiel (siehe Tab. 1.23) sei angenommen, dass der Investor zu 50 % fremdfinanziert, so dass er 300 T € über Kredite beschafft.

Tab. 1.23: VoFi-Eigenkapitalrentabilität mit positivem Hebeleffekt (Leverageeffekt), (eigene Darstellung).

Zeitpunkt t	0	1	2	3	4
Zahlungen für Investition	−600.000				
Einzahlungen		280.000	280.000	280.000	480.000
Auszahlungen		−169.000	−80.000	−70.000	−160.000
Projektcashflow	**−600.000**	**111.000**	**200.000**	**210.000**	**320.000**
Sollzinsen		−21.000	−14.700	−1.729	0
Habenzinsen		0	0	0	12.850
Eingesetztes Kapital	300.000	= Anfangsbetrag			
Periodensaldo	**−300.000**	**90.000**	**185.300**	**208.271**	**332.850**
Finanzierung					
– Kapitalaufnahme	300.000	0	0	0	0
– Kapitalrückzahlung	0	−90.000	−185.300	−24.700	0
– Zinssatz		7,0 %	7,0 %	7,0 %	7,0 %
„Geldanlage"					
– Kapitalanlage		0	0	−183.571	−332.850
– Kapitalrückfluss	0	0	0	0	0
– Zinssatz	0	7,0 %	7,0 %	7,0 %	7,0 %
Bestandsgrößen					
– Restfinanzierung	300.000	210.000	24.700	0	0
– Guthaben	0	0	0	183.571	516.421

Guthaben am Ende des Planungszeitraums: 516.421
Eingesetztes Kapital: 300.000
Rendite p. a.: 14,54 %
Interner Zinsfuß p. a.: 18,71 %

Wie erwartet steigt die Rendite nun stark an. Der Leverageeffekt wirkt in die gewünschte Richtung. Am Rande sei erwähnt, dass nun natürlich eine gute Verwendungsmöglichkeit für das nicht investierte Eigenkapital gefunden werden muss.

Wenn hingegen die prognostizierten Zahlungsüberschüsse nicht in der geplanten Höhe kommen, bricht die Eigenkapitalrendite stark ein. Es sei angenommen, dass sich die letzte Einzahlung auf 240 T € halbiert. Dann erhält man das in Tab. 1.24 dargestellte Bild.

Die Verschlechterung betrüge mehr als 16 %-Punkte. Ohne den Hebeleffekt (Leverageeffekt) würde die Rendite nur von 10 % auf 2 % fallen.

Tab. 1.24: VoFi-Eigenkapitalrentabilität mit negativem Leverageeffekt (eigene Darstellung).

Zeitpunkt t	0	1	2	3	4
Zahlungen für Investition	−600.000				
Einzahlungen		280.000	280.000	280.000	240.000
Auszahlungen		−169.000	−80.000	−70.000	−160.000
Projektcashflow	**−600.000**	**111.000**	**200.000**	**210.000**	**80.000**
Sollzinsen		−21.000	−14.700	−1.729	0
Habenzinsen		0	0	0	12.850
Eingesetztes Kapital	300.000	= Anfangsbetrag			
Periodensaldo	**−300.000**	**90.000**	**185.300**	**208.271**	**92.850**
Finanzierung					
– Kapitalaufnahme	300.000	0	0	0	0
– Kapitalrückzahlung	0	−90.000	−185.300	−24.700	0
– Zinssatz		7,0 %	7,0 %	7,0 %	7,0 %
„Geldanlage"	0				
– Kapitalanlage	0	0	0	−183.571	−92.850
– Kapitalrückfluss	0	0	0	0	0
– Zinssatz		7,0 %	7,0 %	7,0 %	7,0 %
Bestandsgrößen					
– Restfinanzierung	300.000	210.000	24.700	0	0
– Guthaben	0	0	0	183.571	276.421

Guthaben am Ende des Planungszeitraums: 276.421
Eingesetztes Kapital: 300.000
Rendite p. a.: −2,03 %
Interner Zinsfuß p. a.: 0,11 %

Kapitalwertrate

Ein weiteres Renditekriterium besteht in der Kapitalwertrate (vgl. z. B. Olfert, S. 113). Sie wird teilweise als bessere Alternative zur Internen Zinsfußmethode angesehen (vgl. Becker, S. 73). Dies wäre auch für die Praxis wichtig, weil z. B. in den USA nach einer Untersuchung 75 % aller Unternehmen die – sehr umstrittene – Interne Zinsfußmethode verwenden (vgl. Berk/deMarzo/Harford, S. 218). Daher wird die Methode der Kapitalwertrate kurz dargestellt und dann beurteilt (vgl. zu den Details mit Beispielsrechnungen Hoberg 2015b, S. 167 ff.).

Der Ansatz der Kapitalwertrate

Zur Ermittlung der Kapitalwertrate (KWR) muss der folgende Quotient berechnet werden:

$$KWR = \frac{KW}{A_0} \quad \text{in € Kapitalwert in } t = 0 \text{ pro € Anschaffungsauszahlung in } t = 0$$

KWR   Kapitalwertrate

KW   Kapitalwert in $€_0$

A_0 Anschaffungsauszahlung (absoluter Betrag) in $€_0$

Im Zähler steht der Kapitalwert KW, der sich dadurch ergibt, dass alle Zahlungen auf den Startzeitpunkt abgezinst werden (Barwertbildung) und anschließend zum Kapitalwert addiert werden (siehe auch Kap. 1.6.2). Der Kapitalwert wird dann durch die Anschaffungsauszahlung A_0 dividiert. Wenn diese als negative Zahl definiert ist, so wird der absolute Betrag genommen oder mit − 1 multipliziert. Aufgrund der Definition als Quotient handelt es sich bei der Kapitalwertrate um ein relatives Kriterium.

Die Einheit € Kapitalwert in t = 0 bezogen auf $€_0$ Anschaffungsauszahlung in t = 0 zeigt, dass die Kapitalwertrate nicht der üblichen Struktur von Renditen entspricht. Letztere fragen nach dem durchschnittlichen Wertzuwachs pro Periode (meist Jahr). Im einfachsten Fall einer einzigen Periode wird der Wertzuwachs am Ende der Periode auf die Anfangsinvestition zum Start der Periode bezogen. Wenn die Anschaffungsauszahlung in t = 0 100 beträgt und der Rückfluss nach einem Jahr (in t = 1) 110, so ergibt sich eine Rendite von 10/100 = 0,1 = 10%. Bei der Kapitalwertrate sind Kapitalwert und Anschaffungsauszahlung auf den gleichen Startzeitpunkt bezogen. Wenn der Kalkulationszinsfuß 10 % beträgt, so ergibt sich mit der gleichen Zahlungsreihe ein Kapitalwert von 0, der dann auch zu einer Kapitalwertrate von 0/100 = 0 % führt. Somit ist bei der Kapitalwertrate und den anderen Rendite nur der Zeitpunkt der Anschaffungsauszahlung identisch, nicht jedoch der Rückflusstermin. Die Interpretation der Rendite als durchschnittlicher jährlicher Wertzuwachs ist bei der Kapitalwertrate nicht möglich.

Die Kapitalwertrate sei für die Daten einer Handlungsmöglichkeit errechnet. Der Zahlungsstrom möge − 100, + 55, + 60,5, und + 26,62 betragen. Im ersten Schritt wird jede einzelne Zahlung auf den Zeitpunkt t = 0 abgezinst. Aus der ersten Zahlung von + 55 in t = 1 ergibt sich beim Kalkulationszinsfuß von 10% (= 0,1) ein Zinsfaktor von (1 + 0,1) = 1,1. Durch diesen werden die 55 dividiert, was 50 per t = 0 ergibt. Die Zahlung von + 60,5 in t = 2 wird durch $1,1^2 = 1,21$ geteilt, was per t = 0 dann auch zu + 50 führt. Der Barwert der letzten Zahlung aus t = 3 beträgt + 26,62/1,331 = + 20. Die Barwertsumme der Rückflüsse (teilweise Zukunftserfolgswert genannt, siehe Wöhe, S. 520) beläuft sich dann auf 120. Wenn hiervon die Anschaffungsauszahlung von 100 abgezogen wird, erhält man den Kapitalwert von 20. Damit beträgt die Kapitalwertrate 20/100 = 20%. Dieses Ergebnis muss nun interpretiert werden.

Vorteilhaftigkeit

Absolut vorteilhaft ist eine Handlungsmöglichkeit, wenn ihre Durchführung zu einer höheren Zielerreichung führt als ihre Unterlassung. Ausgangspunkt ist die Berechnung der Zahlungsreihen.

Eine Handlungsmöglichkeit ist gemäß der Kapitalwertrate dann absolut vorteilhaft, wenn sie positiv ist, also besser als die Nullalternative (Do Nothing). Da die Anschaffungsauszahlung definitionsgemäß mit ihrem absoluten Betrag in die Formel eingeht, entscheidet sich die Vorteilhaftigkeit über den Kapitalwert im Zähler. Ist er positiv, so ist auch die Kapitalwertrate positiv. Die Berechnung der Kapitalwertrate bringt somit für die Frage der absoluten Vorteilhaftigkeit keine zusätzlichen Informationen gegenüber dem Kapitalwertkriterium.

Relative Vorteilhaftigkeit

Nun ist zu prüfen, ob die Kapitalwertrate als Kriterium eingesetzt werden kann, wenn zwischen verschiedenen Handlungsmöglichkeiten ausgewählt werden soll (siehe z. B. Becker, S. 73 ff.). Es geht dann um die Frage der relativen Vorteilhaftigkeit. Die Handlungsmöglichkeiten schließen sich nicht gegenseitig aus, können aber nicht alle durchgeführt werden, weil nicht hinreichend viel Kapital zur Verfügung steht. Das knappe Kapital sollte dann möglichst gut genutzt werden. Dadurch dass das notwendige Anfangskapital im Nenner steht, werden Handlungsmöglichkeiten gut bewertet, wenn sie wenig Kapital benötigen. Dies ist der richtige Grundgedanke, der auch für die anderen Renditekriterien gilt. Es werden dann die Investitionen realisiert, welche die höchsten Renditen aufweisen. Allerdings kann eine Reihenfolgebildung nach Maßgabe von Kapitalrenditen nur dann richtig sein, wenn die Handlungsmöglichkeiten ähnliche Risiken aufweisen. Ein Vergleich z. B. einer Finanzinvestition in ein Unternehmen mit dem Rating AAA darf nicht mit einer risikoreichen Investition verglichen werden, ohne dass die Risikounterschiede berücksichtigt werden.

Kritik der Kapitalwertrate

Die adäquate Auswahl des Entscheidungskriteriums (sei es die Kapitalwertrate oder eine andere Kapitalrendite) kann sehr wichtig für die Entscheidung sein, ob eine Handlungsmöglichkeit in das Investitionsprogramm kommt oder nicht. Insofern sollte verhindert werden, dass eher schwache Handlungsmöglichkeiten eines Geschäftsbereiches durch Anwendung eines ungeeigneten Kriteriums zu gut dargestellt werden und damit die Gefahr entsteht, dass bessere Handlungsmöglichkeiten nicht zum Zuge kommen. Hoberg hat diese Problematik für die statische Renditevergleichsrechnung nachgewiesen (vgl. das Renditeparadoxon nach Hoberg 2013, S. 942 ff.).

Für die Kapitalwertrate besteht eine ähnliche Gefahr. Wenn Teile der Anfangsauszahlung zeitlich verzögert werden, dann bleibt der absolute Kapitalwert unverändert, wenn die Verschiebung mit dem gleichen Zinssatz erfolgt. Aber die Kapitalwertrate kann dann stark steigen. Die Kapitalwertrate ist also wie alle anderen Renditekriterien auch sehr anfällig gegenüber Manipulationen der Anschaffungsauszahlung.

Ein weiteres wesentliches Problem kann dann entstehen, wenn Handlungsmöglichkeiten mit unterschiedlichen Laufzeiten verglichen werden sollen. Es stellt sich das Problem, was mit der kürzeren Handlungsmöglichkeit passieren wird, wenn die anderen noch laufen. Die Höhe der Wiederanlage kann ausschlaggebend für die richtige Entscheidung sein.

Bei der Kapitalwertmethode besteht die implizite Annahme, dass Überschüsse zum Kalkulationszinsfuß weiter angelegt werden (vgl. z. B. Becker, S. 79). Da bei der Barwertbildung nun mit dem gleichen Kalkulationszinssatz abgezinst wird, ändert sich der Kapitalwert nicht, wenn z. B. die Nutzungsdauer verlängert wird.

Wenn vom absoluten Kriterium „Kapitalwert" auf das relative der Kapitalwertrate übergegangen wird, so kann sich die Vorteilhaftigkeitsreihenfolge der betrachteten Handlungsmöglichkeiten erheblich ändern. Wenn angenommen wird, dass sich die Rendite der kürzer laufenden Handlungsmöglichkeiten wiederholen – dies entspricht der impliziten Prämisse -, so muss geprüft werden, ob wirklich solche neuen Handlungsmöglichkeiten mit ähnlicher Rendite gefunden werden können. Nimmt man jedoch den Kalkulationszinssatz als Verzinsung für die weiteren Jahre, so wird die Rendite verwässert.

Zusammenfassung: Renditekriterien

Renditekriterien können hilfreiche Informationen über die Auswahl von Handlungsmöglichkeiten liefern, wenn das einsetzbare Kapital begrenzt ist (Situation des Kapitalmangels). Allerdings müssen die Problembereiche genau untersucht werden als da wären:

- Richtige Anschaffungsauszahlung: es dürfen keine Bestandteile von t = 0 auf spätere Zeitpunkte verschoben werden.
- Ähnliche Nutzungsdauer: Wenn die Nutzungsdauern zu sehr differieren, muss entschieden werden, was bei den kürzeren Handlungsmöglichkeiten nach ihrem Abschluss passieren soll.
- Anschaffungsauszahlung: Für die Frage der absoluten Vorteilhaftigkeit ist noch die Höhe der Anschaffungsauszahlung anzusprechen. Wenn die Anschaffungsauszahlungen variieren, wird die Frage der alternativen Verwendung der Handlungsmöglichkeit mit geringerem Investitionsbedarf relevant.

Alle 3 Probleme können gelindert werden, indem geeignete Differenzinvestitionen gebildet werden.

Wenn Renditekriterien eingesetzt werden, so sollte dies auf keinen Fall ohne zusätzliche Berechnung eines absoluten Kriteriums geschehen. Hier bietet sich an, mit einem Vollständigen Finanzplan die Endwerte zu ermitteln, um so zu überprüfen, ob es zu problematischen Renditen kommen kann. Viele Manipulationsversuche können so aufgedeckt werden.

Zu den oben genannten „Caveats", die für alle Renditekriterien gelten, muss der Kapitalwertrate im Speziellen vorgeworfen werden, dass sie schwer zu interpretieren ist, weil Rückfluss (Kapitalwert) und Anschaffungsauszahlung auf den gleichen Zeitpunkt bezogen sind. Also sollte besser die Realverzinsung im Rahmen eines VoFis eingesetzt werden. Wenn sie in ihrer modifizierten Form verwendet wird, kann auch das Problem der manipulierten Anschaffungsauszahlung gelöst werden (siehe Kap. 1.6.4).

1.6.5 Annuitäten

Annuitäten werden häufig als eigene Kategorie von Kriterien dargestellt, obwohl sie per Wiedergewinnungsfaktor aus Kapitalwerten oder Endwerten abgeleitet werden. Die dazu notwendigen Faktoren sind bereits in Kap. 1.5 dargestellt worden. Deswegen soll an dieser Stelle nur der Sonderfall unendlich langer Laufzeiten noch einmal kurz betrachtet werden. Der nachschüssige Barwertfaktor konvergiert – wie in Kapitel 1.5.3 dargestellt – für den Fall unendlicher Laufzeiten zu $1/i$.

Der reziproke Faktor, Wiedergewinnungsfaktor genannt, beträgt dann genau i. Dies ist auch leicht verständlich. Denn wenn aus einem gegebenen Kapital unendlich lange eine Rente gezahlt werden muss, darf man das Kapital nicht antasten, darf mithin nur die Zinsen (zu verrentendes Kapital x Zinssatz) als Rente auszahlen.[57]

Der Barwertfaktor für unendliche (sehr lange) Laufzeiten wird auch als Multiplikator (oder Neudeutsch als Multiplier) bezeichnet. Bei z. B. 8 % ergibt sich ein Multiplikator von $1/0,08 = 12,5$. Eine Gewerbeimmobilie mit 100 T € Mieteinnahme wird daher im ersten Schritt mit 1.250 T € bewertet. Auch bei Aktien spielen die Multiplikatoren als KGV (Kurs-Gewinn-Verhältnis) eine große Rolle. Es handelt sich hierbei um eine klassische Kennzahl der Aktienanalysten. Bei einer normalen Bewertung von ca. dem Zehnfachen des Jahresgewinnes bedeutet dies, dass es ohne Zinsen 10 Jahre dauern wird, bis der Aktienpreis wieder „eingespielt" wurde. Damit wird der gleiche Ansatz wie in der statischen Amortisationsrechnung (siehe Kap. 1.7.3) gewählt und damit entstehen auch die gleichen Probleme.

Hier ist die implizite Annahme der gleich hohen Überschüsse aber noch problematischer. Das Wachstum (oder der Rückgang) der Gewinne muss in jedem Fall zusätzlich berücksichtigt werden.

Die Annuitäten werden auch noch bei den Entscheidungen zur optimalen Nutzungsdauer eingesetzt (siehe Kap. 1.9.2).

1.7 Amortisationsrechnungen (Break-Even-Kriterium)

1.7.1 Einführung in die Amortisationsrechnung

Viele Unternehmen setzen zur Beurteilung von Investitionen die eigentlich veralteten Methoden der Rückzahlungsdauer (Payback-Kalkulation) ein. Sie ist auch unter dem Namen Amortisationsdauer oder Break-Even-Methode bekannt. Bei technischen Projekten taucht sie leider auch unter dem Namen RoI-Rechnung auf, obwohl RoI eigentlich für Renditegröße Return on Investment steht. Wird sie ausschließlich eingesetzt, kann es zu schweren Problemen kommen.

---

57 Die sehr wichtigen Probleme durch Inflation und Steuern seien hier nur erwähnt.

Obwohl es viele bessere Methoden gibt (insbesondere die in Kap. 1.6.3 beschriebenen Vollständigen Finanzpläne) muss man sich wohl damit abfinden, dass dieses Verfahren noch häufig verwendet wird. Selbst in einigen Großunternehmen gilt für die Bestimmung der Vorteilhaftigkeit einer Handlungsmöglichkeit die Regel, dass Investitionen nur durchgeführt werden, wenn sie sich innerhalb von 2 oder 3 Jahren amortisieren. Der Vorteil einer solchen Regel liegt in ihrer Einfachheit und leichten Anwendbarkeit.

Aber bewährte Kriterien wie Kapitalwerte/Endwerte und Renditen werden in diesem Zusammenhang nicht berücksichtigt. Damit besteht die Gefahr, dass wesentliche Aspekte einer Handlungsmöglichkeit unbeachtet bleiben. Die Payback-Methode stellt somit eher eine Daumenregel/Praktikerregel dar, deren alleiniger Einsatz zu schwerwiegenden Fehlentscheidungen führen kann. Es muss daher untersucht werden, welche Gefahren mit der Anwendung dieser veralteten aber vielfach eingesetzten Methode verbunden sind und wie diesen Gefahren begegnet werden kann.

1.7.2 Darstellung der Payback-Methode

Ansatz

Die Grundidee der Payback-Methode liegt in der Frage, wie lange es dauert, bis eine getätigte Investition sich gerechnet hat. Dieser Zeitpunkt ist erreicht, wenn die kumulierten Auszahlungen gerade von den kumulierten Einzahlungen gedeckt werden. Grundlage ist somit eine Sicherheitsüberlegung. Eine Investition ist danach genau dann gut, wenn die Anfangsauszahlungen sehr schnell wieder zurückfließen. Endwerte und Kapitalwerte (differenzorientierte Verfahren) und Renditen (renditeorientierte Verfahren) gehen nicht in die Betrachtung der Vorteilhaftigkeit ein.

Verwendete Rechengrößen

Ein klarer Vorteil der Payback-Methode liegt in ihrer (scheinbaren) Einfachheit. In der einfachsten Variante werden nur die Höhe der Investition und die jährlichen durchschnittlichen Überschüsse benötigt. Mit der Ermittlung der Anschaffungsauszahlung werden allerdings nicht selten die ersten Fehler begangen. Die meisten größeren Investitionen werden in vielen Teilzahlungen beglichen. Üblicherweise verlangt der Lieferant eine Anzahlung und Abschlagszahlungen. Nach der endgültigen Abnahme der Anlage, mit der die versprochene Leistung nachgewiesen werden muss, ist dann noch die Abschlusszahlung fällig. Da die Investitionsauszahlungen zu unterschiedlichen Zeitpunkten anfallen, dürfen sie im ersten Schritt nicht addiert werden. Es ist (irgend) ein einheitlicher Bezugszeitpunkt (Vergleichszeitpunkt) notwendig, der in Investitionsrechnungen zweckmäßigerweise der Startzeitpunkt ($t = 0$) sein sollte. Auf ihn sind alle Teilzahlungen über Auf- und Abzinsungen zu beziehen. Im Folgenden sei zugunsten der Payback-Methode angenommen, dass die Anschaffungsauszahlung A_0 auf diese Weise ermittelt wurde (auch wenn der Autor das noch bei keinem Unternehmen im Rahmen von Payback-Analysen gesehen hat).

Im nächsten Schritt sind die Überschüsse näher zu analysieren und dann zu präzisieren. In der Praxis findet sich häufig der Ansatz, dass die jährlichen Umsätze abzüglich der laufenden Kosten als Überschuss genommen werden. Dies ist nicht korrekt, weil vorher **alle** erhaltenen und gegebenen Rabatte abgezogen werden müssen (auch die Jahresrückvergütungen). Zudem muss berücksichtigt werden, dass Kosten und Umsätze normalerweise bereits zur Mitte des Jahres anfallen (vgl. Hoberg 2007, S. 75–81) und aufgrund von vereinbarten und überzogenen Zahlungszielen noch nicht zahlungswirksam sind. Es ist somit auf die Zahlungsüberschüsse abzuzielen. Diese fallen aber nur ausnahmsweise am Jahresende an, was jedoch die Verfahren der dynamischen Investitionsrechnung fordern. Die intraperiodischen Einzahlungen, also die, welche im Jahresverlauf kommen, müssen somit auf das Jahresende hochgezinst werden (siehe Kap. 1.2.4). Die Auszahlungen sind ähnlich zu berechnen. Wenn es sich um Personalkosteneinsparungen handelt, so fallen sie bei monatlich nachschüssiger Zahlung im Durchschnitt am 15.07 eines Jahres an. Sie müssen somit 5,5 Monate aufgezinst werden.

Bei reinen Rationalisierungsprojekten reicht es, aus den geplanten Kosteneinsparungen die Auszahlungsreduktionen abzuleiten.

Im Weiteren ist zu unterscheiden, ob die Überschüsse periodenspezifisch erfasst werden müssen oder ob es näherungsweise ausreicht, einen immer gleich hohen Einzahlungsüberschuss für die gesamte Laufzeit anzunehmen. Dies ist teilweise bei Rationalisierungsinvestitionen der Fall, wenn als Folge einer Investition jedes Jahr eine bestimmte Stundenanzahl an Personal eingespart werden kann. Genau genommen müssten noch die Lohnsteigerungen berücksichtigt werden; ansonsten aber kann näherungsweise von gleich hohen Überschüssen ausgegangen werden.

1.7.3 Verfahren mit gleichmäßigen Überschüssen

Kriterium für die Vorteilhaftigkeit nach dem Amortisationsverfahren ist, ob die ermittelte Payback-Dauer unter einer vorgegebenen liegt. Diese Vorgaben können die meisten Unternehmen nicht substantiell begründen, außer dass eine Geschäftsführungsvorgabe existiert. Es wird daher weiter unten ein Verfahren vorgestellt, mit dem sich ein kritischer Zeitraum betriebswirtschaftlich begründet ableiten lässt.

Im Weiteren sind unterschiedliche Verfahren zu unterscheiden

Statische Payback-Methode
Wie beschrieben wird die Zeitdauer berechnet, welche die Handlungsmöglichkeit benötigt, um die Anfangsinvestition A_0 wieder „einzuspielen". Die Formel der statischen Amortisationsdauer AD_{SG} für den Fall gleichmäßiger Überschüsse ü lautet damit:

$$AD_{SG} = \frac{A_0}{\ddot{u}} \quad \text{in Jahren}$$

AD_{SG} **S**tatische Amortisationsdauer bei **g**leichmäßigen Überschüssen in Jahren
A_0 Anschaffungsauszahlung in $€_0$
EZ Durchschnittliche Einzahlungen in €, bezogen auf das Jahresende
AZ Durchschnittliche Auszahlungen in €, bezogen auf das Jahresende
ü Durchschnittliche Einzahlungsüberschüsse (EZ-AZ)

Wie sich aus der Formel erkennen lässt, sind Zinsen nicht abgebildet. Sie werden nicht berücksichtigt, was ein Kennzeichen der statischen Variante der Payback-Methode darstellt.

Die Entscheidungsregel kann nun lauten: Wenn die ermittelte Amortisationsdauer unter der geforderten von z. B. 3 Jahren liegt, so ist die Handlungsmöglichkeit vorteilhaft.

Beispiel: Die Anschaffungsauszahlung von 1.000 T € führe zu durchschnittlichen Einzahlungsüberschüssen ü von 400 T € pro Jahr. Damit ergibt sich die statische Amortisationsdauer AD_{SG} zu 1.000 T €/400 T €/Jahr = 2,5 Jahre. Die Handlungsmöglichkeit wäre somit vorteilhaft, wenn der Grenzwert wirklich bei 3 Jahren läge.

Dynamische Payback-Methode
Die dynamische Amortisationsdauer AD_{DG} berücksichtigt im Gegensatz zur statischen Variante die Kapitalkosten. Danach ist die Amortisation erreicht, wenn die kumulierten aufgezinsten Überschüsse ü (laufende Einzahlungen abz. laufender Auszahlungen) die aufgezinste Anschaffungsauszahlung erreicht haben. Es gilt somit:

$$A_0 \cdot q^{t*} = \ddot{u} \cdot \frac{q^{t*} - 1}{i} \quad \text{in € zum Zeitpunkt } t*$$

t* Amortisationszeit
i Jahreszinssatz
q Jahreszinsfaktor $1 + i$

Der erste Term zeigt, wie sich die Anschaffungsauszahlung hochzinst bis zum kritischen Zeitpunkt t*. Der zweite Term beinhaltet den Endwertfaktor, der multipliziert mit dem Überschuss angibt, wie hoch die kumulierten aufgezinsten Einzahlungen sind. Durch Auflösen und Logarithmieren ergibt sich die gesuchte Amortisationsdauer t*:

$$A_0 \cdot q^{t*} = ü \cdot \frac{q^{t*}}{i} - \frac{ü}{i} \qquad \text{in € zum Zeitpunkt } t*$$

$$q^{t*} \cdot \left(\frac{A_0 - ü}{i}\right) = -\frac{ü}{i} \qquad \text{in € zum Zeitpunkt } t*$$

$$q^{t*} = -\frac{ü}{(A_0 \cdot i - ü)} \qquad \text{in € zum Zeitpunkt } t*$$

$$q^{t*} = \frac{ü}{(ü - A_0 \cdot i)} \qquad \text{in € zum Zeitpunkt } t*$$

$$t* = AD_{DG} = \frac{\ln\left(\frac{ü}{ü - A_0 \cdot i}\right)}{\ln(q)}$$

AD_{DG} **D**ynamische Amortisationsdauer bei **g**leichmäßigen Überschüssen

Im Beispiel ergibt sich bei einem Zinssatz i von 10 % p. a. für die dynamische Amortisationsdauer AD_{DG} ein Wert von ln(400/(400 – 1000 0,1))/ln(1,1) = 3,02 Jahre. Bei wieder 3 Jahren Höchstdauer würde die Handlungsmöglichkeit abgelehnt.

1.7.4 Payback mit jahresindividuellen Überschüssen

Häufig ist die Basisannahme gleich hoher Überschüsse im Zeitablauf nicht realistisch. Es sind dann die periodenindividuellen Überschüsse zu ermitteln. Im Falle eines ide-altypischen Verlaufs des Produktlebenszyklus werden sie am Anfang in der Produkteinführungsphase gering sein, dann ansteigen und zum Ende der Nutzungsdauer wieder geringer werden oder sogar negativ. Mit diesen periodenindividuellen Überschüssen kann dann periodenweise ermittelt werden, ob die kumulierten Einzahlungen bereits die kumulierten Auszahlungen eingeholt haben.

Statische Payback-Methode
Die statische Payback-Methode bei jahresindividuellen Überschüssen wird gerechnet wie die dynamische Variante, wenn der Zinssatz mit 0 angenommen wird. Dies wird in der Tab. 1.25 gezeigt.

1.7.4.1 Dynamische Payback-Methode
In der dynamischen Variante werden die jahresindividuellen Überschüsse so lange aufgezinst, bis sie die aufgezinste Anschaffungsauszahlung erreicht haben. Dies ist in der nachstehenden Formel abgebildet:

$$\sum_{t=0}^{t=t*} ü_t \cdot q^{t*} = A_0 \cdot q^{t*} \qquad \text{in € zum Zeitpunkt } t = t$$

Wenn sich die Auszahlungen für die Investitionen auch über mehrere Zeitpunkte hinziehen, wird auch der rechte Term mit einem Summenzeichen versehen, so dass sich die noch allgemeinere folgende Formel ergibt:

$$\sum_{t=0}^{t=t*} EZ_t \cdot q^{t*} = \sum_{t=0}^{t=t*} AZ_t \cdot q^{t*} \quad \text{in € zum Zeitpunkt } t = t$$

Es ist ebenfalls möglich, anstelle der Endwerte die jeweiligen Barwerte zu bilden. Danach wäre die Payback-Periode erreicht, wenn die abgezinsten kumulierten Einzahlungen die abgezinsten kumulierten Auszahlungen eingeholt hätten.

Der Abgleich der kumulierten Ein- und Auszahlungen (in T €) erfolgt am besten über eine Vergleichstabelle. Ein Beispiel dafür ist in Tab. 1.25 dargestellt.

Tab. 1.25: Beispiel für die Ermittlung der statischen und dynamischen Payback-Periode (eigene Darstellung).

Zeitpunkt t	Auszahlungen	Einzahlungen	Überschüsse	Kumulierte Überschüsse	Barwerte	Kumulierte Barwerte
0	−1.000	0	−1.000	−1.000	−1.000	−1.000
1	−200	420	220	−780	200	−800
2	−200	1410	1210	430	1.000	200
3	−700	200	−500	−70	−376	−176
4	−200	420	220	150	150	−25
5	−500	420	−80	70	−50	−75

Jahreszinssatz: 10,0 %

Im statischen Ansatz ohne Berücksichtigung von Kapitalkosten beträgt der kumulierte Überschuss in t = 1 − 780 €$_1$ und in t = 2 430 €$_2$. Der Wechsel ins Positive findet also dazwischen im Laufe der Periode 2 statt. Wenn man eine zeitliche Gleichverteilung annehmen darf, kann man den Zeitpunkt genauer bestimmen, indem die verbleibende Amortisation von 780 bezogen wird auf die gesamte Verbesserung der zweiten Periode, nämlich 780 + 430 = 1210. Damit ergibt sich dann 780/1210 = 0,645 Jahre oder 7,7 Monate. Die statische Amortisation träte also nach einem Jahr und 7,7 Monaten auf.

Ähnlich ist die Vorgehensweise im dynamischen Ansatz. Durch die Berücksichtigung der Kapitalkosten müssen Barwerte gebildet werden, indem jeder Überschuss um den Zeitraum abgezinst wird, den er vom Startzeitpunkt entfernt liegt. Durch die Zinsen wird der Amortisationszeitpunkt später erreicht, aber mit den Beispielsdaten auch noch in Periode 2. Es müssen im zweiten Jahr noch 0,8 Jahre (800/1000) vergehen oder 9,6 Monate. Die dynamische Amortisation tritt somit nach einem Jahr und 9,6 Monaten ein.

Das Beispiel ist bereits so gewählt, dass nach der erfolgten Amortisation zum Ende des zweiten Jahres hin weitere Zahlungen auftreten, welche teilweise negativ sind und somit die Fragwürdigkeit des Ergebnisses zeigen. Dieses Problem soll im Weiteren genauer untersucht werden.

1.7.5 Kritik an den Verfahren der Payback-Kalkulationen

Auch wenn das Verfahren der Payback-Methode noch häufig eingesetzt wird, so muss doch analysiert werden, an welchen Stellen es methodisch fragwürdig ist, weil damit insbesondere bei alleiniger Anwendung Fehlentscheidungen möglich werden. Von Fehlentscheidungen kann man reden, wenn eigentlich gute Handlungsmöglichkeiten verworfen werden bzw. wenn eigentlich schlechte akzeptiert werden.

Mehrere Lösungen

Wie Tab. 1.25 zeigt, kann es sogar mehrere Lösungen geben, wenn nach Erreichen der Vorteilhaftigkeit nach 1,645 Jahren (statischer Fall) nochmals hohe Auszahlungen z. B. für die Ausdehnung auf Auslandsmärkte kommen und damit die kumulierten und aufgezinsten Überschüsse wieder ins Minus ziehen. Nach 3,3 Jahren ist dann der zweite Payback-Zeitpunkt erreicht.

Falsche Vorteilhaftigkeit

Zudem kann es sein, dass zwar zunächst eine frühe Amortisation erreicht wird und damit die Handlungsmöglichkeit als positiv angesehen wird. Aber später können noch hohe Auszahlungen kommen, welche die Vorteilhaftigkeit aufheben. In der dynamischen Variante gibt es zwar in Periode 2 eine Amortisation, aber spätere Auszahlungsüberschüsse ziehen das Ergebnis wieder ins Negative. Zu fragen wäre, ob spätere Auszahlungen gestoppt werden könnten, wenn das Projekt früher eingestellt wird. Zumindest für Entsorgungen am Ende der Laufzeit dürfte das kaum möglich sein. Wurde beispielsweise ein Atomkraftwerk gebaut, so muss der teure Abbau in jedem Fall durchgeführt werden. Ein zwischenzeitliches Feststellen einer Amortisation ist fahrlässig, solange der Rückbau nicht berücksichtigt ist.

Falsche Unvorteilhaftigkeit

Der umgekehrte Fall kann bei lang laufenden Handlungsmöglichkeiten vorliegen, wie es oft bei neuen Technologien der Fall ist. Diese benötigen häufig viele Jahre bis zur Marktreife. Wenn dann aufgrund einer ermittelten Amortisationsdauer von z. B. über 3 Jahren entschieden wird, dass die Handlungsmöglichkeit nicht vorteilhaft ist, kann die Basis des Unternehmens gefährdet werden. Denn in späteren Jahren kann dem Unternehmen dann das Knowhow fehlen. Dies gilt dann, wenn in späteren Jahren hohe Rückflüsse zu erwarten gewesen wären.

Vernachlässigung der Kapitalkosten in der statischen Variante

Es ist offensichtlich, dass die statische Variante irreführend werden kann, wenn wesentliche Kosten wie die Kapitalkosten keine Berücksichtigung finden. Aber gerade diese Variante ist in der Praxis leider häufig zu finden.

Fundierte Festlegung des Soll Paybacks

Nur wenige Unternehmen können exakt begründen, warum eine bestimmte Zeitdauer als zeitliche Obergrenze für die statische Amortisation (Payback) verwendet wird. Daher soll hier ein fundierter Ansatz angeboten werden, mit dem sich die Amortisationsdauer nachvollziehbar festlegen lässt. Damit hätte man dann die Möglichkeit, von der Einfachheit der Methode zu profitieren, ohne bei der Festlegung des Mindestniveaus der Payback Dauer ungenau zu sein.

Bei gleichmäßig hohen Überschüssen kann man bei Kenntnis der ungefähren Laufzeit einer bestimmten Klasse von Handlungsmöglichkeiten ausrechnen, nach wie vielen Jahren das eingesetzte Kapital ohne Zinsen wieder „eingespielt" sein muss. Dafür sei das folgende Beispiel angeführt. Im Controlling sei berechnet worden, dass der Kalkulationszinssatz 10 % betragen muss, berechnet als Mischzinssatz aus Eigen- und Fremdkapitalverzinsung. Wenn jetzt die betrachtete Klasse von Investitionen (z. B. Rationalisierungsinvestitionen) üblicherweise über 5 Jahre läuft, lässt sich ermitteln, wie hoch der Rückfluss sein muss. Es sei angenommen, dass die Einsparungen zum Jahresende ü jeweils 10 T € betragen. Dann ist der Wert zum Starttag über den Barwertfaktor zu errechnen.

$$ES_0 = ü \cdot BWF = ü \cdot \frac{q^{tn} - 1}{q^{tn} \cdot i} \qquad \text{in € zum Zeitpunkt } t = 0$$

ES_0 Summe der Einsparungen zum Zeitpunkt t = 0
BWF   Barwertfaktor nachschüssig
i   Kalkulationszinssatz p. a.
q   Zinsfaktor: 1 + i
tn   Anzahl betrachteter Perioden

Mit den Beispielsdaten (tn = 5, i = 0,1) ergibt sich die kumulierte Einsparung ES zu 3,791 · 10 T € = 37.910 €. Übertragen auf die Fragestellung nach der korrekten Vorgabe der kritischen Payback-Periode ergibt sich dann, dass nach 3,791 Jahren die statische Amortisation erreicht sein muss. Damit stellt man dann sicher, dass die für notwendig erachteten Kapitalkosten in der verbleibenden Zeit bis t = 5 erwirtschaftet werden. Es müssen als kritische Payback-Periode somit nur die Barwertfaktoren angegeben werden. Tab. 1.26 zeigt einige wichtige Beispiele.

Wenn ein anderes Unternehmen hohe Ansprüche an die Verzinsung des eingesetzten Kapitals stellt (z. B. 20 %), so kann es aus der Tabelle direkt ablesen, welche

Tab. 1.26: Statische Payback-Periode in Abhängigkeit von Laufzeit und
Kalkulationszinsfuß (eigene Darstellung).

KZF	tn (übliche Laufzeit der Klasse der Investitionen)				
	3	**5**	**8**	**10**	**20**
0 %	3,000	5,000	8,000	10,000	20,000
8 %	2,577	3,993	5,747	6,710	9,818
10 %	2,487	3,791	5,335	6,145	8,514
12 %	2,402	3,605	4,968	5,650	7,469
14 %	2,322	3,433	4,639	5,216	6,623
16 %	2,246	3,274	4,344	4,833	5,929
18 %	2,174	3,127	4,078	4,494	5,353
20 %	2,106	2,991	3,837	4,192	4,870

Payback-Periode vorzugeben ist. Lebt die betrachtete Investition erfahrungsgemäß
ca. 10 Jahre, dann kann als statische Amortisation 4,192 Jahre vorgegeben werden.

Mit dieser Umrechnung betriebswirtschaftlich korrekter Annahmen in die statische Soll Payback-Periode kann die Vorgabe der kritischen Amortisationsdauer fundierter erfolgen. Damit bleibt die Einfachheit des Verfahrens erhalten und trotzdem
sind die Ergebnisse fundierter. Es sei aber nochmals darauf hingewiesen, dass dieser
„Shortcut" nur gilt, wenn Laufzeiten hinreichend genau geschätzt werden können
und wenn die Überschüsse in dieser Zeit gleichmäßig sind.

Selbstlernmodul
Amortisationsrechnung (Payback)
Da die Amortisationsrechnung von fast jedem Unternehmen noch eingesetzt wird, soll die Vorgehensweise mit einem Selbstlernmodul verfestigt werden. Unter www.degruyter.com/view/product/498113 finden Sie weitere Aufgaben des Selbstlernmoduls, das mit der Taste F9 eine neue Aufgabe generiert, die
vom Leser bearbeitet werden kann.

Für die beiden Handlungsmöglichkeiten sind die statische und die dynamische Amortisation zu berechnen. Dazu sind die Daten beispielhaft in der folgenden Tabelle angegeben:

Aufgabe
Ein Unternehmen, das auf Basis der statistischen Investitionsrechnung entscheidet, hat die folgenden
Daten für 2 Handlungsmöglichkeiten (HM):

Zeitpunkt t	0	1	2	3
HM1	−400	100	500	−600
HM2	−600	300	1.000	−300

1. Ermitteln Sie die statische Amortisationsdauer. Welche HM ist danach besser?
2. Ermitteln Sie die dynamische Amortisationsdauer. Welche HM ist danach besser?
   KFZ: 13 %

Lösung

1. Zunächst wird der Weg über die kumulierten Zahlungen im statischen Fall gezeigt.Ansatz: Kumulierte Zahlungen

	t = 0	t = 1	t = 2	t = 3	AD	Rang
HM1 kumuliert	−400	−300	200	−400	1,60	2
AD in a			1,60			
HM2 kumuliert	−600	−300	700	400	1,30	1
AD in a			1,30			

HM2 hat die kürzeste Amortisationsdauer.

2. Für die dynamische Variante müssen zunächst die Barwerte gebildet werden, weil ansonsten im Fall von Zinsen keine Verrechnung stattfinden darf. Danach kann dann die dynamische Amortisationsdauer ermittelt werden und eine Entscheidung über die bessere Handlungsmöglichkeit getroffen werden.

	t = 0	t = 1	t = 2	t = 3	AD	Rang
HM1 BW	−400	88	392	−416		2
HM1 kumuliert	−400	−312	80	−336	1,80	
AD in a			1,80			
HM2 BW	−600	265	783	−208		1
Hm2 kumuliert	−600	−335	449	241	1,43	
AD in a			1,43			

HM2 hat die kürzeste Amortisationsdauer.
Problem: Zahlungen nach Amortisation werden nicht berücksichtigt.

Für die Beispielsdaten sind beide Amortisationsdauern gering, am kürzesten bei der zweiten Handlungsmöglichkeit. Die Datengeneration ist dabei so gestaltet, dass zum letzten Zeitpunkt (t = tn = 3) auch negative Überschüsse vorkommen können, was die Problematik des Ansatzes unterstreichen soll.

Zusammenfassung

Aufgrund ihrer großen Popularität kann die Payback-Rechnung nicht außen vor gelassen werden. Aber ihre Gefahren müssen herausgearbeitet werden, so dass ihre Anwendung nicht zu Fehlentscheidungen führt. Dazu müssen Korrekturen und Anwendungsbedingungen beachtet werden:
- Richtige Erfassung der Anfangsinvestition
- Korrekter Bezug aller Zahlungen auf das Jahresende
- Anwendung nur, wenn nach dem Amortisationszeitpunkt keine negativen Zahlungsüberschüsse auftauchen.
- Fundierte Festlegung des Soll Paybacks

Wenn Unternehmen diese Probleme vor Augen haben, können sie für bestimmte Klassen von Investitionen weiter mit der Payback-Methode arbeiten. Gerade bei Rationalisierungsinvestitionen sind die Bedingungen teilweise gegeben und dann können auch Nicht-Betriebswirte schnell die Vorteilhaftigkeit von Investitionen abschätzen.

Gefahr droht jedoch, wenn Handlungsmöglichkeiten eine der folgenden Eigenschaften aufweisen:
– Hohe Auszahlungen am Laufzeitende
– Lange Vorlaufzeiten bei langfristigen Projekten (z. B. Basistechnologie)
– Mehrstufige Investitionen
– Starke Markteinflüsse, so dass die Rückflüsse stark schwanken je nach Phase im Lebenszyklus.

In diesen Fällen muss die Payback-Methode in jedem Fall ergänzt werden. Noch besser wäre es natürlich, wenn die Unternehmen zu besseren Verfahren übergingen und die Payback-Kalkulation nur noch als begrenzt aussagekräftiges Risikomaß einsetzen würden.

1.8 Sensitivitätsanalysen

Da alle Daten Planwerte für die Zukunft sind, ist davon auszugehen, dass sie mehr oder weniger von der Wirklichkeit überrollt werden. Daher empfiehlt es sich, im ersten Schritt mit den wahrscheinlichsten Daten zu rechnen und dann Sensitivitätsanalysen durchzuführen.

Dadurch wird klar, wie lange ein vorteilhaftes Projekt positiv bleibt, wenn man wichtige Einflussfaktoren wie z. B. Nettopreise, Absätze, Länge des Lebenszyklus, Markteinführung usw. mit schlechteren Werten ansetzt.[58] Im PC-Zeitalter sind solche Analysen mit angemessenem Aufwand durchführbar, insbesondere, wenn man vollständige Finanzpläne einsetzt.

Als Beispiel sei der vollständige Finanzplan mit Ertragssteuern aus Kap. 1.6.3 nochmals betrachtet, welcher einen Endwert von 1.191 $€_5$ nach Steuern aufwies.

Es gelte die Annahme, dass das Produkt in der letzten Periode nicht mehr verkauft werden kann, weil der Produktlebenszyklus früher endet. Damit fallen die laufenden Ein- und Auszahlungen weg. Es ist in der Praxis allerdings zu prüfen, ob wirklich alle Auszahlungen wegfallen (Sunk Cost Problematik). Entsprechend möge der Projekt Cashflow in t = 5 von 3.000 $€_5$ auf 0 $€_5$ (siehe Tab. 1.27) sinken.

Durch die verringerte Lebensdauer reduziert sich der Endwert nach Steuern auf – 309 $€_5$. Das gebundene Kapital kann nicht amortisiert werden. Der Investor würde also

---

[58] In der Sprache der Szenariotechnik wird auch vom schlechtesten Fall (*Worst Case*) gesprochen, was sprachlich nicht richtig ist. Denn im Worst Case würden alle Parameter katastrophale Werte annehmen.

Tab. 1.27: Sensitivitätsanalyse Endwertveränderung bei Wegfall der Mengen in der letzten Periode (eigene Darstellung).

Zeitpunkt t	0	1	2	3	4	5
Investition bzw. Restwert	−18.000					
Laufende Auszahlungen		10.000	15.000	20.000	10.000	0
Laufende Einzahlungen		−12.200	−6.800	−7.400	−5.500	0
Projektcashflow	**−18.000**	**−2.200**	**8.200**	**12.600**	**4.500**	**0**
Kreditzinsen Restfinanzierung		−1.800	−1.820	−1.321	−577	−201
Guthabenzinsen		0	0	0	0	0
Abschreibungen		−3.600	−3.600	−3.600	−3.600	−3.600
Bemessungsgrundlage		−7.600	2.780	7.679	323	−3.801
Ertragssteuern		3.800	−1.390	−3.840	−161	1.900
Steuersatz		50 %	50 %	50 %	50 %	50 %
Periodensaldo	**−18.000**	**−200**	**4.990**	**7.440**	**3.761**	**1.700**
Restfinanzierung						
– Kapitalaufnahme	18.000	200	0	0	0	0
– Kapitalrückzahlung	0	0	−4.990	−7.440	−3.761	−1.700
– Zinssatz		10 %	10 %	10 %	10 %	10 %
„Geldanlage"						
– Kapitalanlage	0	0	0	0	0	0
– Kapitalrückfluss	0	0	0	0	0	0
– Zinssatz		10 %	10 %	10 %	10 %	10 %
Bestandsgrößen						
– Restfinanzierung	18.000	18.200	13.210	5.771	2.009	309
– Guthaben	0	0	0	0	0	0

Geld verlieren. Jetzt ist eine schwierige Abwägung notwendig. Denn in den guten Szenarien wird es positive Endwerte geben, dagegen negative in den schlechteren Szenarien.

Eine erste Lösungsmöglichkeit besteht darin, Wahrscheinlichkeiten für jedes Szenario zu ermitteln und dann den Erwartungswert aller Szenarien zu berechnen. Wenn das Unternehmen über drei gleichwahrscheinliche Szenarien mit Endwerten von + 100 T €, + 50 T € bzw. – 30 T € zu entscheiden hat, so würde sich ein Erwartungswert von 120 T €/3 = 40 T € ergeben,

Die Gewichtung der Endwerte der Szenarien wäre ein guter Ansatz, wenn die Entscheidung häufig zu treffen wäre, weil dann das Ergebnis immer näher an dem Mittelwert liegen wird. Aber meistens handelt es sich bei den Handlungsmöglichkeiten um Einmalentscheidungen, die sehr selten zu treffen sind, so dass sich eine Mittelwertbildung verbietet. Denn der Investor wird sich wenig trösten lassen, wenn man ihm beim Eintreten eines negativen Szenarios sagt, dass er im Durchschnitt gute Chancen gehabt hätte …

Bei Einzelentscheidungen muss bedacht werden, dass negative Ergebnisse überproportional stark gewichtet werden, weil fast alle Entscheidungsträger risikoscheu sind. Es sei nur darauf hingewiesen, dass zumindest theoretisch dann mit der Bernoulli-Nutzenfunktion ein Instrument zur Verfügung steht, mit dem unterschiedliche Nutzen erfasst werden können (vgl. z. B. Götze, S. 374 ff).

Wenn die Unsicherheit noch besser analysiert werden soll, so bietet sich die Monte-Carlo-Simulation an. Für jede wichtige Inputgröße wird dabei bestimmt, mit welcher Wahrscheinlichkeit eine bestimmte Ausprägung eintreten wird. Beispielsweise könnte für die Mengen einer bestimmten Periode angenommen werden, dass sie gleichverteilt zwischen 1.000 und 2.000 Mengeneinheiten kommen werden. Mittels Zufallszahlengenerator wird dann für jede wichtige Inputgröße ein Wert gemäß ihrer Wahrscheinlichkeitsfunktion bestimmt. Mit diesen Werten kann dann z. B. ein VoFi-Endwert errechnet werden. Aus der Verteilung der VoFi-Endwerte kann der Entscheidungsträger dann sehen, wie risikobehaftet die Handlungsmöglichkeit ist (vgl. zu dieser Risikoanalyse z. B. Götze, S. 400 ff.). Wenn die meisten Endwerte positiv sind, so kann er sich für die Handlungsmöglichkeit entscheiden, weil nur in sehr negativen Szenarien Verluste auftreten würden. Allerdings weist die Monte-Carlo-Simulation das große Problem auf, dass die Wahrscheinlichkeitsfunktionen für die die wesentlichen Variablen gefunden werden müssen und insb. die Wechselbeziehungen zwischen den Variablen. Im Falle einer Wirtschaftskrise werden nicht nur die Preise leiden, sondern auch die Abverkaufsmengen. Deswegen darf die Monte-Carlo-Methode nur mit höchster Vorsicht eingesetzt werden.

1.9 Optimale Nutzungsdauer

Während üblicherweise die Nutzungsdauer in der Investitionsrechnung am Anfang bestimmt wird, gibt es jedoch einige Fragestellungen, bei denen die Nutzungsdauer selbst so gewählt werden soll, dass sie optimal ist. Hauptsächlich geht es also um die Entscheidung, wie lange eine Handlungsmöglichkeit laufen soll. Für die Optimierung muss unterschieden werden, ob die Handlungsmöglichkeit auch zurechenbare Einzahlungen beinhaltet (Beispiel Produktlebensdauer) oder nur Auszahlungen. Der letzte Fall ist häufig relevant, wenn über die optimale Nutzungsdauer eines Fahrzeugs oder einer Maschine entschieden werden soll.

1.9.1 Optimale Nutzungsdauer – Fall 1: mit vorliegenden Einzahlungen

Als Beispiel für den Fall mit vorliegenden Einzahlungen sei ein Produkt genannt, für das entschieden werden soll, wie lange es im Markt bleiben soll. Es geht dann um die Frage, wann die De-Investition stattfinden soll, bei der die Vermarktung eingestellt wird und noch vorhandene Wirtschaftsgüter verkauft werden. Nachfolger seien nicht betrachtet.

Wenn das Produkt zu lange im Markt gehalten wird, kann sich die Gesamtvorteilhaftigkeit verringern, wenn die abgezinsten Einzahlungen einer zusätzlichen Periode geringer sind als die abgezinsten Auszahlungen. Als Kriterium wird dabei der Kapitalwert eingesetzt (der Endwert ist ausnahmsweise weniger geeignet, weil der Endzeitpunkt nicht ex ante bekannt ist). Wenn also der Kapitalwert einer Handlungsmöglichkeit sinkt, wenn eine weitere Periode betrachtet wird, so liegt nicht die optimale Nutzungsdauer vor. Für jede sinnvolle Nutzungsdauer muss insofern der Kapitalwert ermittelt werden. Die Nutzungsdauer, die zum höchsten Kapitalwert führt, ist dann die beste. Ein periodenweises Vorgehen, das die Vorteilhaftigkeit nur anhand der nächsten Periode, beurteilt kann zu Problemen führen, wenn die Verlängerung im ersten Jahr negative Überschüsse bringt, in den Folgejahren jedoch sehr hohe positive.

In Tab. 1.28 sei zur Vereinfachung angenommen, dass bei Beendigung der Handlungsmöglichkeit kein Restwert entsteht.[59] Der Projektcashflow ist entstanden, indem die auf das Jahresende bezogenen Einzahlungen aus dem Verkauf des Produktes mit den dabei anfallenden Auszahlungen saldiert wurden.

Tab. 1.28: Ermittlung der optimalen Nutzungsdauer im Fall mit Einzahlungen (Zahlungen in T €), (eigene Darstellung).

Zeitpunkt t	0	1	2	3	4	5
Projektcashflow	−20.000	15.500	10.100	−100	−1.020	3.250
„Guthabenzinsen"			0	300	320	250
Kreditzinsen		−1.500	−100	0	0	0
Periodensaldo	−20.000	14.000	10.000	200	−700	3.500
Sonderkredit	5.000		−6.000			
Saldo nach Sonderkredit	**−15.000**	**14.000**	**4.000**	**200**	**−700**	3.500
Kreditaufnahme	15.000	0	0	0	0	0
Kreditrückzahlung		−14.000	−1.000	0	0	0
„Anlage"		0	3.000	200	0	3.500
Rückführung Anlage			0	0	−700	0
Zinssatz vor Steuern		10 %	10 %	10 %	10 %	10 %
Bestandsgrößen						
„Guthaben"		0	3.000	3.200	2.500	6.000
Kreditstand	15.000	1.000	0	0	0	0
Kapitalwert am Periodenende	−15.000	−909	2.479	2.404	1.708	3.726

---

[59] In der Realität wird der Anwender dagegen häufig für jede Nutzungsdauer ein eigenes Set von Zahlungen entwickeln müssen, um unterschiedliche Restwerte der Anlagen und unterschiedlichen Beendigungskosten abzubilden. Zudem muss meistens auch der Werbeplan geändert werden, weil Werbung keinen Sinn mehr macht, wenn die HM nach kurzer Zeit eingestellt wird.

Zusätzlich muss abgebildet werden, ob das Unternehmen für die ersten Jahre einen Sonderkredit aufnehmen kann. Denn dieser muss natürlich zurückgezahlt sein, bevor eine Aussage zur Vorteilhaftigkeit gemacht werden kann. Im Beispiel ist ein Sonderkredit in der Höhe von 5.000 T $€_0$ für 2 Jahre angenommen worden. Er ist als endfälliges Darlehen ohne zwischenzeitliche Zinszahlung (Zerobond) ausgestaltet. Nach 2 Jahren ist der Sonderkredit inklusive der Zinsen und Zinseszinsen mit 6.000 T $€_2$ zurückzuzahlen.

Die Handlungsmöglichkeit kommt auf Basis der angenommenen Zahlungen bereits nach 2 Jahren in den vorteilhaften Bereich, weil der Endwert mit 3.000 $€_2$ positiv ist und damit auch der Kapitalwert mit 2.479 $€_0$. Jetzt stellt sich die Frage, ob die Handlungsmöglichkeit noch weiter fortgeführt werden soll, zumal das Guthaben zunächst ansteigt. Der Kapitalwert zeigt jedoch, dass eine Verlängerung auf 3 oder 4 Jahre nicht vorteilhaft ist, was sich auch am negativen Projektcashflow ablesen lässt. Allerdings darf dadurch noch nicht geschlossen werden, dass eine Verlängerung generell schlecht ist; denn in der Periode 5 können – wie im Beispiel – wieder höhere Überschüsse anfallen. Diese gleichen auch die Probleme in Periode 3 und 4 aus, so dass in diesem Fall 5 Jahre die optimale Nutzungsdauer darstellen. Formal ist dies daran zu erkennen, dass der Kapitalwert seinen höchsten Wert annimmt. Dann sollte die De-Investition eingeplant werden.

Das Verfahren im Falle mit Einzahlungen ist also auf den ersten Blick einfach. Die Probleme liegen allerdings in der Datenschätzung. Denn bei der Ableitung der zusätzlichen Ein- und Auszahlungen ist häufig auch zu berücksichtigen, welche Wirkung eine Verlängerung der Nutzungsdauer auf andere Produkte bzw. Nachfolgeprodukte hat. Dies Problem erfordert das Management von Produktgenerationen (vgl. hierzu Hoberg 2013c, S. 913ff.). Es sei an dieser Stelle erwähnt, dass die Probleme in der Datenerhebung dann nochmals wachsen.

Es wurde die Annahme getroffen, dass keine identische Anschlussinvestition kommt. Angesichts des schnellen Wandels der Absatzmärkte ist diese Annahme wohl akzeptabel. Wenn jedoch identische Folgeinvestitionen für möglich gehalten werden, können teilweise die folgenden Verfahren für den Fall ohne Einzahlungen eingesetzt werden.

1.9.2 Optimale Nutzungsdauer – Fall 2: nur Auszahlungen

Anlagen im Unternehmen müssen bestimmte Anforderungen (Spezifikationen oder kurz Specs) erfüllen. Betrachtet werden dann nur noch die Anlagen, welche diese Kriterien erfüllen. Die Auswahl läuft dann aber nicht nur über verschiedene Anlagen, sondern auch innerhalb einer Anlage über die Frage, wie lange sie genutzt werden soll. Konkret können für die Beschaffung z. B. von Gabelstaplern nicht nur die unterschiedlichen Anbieter berücksichtigt werden, sondern es muss auch entschieden werden, wie lange diese Maschinen genutzt werden sollen. Damit wird unterstellt, dass das Alter keinen Einfluss auf die Leistungsfähigkeit der Anlagen hat. Wenn sich diese Annahme nicht halten lässt, muss auch der zusätzliche Nutzen z. B. der neueren Anlage modelliert werden.

Für jede Anlage muss somit ermittelt werden, wie lang die optimale Nutzungsdauer ist. Das Ziel dabei ist, möglichst geringe Kosten pro Monat (relative Zielsetzung) zu haben, da die Nutzenseite ja annahmegemäß gleich ist. Jede sinnvolle Nutzungsdauer stellt nun eine eigene Handlungsmöglichkeit dar. Von all diesen Handlungsmöglichkeiten ist dann diejenige die beste, welche die geringsten monatlichen Kosten aufweist. Diese werden über einen zweistufigen Prozess ermittelt:

Im ersten Schritt werden alle Zahlungen, die innerhalb der vorgegebenen Nutzungsdauer anfallen, mit Höhe und Zeitpunkt erfasst. Um sie vergleichbar zu machen, werden sie auf den Startzeitpunkt t = 0 durch Abzinsung bezogen. Dann wird die Summe der einzelnen Barwerte gebildet. Diese Barwertsumme kann wie folgt interpretiert werden: Wenn dieser Betrag in t = 0 zur Verfügung steht, können daraus alle Zahlungen der Handlungsmöglichkeit für die vorgegebene Nutzungsdauer bestritten werden. Natürlich steigt die Barwertsumme mit zunehmender Nutzungsdauer, so dass hieraus noch keine Entscheidung abgeleitet werden kann.

Aus der absoluten Barwertsumme wird im zweiten Schritt mit den Wiedergewinnungsfaktoren (siehe Kap. 1.5.3) ermittelt, wie hoch die durchschnittlichen monatlichen Auszahlungen sind. Mit den Wiedergewinnungsfaktoren findet die Laufzeit der Handlungsmöglichkeit ihre Berücksichtigung. Als Ergebnis erhält man monatliche Auszahlungen je nach Variante der Nutzungsdauer. Diese können jetzt verglichen werden und die Auswahl fällt auf diejenige Nutzungsdauer, für welche die monatlichen Auszahlungen die geringsten sind.

Diese Vorgehensweise sei anhand eines Beispiels erläutert. Es soll die optimale Nutzungsdauer für ein Fahrzeug ermittelt werden, das in t = 0 zu 50 T € gekauft werden kann. Die durch das Fahrzeug ausgelösten Zahlungen lassen sich in zwei Gruppen einteilen:

- Jährliche Kosten, die mit zunehmendem Alter steigen: Hierzu gehören die Kosten für Inspektion und Reparaturen. Eventuell steigt bei hohem Alter auch der Verbrauch an Öl und Kraftstoff.
- Jährliche Kosten, die mit zunehmendem Alter fallen: Darunter fallen insbesondere der Wertverzehr und die Kapitalkosten. Ein relativ altes Auto verliert nur noch wenig Wert und führt auch nur zu geringen Kapitalkosten, weil wenig Kapital gebunden ist.

Da sich diese beiden Kostengruppen gegenläufig entwickeln, muss eine Optimierung stattfinden. Vereinfachend werden nur die Handlungsmöglichkeiten mit ganzjährigen Nutzungsdauern betrachtet. Es wäre allerdings auch problemlos möglich, quartalsweise immer neue Handlungsmöglichkeiten zu definieren, was aber sehr unübersichtlich würde und viel mehr Zeit für die Datenermittlung erfordern würde.

Ein Beispiel möge die Vorgehensweise verdeutlichen (siehe Tab. 1.29). Dazu ist ein Kalkulationszinssatz von 10 % p. a. angenommen. Jede Spalte stellt eine eigene Handlungsmöglichkeit dar.

Tab. 1.29: Ermittlung der optimalen Nutzungsdauer im Fall ohne Einzahlungen (Zahlungen in €), (eigene Darstellung).

	Rechnung		t = 1	t = 2	t = 3	t = 4	t = 5	t = 6
1	gegeben	Restwert	40.000	32.000	26.000	21.000	17.000	13.000
2	$\frac{1}{q^t}$	Barwert Rest	36.364	26.446	19.534	14.343	10.556	7.338
3	0 + 2	Wertverzehr in 0	-13.636	-23.554	-30.466	-35.657	-39.444	-42.662
4	gegeben	Wartung	-1.000	-2.000	-2.500	-3.000	-3.500	-3.500
5	gegeben	Reparatur	0	-1.000	-1.500	-2.000	-3.000	-5.000
6	4 + 5	Saldo 1	-1.000	-3.000	-4.000	-5.000	-6.500	-8.500
7	$\frac{6}{q^t}$	Barwert Saldo 1	-909	-2.479	-3.005	-3.415	-4.036	-4.798
8	8(t − 1) + 7	kumuliert	-909	-3.388	-6.394	-9.809	-13.845	-18.643
9	3 + 8	Summe BW	-14.545	-26.942	-36.860	-45.465	-53.289	-61.305
10		WGF monatlich	0,0877	0,0459	0,0321	0,0252	0,0210	0,0183
11	9 · 10	D-Annuität m.	-1275,9	-1237,9	-1181,9	-1143,7	-1121,0	-1122,4

Anschaffung: −50.000 € im Zeitpunkt 0
Kalkulationszinssatz: 10 % p. a.
Monatszinssatz: 0,797 %
Wertverzehr in 0: Wertverzehr, auf t = 0 bezogen
D-Annuität m.: Durchschnittliche monatliche Annuität (nachschüssig)

Im aufgeführten Beispiel muss für ein Fahrzeug ein Betrag von 50 T $€_0$ investiert werden (siehe Zeile 0). Zeile 1 zeigt, wie sich der Restwert im Zeitablauf entwickelt. Die Restwerte, welche den Marktwerten und nicht den buchhalterischen Restwerten entsprechen, sind allerdings aus finanzieller Sicht nicht gleichwertig mit der Anschaffungsauszahlung, da sie später anfallen. Sie müssen also abgezinst werden, um mit der Anschaffungsauszahlung saldiert werden zu können (Zeile 2 und 3). Bei 2-jähriger Nutzungsdauer entsteht per t = 0 ein Wertverzehr von 23.554 $€_0$. Mit diesem Betrag könnte man Kauf und Verkauf über 2 Jahre abwickeln. Zum Kaufzeitpunkt wäre ein Kredit von 50.000 $€_0$ − 23.554 $€_0$ = 26.446 $€_0$ Euro nötig. Dieser würde sich im Laufe der 2 Jahre beim angenommen Jahreszinssatz von 10 % auf 32.000 $€_2$ erhöhen, was gerade dem Restwert entspricht. Der um die Zinsen erhöhte Kredit kann also genau durch den Restwert abgelöst werden. Das setzt voraus, dass ein Käufer gefunden wird, der genau diesen Restwert zu zahlen bereit ist.

Im Weiteren sind auch die jährlichen Auszahlungen für Wartung und Reparaturen zu berücksichtigen. Für sie wird angenommen, dass sie im Jahresrhythmus jeweils am

Jahresende anfallen.[60] Die Zahlungen – und zwar alle während der jeweiligen Laufzeit – werden ebenfalls auf den Zeitpunkt t = 0 abgezinst, damit sie mit dem Wertverzehr vergleichbar sind. Der Barwert aller Auszahlungen für Wartung und Reparatur beträgt bei einer Nutzungsdauer von 2 Jahren 3.388 $€_0$. Insgesamt ergibt sich dann eine Barwertsumme von 26.942 $€_0$ für 2 Jahre Nutzung. Wird die Handlungsmöglichkeit „3 Jahre Nutzungsdauer" betrachtet, so erhöht sich die Barwertsumme natürlich, weil nun weitere Auszahlungen und eine Verringerung und Verschiebung des Restwertes hinzukommen. Sie beläuft sich auf 36.860 $€_0$. Die Barwertsummen für 2 und 3 Jahre Laufzeit sind auf dieser Ebene noch nicht vergleichbar. Wie oben für den zweiten Schritt beschrieben, müssen die Barwertsummen erst in periodische Auszahlungen während der Monate der Nutzungsdauer umgerechnet werden. Hierfür wird der Wiedergewinnungsfaktor entsprechend der jeweiligen Nutzungsdauer eingesetzt. Dadurch erhält man dann die durchschnittliche nachschüssige monatliche Auszahlung mit der Einheit € pro Monat. Bei 2 Jahren Nutzungsdauer liegt die Monatsauszahlung bei 1.237,9 €/Monat (oder mit einem Monatszeitindex $€_{1;24}$) und sinkt dann bei 3 Jahren auf 1.181,9 $€_{1;36}$. Es ist also günstiger, das Fahrzeug 3 Jahre einzusetzen anstelle von 2 Jahren.

Wird die Nutzungsdauer weiter ausgedehnt, so fallen die durchschnittlichen nachschüssigen Monatsraten weiter. Bei 5 Jahren ist das Minimum mit 1.121,0 $€_{1;60}$ erreicht. Im vorliegenden Beispiel würde das Fahrzeug somit nach 5 Jahren ausgetauscht.

Allerdings muss noch geprüft werden, ob das aufgestellte Modell umfassend genug ist, ob also alle wichtigen Aspekte berücksichtigt sind. Ergänzungen könnten in den folgenden Punkten notwendig werden:
- Höherer Benzin- und Ölverbrauch mit zunehmendem Alter
- Höhere Versicherungsprämien und Steuern bei älterem Fahrzeug
- Ggf. notwendige Vollkaskoversicherung bei neueren Fahrzeugen etc.
- Unterschiedliche Garantiezeiten verschiedener Hersteller

Solche Aspekte können ohne Probleme in das obige Berechnungsschema eingebaut werden. Dazu kommen die qualitativen Aspekte. Es kann sein, dass jemand immer das neueste Fahrzeug fahren möchte oder umgekehrt, sich nicht dauernd umgewöhnen möchte.

In jedem Fall muss aber die implizite Annahme erwähnt werden, dass die monatlichen durchschnittlichen Auszahlungen der kürzer laufenden Handlungsmöglichkeit sich wiederholen. Wenn man also vergleichen möchte, ob 3 Jahre oder 6 Jahre Nutzungsdauer besser sind, so geht man implizit davon aus, dass nach 3 Jahren wiederum ein Fahrzeug mit den identischen monatlichen Auszahlungen von 1181,9 €/Monat

---

60 Alternativ kann angenommen werden, dass die Auszahlungen bereits verzinslich auf das Jahresende bezogen wurden. Diese Annahme ist notwendig, wenn das Fahrzeug aufgrund hoher jährlicher Laufleistung mehr als einmal pro Jahr in die Werkstatt muss.

beschafft werden kann. Wenn diese Annahme auch nicht näherungsweise akzeptiert werden kann, dann muss der zweite 3-Jahres-Zeitraum explizit geplant werden.

Schon nach 3 Jahren dürfte die Autoindustrie große technische Fortschritte bei ihren Produkten erzielt haben, so dass die Annahme nur mit der Überlegung gehalten werden kann, dass die Fortschritte durch gleichwertige Erhöhungen der Auszahlungen ausgeglichen werden.

Vollends unrealistisch werden noch längere Ketten (im Extremfall unendlich lange). Da sie kaum Nutzwert aufweisen, werden sie hier nicht behandelt.

1.10 Investitions- und Finanzierungsprogramme

Die obigen Ausführungen galten ganz überwiegend für Investitionseinzelentscheidungen. Wünschenswert wäre es jedoch, alle Projekte für Investitionen und Finanzierungen in einem großen Optimierungsmodell zu analysieren und die für das Unternehmen beste Kombination auszuwählen. Insbesondere, wenn die Einzelinvestitionen eng miteinander verknüpft sind, ist zumindest aus theoretischer Sicht eine gesamthafte Entscheidung über das gesamte Investitionsprogramm zu fordern. Als Beispiel seien die großen Autohersteller angeführt, die ihre zahlreichen Fabriken „richtig" über den ganzen Erdball verteilen müssen. Bei VW sind es über 100 Produktionsstandorte. Die gegenseitigen Abhängigkeiten zwischen diesen Fabriken sind dabei sehr hoch, denn prinzipiell könnte jedes Fahrzeug in jedem Land in jeder Fabrik gebaut werden oder ein Typ kann in nur einem Werk für die gesamte Welt fabriziert werden. Und Zwischenlösungen sind natürlich auch möglich und sinnvoll. Für jedes Land sind die Ein- und Auszahlungen zu schätzen inkl. solcher Auszahlungen, welche für die Exporte in andere Märkte anfallen würden. Und das Ganze muss auch noch über lange Zeiträume prognostiziert werden, weil Fabriken für viele Jahre oder Jahrzehnte geplant werden. Zusätzliche Komplexität bringt die Frage, wann der Startschuss für den Bau einer Fabrik gegeben werden soll: sofort, in einem Jahr, in zweien oder erst in fünf? Dazu kommen noch politische Begrenzungen, wenn z. B. angedroht wird, dass die Fahrzeuge aus Mexiko nur mit prohibitiv hohen Zöllen in die USA eingeführt werden dürfen. Es ist offensichtlich, dass die Daten für solch komplexe Probleme noch nicht einmal im Ansatz beschafft werden können. Die Frage der Rechnerkapazität hingegen ist durch den Fortschritt in der Elektronik kaum noch ein Hindernisgrund.

Es bleibt zu prüfen, ob die Daten für weniger komplexe Situationen geschätzt werden können. Für solche Aufgabenstellungen einer simultanen Lösung werden in der Literatur vor allen Dingen das Dean-Modell und die lineare Optimierung angeboten. Diese werden im Folgenden kurz dargestellt und auf ihre Praxistauglichkeit hin untersucht.

1.10.1 Deanmodell

Schon sehr früh – 1951 – wurde von J. Dean ein einperiodiges Modell zur gleichzeitigen Festlegung von Investitions- und Finanzierungsmöglichkeiten (Projekte, Alternativen usw.) vorgeschlagen. Es wurde somit ein erstes Simultanmodell vorgestellt.

Neben der Einperiodigkeit gibt es im Deanmodell folgende weiteren Annahmen:
- Alle Handlungsmöglichkeiten (Projekte) und Finanzierungsmöglichkeiten starten zum gleichen Zeitpunkt
- Alle Handlungsmöglichkeiten (Projekte) und Finanzierungsmöglichkeiten enden zum gleichen Zeitpunkt
- Es wird nur der Startzeitpunkt und der Endzeitpunkt betrachtet.
- Die Realisation einer Handlungsmöglichkeit hat keinen Einfluss auf die Zahlungen und Zahlungsänderungen der anderen Projekte (keine Interdependenzen).
- Handlungsmöglichkeiten können auch anteilig durchgeführt werden, Finanzierungen können auch partiell durchgeführt werden, was sicher eine realistische Annahme darstellt.
- Investitionen sind ebenfalls teilbar, was außerhalb von Finanzanlagen kaum vorkommen dürfte. Aber eine kleine Erweiterung wird helfen, dass die Optimierung auch bei der Ganzzahligkeitsbedingung (meistens 0 oder 1) funktioniert
- Eigenkapital wird nicht berücksichtigt, bzw. hat in einigen Vorschlägen Kapitalkosten von 0 %.
- Sicherheit aller Zahlungsprognosen, auf denen die Renditen der Handlungsmöglichkeiten aufbauen.

Auf der Basis dieser Annahmen kann nun das Modell beschrieben werden.

Darstellung des Dean-Modells

Zielsetzung des Dean-Modells ist es, das Programm aus Investitionen und Finanzierungen zu finden, welches zum höchsten Endwert nach Abschluss der betrachteten Periode führt. Der Weg dorthin besteht darin, sich die jeweils besten Investitionen und Finanzierungen anzusehen. Dieses Ziel wird durch Renditen bei Investitionen und Effektivverzinsungen bei Finanzierungen operationalisiert.

Wenn die Rendite der Handlungsmöglichkeit größer ist als der Kapitalkostensatz, so wird die Handlungsmöglichkeit eingeplant. Dann wird die zweitbeste Handlungsmöglichkeit betrachtet und mit den Kapitalkostensätzen der dann noch verfügbaren Finanzierungen verglichen. Ist die Rendite immer noch größer als der Kapitalkostensatz, wird auch diese zweite Handlungsmöglichkeit eingeplant. Dieser Zyklus wiederholt sich so lange, wie die Renditen oberhalb der Kapitalkostensätze liegen.

Das Beispiel in Tab. 1.30 möge die übliche Vorgehensweise verdeutlichen. Zunächst sind die Daten zu erheben, woraus dann die Tabelle resultiert.

Für jede der 6 Handlungsmöglichkeiten und 6 Finanzierungsmöglichkeiten wird der Cashflow in t = 0 und t = 1 bestimmt. Daraus können dann die Renditen der

Tab. 1.30: Datenbasis für das Beispiel zum Dean-Modell (eigene Darstellung).

Handlungsmöglichkeit für Investition					Finanzierungsmöglichkeiten				
	CF in $t=0$ in T $\mathord{\mathbb{\text{€}}}_0$	CF in $t=1$ in T $\mathord{\text{€}}_1$	Rendite	Rang		CF in $t=0$ in T $\mathord{\text{€}}_0$	CF in $t=1$ in T $\mathord{\text{€}}_1$	Effektiv- verzinsung	Rang
HM1	−100	110	10,00 %	6	FM1	90	− 98	8,89 %	5
HM2	−150	200	33,33 %	1	FM2	140	−160	14,29 %	1
HM3	−180	220	22,22 %	4	FM3	100	−106	6,00 %	6
HM4	−100	120	20,00 %	5	FM4	150	−165	10,00 %	4
HM5	− 90	115	27,78 %	2	FM5	160	−180	12,50 %	2
HM6	−620	765	23,39 %	3	FM6	640	−709	10,78 %	3

Handlungsmöglichkeiten und die Effektivverzinsungen der Finanzierungsmöglichkeiten ermittelt werden. Im Beispiel ist wie im Dean-Modell üblich ein Zeitraum von einem Jahr unterstellt. Wenn gerade wegen der Investitionen längere Zeiträume geplant wären, müsste man die Renditen auf Jahresrenditen zurückrechnen.

Im nächsten Schritt werden die Handlungsmöglichkeiten nach fallenden Renditen und die Finanzierungsmöglichkeiten nach steigenden Finanzierungsmöglichkeiten sortiert (siehe Tab. 1.31).

Für die Übernahme der Handlungs- und Finanzierungmöglichkeiten in das Investitions- und Finanzierungsprogramm wird stufenweise vorgegangen. Gestartet wird mit der bes-

Tab. 1.31: Sortierte Handlungs- und Finanzierungsmöglichkeiten (eigene Darstellung).

Handlungsmöglichkeit für Investition					Finanzierungsmöglichkeiten				
	CF in $t=0$ in T $\mathord{\text{€}}_0$	CF in $t=1$ in T $\mathord{\text{€}}_1$	Rendite	Rang		CF in $t=0$ in T €	CF in $t=1$ in T €	Effektiv- verzinsung	Rang
HM5	− 90	115	27,78 %	1	FM3	100	−106	6,00 %	1
HM4	− 95	115	21,05 %	2	FM1	90	− 98	8,89 %	2
HM6	−110	130	18,18 %	3	FM4	150	−165	10,00 %	3
HM2	−150	170	13,33 %	4	FM5	135	−151	11,85 %	4
HM3	−180	200	11,11 %	5	FM2	140	−160	14,29 %	5
HM1	−100	110	10,00 %	6	FM6	120	−140	16,67 %	6
Saldo	−725	840	15,86 %		Saldo	735	−820	11,56 %	

ten Handlungsmöglichkeit, welche im Beispiel in HM5 mit 27,78 % Rendite besteht. Sie kann mit FM3 vollständig finanziert werden, welche 6 % Zinsen erfordert. Es bleiben noch 10 T $\mathord{\text{€}}_0$ übrig, die für HM4 zur Verfügung stehen. Diese verlangt 95 T $\mathord{\text{€}}_0$ Investitionssumme, so dass sie großenteils die Finanzierungsmöglichkeit FM1 ausschöpft. Um den Überblick zu behalten, werden die kumulierten Beträge in berechnet (siehe Tab. 1.32).

Tab. 1.32 zeigt, dass bis einschließlich HM2 alle Handlungsmöglichkeiten von Finanzierungsmöglichkeiten abgedeckt werden können, welche geringere Kapitalkos-

Tab. 1.32: Kumulierte Beträge für Investition und Finanzierung (eigene Darstellung).

Handlungsmöglichkeiten für Investition			Finanzierungsmöglichkeiten		
	Kumulierte CF in t = 0 in T €	Grenzrendite		Kumulierte CF in t = 0 in T €	Effektivverzinsung
HM5	− 90	27,78 %	FM3	100	6,00 %
HM4	−185	21,05 %	FM1	190	8,89 %
HM6	−295	18,18 %	FM4	340	10,00 %
HM2	−445	13,33 %	FM5	475	11,85 %
HM3	−625	11,11 %	FM2	615	14,29 %
HM1	−725	10,00 %	FM6	735	16,67 %

tensätze aufweisen. Die besten Handlungsmöglichkeiten – HM5, HM4, HM6 und HM2 – benötigen in t = 0 445 T $€_0$ Startkapital, welches mit FM3, FM1, FM4 und partiell FM5 zur Verfügung gestellt werden kann. Die Finanzierungsmöglichkeit FM5 mit einer Effektivverzinsung von 11,85 % wird nicht ganz ausgeschöpft, weil die nächstbeste Handlungsmöglichkeit HM3 nur eine Rendite von 11,11 % aufweist. Hier steigt die Kapitalangebotsfunktion über die Kapitalbedarfsfunktion.

Die Zusammenhänge lassen sich aus Abb. 1.18 entnehmen. Auf der senkrechten Achse sind die Renditen der Handlungsmöglichkeiten und die Effektivverzinsungen der Finanzierungsmöglichkeiten abgetragen. Auf der waagerechten Achse sind die Kapitalbeträge in t = 0 angegeben. Als erstes ist die HM5 mit ihrer Rendite von 27,78 % und ihrer Anschaffungsauszahlung von 90 T $€_0$ angegeben. Die Bezeichnung der Handlungsmöglichkeiten ist in der Abbildung immer oberhalb der zugehörigen Strecke angegeben, die der Finanzierungsmöglichkeiten jeweils unterhalb.

Im Schnittpunkt der Kapitalbedarfs- und der Kapitalangebotskurve lässt sich der endogene Kalkulationszinsfuß ablesen. Im Beispiel beträgt er 11,85 % aus FM5. Nur wenn eine neue Handlungsmöglichkeit eine höhere Rendite aufweisen würde oder eine Finanzierungsmöglichkeit eine geringere Effektivverzinsung hätte, würde das Investitions- und Finanzierungsprogramm erhöht.

Wenn der endogene Kalkulationszinssatz bereits von Anfang an bekannt gewesen wäre, hätte man auch per Endwert- oder Kapitalwertmethode das optimale Programm bestimmten können. Für die Höhe der End- bzw. Kapitalwerte wäre dann allerdings noch eine Zusatzauswertung notwendig.

Wenn realistischerweise angenommen wird, dass eine Investitionsmöglichkeit entweder ganz oder gar nicht durchgeführt wird, so können Probleme auftauchen.

Rendite,
Effektivverzinsung

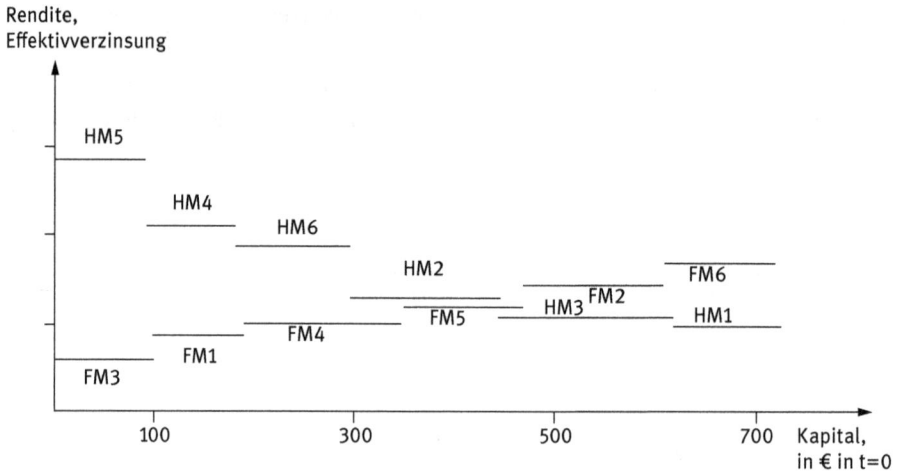

Abb. 1.18: Grafische Lösung im Dean-Modell (eigene Darstellung).

Problemlos ist der erste Fall: Wenn die letzte gewählte Finanzierungsmöglichkeit geschnitten wird (wie im Beispiel), wird diese letzte Finanzierung nicht mehr vollständig benötigt.

Wenn Handlungsmöglichkeiten geschnitten werden, kann ein Flächenvergleich oder eine Vergleichsrechnung erfolgen. Allerdings muss dann auch für die noch nicht realisierten Handlungsmöglichkeiten mit geringerem Investitionsbedarf geprüft werden, ob sie eine höhere Endwertsteigerung bringen.

Kritik des Dean-Modells

Die bestechende Einfachheit des Dean-Modells hat natürlich einen Preis. Er liegt darin, dass die meisten Annahmen nicht wirklichkeitsgerecht sind. Besonders sind zu nennen:

- Die Einperiodigkeit, wobei diese nicht unbedingt in einem Jahr bestehen muss, sondern ggf. auch 5 Jahre umfassen kann. Kürzer oder länger laufende Handlungsmöglichkeit sind nicht möglich.
- Versetzte Start- und Endzeitpunkte sind nicht vorgesehen.
- Interdependenzen zwischen den Handlungsmöglichkeiten bleiben unberücksichtigt.
- Verbindungen einzelner z. B. subventionierter Finanzierungen zu bestimmten Projekten werden nicht abgebildet.
- In der Praxis ist die Finanzierung häufig nicht auf viele kleine Finanzierungsprojekte verteilt, sondern die zentrale Treasury-Abteilung verhandelt für den gesamten Finanzierungsbedarf.
- Es fallen keine Steuern an, welche ggf. die Liquidität beeinträchtigen könnten.

- Nichtberücksichtigung der hohen Kosten für das Eigenkapital, das ja als Risiko-puffer nur dann attraktiv ist, wenn es wesentlich höhere Verzinsungen bringt. Es wird angenommen, dass es in jedem Fall vorhanden ist. Dies trifft nicht zu, denn das Eigenkapital könnte ja auch per Dividende oder Aktienrückkauf an die Aktio-näre zurückgegeben werden (Opportunität).
- Beliebige Teilbarkeit von Investitionen ist nicht realitätsgerecht. Aber das Modell funktioniert auch weitgehend mit nicht teilbaren Investitionen.
- Nichtbetrachtung der Ereignisse zwischen Start- und Endzeitpunkt. Gerade wenn die Periode länger als ein Jahr beträgt, können zwischenzeitlich Liquiditätspro-bleme auftauchen.
- Kapitalbindung im Zeitablauf nicht berücksichtigt. Dadurch werden die massiven Probleme der Internen Zinsfußmethode wegdefiniert (vgl. dazu Hoberg 2017a, S. 215 ff.).
- Obligatorische Investitionsmöglichkeiten, bei denen sich keine Rendite oder nur negative Renditen ergeben, werden nicht berücksichtigt.
- Verkleinerungen oder Vergrößerungen von Projekten werden nicht betrachtet. Dies könnte allerdings nachgeholt werden, insbesondere wenn es sich um Grenz-projekte handelt.

Angesichts der zahlreichen Probleme kann das Dean-Modell in der Ausgangsversion nur in extrem einfachen Situationen eingesetzt werden. Allerdings gibt es einige Mög-lichkeiten, das Modell weiterzuentwickeln, was im Folgenden vorgestellt werden soll.

Verbesserungsmöglichkeiten für das Dean-Modell

Die Problematik der fehlenden Eigenkapitalzinssätze kann dadurch zumindest partiell gelöst werden, indem man bei gegebenem Eigenkapital unterschiedliche Verschuldun-gen annimmt. Der Risikoaufschlag steigt dann mit höherer Fremdkapitalaufnahme (siehe auch Kap. 1.4.4). Allerdings muss beachtet werden, dass durch den Leverageeffekt der Kalkulationszinssatz (Wacc) zunächst einmal fallen kann.

Jenseits der minimalen Kapitalkostensätze entsteht eine steigende Kurve für die zu zahlenden Gesamtkapitalkostensätze, weil die Verschuldung steigt, was auch meis-tens einen Einfluss auf das Rating hat. Dadurch, dass sie die anteiligen Eigenkapitalbe-träge enthalten, wird die Kapitalangebotsfunktion viel realistischer. In der üblichen Form wird nur gegen die Kosten des Fremdkapitals verglichen.

In einem weiteren Schritt könnte dann abgeleitet werden, wie die Gesamtkapital-kostensätze im gegebenen Zeitraum steigen, wenn zusätzliches Eigenkapital beschafft wird.

Eine weitere Verbesserungsmöglichkeit bezieht sich auf Investitionen, die durch-geführt werden müssen, auch wenn sie negative Renditen aufweisen oder wenn keine belastbare Zuordnung von Zahlungen gelingt. Folgende Fälle sind u. a. denkbar:

– Infrastrukturmaßnahmen: Z. B. müssen die Straßen oder das Kanalsystem auf dem Betriebsgelände renoviert werden. Diesen Maßnahmen können positive finanzielle Konsequenzen nur selten zuverlässig zugeordnet werden. Trotzdem müssen sie durchgeführt werden, weil ansonsten der gesamte Betrieb zum Stillstand kommt. Also könnte man fast unendlich hohe Renditen ansetzen, was aber sicher wenig Sinn macht.
– Gesetzlich verursachte Maßnahmen: Es kommt immer wieder vor, dass z. B. die Regeln zum Unfallschutz verbessert werden. So kann es sein, dass die Schutzvorrichtungen von Maschinen angepasst werden müssen, damit es zu keinen Arbeitsunfällen kommt.
– Langfristige Forschungsinvestitionen: Insbesondere in der Grundlagenforschung sind die Unternehmen noch sehr weit von konkreten Produkten entfernt. Diese müsste man jedoch in etwa kennen, um Einzahlungen ableiten zu können. Da die Forschungsergebnisse jedoch häufig die Zukunft der Unternehmen bestimmen, werden solche Investitionen trotz fehlender Renditeberechnung frei gegeben. Trotzdem ist es natürlich auch aus Sicht des Controllings wichtig, dass der Fortschritt der Forschungsprojekte verfolgt wird. Mittels des Milestone-Konzepts muss regelmäßig überprüft werden, ob der erwartete Nutzen noch höher ist als die noch entscheidbaren Kosten.

Zu der nicht vorgesehenen Berücksichtigung der Interdependenzen gibt es einige wenige Situationen, für die eine Abhilfe geschaffen werden kann. Wenn sich 2 Handlungsmöglichkeiten gegenseitig ausschließen, so kann man zunächst die Zahlungen der kleineren Investition als Handlungsmöglichkeit berücksichtigen. Die größere Investition wird dann als Differenzinvestition abgebildet, indem die Differenzen der Zahlungen der großen vs. der kleinen Handlungsmöglichkeiten ermittelt werden. Sie bildet dann ab, was passiert, wenn man von der kleinen zur größeren Handlungsmöglichkeit übergeht.

Aber auch mit den Verbesserungen kann das Dean-Modell nur in sehr einfachen Problemstellungen angewendet werden. Es bleibt aber sein hoher pädagogischer Nutzen, da es sehr schön zeigt, dass solange zusätzlich investiert wird, wie die Renditen der zusätzlichen Investitionshandlungsmöglichkeiten oberhalb der Kapitalkostensätze der zusätzlichen Finanzierungsmöglichkeiten liegen.

1.10.2 Investitionsprogramme auf Basis der linearen Optimierung

Angesichts der verbleibenden Probleme des Dean-Ansatzes ist er nur selten oder nur als Näherungslösung einsetzbar. Zu viele wichtige Faktoren können nicht abgebildet werden.

Insofern werden mächtigere Werkzeuge notwendig wie sie z. B. mit den Verfahren der Unternehmensforschung (*Operation Research*) zur Verfügung stehen. Wenn zahlreiche Engpässe und Handlungsmöglichkeiten vorliegen, kann in vielen Praxisfällen die lineare Optimierung mittels Simplexverfahrens eingesetzt werden. Dies setzt aber voraus, dass sowohl die Zielfunktion als auch die Nebenbedingungen in linearer Form aufgestellt werden können.

Die Vorgehensweise sei an einem kleinen Beispiel dargestellt (vgl. ausführlich zur Methode z. B. Götze 2014, S. 331 ff. oder Hering, S. 150 ff.). Ein Unternehmen kann 3 Handlungsmöglichkeiten (HM1 – HM3) durchführen. Dazu können Überschüsse jeweils zum Wacc von 10 % für eine Periode angelegt werden. Diese HM sind entsprechend benannt. Wenn die Anlage von t = 0 bis t = 1 geht, heißt die Handlungsmöglichkeit HM01.

Die Finanzierung kann über 2 spezielle Finanzierungsmöglichkeiten (FM1 und FM2) laufen oder wiederum über einjährige Finanzierungsmöglichkeiten. FM12 heißt dann, dass in t = 1 Mittel zum Wacc (Weighted average cost of capital) aufgenommen werden können, welche dann in t = 2 zurückgezahlt werden müssen. Für FM1 und FM2 sind subventionierte Zinssätze (unter 10 %) angenommen, so dass für sie eine Höchstgrenze eingegeben werden muss, weil sie sonst in unendlicher Höhe aufgenommen würden.

Es sei nochmals darauf hingewiesen, dass für die einjährigen Anlagen und Finanzierungen jeweils der Wacc angesetzt wird, weil die allgemeine Finanzierung des Unternehmens mit einer Mischung aus Eigen- und Fremdkapital durchgeführt wird. Wenn von Anlagen gesprochen wird wie z. B. von HM01 heißt dies in diesem Zusammenhang, dass weniger finanziert werden muss (siehe hierzu auch die Ausführungen in Kap. 1.4.4). Im Weiteren können auch differierende Zinssätze im Optimierungsmodell verwendet werden.

Ein weiterer Vorteil der linearen Optimierung liegt darin, dass mehrere Zeitpunkte und nicht nur der Start- und Endzeitpunkt analysiert werden können. Im Beispiel werden 5 Zeitpunkte betrachtet: Der Startzeitpunkt t = 0, die Zeitpunkte t = 1 bis t = 3 und der Endzeitpunkt t = 4.

Wie in der Realität üblich können die 3 Handlungsmöglichkeiten nur 1-mal durchgeführt werden. Eine halbe Durchführung wäre auch nicht sinnvoll. Die Verhinderung nicht ganzzahliger Lösungen wird bei komplizierteren Problemen durch Ganzzahligkeitsbedingungen erzwungen. Hier ist das Beispiel so gewählt, dass es nicht zu solchen Problemen kommt. Teilbar dagegen sind die 3 Jahresinvestitionen. Tab. 1.33 zeigt, wie das Unternehmen investieren und finanzieren kann.

Die Daten dieser Investitions- und Finanzierungsmöglichkeiten werden nun in einen linearen Optimierungsansatz übertragen. Die Zielfunktion (ZF) besteht darin, das Endvermögen am Ende des Planungszeitraums (hier nach 4 Jahren, → tn = 4) zu maximieren. Positiv wirken gemäß der letzten Zeile die HM1, HM2 und HM34, negativ die Rückzahlungen der Finanzierungsmöglichkeiten FM1, FM2 und FM34.

Die Maximierung der Zielfunktion unterliegt einigen Restriktionen, was in Tab. 1.33 umgesetzt wird. Jede Handlungsmöglichkeit kann nur 1x durchgeführt werden (RS1-RS3). Die rechte Seite ist somit auf 1 als Obergrenze beschränkt. Die Sonderfinanzierungsmöglichkeiten FM1 und FM2 sind auf 1 normiert und können maximal 200 bzw. 150 Mal durchgeführt werden (RS4 und RS5).

Tab. 1.33: Ausgangsdaten für die lineare Optimierung (eigene Darstellung).

	Handlungsmöglichkeiten							Finanzierungsmöglichkeiten					
	HM1	HM2	HM3	HM01	HM12	HM23	HM34	FM1	FM2	FM01	FM12	FM23	FM34
t = 0	−100	−90	0	−1	0	0	0	1	0	1	0	0	0
t = 1	0	10	−80	1,1	−1	0	0	0	1	−1,1	1	0	0
t = 2	0	10	50	0	1,1	−1	0	−0,1	0	0	−1,1	1	0
t = 3	0	10	50	0	0	1,1	−1	−0,1	0	0	0	−1,1	1
t = 4	140	120	0	0	0	0	1,1	−1,1	−1,2	0	0	0	−1,1
Maximum	1	1	1					200	150				

Zu jedem Zeitpunkt (t = 0, 1, 2 und 3) muss die Finanzierung sichergestellt werden, was mit den Restriktionen RS6 – RS9 geschieht (siehe Tab. 1.34). Wenn in t = 0 investiert wird, so fordert RS6, dass auch entsprechend finanziert wird, was durch FM1 und FM01 erreicht werden kann.

Aufgrund interner Engpässe (z. B. Fachpersonal) können nur 2 der 3 Investitions-Handlungsmöglichkeiten (HM1, HM2 und HM3) durchgeführt werden. Die Umsetzung dieser Vorgabe ist die Aufgabe der letzten Restriktion RS10.

Nach einem Jahr (in t = 1 → RS7) kommen teilweise Rückflüsse aus den Handlungsmöglichkeiten, aber auch Auszahlungsverpflichtungen aus den Finanzierungsmöglichkeiten, die dann durch neue Finanzierungen (FM2 und FM12) gedeckt werden müssen.

Tab. 1.34: Ausgangstableau für die lineare Optimierung (ohne Schlupfvariable), (eigene Darstellung).

	Handlungsmöglichkeiten							Finanzierungsmöglichkeiten						
	HM1	HM2	HM3	HM01	HM12	HM23	HM34	FM1	FM2	FM01	FM12	FM23	FM34	
ZF t = 4	140	120	0	0	0	0	1,1	−1,1	−1,2	0	0	0	−1,1	max!
RS1	1	0	0	0	0	0	0	0	0	0	0	0	0	1
RS2	0	1	0	0	0	0	0	0	0	0	0	0	0	1
RS3	0	0	1	0	0	0	0	0	0	0	0	0	0	1
RS4	0	0	0	0	0	0	0	1	0	0	0	0	0	200
RS5	0	0	0	0	0	0	0	0	1	0	0	0	0	150
RS6 t = 0	−100	−90	0	−1	0	0	0	1	0	1	0	0	0	0
RS7 t = 1	0	10	−80	1,1	−1	0	0	0	1	−1,1	1	0	0	0
RS8 t = 2	0	10	50	0	1,1	−1	0	−0,1	0	0	−1,1	1	0	0
RS9 t = 3	0	10	50	0	0	1,1	−1	−0,1	0	0	0	−1,1	1	0
RS10	1	1	1	0	0	0	0	0	0	0	0	0	0	2

Das Ausgangstableau in Tab. 1.34 enthält die Umsetzung der obigen Bedingungen.

Für die Optimierung werden dann noch die sogenannten Schlupfvariablen eingefügt, die aus Gründen der Übersichtlichkeit nicht aufgeführt sind. Mit den Schlupfvariablen wird sichergestellt, dass die Restriktionen nicht immer (voll) ausgeschöpft werden müssen. Dies ist ein klarer Fortschritt gegenüber den Lagrange-Ansätzen.

Danach kann die Optimierung mittels Simplexalgorithmus starten. Dieser kann z. B. im Rahmen des Excel-Solvers (vgl. z. B. Poggensee, S. 195 ff.) aufgerufen werden. Tab. 1.35 zeigt die Ergebnisse.:

Tab. 1.35: Optimallösung mit den Zeitpunktrestriktionen (eigene Darstellung).

	Handlungsmöglichkeiten							Finanzierungsmöglichkeiten					
	HM1	HM2	HM3	HM01	HM12	HM23	HM34	FM1	FM2	FM01	FM12	FM23	FM34
Optimum	0,00	1,00	1,00	110,00	201,00	261,00	327,21	200,00	150,00	0,00	0,00	0,00	0,00
t = 0	0	−90	0	−110	0	0	0	200	0	0	0	0	0	0
t = 1	0	10	−80	121	−201	0	0	0	150	0	0	0	0	0
t = 2	0	10	50	0	221,1	−261,1	0	−20	0	0	0	0	0	0
t = 3	0	10	50	0	0	287,2	−327,2	−20	0	0	0	0	0	0
t = 4	0	120	0	0	0	0	359,9	−220	−180	0	0	0	0	79,93

Die beiden Realinvestitionen HM2 und HM3 werden je einmal durchgeführt; dazu noch die einjährige HM01, welche den Zeitraum überbrückt, bis für HM3 die Anschaffungsauszahlung in t = 1 fällig wird. Damit werden in t = 0 90 + 110 = 200 €_0 verbraucht. Sie werden vollständig von der Finanzierungsmöglichkeit FM 1 mit 200 €_0 finanziert. Der verbleibende Kapitalbedarf ist somit Null, was auch aus der rechten Seite der Optimallösung hervorgeht.

Durch diese Lösung stehen in t = 1 Rückflüsse in Höhe von 10 + 121 = 131 €_1 zur Verfügung, welche teilweise in die letzte Investitionsmöglichkeit HM3 fließen, für die 80 €_1 benötigt werden. Um den eigentlich noch nicht benötigten aber sehr günstigen Kredit FM2 zu sichern, wird er in t = 1 aufgenommen, aber noch zusätzlich in eine einjährige Investition investiert. Der Finanzierungssaldo ist wieder ausgeglichen, wie auch zu den Zeitpunkten t = 2 und t = 3.

Am Ende in t = 4 ergibt sich ein Endvermögen von insgesamt 79,93 €_4, was dann den optimalen Zielwert darstellt.

Als weiteres Ergebnis einer linearen Optimierung erhält man die Opportunitätskostensätze der Engpässe, welche auch Dualwerte oder Schattenpreise genannt werden. Tab. 1.36 zeigt die Werte der wichtigsten Handlungs- und Finanzierungsmöglichkeiten.

Die Dualwerte helfen nun bei der Interpretation der Lösung. Eine Handlungsmöglichkeit kann entweder zur optimalen Lösung gehören oder nicht. Im letzten Fall beträgt ihr Wert dann Null, so dass die dazugehörige Schlupfvariable wie im Ausgangstableau vollständig in der Lösung zu finden ist. Dies ist für die erste Handlungsmöglichkeit HM1

Tab. 1.36: Wichtige Dualwerte in der Optimallösung (eigene Darstellung).

Engpass	Betrifft	Im Optimum	Dualwerte
RS1	HM1	nein	−6,410
RS2	HM2	ja	24,641
RS3	HM3	ja	9,020
RS4	FM1	ja	0,133
RS5	FM2	ja	0,131

der Fall. Aufgrund ihrer geringen Rendite von nur 8,78 % (ausnahmsweise sind VoFi-Rendite und Interner Zinsfuß (IRR) gleich, weil es keine Zahlungen außerhalb von Anfang und Ende gibt) wird den Handlungsmöglichkeiten HM2 und HM3 der Vorzug gegeben, welche 2-stellige Renditen bringen.

Die Handlungsmöglichkeit HM2 weist einen Dualwert von 24,64 € pro Durchführung auf. Das heißt, dass sich der Endwert genau um diesen Betrag erhöhen würde, wenn die HM2 ein weiteres Mal durchgeführt werden dürfte. Dafür müsste allerdings auch die Anzahl der maximal durchführbaren Investitionen in Restriktion 10 von 2 auf 3 erhöht werden. Die Dualwerte gelten also nur für sehr kleine Änderungen. Bei größeren Variationen muss geprüft werden, ob dann andere Restriktionen verletzt werden.

Mit den Opportunitätskosten kann somit gut analysiert werden, welche Engpässe besonders große Probleme bereiten. Hier kann dann vorzugsweise eingegriffen werden.

Das Hauptproblem der linearen Optimierung besteht in den Anforderungen hinsichtlich der Daten. Denn jenseits des einfachen Beispiels muss berücksichtigt werden, dass es in großen Unternehmen hunderte von Handlungsmöglichkeiten gibt, die zudem zu unterschiedlichen Zeitpunkten begonnen werden können. Im Weiteren hängen die von einer Handlungsmöglichkeit ausgelösten Zahlungsänderungen auch davon ab, welche anderen Handlungsmöglichkeiten zu welchem Zeitpunkt realisiert werden. Da schon die seriöse Planung der Zahlungsänderungen einer einzigen Handlungsmöglichkeit sehr aufwändig ist, kann fast ausgeschlossen werden, dass die Daten für ein Investitions- und Finanzierungsprogramm zutreffend geschätzt werden können.

Wenn es dagegen um ein Dutzend Handlungsmöglichkeiten mit feststehender Finanzierung geht, kann die lineare Optimierung eine Entscheidungsunterstützung bieten.

1.11 Qualitative Kriterien in der Investitionsentscheidung

Der Schwerpunkt der bisherigen Ausführungen lag in der Ermittlung und Analyse von Zahlungen und Zahlungsänderungen. Damit ist aber nur ein – allerdings sehr wichtiger – Teil der Konsequenzen von Handlungsmöglichkeiten abgedeckt. Damit ein Kriterium in Geldeinheiten gemessen werden kann, muss es zunächst messbar sein (z. B. Anzahl an verkauften Stücken) und dann noch monetarisiert werden können, also in Geldeinheiten umgerechnet werden können.

Für eine Einzahlung sollte also die Stückzahl z. B. der verkauften Produkte bekannt sein. Darauf aufbauend kann die Monetarisierung erfolgen, indem der Nettopreis (also nach allen Abzügen) inkl. der Zahlungsziele (vgl. dazu Varnholt/Hoberg/Gerhards/Wilms/Lebefromm, S. 133 ff.) in Einzahlungen umgerechnet wird.

Sowohl bei der Messbarkeit als auch bei der Monetarisierung können Probleme auftauchen, was anhand eines Beispiels gezeigt werden soll (vgl. dazu Hoberg (2021b), S. 1 ff.).

Als Beispiel seien die nicht finanziell erfassbaren Eigenschaften eines Fahrzeugs betrachtet:
- Platzangebot
- Reichweite
- Fahrleistungen
- CO2 Ausstoß
- Parkraumbedarf
- Fahrkomfort
- Sicherheit
- Image
- Farbe usw.

Die erste Gruppe der Kriterien kann zwar noch gemessen werden – die Reichweite z. B. in km -, aber eine direkte Umrechnung in Geld ist kaum möglich.

Noch problematischer wird es in der zweiten Gruppe, bei welcher schon eine Messung große Schwierigkeiten bereitet.

Wenn Einkaufsentscheidungen im Unternehmen betrachtet werden, könnten über die finanziellen Kriterien hinaus die folgenden qualitativen Eigenschaften für jeden der infrage kommenden Lieferanten zusätzlich erfasst werden:
- Liefertreue
- Kundenservice
- Umwelteigenschaften (z. B. Recyclinganteile in den Produkten)
- Innovation
- Flexibilität
- Zertifizierung usw.

Einfach wäre eine Entscheidung, wenn ein Fahrzeug in einem wichtigen Kriterium nicht einen Mindestwert aufweist. Ein Paar mit 4 Kindern wird keinen 5-Sitzer kaufen. Auch die Reichweite kann ein Knock-out Kriterium insbesondere für das Elektrofahrzeug und im Extremfall auch für den Benziner darstellen. Umgekehrt kann der Entscheider für Dieselfahrzeuge beschließen, dass er den Lärm und Gestank insb. beim Start nicht ertragen möchte.

Nach der Anwendung der KO-Kriterien bleiben häufig noch mehrere Handlungsmöglichkeiten übrig, die sich in vielen Kriterien unterscheiden.

Eine notwendige multikriterielle Entscheidung wäre nur problemlos, wenn ein Fahrzeug in allen Kriterien besser wäre als die Konkurrenz. Ein derartiger Fall wird als Dominanz bezeichnet. Dies ist aber kaum möglich, weil die Größen nicht unabhängig voneinander sind und teilweise negative Korrelationen aufweisen. Ein großes Fahrzeug kann zwar viel Platz bieten, wird dafür aber mehr Strom oder Diesel verbrauchen und teurer sein. Zudem wird die Parkplatzsuche schwieriger. Der Entscheider muss also überlegen, wie wichtig ihm die einzelnen Kriterien in der jeweiligen Entscheidungssituation sind. Der Zweitwagennutzer wird andere Maßstäbe anlegen als der Käufer eines Familienfahrzeugs.

Im Unternehmen zeigen die unterschiedlichen Ausstattungen, welche die Dienstwagenfahrer wählen, wie individuell die Wünsche sein können. Auch der Einkauf des Unternehmens muss häufig entscheiden, ob die Aufpreise für besonders schnelle bzw. flexible Maschinen und Anlagen gerechtfertigt sind. Letztendlich müssen also die Zielerreichungen in allen relevanten Kriterien ermittelt werden und dann in eine Gesamtbewertung überführt werden. Dies stellt eine große Herausforderung dar.

Das Ziel aller Bewertungen besteht darin, zu einer klaren Gesamtreihenfolge aller Handlungsmöglichkeiten zu kommen. Sie hängt von der Unternehmenssituation und den Präferenzen der Entscheider in den verschiedenen Bewertungskriterien ab. Entschieden werden kann aber erst dann über eine Gesamtreihenfolge von Handlungsmöglichkeiten, wenn die Ergebnisse in allen Kriterien auf einer einzigen Skala zusammengefasst sind. Eine methodisch saubere Zusammenfassung ist z. B. dann möglich, wenn nur finanzielle Kriterien eine Rolle spielen. In diesem Fall werden alle Kriterien in Geld abgerechnet, was dann in einem Gesamtbetrag zusammengefasst werden kann. Aber in vielen Projekten spielen auch nicht finanzielle Kriterien eine Rolle. Man spricht auch von intangiblen Effekten (vgl. Westermann, S. 8 ff.). Üblicherweise muss somit eine Transformation erfolgen, mit der eine Gesamtbewertung stattfinden kann.

Die Überführung in eine Gesamtbewertung verlangt eine einheitliche Skala, damit die Zielerreichungen in den unterschiedlichen Kriterien zusammengefasst werden können. Dafür ist ein hohes, sprich metrisches Skalenniveau der gemessenen Ausprägungen der Kriterien notwendig. Pseudometrische Skalen reichen fast nie aus.

Das Skalenproblem besteht mehrfach: Einmal muss auf Basis des einzelnen Kriteriums untersucht werden, auf welcher Skala es gemessen werden kann. Im Weiteren muss das Zustandekommen der Gewichtungen untersucht werden und schließlich muss die Zusammenfassung aller Einzelbewertungen zur Zielgröße (z. B. Gesamtpunkte) untersucht werden (vgl. zur weiteren Bewertung z. B. im Rahmen einer Nutzwertanalyse (Hoberg (2021), S. 181 ff.).

Bei jeder Bewertung ist somit die schwierige Aufgabe zu lösen, wie Kriterien mit unterschiedlichen Skalenniveaus gemessen und dann zusammengefasst werden.

Während finanzielle Konsequenzen wie gezeigt über Barwerte, Annuitäten, Endwerte usw. methodisch korrekt saldiert werden können, ist eine Verrechnung nicht/

kaum möglich, wenn nichtmonetäre Faktoren hinzukommen. Im obigen Autobeispiel sind einige mögliche nichtmonetäre Kriterien aufgeführt worden. Imagegewinne, Platzangebot, hoher Fahrkomfort usw. dürfen streng genommen nicht auf einer metrischen Skala verrechnet werden.

Damit lässt sich keine methodisch einwandfreie Lösung erarbeiten. Da aber in der Praxis Entscheidungen gefällt werden müssen, sollten Kompromisse mit möglichst wenig Fehlermöglichkeiten angestrebt werden. Teilweise und mit großem Aufwand können einige nicht finanzielle Kriterien in Geldeinheiten umgerechnet werden. Dies kann in einigen Fällen durch den Ansatz von Opportunitätskosten, der Abfrage von Zahlungsbereitschaften (willingness to pay) oder der Entschädigungsforderungen geschehen (vgl. z. B. Westermann, S. 21 ff.).

So könnten z. B. Fachleute schätzen, wie viel Geld eine Einheit auf einer Skala bei einem nicht finanziellen Kriterium wert ist. So könnte beispielsweise gefragt werden, welchen Betrag dafür bezahlt würde, wenn sich der Wert von 8 auf 9 verbessert. Als Beispiel sei wieder der Autokauf angeführt. Der Betroffene müsste dann sagen, wie viel ihm eine bessere Beschleunigung, ein höherer Fahrkomfort, weniger Abgase usw. wert wäre. Um eine bessere Vorstellbarkeit zu erhalten, könnte man die Frage präzisieren, wie viel dem Betroffenen dies täglich oder monatlich wert wäre. Der Nutzen bzw. die Nutzenunterschiede würden auf diese Weise monetarisiert.

Diese Vorgehensweise kann keine einwandfreie Lösung darstellen, aber man würde erreichen, dass auch die nichtmonetären Aspekte auf der Geldskala gemessen werden. Damit würden viele der oben beschriebenen Fehlermöglichkeiten entfallen. Wenn dies nicht möglich ist, so müssen doch Gewichtungen vorgenommen werden. Im nächsten Abschnitt wird dafür ein Vorschlag unterbreitet, der die Fehleranzahl gegenüber der normalen Vorgehensweise reduziert.

1.11.1 Notwendige Schritte für eine gute Bewertung

Die Bewertung der qualitativen Eigenschaften kann für mehrdimensionale Problemstellungen massive, teils unüberwindliche Probleme aufwerfen. In der Praxis müssen somit Kompromisse gefunden werden, wobei in jedem Einzelfall abgewogen werden muss, ob die methodischen Fehler noch akzeptabel sind oder nicht. Andererseits zeigt die Praxis, dass in einigen Fällen die Entscheidungssituation nicht immer derart komplex ist. So kann es z. B. bei Einkaufsentscheidungen im Unternehmen sein, dass die Anzahl der nicht finanziellen Kriterien überschaubar bleiben. Allgemein sollte die Komplexität von Entscheidungen stufenweise reduziert werden. Es sei die folgende Vorgehensweise vorgeschlagen:

Zunächst bietet es sich an, mit Hilfe einer KO-Liste Anforderungen zu formulieren, die in jedem Fall eingehalten werden müssen. Damit lässt sich die Anzahl der Handlungsmöglichkeiten meistens reduzieren. Wenn z. B. bei einem Fahrzeug eine Reichweite von 700 km notwendig ist oder ein bestimmtes Sicherheitsextra, können alle Fahrzeuge, die dies nicht aufweisen, schon aussortiert werden. In der Industrie kann z. B. der Fall vorliegen, dass eine Anlage nur bestimmte Maximalmaße aufweisen darf, weil ansonsten der Raum im Fabrikgebäude nicht reicht.

Genauso können Maximalbedingungen definiert werden, wozu auch der maximal tolerierbare Ausstoß von CO_2 gehören kann. Einige Firmen geben solche Maximalwerte bereits bei der Beschaffung von Firmenwagen vor. Im Weiteren kann geprüft werden, ob man diese Kriterien ganz oder teilweise zusammenfassen kann, um Überschneidungen zu verringern. Es ergibt sich ein verringertes Set von qualitativen Kriterien.

Im nächsten Schritt sind die physikalischen Werte (also noch nicht die Bewertungspunkte) je Handlungsmöglichkeit und Kriterium zu erheben. Ein Beispiel wäre der Verbrauch pro 100 km. Danach kann eine weitere Reduktion der Kriterien erfolgen. Alle Kriterien, bei denen sich nur minimale Unterschiede in den Handlungsmöglichkeiten zeigen, können im Weiteren vernachlässigt werden.

Sollten noch zahlreiche wichtige Kriterien verbleiben, muss eine Gewichtung der Kriterien untereinander versucht werden. Der übliche Paarvergleich kann noch weiter differenziert werden. Zimmermann/Gutsche (S. 70 ff.) zeigen, wie die Gewichtung im Rahmen das AHP (Analytical Hierarchical Process) über mehrere Hierarchieebenen der Kriterien durchgeführt werden kann. Der Aufwand ist jedoch sehr hoch, wobei am Ende trotzdem kein metrisches Niveau erreicht wird, auch wenn eine bessere Eingrenzung erfolgt.

Nach den Vorarbeiten zur Punktevergabe und zu den Gewichtungen kennt das Unternehmen die finanziellen Kriterien (z. B. Barwertsumme oder Annuitäten) auf der einen Seite und die Bewertungspunkte der qualitativen Kriterien auf der anderen Seite. Diese beiden Aspekte müssen nun saldiert werden, ohne allzu große Fehler zu begehen. Wenn dann bei den qualitativen Kriterien in etwa die gleiche Reihenfolge wie bei den finanziellen Kriterien herauskommt, ist die Analyse abgeschlossen.

Ansonsten muss dann doch eine fehlerträchtige Übersetzung der Punkte in Geldeinheiten vorgenommen werden. Dazu sollten die Spezialisten gefragt werden, was Ihnen die qualitativen Vorteile der finanziell schlechteren Handlungsmöglichkeiten wert wären. Dazu können auch die finanziellen Unterschiede in Monats- oder Jahresraten umgerechnet werden, Dadurch können sich die Entscheider teilweise besser vorstellen, wie hoch der qualitative Unterschied pro Monat sein sollte. Mit dieser Vorgehensweise müssten dann nur die Differenzen bewertet werden.

Wenn eine Übersetzung in Geld nicht direkt möglich ist, müssen die beiden Gruppen über Gewichte zusammengefasst werden.

1.11.2 Total Cost of Ownership plus

Wenn es nicht ausreicht, nur die TCO (Total Cost of Ownership) zu ermitteln, muss die Vorgehensweise wesentlich erweitert werden. Es müssen nicht finanziell messbare Faktoren einbezogen werden. Um die Punkte besser greifbar zu machen, empfiehlt sich jeweils eine Normierung der finanziellen und nicht finanziellen Kriterien auf 100 Punkte. Einfach ist dies bei den finanziellen Kriterien. Die beste Handlungsmöglichkeit wird auf 100 gesetzt und die anderen dann linear abgestuft.

Bei einer Beschaffungsentscheidung möge die günstigste Variante, die aber alle anderen Bedingungen erfüllt, zu einer Barwertsumme von 10 Mio €_0 führen. Dies ergibt 100 Punkte. Wenn eine andere dann 11 Mio € erfordert, so erhält diese 100 * 10 / 11 = 90,9 Punkte im finanziellen Bereich.

Die Zielerreichungen der qualitativen Kriterien sollten im Anschluss auch auf eine Hunderter-Skala umgerechnet werden (oder gleich so erhoben werden). Dann werden sie aufaddiert. Es muss gesagt werden, dass in beiden Schritten Ungenauigkeiten oder sogar Fehler sehr wahrscheinlich sind. Dies muss aber akzeptiert werden, wenn man überhaupt zu einer Lösung gelangen möchte.

In einem weiteren Schritt erfolgt dann die Gewichtung der finanziellen Gruppe von Kriterien und die der qualitativen Gruppe. Beispielsweise erhält die finanzielle Gruppe ein Gewicht von 80%, so dass 20% für die qualitativen Kriterien verbleiben. Im obigen Beispiel bekommt dann die finanziell beste HM 80 Punkte. Dazu addieren sich die maximal 20 Punkte aus der qualitativen Bewertung. Wenn das für jede HM durchgeführt wurde, kann die Rangfolge bestimmt werden.

Dieses erweiterte Konzept der TCO sei TCOplus genannt. Gegenüber der üblicherweise vorgeschlagenen Nutzwertanalyse z. B. nach Zangemeister besteht der Vorteil darin, dass die finanziellen Kriterien nicht in Punkte umgerechnet werden, weil diese Transformation häufig zu Fehlern und Informationsverlusten führt. Es muss jedoch beachtet werden, dass auch mit TCOplus die Gewichtung nicht präzise erfolgen kann. Daher sollte die Gesamtbewertung auch mit variierten Gruppengewichtungen durchgeführt werden. Wenn sich dann die gleichen Rangfolgen bezüglich der Vorteilhaftigkeit ergeben, kann die Bewertung abgeschlossen werden. Andernfalls muss versucht werden, mit weiteren Daten die Pattsituation zu entschärfen.

Die Vorgehensweise sei anhand eines Beispiels gezeigt:

Im Einkaufsbeispiel mit 3 Handlungsmöglichkeiten, welche unterschiedliche Beschaffungsmöglichkeiten darstellen, verteilen sich die finanziellen Wirkungen auf Zahlungen in folgenden Bereichen:
- Anschaffungsauszahlung in t = 0
- Eventueller Restwert am Nutzungsdauerende (im Beispiel 8 Jahre)
- Jährliche Auszahlungen jeweils zum Jahresende
- Jährliche Einzahlungen bzw. Einsparungen, auch auf das Jahresende bezogen.

Die Zahlungen können wieder nur dann verrechnet werden, wenn sie auf den gleichen Zeitpunkt oder bei mehreren gleichmäßigen Zahlungen auf die gleichen Zeitpunkte verteilt sind. Dieser sei in diesem Fall auf den Startzeitpunkt t = 0 bezogen. Damit ist angenommen, dass die Auszahlung für den Kaufpreis ggf. intraperiodisch (vgl. Absatz 1.4.2 Zeitlicher Anfall von Zahlungen (intraperiodisch)abgezinst wurde, wenn z. B. Teile des Kaufpreises erst nach Ablauf von Zahlungszielen bezahlt werden müssen.

	Zinssatz (Wacc) p.a.		10% Planungszeitraum in Jahren		8
	Barwertfaktor nachschüssig		5,335 $€_0/€_{1;8}$		

	Finanzielle Komponenten	Einheit	HM1	HM2	HM3
1	* Kaufpreis Auszahlung	$T€_0$	500	450	520
2	* Restwert Einzahlung	$T€_8$	100	92	160
3	Barwert Restwert	$T€_0$	46,65	42,92	74,64
4	* Steuer/Versich./Wartung	$T€_{0;7}$	5	8	10
5	Barwert Steuer/Vers./Wartung	$T€_0$	29,34	46,95	58,68
6	* Lfd. Kosten zur Jahresmitte	$T€_{0,5;7,5}$	20	24	22
7	Barwert lfd. Kosten	$T€_0$	111,91	134,29	123,10
8	* Sonstige	$T€_{0,5;7,5}$	10	8	5
9	Barwert Sonstige	$T€_0$	55,95	44,76	27,98
10	Barwertsummen 1–3+5+7+9	$T€_0$	650,55	633,08	655,12
11	Annuitäten	$T€_{0,5;7,5}$	116,27	113,14	117,08
12	Punkte (beste = 100)	Punkte 0–100	97,3	100,0	96,6
13	Rang		2	1	3

	Qualitative Kriterien	Gewicht	Einheit	HM1	HM2	HM3
14	* Service	30%	Punkte 0–10	6	6	7
15	Minimalanforderung	5		ok	ok	ok
16	* Image	50%	Punkte 0–10	7	5	9
17	Minimalanforderung	6		ok	Problem	ok
18	* Flexibilität	20%	Punkte 0–10	5	5	8
19	Minimalanforderung	4		ok	ok	ok
20	* Sonstige	0%	Punkte 0–10			
21	Minimalanforderung	0				
22	Qualitative Gesamtpunkte		Punkte 0–10	6,3	5,3	8,2
23	Rang			2	3	1
24	Punkte (beste=100)		Punkte 0–100	76,8	64,6	100,0

	Gesamtbewertung	E inheit	HM1	HM2	HM3
25	Gewichtung finanzielle Kriterien	80,0%			
26	Gewichtete finanzielle Punkte	Punkte 0–100	77,9	80,0	77,3
27	Gewichtete qualitative Punkte	Punkte 0–100	15,4	12,9	20,0
28	Punktesumme	Punkte 0–100	93,2	92,9	97,3
29	Rang		2	3	1

Abb. 1.19: Beispiel TCO plus (eigene Darstellung).

Der Restwert (Zeile 2 der Abb. 1.19), der erst in 8 Jahren zufließt, muss dementsprechend auf t = 0 abgezinst werden, bevor er mit dem Kaufpreis verrechnet werden kann. Die regelmäßigen Zahlungen in den Zeilen 4, 6 und 8 können mit finanzmathematischen Faktoren (vgl. Absatz 1.5 Faktoren für gleichmäßige Zahlungen) auf den Startzeitpunkt abgezinst werden. In dieser Aufgabenstellung sollte der nachschüssige Barwertfaktor verwendet werden, der im Kopf der Tabelle mit 5,335 $€_0$ / $€_{1;8}$ angegeben ist.

$$5,335 \, \text{€}_0 / \text{€}_{18} * 5 \, \text{T€}_{18} = 26,67 \, \text{T€}_0$$

Da Versicherungen, Steuern usw. vorschüssig zu zahlen sind (Einheit T $\text{€}_{0;7}$) muss er zur Ermittlung der Barwertsumme in t = 0 mit einer Jahresverzinsung multipliziert werden, woraus sich dann die korrekte Barwertsumme von 29,64 T €_0 ergibt (Zeile 5).

Laufende Kosten fallen hingegen im Laufe des Jahres an, so dass als Durchschnitt die Jahresmitte gewählt wurde (Zeile 6). Die Einheit beträgt dann: T $\text{€}_{0,5;7.5}$. Somit mussten sie ein halbes Jahr aufgezinst werden, weil sie um diese Zeitspanne früher anfallen. Erst dann können die Barwertfaktoren eingesetzt werden.

In Zeile 10 findet sich dann die Barwertsumme aller durch die Handlungsmöglichkeiten ausgelösten Zahlungen. Um auch bei unterschiedlichen Laufzeiten einen Vergleich durchführen zu können, wird die Barwertsumme mittels Wiedergewinnungsfaktoren auf die Jahre verteilt. Innerhalb des Jahres wurden die Jahresmitten gewählt, um möglichst nahe an die Welt der Periodengrößen (Umsatz, Kosten) heranzukommen. Mit der Berechnung der jährlichen Zahlungen (Annuitäten) ist dann die übliche finanzielle Bewertung abgeschlossen. Es folgt die Analyse der qualitativen Faktoren.

Für die Entscheidung seien die Kriterien Service, Image und Flexibilität wichtig. Innerhalb der qualitativen Kriterien mögen sie mit 30%, 50% und 20% gewichtet werden (Zeilen 14–18). Bei ihrer Auswahl muss darauf geachtet werden, dass sie sich möglichst wenig überschneiden. Bei einem PKW dürften z. B. die Kriterien Beschleunigung, Durchzug und Höchstgeschwindigkeit nicht gewählt werden, weil sie weitgehend durch die Hintergrundvariable „Motorleistung" erklärt werden können. Das Resultat bestünde in einer Mehrfachzählung. Auch wenn das Image durch die anderen Faktoren mit beeinflusst werden kann, sei angenommen, dass eine weitgehende Unabhängigkeit besteht.

Die Punkte seien auf maximal 10 normiert, wobei auch jede andere Skalenausprägung gewählt werden kann, weil in einem weiteren Schritt eine Normierung erfolgt.

Um die Verhältnisse in der Praxis besser abbilden zu können, sind auch Mindestniveaus für die qualitativen Kriterien aufgeführt. Ein unzuverlässiger Lieferant würde somit ausscheiden, wobei es dann noch nötig ist, zu prüfen, ob mehrere Lieferanten eingeschaltet werden können, wenn der unzuverlässige Lieferant sehr günstige Preise bietet.

In Zeile 22 erfolgt die Kalkulation der gewichteten Punkte:

$$30\% * 6 + 50\% * 7 + 20\% * 5 = 6,3 \, \text{Punkte}$$

Es sei nochmals darauf hingewiesen, dass die gewichtete Summe von 6,3 Punkten nur genau aussieht, aber durchaus etwas höher oder niedriger liegen kann. Selbst die Tageszeit der Bewertung kann zu kleinen Änderungen in der Einschätzung (mangelnde Reliabilität) führen. Wenn nur die qualitativen Kriterien zählen, wäre die dritte Handlungsmöglichkeit mit 8,4 Punkten die beste. Generell würde die zweite Handlungsmöglichkeit wohl ausgeschlossen, weil sie im Kriterium „Image" nicht die Mindestpunktzahl erreicht. Das könnte daran liegen, dass der Lieferant z. B. in Russland liegt.

Um zu einer Verrechnung kommen zu können, müssen die Punkte mit denen der finanziellen Bewertung vergleichbar gemacht werden. Die höchste Punktzahl wird wieder auf 100 gesetzt und die anderen dementsprechend abgestuft.

Im Beispiel wird für die finanziellen Kriterien eine Gewichtung von 80% gewählt, so dass die qualitativen dann mit 20% in die Bewertung eingehen. Somit erhält die beste Handlungsmöglichkeit 20 Punkte, wie es auch Zeile 27 ausweist.

Auch die Punkte aufgrund der finanziellen Bewertung werden nun gewichtet berechnet, so dass die finanziell beste Handlungsmöglichkeit 2 80 Punkte (100 * 80%) erhält (Zeile 26). Daraufhin können die finanziellen und qualitativen Punkte zum Gesamtergebnis addiert werden. Handlungsmöglichkeit 3 wäre die beste. Zu Schluss muss noch kontrolliert werden, ob bewertete Handlungsmöglichkeiten bestimmte Mindestkriterien nicht erfüllen, wie es bei Handlungsmöglichkeit 2 der Fall.

In Zeiten der Lieferunsicherheit empfiehlt sich auch die Prüfung, ob die Gesamtmenge auf mehrere Lieferanten verteilt werden kann. Dies funktioniert nicht, wenn es nur um die Beschaffung einer einzigen Anlage geht. Aber in vielen Fällen kann abgewogen werden, ob die bessere Versorgungssicherheit aufgrund mehrerer Lieferanten einen etwas höheren Preis rechtfertigt.

Es war wiederholt darauf hingewiesen worden, dass eine methodisch einwandfreie Bewertung nicht möglich ist, weil das Skalenniveau für die Messung der qualitativen Faktoren nicht metrisch ist. Somit besteht eine nicht unerhebliche Fehlerbandbreite. Diese lässt sich mit einer Sensitivitätsanalyse reduzieren. Im konkreten Fall würde gefragt, ob das erarbeitete Ergebnis, dass Handlungsmöglichkeit 3 die beste ist, stabil bleibt, auch wenn einige Daten der besten Handlungsmöglichkeit verschlechtert werden. Im Beispiel überzeugte die Handlungsmöglichkeit 3 insb. durch das gute Abschneiden in den qualitativen Kriterien. Somit bietet es sich an, ihre Gewichtung von 20% soweit zu reduzieren, bis sich die Vorteilhaftigkeitsreihenfolge ändert.

Mit den Beispielsdaten würde selbst eine sehr niedrige Gewichtung von 9% nicht zu Änderungen in der Vorteilhaftigkeitsreihenfolge führen. Erst bei 8,6% würde die problematische Handlungsmöglichkeit 2 (wegen KO-Kriterium) besser und ab 2,8% Handlungsmöglichkeit 1. Somit kann für den vorliegenden Datenset geschlossen werden, dass eine wohl eine hinreichende Sicherheitsmarge vorliegt.

In einem weiteren Schritt der Sensitivitätsanalyse können die Punktbewertungen variiert werden, indem die Gewichtungen und die Punkte geändert werden. Wenn auch dann die Lösung stabil bleibt, kann auf Basis der vorhandenen Daten davon ausgegangen werden, dass die Handlungsmöglichkeit 3 die beste ist.

Erweiterung zur Nutzwertanalyse plus

Mit der oben vorgestellten Methode TCOplus gelingt häufig eine umfassende Analyse von Beschaffungsinvestitionen und Einkäufen auf der Basis von finanziellen und qualitativen Kriterien. Es handelte sich hauptsächlich um einen Vergleich von negativen

Konsequenzen, insb. von Auszahlungen. Es wurden allerdings auch Einsparungen als positive Konsequenzen berücksichtigt.

Noch komplexer kann die Bewertungssituation werden, wenn auch Einzahlungen aus Vermarktungsprozessen berücksichtigt werden müssen. Die Grundstruktur der Bewertung bleibt gleich wie bei TCOplus: Zunächst werden die finanziellen Kriterien bewertet und dann die qualitativen.

Dabei taucht eine zusätzliche Problematik auf, weil die Erfassung der Einzahlungen aus dem Markt nicht trivial ist, da eine Vielzahl von Rabatten und Unterstützungszahlen beachtet werden müssen. Ausgangspunkt für die Ableitung von Einzahlungen sind die Nettoumsätze als Periodengröße bzw. Nettopreis als Stückgröße.

Der Begriff Nettoumsatz bedeutet, dass wirklich alle Rabatte und die Umsatzsteuer vom Listenpreis abgezogen werden müssen (vgl. Varnholt/Hoberg/Gerhards, Wilms/Lebefromm; S. 133 ff.).

Dabei gibt es gerade im Geschäft über den Handel sehr viele weitere Abzugsmöglichkeiten, die sich in sehr unterschiedlichen Positionen in der G + V verstecken können. (vgl. z. B. Hoberg (2014), S. 1 ff.). Es seien die 3 Gruppen von Rabatten aufgeführt:

- Rabattgruppe 1: Hier finden sich Abzüge, die der Verkäufer bereits in seiner Rechnung vornimmt, z. B. für Mengen oder Sortimentszusagen. Ergebnis ist der fakturierte Rechnungsrabatt.
- Rabattgruppe 2: Diese werden vom fakturierten Rechnungsbetrag abgezogen. Dies können Boni, Aktionsvergütungen, Skonti usw. sein.
- Rabattgruppe 3: Hierbei handelt es sich um Nachlässe, die nachträglich gewährt werden, z. B. für erreichte Umsatzziele, für Neueröffnungen im Handel, für Jubiläumsrabatte usw. Der Handel ist bezüglich dieser Forderungen sehr erfindungsreich.

Zusätzlich müssen die Finanzierungskosten der Transaktion abgezogen werden. Wenn die Rechnung erst nach der Lieferung eintrifft, muss sie um die entsprechende Anzahl Monate abgezinst werden. Als konkretes Beispiel sei ein Nettoumsatz von 1 Mio € betrachtet. Aufgrund der Zahlungsziele möge er erst nach 3 Monaten zu einer Einzahlung werden. Somit muss der Betrag im internen Rechnungswesen auch um 3 Monate abgezinst werden. Da im Jahresdurchschnitt die Lieferungen in den meisten Branchen ungefähr zur Jahresmitte stattfinden (vgl. z. B. Hoberg (2004), S. 271 ff.), kommt die Zahlung dann 3 Monate nach der Mitte, also nach Monat 9. Durch die Abzinsung wird sie wieder auf die Jahresmitte herabgezinst. Damit lautet die Einheit $€_6$, weil die Zahlung auf das Ende des 6. Monats bezogen wurde (vgl. zur genaueren Darstellung der Einheiten für Werte und Mengen Hoberg (2018), S. 468 ff.). Im Beispiel würde der Wert zum Vergleichszeitpunkt wie folgt anfallen, wenn ein effektiver Jahreszinssatz von 10% unterstellt wird:

$$1\,\text{Mio€}_9 / \left(1{,}1^{(3/12)}\,€_9/€_6\right) = 0{,}976\,\text{Mio€}_6.$$

Durch die Herausarbeitung des zeitlichen Anfalls der Nettoumsätze ist die Basis gelegt, um sie für die Zwecke der Investitionsrechnung in Cashflows für die Investitionsrechnung zu transformieren, bei welcher die Zahlungen (meist implizit) auf das Jahresende bezogen sind. Im Beispiel würde dann eine halbjährige Aufzinsung auf das Jahresende stattfinden:

$$0,976\,\text{Mio€}_6 * \left(1,1^{(6/12)}\text{€}_{12}/\text{€}_6\right) = 1,024\,\text{Mio€}_{12}.$$

Alternativ könnte die ursprüngliche Zahlung mit ihrem Anfall nach 9 Monaten um 3 Monate auf das Jahresende aufgezinst werden, was zum gleichen Ergebnis führen würden

Mit der auf das Ende des 12. Monats bezogenen Zahlung kann nun die finanzielle Bewertung der Handlungsmöglichkeit ergänzt werden. In Abb. 17 könnte diese Zahlung in den ersten Zeilen eingefügt werden. Ggf. empfiehlt es sich auch, mehrere Zeilen einzufügen, um unterschiedliche Zahlungen abbilden zu können. Auch kann überlegt werden, ob ein Vollständiger Finanzplan aufgestellt werden soll, um für jede Handlungsmöglichkeit z. B. den Endwert zu ermitteln.

In einem weiteren Schritt würden dann die qualitativen Faktoren berücksichtigt, was genauso geschehen kann wie im obigen Konzept der Total Cost of Ownership plus. Es können wieder Knock-out Kriterien definiert werden, bei denen eine Mindestpunktzahl erreicht werden muss. Ansonsten sollten sie oben vorgestellten Sensitivitätsanalyse durchgeführt werden.

Insgesamt gelingt es mit TCOplus und Nutzwertanalyse plus, auch die qualitativen Komponenten in die Bewertung einfließen zu lassen, und das mit einem Minimum an Ungenauigkeiten.

1.12 Berücksichtigung der Inflation in der Investitionsrechnung

Spätestens mit dem Anspringen der Inflation ab Ende 2021 muss das Problem der Inflation in fast allen Lebensbereichen berücksichtigt werden. Es drohen schwere Schäden, wenn Privatpersonen und Unternehmen sich nicht anpassen.

Getroffen werden Arbeitnehmer und auch Sparer. Die Arbeitnehmer leiden insb. unter der kalten Progression. Dies bedeutet, dass sie zwar Lohnerhöhungen erhalten, diese aber durch die progressiven Steuersätze überproportional belastet werden, so dass die entscheidenden Nettogehälter viel geringer steigen. Der Lebensstandard schrumpft beträchtlich (vgl. zu den Details Hoberg (2022), S. 402 ff.). Um die Kaufkraft zu halten, müssten die Gewerkschaften 2-stellige Lohn- und Gehaltserhöhungen durchsetzen. Um nicht die Lohn-Preis-Spirale in Gang zu setzen, versuchen die Arbeitgeber die Unwissenheit der Mitarbeiter hinsichtlich der Inflation auszunutzen und verlangen, dass die Erhöhungen deutlich unter der Inflationsrate bleiben.

Auch die Sparer leiden unter der Inflation. Die Zeit der unsäglichen Negativzinssätze ist zwar vorbei, aber die Verzinsung erreicht bei sicheren Zinspapieren kaum die 3% p. a. Marke. Wenn dann eine Inflation von 7% p. a, herrscht, wird das Sparvermögen um ca. 4% pro Jahr entwertet (vgl. hierzu Hoberg (2022), S. 402 ff.). Da die Inflationsraten nicht so schnell sinken werden, wiederholt sich die Entwertung der Sparvermögen jährlich. Da auch die Immobilien kaum noch interessante Renditen bieten, werden die Sparer in Aktien gedrängt, welche durchschnittlich höhere Nominalrenditen versprechen. Damit gehen gerade unerfahrene Sparer große Risiken ein. Auf der Plusseite ist zu vermelden, dass die Unternehmen meistens in der Lage sind, ihre Preise zu erhöhen und damit einen gewissen Inflationsschutz bieten.

Investitionsrechnungen im inflatorischen Umfeld stellen erhöhte Ansprüche an die Bewertungsmethodik. Denn schon geringe zeitliche Abweichungen z. B. beim Eintreffen von Einzahlungen können die Vorteilhaftigkeit einer Handlungsmöglichkeit kippen lassen. Wenn dann auch noch die Gefahr droht, dass Ertragssteuern Scheingewinne besteuern, wird die Situation noch schwieriger.

Als die besten Verfahren haben sich die Vollständigen Finanzpläne herauskristallisiert (vgl. Abschnitt 1.6.3 Vollständige Finanzpläne), mit denen sich auch die Folgen der Inflation gut darstellen lassen.

Damit die Verfahren gute Ergebnisse liefern können, muss die Voraussetzung erfüllt sein, dass die Zahlungsströme korrekt bestimmt wurden (vgl. Brealey/Myers/Allen, S. 133 ff.). Dafür besonders geeignet ist die erweiterte Differenzmethode (vgl. Hoberg (2015), S. 132 ff.). Mit ihr werden Zahlungen und Änderungen von Zahlungen abgeleitet, die im Vergleich zur Situation ohne die Handlungsmöglichkeit ausgelöst würden.

Schwierig wird es, wenn die Effekte von Ertragssteuern und Inflation berücksichtigt werden sollen.

Im Falle von Inflation müssen auch die Ertragssteuern berücksichtigt werden, weil diese im inflationären Umfeld nicht selten zu Scheinbesteuerungen führen. Wenn dieser Fall eintritt, muss das Unternehmen Steuern zahlen, obwohl es in der Periode – in Kaufkraft gerechnet – Verluste gemacht hat. Es wird somit Substanz wegbesteuert.

Der Controller sollte somit in der Lage sein, Investitionsrechnungen auch bei hohen Inflationsraten richtig durchzuführen. Insbes. Bei hohen Inflationsraten wird die intraperiodische Verzinsung (Abschnitt 1.4.2 Zeitlicher Anfall von Zahlungen (intraperiodisch)) nochmals wichtiger.

Inflation übt einen Einfluss auf fast alle Preise aus. Dies gilt auch für den Preis des Investitionskapitals, der in der Verzinsung besteht. Die folgende Abbildung 1.20 zeigt die Zusammensetzung des Zinssatzes mit Beispieldaten:

In Zeiten mit geringer Inflation ist meistens der Risikoaufschlag der wichtigste Bestandteil. Aber bei höherer Inflation wie im Beispiel treibt dann die Preissteigerung die Höhe des Zinssatzes.

Da die Zinssätze bei hoher Inflation sehr wichtig werden, ist ein exaktes Erfassen des zeitlichen Anfalls aller Zahlungen noch wichtiger als im Normalfall mit geringer Inflation. Denn wenn der Zahlungseingang nur wenige Wochen später als geplant erfolgt,

8,00%	Gesamtzinssatz
0,50%	Gewinn und Verwaltung
1,00%	Aufschlag für das Risiko in Abhängigkeit der Kreditwürdigkeit des Unternehmens (-> Ratingnote)
5,00%	Inflationsrate
1,50%	Realzinssatz = Verzinsungsanspruch des Kreditgebers in gleicher Kaufkraft ohne Risiko

Nominalzinssatz 6,5% für die Geldbeschaffung

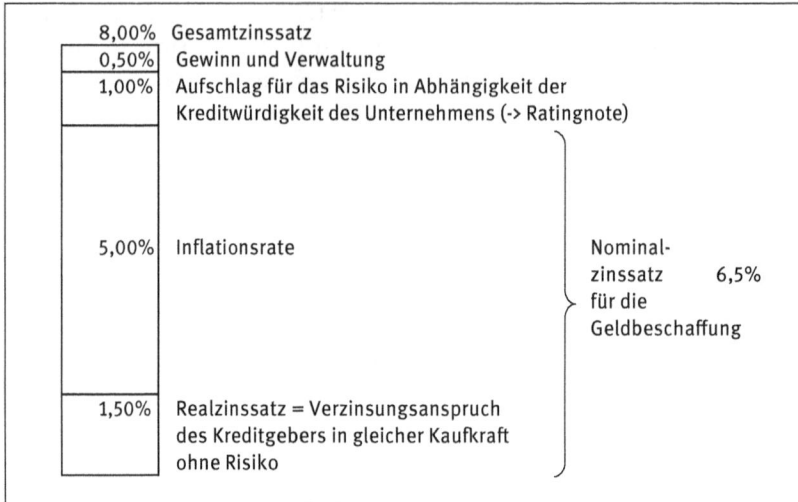

Abb. 1.20: Bestandteile des Zinssatzes (eigene Darstellung).

wird der Wert einer Zahlung durch die Inflation wesentlich gemindert. Als Beispiel sei eine monatliche Inflationsrate von 2% (jährlich somit $1{,}02^{12}$-1 = 26,8%) gewählt. Dazu muss die Realverzinsung des Kreditgebers addiert werden sowie die Kosten für Verwaltung und Marge, was mit 0,5%-Punkten monatlich angenommen wird. Damit erhält man für das Beispiel einen effektiven Monatszinssatz von 2,5%.

Bei so hohen Monatszinssätzen können Zahlungsverzögerungen zu ernsten Problemen führen. Als Beispiel sei angenommen, dass eine Zahlung von 1000 T € drei Monate später als vereinbart eintrifft. Das Unternehmen muss dann diesen Betrag 3 Monate länger finanzieren. Wenn das Unternehmen das Geld benötigt, so muss es einen zusätzlichen Kredit aufnehmen. Damit betrüge der abgezinste Wert zum Zeitpunkt der Lieferung nur noch 1000 T €/$1{,}025^3$ = 928,60 T €. Der Verlust von 7,14% ist viel mehr als die meisten Unternehmen an Umsatzrendite aufweisen können. Das pünktliche Eintreffen der Einzahlungen kann somit zu einer Überlebensfrage werden.

Im Beispiel war nur ein Zinssatz von 2,5% pro Monat angenommen werden. Unternehmen, welche mit der Türkei arbeiten, müssen Mitte 2022 schon nach den offiziellen Zahlen mit ca. 6% pro Monat rechnen. Wer sich dann in türkischen Lire bezahlen lässt, sitzt auf einer Zeitbombe, zumal viele türkische Unternehmen durch die Regierungspolitik in Probleme kommen und teilweise selbst bei entsprechenden Guthaben nicht zahlen dürfen. Die Lösung liegt in einer Indexierung, so dass in Höhe der unterschiedlichen Inflationsrate mehr bezahlt werden muss. Die beste Lösung besteht natürlich darin, alle Verkäufe in Euro abzuwickeln.

Umgekehrt kann sich ein deutsches Unternehmen für seine Importe Rechnung in Türkischen Lire schicken lassen.

Der Controller muss also schon bei den ersten Zeichen von Inflation sehr sorgfältig arbeiten, weil im inflationären Umfeld die übliche Erfolgsmessung über das Ebit noch irreführendere Ergebnisse liefert als in einem stabilen Umfeld (vgl. zu den Problemen der Erfolgsmessung über das Ebit z. B. Hoberg (2016), S. 1029 ff.).

Im ersten Schritt wird der erfahrende Controller die Erfassungszeiträume für wichtige finanzielle Größen wesentlich verkürzen und nicht mehr in Jahresabständen kalkulieren. Um die Anforderungen an die Datenerfassung gering zu halten, bieten sich monatliche Kalkulationen an. Das würde aber z. B. für Venezuela nicht ausreichen (aber dort will zurzeit sowieso niemand investieren). Die vorgeschlagene monatliche Vorgehensweise gilt somit nicht für Hyperinflationsländer, zu denen auch die Türkei immer mehr gehört. Dafür müsste die Erfassung dann auf Wochen oder sogar Tage heruntergebrochen werden, was durchaus möglich ist, aber auch sehr viel Arbeit erfordert.

Da die Zuordnung der Betriebseinnahmen zu einem Kalenderjahr mit den entsprechenden steuerlichen Konsequenzen gesetzlich festgelegt ist, sollte mit der Abschätzung der Betriebseinnahmen der jeweiligen Monate begonnen werden. Sie fallen dann an, wenn der Gefahrenübergang zum Kunden stattgefunden hat (Realisationsprinzip) bzw. beim Übergang der Kontrolle auf den Kunden. Abgeleitet werden die finanziellen Größen – wie oben beschrieben – mit der erweiterten Differenzmethode.

Es folgt die Aufgabe, aus den Betriebseinnahmen die Einzahlungen abzuleiten. Dazu sind zwei Bearbeitungsschritte notwendig:
- Berücksichtigung der Zahlungsziele
- Umrechnung auf die Monatsenden

Schritt 2 unterscheidet sich wegen der Inflation von der üblichen Vorgehensweise, bei welcher die Zahlungen auf das jeweilige Jahresende bezogen werden (vgl. zu dieser intraperiodischen Aufzinsung Abschnitt 1.4.2 Zeitlicher Anfall von Zahlungen (intraperiodisch)).

Es sei realistischerweise angenommen, dass die Umsätze und Betriebseinnahmen im Durchschnitt zur Monatsmitte realisiert werden. Eine Betriebseinnahme von 100 T € im Februar möge dann Mitte Februar entstanden sein. Von diesem Zeitpunkt an läuft das Zahlungsziel. Alternative Annahmen zum durchschnittlichen Anfall der Zahlungen im Monat sind selbstverständlich auch möglich.

Wenn für das Zahlungsziel 2 Monate angenommen werden (und diese auch eingehalten werden), so wird der durchschnittliche Geldeingang Mitte April zu erwarten sein, also insgesamt nach 3,5 Monaten im Jahr. Da die Zahlungen immer auf das Monatsende bezogen sind, muss somit 1,5 Monate abgezinst werden. Dies ergibt dann einen Wert von 100 T $€_{3,5}$ / $(1,025^{1,5}$ $€_{3,5}$ / $€_2) = 96,36$ T $€_2$, also per Ende Februar.

Wenn die Annahme des durchschnittlichen Anfalls der Betriebseinnahmen zur Monatsmitte nicht zutrifft, kann entweder noch eine Zeile mit dem erwarteten Tag im Monat eingeführt werden oder es kann – als Shortcut – die Anzahl der Abzinsungsmonate variiert werden.

Ähnlich erfolgt die Umrechnung der Betriebsausgaben in Auszahlungen. Auch in diesem Fall sei davon ausgegangen, dass sie durchschnittlich zur Monatsmitte anfallen, nämlich parallel zu den Betriebseinnahmen (Matching Principle). Die dazugehörigen Auszahlungen allerdings werden in der Regel vorher getätigt, so dass eine Aufzinsung erfolgen muss vom Zeitpunkt der Auszahlungen bis zum jeweiligen Monatsende.

Wenn alle primären Zahlungen so umgerechnet werden, stehen die Daten (abgeleitete Zahlungen) für die Investitionsrechnung am jeweiligen Monatsende zur Verfügung. Es ist dann aus Investitionssicht nicht mehr wichtig, wann die ursprünglichen primären Zahlungen anfallen.

Die übliche Vorgehensweise zur Erfassung des zu zahlenden Steuerbetrages besteht in der Annahme, dass die Auszahlung zum Jahresende geleistet werden muss. Dies führt bereits im Fall ohne Inflation zu Ungenauigkeiten (vgl. hierzu und zu einfachen Lösungsmöglichkeiten Hoberg (2013), S. 76 ff.), weil in der Realität im deutschen Steuerrecht bereits ab dem 15.2. eines Jahres Steuervorauszahlungen für die Gewerbesteuer auf das hochgerechnete zu versteuernde Einkommen zu leisten sind. Da annahmegemäß im Monatsrhythmus kalkuliert wird, wird die erste Steuerauszahlung bereits am 31.1. erfasst. Bei sehr hohen Zinssätzen sollte eine 15-tägige Abzinsung erfolgen. Für Ende Februar ist die erste Abschlagszahlung für die Körperschaftsteuer eingeplant, welche am 10.3. erfolgt sein muss. Auch hier kann abgezinst werden, diesmal um 10 Tage, wenn die Zinssätze sehr hoch sind.

Diese Steuerzahlungen wiederholen sich quartalsweise.

Die zusammenfassende Bewertung all der angesprochenen Modifikationen sollte mit einem Vollständigen Finanzplan (VoFi) erfolgen (vgl. Abschnitt 1.6.3   Vollständige Finanzpläne). In ihm können alle Daten (Zahlungen, Zins- und Steuersätze) adäquat verarbeitet werden.

Die Vorgehensweise für die Aufstellung des VoFis sei am Beispiel einer Investition verdeutlicht.[61] Zur leichteren Nachvollziehbarkeit werden einige Vereinfachungen durchgeführt:
–   Die Mengen bleiben in jedem Monat gleich, damit der Planer sich auf den Preiseffekt konzentrieren kann.
–   Die Finanzierung läuft ausschließlich über Fremdkapital zu einem Monatszinssatz von 2,5%.
–   Die Nutzungsdauer werde mit 2 Jahren geschätzt.
–   Die AfA-Dauer möge 5 Jahre betragen.
–   Die gewerbesteuerliche und die körperschaftsteuerliche Bemessungsgrundlage seien gleich.
–   Der Multisteuersatz beträgt genau 30%. Zu jedem Termin der Abschlagszahlung muss ein Achtel bezahlt werden.

---

61 Das Beispiel ist angelehnt an die Ausführungen bei Hoberg: Investitionsrechnung bei Inflation und Steuern, S. 1 ff.

Alle Vereinfachungen könnten leicht durch differenziertere Annahmen ersetzt werden, was aber die Verständlichkeit reduzieren würde.

Wenn eine Vorteilhaftigkeitskalkulation unter Berücksichtigung von Steuern durchgeführt werden sollen, muss zu jedem Zeitpunkt (in diesem Fall an jedem Monatsende) eine doppelte Kalkulation erfolgen, einmal für die Ermittlung der Steuern und dann darauf aufbauend die Berechnung der Cashflows.

Gestartet werden muss mit der Steuerrechnung. Die Steuern von 30% werden in gleichen Teilen auf die 8 Steuerzahlungszeitpunkte verteilt.

Im Weiteren wird unterstellt, dass das Unternehmen seine Preise jedes Quartal um 5% erhöhen kann (Zeile 4). Die Betriebsausgaben mögen auf Jahresverträgen beruhen, so dass sie nur einmal jährlich steigen.

Die auf den Kreditstand zu zahlenden Monatszinsen (Zeile 17) berechnen sich auf Basis des Kreditstandes am Ende des Vormonats (Zeile 19).

In Zeile 5 werden die Betriebseinnahmen als Produkt von Preis und Menge ermittelt. Dabei ist es wichtig zu wissen, dass es sich bei den Preisen um Nettopreise handelt. In ihnen müssen wirklich alle Rabatte abgezogen sein (vgl. zu ihrer Ermittlung z. B. Hoberg (2011), S. 808 ff.; im Englischen wird dies auch als Price Waterfall bezeichnet, vgl. z. B. Vohra/Krishnamurthi, S. 74 ff.). Genauso müssen bei den Betriebsausgaben alle Beschaffungskosten addiert sein, aber auch alle erhaltenen Rabatte abgezogen sein.

Die Nettopreise in Zeile 3 können dann mit den Mengen in Zeile 2 multipliziert werden, die in Tausend Mengeneinheiten (TME) angegeben sind.

Im nächsten Schritt ist die steuerliche Bemessungsgrundlage (BG) in Zeile 9 zu berechnen. Von der Differenz aus Betriebseinnahmen (BE in Zeile 5) und Betriebsausgaben (BA in Zeile 6)) sind die steuerlichen Abschreibungen (Zeile 7) und die Fremdkapitalzinsen (Zeile 17) abzuziehen. Dies muss auf Jahresebene passieren, weil die Steuern immer für ein Kalenderjahr erhoben werden. Daher sind für die Steuerrechnung die Monatsdaten ohne Verzinsung aufzusummieren, was in der letzten Spalte passiert. Im ersten Jahr beträgt die Bemessungsgrundlage 436,88 T €. Bei 30% Steuersatz beträgt dann die Steuerschuld 131,06 T €. Diese wird dann auf die 8 Steuerzahlungszeitpunkte verteilt. Für diese Verteilung ist ein Iterationsverfahren notwendig, weil zirkuläre Beziehungen vorliegen. Denn die Höhe der Steuerzahlungen innerhalb des Jahres ändert die Kreditstände, welche wiederum die Zinsen beeinflussen, welche letztendlich in die Bemessungsgrundlage eingehen.

Die Steuerermittlung ist abgeschlossen, wenn die jeweiligen Steuerzahlungen berechnet wurden. Damit ergibt sich das Bild gemäß Abb. 1.21:

Nach der Ableitung der Steuerzahlungen in Zeile 10 ist die Schnittstelle zwischen Steuerrechnung und Cashflow-Rechnung erreicht, weil die Steuerzahlungen nun mit den anderen Zahlungen saldiert werden können.

Dazu müssen auch die weiteren Ein- und Auszahlungen abgeleitet werden. Wie oben beschrieben sorgen lange Zahlungsziele für eine Wertminderung der Einzahlungen zum Lieferzeitpunkt. Im ersten Monat erwartet der Planer zur Mitte 100 T € an Betriebseinnahmen (BE) gemäß Zeile 5. Bezahlt werden sie aber erst einen Monat später

AfA-Dauer steuerlich: 5 Jahre
FK Zinssatz vor Steuern: 2,5% monatlich effektiv
Ertragssteuersatz: 30%

Wertangaben in T€	0	Monate in Monatsenden bzw. Monate in Jahr 1												Gesamtjahr
		1	2	3	4	5	6	7	8	9	10	11	12	
1 Investition	-1000													
2 Menge in TME		10	10	10	10	10	10	10	·10	10	10	10	10	120,00
3 Nettopreis in €/ME		10,00	10,00	10,50	10,50	10,50	11,03	11,03	11,03	11,58	11,58	11,58	12,16	
4 Preisänderung am Anfang				5,0%			5,0%			5,0%			5,0%	5,0%
5 Lfd BE in T€		100,00	100,00	105,00	105,00	105,00	110,25	110,25	110,25	115,76	115,76	115,76	121,55	1314,59
6 Lfd BA in T€		-30,00	-30,00	-30,00	-30,00	-30,00	-30,00	-30,00	-45,00	-45,00	-45,00	-45,00	-45,00	-435,00
7 AfA in T€		-16,67	-16,67	-16,67	-16,67	-16,67	-16,67	-16,67	-16,67	-16,67	-16,67	-16,67	-16,67	-200,00
8 Abschreibung Restbuchwert														
9 BG in T€		28,33	28,97	34,56	35,76	36,55	42,61	43,98	29,97	36,10	37,28	38,07	44,68	436,88
10 Steuerzahlung in T€		-16,38	-16,38	-16,38	-16,38	-16,38	-16,38	-16,38	-16,38	-16,38	-16,38	-16,38	-16,38	-131,06
11 Cash Nachlauf BE Monate		1	2	1	1,5	1,5	1,5	1,5	1,5	1,5	1,5	1,5	1,5	
12 Cash Nachlauf BA Monate		-2	-2	-2	-2	-2	-2	-2	-2	-2	-2	-2	-2	
13 Lfd. Einzahlungen am ME		98,77	96,36	103,71	102,44	102,44	107,56	107,56	107,56	112,94	112,94	112,94	118,59	1283,81
14 Lfd. Auszahlungen am ME		-31,91	-31,91	-31,91	-31,91	-31,91	-31,91	-31,91	-47,87	-47,87	-47,87	-47,87	-47,87	-462,70
15 Lfd Überschüsse am ME		66,86	64,45	71,80	70,53	70,53	75,65	75,65	59,70	65,07	65,07	65,07	70,72	821,11
16 Projekt CF at	-1000	50,48	48,07	71,80	54,15	54,15	75,65	59,27	43,31	65,07	48,69	48,69	70,72	690,05
17 Zinsen in T€		-25,00	-24,36	-23,77	-22,57	-21,78	-20,97	-19,60	-18,61	-17,99	-16,82	-16,02	-15,20	-242,71
18 Überschuss at in T€		25,48	23,71	48,03	31,58	32,37	54,68	39,66	24,70	47,08	31,87	32,67	55,52	
19 Kreditstand in T€	-1000	-974,5	-950,8	-902,8	-871,2	-838,8	-784,2	-744,5	-719,8	-672,7	-640,8	-608,2	-552,7	

Abb. 1.21: Vorteilhaftigkeit in Jahr 1 bei Inflation.

(siehe Zeile 11), was dann Mitte Februar wäre. Da die Zahlungen aber auf die jeweiligen Monatsenden bezogen werden, beträgt die auf Ende Januar bezogene Einzahlung aufgrund einer halbmonatigen Abzinsung 100 T €/$1,025^{0,5}$ = 98,77 T €. Ggf. kann die Rechnung noch verfeinert werden, indem ein Zinssatz nach Steuern verwendet wird.

Ähnlich werden die Betriebsausgaben von -30 T €, die auch per Monatsmitte anfallen, in Auszahlungen umgerechnet. Für sie wird angenommen, dass sie jeweils 2 Monate vor Anfall der Betriebsausgabe (zur Monatsmitte) bezahlt werden müssen (Zeile 12). Da sie vorher anfallen ist das Vorzeichen in Zeile 12 negativ: -2: Das wäre dann Mitte November. Da auch sie auf das Monatsende Januar bezogen werden müssen, werden sie 2,5 Monate aufgezinst werden, was dann -30 T € * $1,025^{2,5}$ = -31,91 T € ergibt. Nun sind die Zahlungen auf den gleichen Zeitpunkt am Monatsende bezogen, so dass sie in Zeile 15 saldiert werden können.

Im nächsten Schritt erfolgt der Abzug der Steuerzahlungen von 16,38 T € (Zeile 10 in Abb. 1.21), so dass der Projekt-Cashflow nach Steuern (at) 50,48 T € beträgt (Zeile 16). Als letztes werden die Zinsen abgezogen, deren steuerreduzierende Wirkung (Tax Shield) bereits in der Bemessungsgrundlage berücksichtigt wurde. Es ergibt sich für den ersten Monat in Zeile 18 ein Überschuss nach Steuern von 25,48 T €, der zur Reduktion des Kreditstandes von 1000 T € auf 974,5 T € (Zeile 19) genutzt wird.

Der neue Kreditstand am Ende des ersten Monats ist wiederum der Ausgangspunkt für die Berechnung der Zinsen, die dann am Ende des zweiten Monats gezahlt werden müssen. Die weitere Vorgehensweise wiederholt sich, so dass zunächst eine Steuerkalkulation und dann eine Cashflow-Kalkulation durchgeführt wird. Im dritten Monat ist der Überschuss mit 48,03 T € besonders hoch, weil in diesem Monat keine Abschlagszahlungen für die Steuer geleistet werden müssen. Am Ende des ersten Jahres ist der Schuldenstand auf 552,7 T € gesunken.

Mit diesem Betrag startet das zweite Jahr. Die generelle zweistufige Vorgehensweise ist die gleiche. Allerdings muss zum Ende der zweijährigen Nutzungsdauer geplant werden, wie die Investition beendet werden soll.

Denn am Ende der geplanten Laufzeit muss die gesamte Anlage abgeschrieben sein. Deswegen weist sie am Laufzeitende einen Wert von Null auf, wenn sie nicht mehr eingesetzt werden kann. Insofern müssen auch die Abschreibungen nachgeholt werden, die noch nicht im Laufe der zwei vorhergehenden Jahre durchgeführt wurden. Im Beispiel wurde im ersten und zweiten Jahr je 200 T € abgeschrieben. Somit muss bei Beendigung nach 2 Jahren noch eine Sonderabschreibung von 600 T € vorgenommen werden. Diese findet sich in Zeile 8 in der folgenden Abbildung 1.22:

Die Vorteilhaftigkeit von Handlungsmöglichkeiten kann von der adäquaten Berücksichtigung der Restwerte abhängen, die positiv oder negativ sein können. Im Beispiel ist angenommen, dass am Ende der 2-jährigen Lebensdauer noch ein positiver Saldo aus Restverkaufserlösen und Beendigungskosten von 100 T € zu erreichen ist. Er ist im Modell voll zu versteuern, weil die Summe der Abschreibungen in den Zeilen 7 und 8 genau 100% des Aktivierungsbetrages ausmacht.

	AfA-Dauer steuerlich:	5 Jahre
	FK Zinssatz vor Steuern:	2,5% monatlich effektiv
	Ertragssteuersatz:	30%

Monatsendenbzw. Monate in Jahr 2

Wertangaben in T€	0	1	2	3	4	5	6	7	8	9	10	11	12	Gesamtjahr
1 Investition													100	
2 Menge in TME		10	10	10	10	10	10	10	10	10	10	10	10	120,00
3 Nettopreis in €/ME		12,16	12,16	12,76	12,76	12,76	13,40	13,40	13,40	14,07	14,07	14,07	14,77	
4 Preisänderung am Anfang				5,0%			5,0%			5,0%			5,0%	
5 Lfd BE in T€		121,55	121,55	127,63	127,63	127,63	134,01	134,01	134,01	140,71	140,71	140,71	147,75	1597,89
6 Lfd BA in T€		-45	-45	-45	-45	-45	-45	-45	-65	-65	-65	-65	-65	-640,00
7 AfA in T€		-16,67	-16,67	-16,67	-16,67	-16,67	-16,67	-16,67	-16,67	-16,67	-16,67	-16,67	-16,7	-200,00
8 Abschreibung Restbuchwert													-600,0	
9 BG in T€		46,07	47,35	54,66	56,34	57,83	65,75	67,65	49,43	57,42	59,08	60,61	-430,8	191,39
10 Steuerzahlung in T€		-7,18	-7,18	-7,18	-7,18	-7,18	-7,18	-7,18	-7,18	-7,18	-7,18	-7,18	-7,18	-57,42
11 Cash Nachlauf BE Monate		1	2	1	1,5	1,5	1,5	1,5	1,5	1,5	1,5	1,5	1,5	
12 Cash Nachlauf BA Monate		-2	-2	-2	-2	-2	-2	-2	-2	-2	-2	-2	-2	
13 Lfd. Einzahlungen am ME		120,06	117,13	126,06	124,52	124,52	130,74	130,74	130,74	137,28	137,28	137,28	144,14	1560,48
14 Lfd. Auszahlungen am ME		-47,87	-47,87	-47,87	-47,87	-47,87	-47,87	-47,87	-69,14	-69,14	-69,14	-69,14	-69,14	-680,75
15 Lfd Überschüsse am ME		72,19	69,27	78,20	76,65	76,65	82,88	82,88	61,60	68,14	68,14	68,14	75,00	879,73
16 Projekt CF at		65,02	62,09	78,20	69,47	69,47	82,88	75,70	54,42	68,14	60,96	60,96	175,00	922,31
17 Zinsen in T€		-13,82	-12,54	-11,30	-9,63	-8,13	-6,60	-4,69	-2,91	-1,63	0,04	1,56	3,13	-66,50
18 Überschuss at in T€		51,20	49,55	66,90	59,85	61,34	76,28	71,01	51,51	66,51	61,00	62,52	178,13	
19 Kreditstand in T€	-552,7	-501,5	-451,9	-385,0	-325,2	-263,8	-187,5	-116,5	-65,0	1,5	62,5	125,0	303,2	

Abb. 1.22: Vorteilhaftigkeit in Jahr 2 bei Inflation.

Schritt 1 ist wiederum die Ermittlung der Steuerlast auf Basis des gesamten zweiten Kalenderjahres (letzte Spalte, Zeile 10 in Abb. 1.22). Sie beträgt 57,42 T € und wird auf die 8 Zahlungszeitpunkte verteilt.

Auf dieser Basis kann mit der Cashflow Berechnung der Schritt 2 erfolgen. Monatlich werden in Zeile 18 wieder die Überschüsse nach Steuern (at) ermittelt, die dann den Kreditstand reduzieren. In Monat 9 des zweiten Jahres ist der Kredit abgetragen, so dass die dynamische Amortisation (Payback) erreicht ist (unter Berücksichtigung von Zinsen). Bis zum Jahresende baut sich ein Guthaben von 303,2 T € auf.

Da das Guthaben positiv ist, kann gefolgert werden, dass sich die Handlungsmöglichkeit lohnen würde, wenn die prognostizierten Daten eintreten würden. Das Urteil hängt somit von den Daten des jeweiligen Szenarios ab. Es darf aber nicht vergessen werden, dass die Planungen üblicherweise mit großen Unsicherheiten behaftet sind. Insofern sollten vor einer Entscheidung einige weitere Szenarien betrachtet werden, wobei insb. negativere ausführlich analysiert werden sollten, um die Risiken abzuschätzen. So wäre im vorliegenden Fall zu simulieren, wie sich noch höhere Inflationsraten auswirken würden.

Im Falle von hohen Inflationsraten muss der Werkzeugkasten insb. des Controllers erweitert werden, um immer noch gute Entscheidungsempfehlungen geben zu können.

Mit der vorgeschlagenen Vorgehensweise ist der Controller dann in der Lage, auch bei höheren Inflationsraten adäquate Entscheidungsunterstützung zu geben.

1.13 Weiterführende Aspekte der Investitionsrechnung

1.13.1 Restwerte in der Investitionsrechnung

Viele Handlungsmöglichkeiten (Investitionen/Projekte/Alternativen u. ä.) weisen am Ende des Planungszeitraums noch Vermögensgegenstände und/oder Rechte bzw. Pflichten auf, die entweder noch einen Wert haben oder die entsorgt werden müssen. Bei einigen Investitionsprojekten kann sogar die Vorteilhaftigkeit davon abhängen, ob am Ende des Planungszeitraums noch ein akzeptabler Restwert erreicht werden kann.

Eine wichtige Voraussetzung für die Analyse von Handlungsmöglichkeiten besteht in der Ermittlung der relevanten Zahlungen. Dieses Thema wird in der Investitionsliteratur nur wenig diskutiert. Teilweise wird einfach angenommen, dass die Daten durch Expertenschätzungen vorhanden sind (siehe z. B. Berk/DeMarzo/Harford, S. 64, Wöhe, S. 480). Die Prognose der relevanten Zahlungen umfasst nicht nur die Anfangsauszahlungen und die laufenden Ein- und Auszahlungen (vgl. zur Prognose z. B. Kesten, S. 44 ff.), sondern auch den Restwert. Seine Prognose wird notwendig, weil die finanziellen Konsequenzen einer Handlungsmöglichkeit kaum für einen unendlichen Zeitraum vorhergesagt werden können. Somit ist am Ende des Planungszeitraums eine Planung derjenigen finanziellen Konsequenzen durchzuführen, die am Ende der Handlungsmöglichkeit bzw. nach ihrem Ende voraussichtlich anfallen werden. Sie können positiv oder negativ sein. Die Summe aller am Ende anfallenden Zahlungen wird im Restwert am Ende des Planungszeitraums zusammengefasst.

Die Planungen der Zahlungen einschließlich der für den Restwert sind dann mit der Situation ohne die Realisierung der betrachteten Handlungsmöglichkeit (Do-Nothing-Fall, Unterlassensalternative) zu vergleichen. Mit dieser als Differenzmethode (vgl. z. B. Schneider, S. 126 ff., Götze, S. 91 ff.) bezeichneten Vorgehensweise soll also ermittelt werden, welche zusätzlichen finanziellen Konsequenzen durch die Handlungsmöglichkeit ausgelöst würden. Noch besser ist der Einsatz der modifizierten Differenzmethode welche zusätzlich berücksichtigt, welche Investitionen in der Zukunft bei der Unterlassenalternative durchgeführt werden müssen (vgl. hierzu Hoberg 2015, S. 132 ff.). Ein Beispiel zu dieser sogenannten fortgeführten Unterlassensalternative (Extended Baseline) findet sich bei Hoberg 2022, S. 1 ff.

Mit dem Restwert sollen alle zusätzlich ausgelösten Zahlungen abgebildet werden, die am Ende oder nach dem Ende des Planungszeitraums anfallen. Diese Erfassung kann unterschiedlich kompliziert sein:

– Der einfachste Fall besteht darin, dass am Ende des Planungszeitraums alle Güter aufgebraucht sind und keine weiteren Verpflichtungen bestehen. Dann kann der Restwert mit Null angesetzt werden. Alternativ kann unterstellt werden, dass der Restwert den Entsorgungskosten entspricht.
– Meistens jedoch liegen noch Restwerte z. B. für Fahrzeuge oder Gebäude vor.
– Dazu kommen Nutzen (z. B. Überschüsse aus Wartungsgeschäft) bzw. Verpflichtungen für Geschäftsvorfälle, die voraussichtlich jenseits des Planungszeitraums anfallen werden. Die Rekultivierung von Braunkohleabbaugebieten ist ein Beispiel für noch offene Verpflichtungen.

Sehr häufig wird es eine Kombination aus 2 und 3 geben, also aus positiven und negativen Zahlungen. Diese müssen dann zu einem einzigen Gesamtrestwert zusammengefasst werden. Dabei taucht allerdings das Problem auf, dass die verschiedenen Zahlungen des Gesamtrestwerts häufig zu unterschiedlichen Zeitpunkten anfallen werden. Dies ist in der Kalkulation derart zu berücksichtigen, dass alle Zahlungen verzinslich auf das Ende des Planungszeitraums (einheitlicher Vergleichszeitpunkt) zu beziehen sind (siehe Kap. 1.4.2).

Restwerte in der statischen Rechnung

Restwerte werden in den statischen Kostenvergleichs-, Gewinnvergleichs- und Rentabilitätsvergleichsrechnungen berücksichtigt. Die Restwertproblematik der statischen Amortisationsrechnung wird weiter unten zusammen mit der dynamischen behandelt.

Änderungen des Restwerts können in der statischen Methode besonders stark wirken, weil der vereinfachte Ansatz von nur einer Periode, der Durchschnittsperiode, keine genaue zeitliche Erfassung des Anfalls des Restwerts zulässt.

Um die Auswirkungen zu überprüfen, wird die erste Ableitung der Kostenfunktion gebildet (vgl. Hoberg 2014a, S. 71 ff.).

Die abzuleitende Kostenfunktion lautete wie folgt (siehe Kapitel 1.2.2)

$$GK = K_{lfd} + \frac{A_0 - RW_{tn}}{tn} + \frac{A_0 + RW_{tn}}{2} \cdot i \text{ in } €/DP$$

$$\frac{dGK}{dRW_{tn}} = -\frac{1}{tn} + \frac{i}{2}$$

Interessanterweise hängt die Kostenänderung in Abhängigkeit der Restwertänderung nur von der Laufzeit tn und dem Zinssatz i ab. Für die Kombination von tn = 4 und einem Zinssatz von 10 % ergeben sich Grenzkosten von:

$$\frac{dGK}{dRW_{tn}} (tn = 4; i = 10\%) = -\frac{1}{tn} + \frac{i}{2} = -0,25 + 0,05 = -0,20$$

Jeder Euro zusätzlicher Restwert reduziert somit die Durchschnittkosten um 0,20 € in der Durchschnittsperiode.

In Tab. 1.37 sind einige Kombinationen mit unterschiedlichen Restwerten gerechnet.

Tab. 1.37: Einfluss von Restwerten auf die Durchschnittskosten (eigene Darstellung).

	Rechengröße	Einheit	Basis	Änderung 1	Änderung 2	Änderung 3
1	A_0	Mio€$_0$	100,00	100,00	100,00	100,00
2	RW_{tn}	Mio€$_4$	0,00	1,00	2,00	3,00
3	K_{lfd}	Mio€/DP*	75,00	75,00	75,00	75,00
4	WV**	Mio€/DP	25,00	24,75	24,50	24,25
5	Zinsen	Mio€/DP	5,00	5,05	5,10	5,15
6	GK	Mio€/DP	105,00	104,80	104,60	104,40

*Mio € in der Mitte der Durchschnittsperiode
**Wertverzehr = $(A_0 - RW_{tn})$ / tn
Anschaffungsauszahlung in t = 0: 100 Mio€
Laufzeit in Jahren (tn): 4
Zinssatz p. a. (wacc): 10 %

Wenn sehr lange oder gar unendliche Laufzeiten betrachtet werden, muss die Formel zur Berechnung geändert werden (siehe Kap. 1.6.2). Da bei unendlicher Laufzeit kein Wertverzehr mehr stattfindet (sonst würde das Gut nicht unendlich lange halten), entfällt der zweite Term $(A_0 - RW_{tn})$ / tn, da die Anschaffungsauszahlung A_0 dem Restwert RW_{tn} entspricht, so dass die Differenz Null wird. Der letzte Term verkürzt sich durch die Gleichheit von Anschaffungsauszahlung und Restwert zu i. Bei unendlicher Laufzeit fallen somit neben den laufenden Kosten nur noch die Zinsen für das eingesetzte Kapital an.

Restwerte in der dynamischen Investitionsrechnung

Weniger fehleranfällig ist die Berücksichtigung der Restwerte in der dynamischen Investitionsrechnung. Die Restwerte werden explizit als positive oder negative Zahlung am Ende des Planungszeitraums (t = tn) erfasst. Je länger der Planungszeitraum ist, desto geringer ist c. p. die Wirkung der Restwerte durch den Abzinsungseffekt. Allerdings können auch langfristige Projekte vom Restwert abhängen, wenn er in außerordentlicher Höhe anfällt. Bei Immobilien kann es sein, dass bei guter Instandhaltung Restwerte im Bereich des Kaufpreises oder sogar darüber erzielt werden können. Diese haben dann auch bei einer z. B. auf 10 Jahre gerechneten Hotelinvestition große Wirkung. Relevante negative Restwerte finden sich z. B. bei Atomkraftwerken für die Entsorgung und den Rückbau.

Die Bedeutung von Restwerten nahm in den letzten Jahren zu, weil das gesunkene Zinsniveau zu einer geringeren Abzinsung geführt hat.

Solange die mit dem Restwert verbundenen Ein- und Auszahlungen ungefähr am Ende des Planungszeitraums anfallen, kann mit der oben vorgestellten Abzinsung gearbeitet werden.

Restwerte in Amortisationsrechnungen

Amortisationsrechnungen gibt es in statischen und dynamischen Varianten (siehe zur Methode Kap. 1.7.1 und z. B. Perridon/Steiner/Rathgeber, S. 43 ff.) Im Englischen heißen sie Payback Rule und Discounted Payback Rule (vgl. Berk/DeMarzo/ Harford, S. 218 ff.). Die dynamische Form zeichnet sich dadurch aus, dass sie Zinsen berücksichtigt. Damit ist die statische Amortisationsrechnung nur ein Sonderfall der dynamischen Rechnung, in welcher der Zinssatz 0 ist.

Ob danach noch positive oder negative Zahlungen anfallen würden, wird dabei nicht berücksichtigt. Somit dürfen Amortisationskriterien nicht als einziges Kriterium eingesetzt werden, obwohl dies in der Praxis leider passiert (dort hauptsächlich als RoI-Kalkulation bezeichnet (vgl. zu den Problemen Berk/DeMarzo/Harford, S. 219 und Hoberg 2012, S. 1591 ff.).

Es fällt auf, dass in den üblichen Formeln mögliche Restwerte nicht berücksichtigt werden. Auf den ersten Blick entsteht der Eindruck, dass dies der Intention eines Risikokriteriums entspricht, weil der Restwert nicht sehr sicher geschätzt werden kann. Diese Argumente sind jedoch eher schwach. Zum einen gibt es einige Bereiche, in denen die Restwertschätzung ohne größere Probleme möglich ist. Als Beispiel seien Fahrzeuge (nicht Spezialfahrzeuge) oder Flugzeuge genannt. Für beide Fälle gibt es gute Restwerttabellen. Im Weiteren existieren Handlungsmöglichkeiten, die auf der Nutzung eines großen zeitbeständigen Wirtschaftsgutes beruhen. Es seien Immobilien als Beispiel genannt. Diese würden sich praktisch nie amortisieren, weil häufig erst der Verkauf zum endgültigen Rückfluss der investierten Mittel führt.

Aus diesen Gründen sollte der potentielle Restwert mit in die Kalkulation einbezogen werden, ggf. als Variante zusätzlich zur üblichen Amortisationsdauer. Es ist so somit zu fragen, nach wie vielen Jahren die Anfangsinvestition zurückfließt, wenn der jeweils entsprechende Restwert berücksichtigt wird. Denn genau dieser Restwert würde realisiert, wenn eine Investition bereits nach einer bestimmten Zeitdauer beendet wird. Die restlichen Wirtschaftsgüter würden verkauft werden. Als Interpretation bietet sich an, dass die Amortisationsdauer dann erreicht ist, wenn die die Summe aus bisher erhaltenen Überschüssen und dem realisierbaren Restwert die Anschaffungsauszahlung erreicht hat.

Damit wird verhindert, dass gute Investitionen, die wertbeständige Anlagen, Maschinen, Gebäude o. ä. umfassen, fälschlicherweise aussortiert werden, weil ihre Amortisation vermeintlich zu lange dauert. Es ist selbstverständlich, dass bei einem solchen Ansatz der Restwert noch sorgfältiger erhoben werden muss. Es sollte allerdings auf die Art der Restwerte geachtet werden, denn solche aufgrund eines gestiegenen Markenwertes wären für Risikoanalysen problematisch, weil bei einer vorzeitigen Beendigung eher selten hohe Werte erzielt werden können.

Um die Restwerte zeitpunktspezifisch erfassen zu können, müssen sie entweder für jedes Periodenende geschätzt werden oder es ist ein linearer Verlauf anzunehmen von t = 0 bis zum Ende t = tn. Realistischerweise ist aber zu berücksichtigen, dass nicht alle Komponenten der Anschaffungsauszahlung verkäuflich sind. Insofern sei die Größe RW_0 eingeführt, welche angibt, zu welchem Preis die Güter zum Zeitpunkt 0 verkauft werden könnten. Zwischen diesem Zeitpunkt 0 und dem Restwert am Ende der Laufzeit kann ein linearer Verlauf unterstellt werden. Als Beispiel möge eine Immobilie dienen, deren Nebenkosten des Kaufes (Makler, Notar, Gutachten, Grunderwerbssteuer etc.) verloren sind. Dazu haben die spezifischen Einbauten für einen Dritten keinen oder nur einen geringen Wert. Insofern sei von einem gesamten Kaufpreis von 10 Mio € nur 8 Mio € als Restwert (RW_0) erzielbar. Am Ende des Planungszeitraums von tn = 10 Jahren möge der Wert noch 6 Mio € betragen (RW_{tn}). Dies kann z. B. auf einen schwächeren Immobilienmarkt oder einen Instandhaltungsstau zurückzuführen sein. Mit den Zahlen des Beispiels ergibt sich der jährliche Restwertverlust zu 2 Mio €/10 = 200 T €/a. Die jährlichen nachschüssigen Einzahlungsüberschüsse mögen 0,9 Mio € betragen. Zunächst sei die übliche Kalkulation der statischen Amortisationsdauer durchgeführt, welche ja keine Restwerte berücksichtigt:

$$AD = \frac{10 \,\text{Mio€}}{0,9 \,\text{Mio€}/a} = 11{,}11 \,\text{Jahre}$$

Die Amortisation kommt also erst nach Ende des Planungszeitraums. Das Projekt würde abgelehnt.

Die obige Analyse wurde ohne Berücksichtigung von Kapitalkosten durchgeführt. Insofern soll jetzt die dynamische Variante vorgestellt werden (siehe Tab. 1.38). Da es sich

Tab. 1.38: Dynamische Amortisation bei Restwertberücksichtigung (eigene Darstellung).

Zeitpunkt t	1 $A_0 \cdot q^t$	2 $ü \cdot EWF_t^*$	3 RW_t	4 2 + 3	5 4 – 1
0	10.000	0	8.000	8.000	−2.000
1	10.300	900	7.800	8.700	−1.600
2	10.609	1.827	7.600	9.427	−1.182
3	10.927	2.782	7.400	10.182	−745
4	11.255	3.765	7.200	10.965	−290
5	11.593	4.778	7.000	11.778	185
6	11.941	5.822	6.800	12.622	681
7	12.299	6.896	6.600	13.496	1.197
8	12.668	8.003	6.400	14.403	1.735
9	13.048	9.143	6.200	15.343	2.295
10	13.439	10.317	6.000	16.317	2.878

*Endwertfaktor nachschüssig für t Perioden
ü: 900 T €/a nachschüssig
A_0: 10.000 T € in t = 0
RW_0: 8.000 T € in t = 0
RW_{tn}: 6.000 T € in t = tn
tn: 10 Jahre
i: 3 %

um Immobilien handelt, soll ein eher niedriger Zinssatz von 3 % gelten. Um diesen Zinssatz steigt der Anfangsbetrag in Spalte 1 der nachstehenden Tabelle. Die verzinsten Überschüsse plus den jeweiligen Restwerten müssen den aufgezinsten Anfangsbetrag einholen.

Die Aufzinsung der gleichmäßigen Endwerte erfolgt mit dem nachschüssigen Endwertfaktor (siehe zu den Formeln des EWF Kap. 1.5.1). In Spalte 4 wurden die jeweiligen Restwerte addiert, so dass damit die aufgezinsten Rückflüsse ermittelt sind. Spalte 5 zeigt, dass nach gut 4 Jahren die Amortisation eingetreten ist.

Es können auch periodenspezifische Überschüsse verwendet werden. Dies empfiehlt sich, wenn z. B. eine längere Anlaufzeit mit geringeren Überschüssen erwartet wird. Dann sind die einzelnen Überschüsse jeweils aufzuzinsen und zu kumulieren.

Es muss weiterhin darauf aufmerksam gemacht werden, dass für jeden Zeitpunkt geprüft werden muss, ob im Falle des Abbruchs einer Handlungsmöglichkeit noch weitere Auszahlungen in den Folgejahren kommen würden (*sunk cost*). So kann es durchaus sein, dass bei einem vorzeitigen Ende Sozialpläne oder Entsorgungsauszahlungen notwendig werden. Diese müssten jeweils vom Restwert abgezogen werden.

Insgesamt bleibt es trotz der hier vorgestellten Verbesserungen dabei, dass Amortisationskriterien nur als ergänzende Betrachtung eingesetzt werden dürfen, um einen Teilaspekt des Risikos zu beschreiben. Die Hauptbeurteilung sollte durch einen Vollständigen Finanzplan (VoFi) durchgeführt werden.

Zusammenfassung

Restwerte spielen bei einigen Entscheidungen eine wichtige Rolle, so dass sie sorgfältig zu bestimmen sind. Sie können positiv oder negativ sein und bestehen häufig aus mehreren Bestandteilen, so dass sie im ersten Schritt verzinslich zusammengefasst werden müssen.

Besonders kritisch können sich Restwerte in der statischen Investitionsrechnung auswirken. Für Amortisationsrechnungen konnte gezeigt werden, dass der mögliche Restwert in vielen Fällen berücksichtigt werden sollte. Mit dem vorgestellten einfachen Verfahren lässt sich mit verhältnismäßig geringem Aufwand ein realistisches Bild gewinnen.

1.13.2 Vertiefte Analyse der statischen Investitionsrechnung

In Kapitel 1.2 waren die Grundlagen der statischen Investitionsrechnung dargestellt worden. Sie wies viele Nachteile auf, so dass den dynamischen Verfahren der Vorzug gegeben wurde.

Allerdings werden im Folgenden Möglichkeiten gezeigt, um einige Probleme der statischen Rechnung zu mildern. Neben dem wissenschaftlichen Interesse ist dies auch für Unternehmen relevant, die bei der statischen Rechnung bleiben wollen.

Kostenvergleichsrechnung

Wie in Kap. 1.2 erwähnt, stellt die Saldierung von Anschaffungsauszahlung und Restverkaufserlös einen methodischen Fehler dar, weil Zahlungen nur saldiert werden dürften, wenn sie zu gleichen Zeitpunkten anfallen bzw. auf gleiche Zeitpunkte transformiert wurden.

Durch Umformung des Terms für die Zinsen (KKK: Kalkulatorische Kapitalkosten) ergibt sich:

$$KKK = \frac{A_0 + L_{tn}}{2} \cdot i \qquad \text{in } €/DP$$

Der Liquiditätserlös L_{tn} wird in diesem Zusammenhang synonym mit dem Restwerterlös verwendet.

$$KKK = \frac{A_0 + L_{tn}}{2} \cdot i + L_{tn} \cdot i - L_{tn} \cdot i \qquad \text{in } €/DP$$

$$KKK = \frac{A_0 + L_{tn}}{2} \cdot i - 2 \cdot L_{tn} \cdot i + L_{tn} \cdot i \qquad \text{in } €/DP$$

$$KKK = \frac{A_0 - L_{tn}}{2} \cdot i + L_{tn} \cdot i \qquad \text{in } €/DP$$

Durch die hilfsweise – wertmäßig aber neutrale – Ergänzung um $(-L \cdot i + L \cdot i)$ wird die Verzinsung zerlegt in die Zinsen für den Liquidationserlös $L \cdot i$ und für den Wertverzehr $(A-L) \cdot i/2$. Dadurch zeigen sich auch formelmäßig die Annahmen zum Anfall der Kosten:

$$GK = K_{lfd} + \frac{A_0 - L_{tn}}{tn} + \frac{A_0 - L_{tn}}{2} \cdot i + L_{tn} \cdot i \qquad \text{in } €/DP$$

Laufende	Wertverzehr	KKK auf	KKK auf
Kosten		Wertdifferenz	Liquidationserlös

Jetzt wird der Fehler deutlich: Das Kapital für den Liquidationserlös LE_{tn} ist vom ersten Tag an über die gesamte Periode gebunden. Die Zinsen für den Liquidationserlös fallen somit am Ende der Durchschnittsperiode an. Alle anderen Kosten beziehen sich aber auf die Periodenmitte. Für diesen Fehler wird im Folgenden ein Vorschlag zur Behebung unterbreitet.

Verbesserungsvorschlag für die einperiodige Kostenvergleichsrechnung

Die Anwendung der verbesserten Kostenvergleichsrechnung wird zunächst für eine Periode gezeigt. An einem einfachen Beispiel sei die Funktionsweise der Formel dargestellt. Eine Handlungsmöglichkeit HM1 habe laufende Kosten von 949 €/DP. Im gewählten einperiodigen Fall heißt dies, dass einmalig die laufenden Kosten in der Mitte der Periode anfallen bzw. auf diesen Zeitpunkt konzentriert werden können. Die Investition betrage 1.000 € in $t = 0$ und wird in zwölf Monaten abgeschrieben, weshalb der Wertverzehr durchschnittlich zum 01.07. anfällt. Es möge in $t = 1$ ein Liquidationserlös von 0 anfallen, weil sich Restverkaufserlöse und Verschrottungsauszahlungen ausgleichen. Der durchschnittliche Periodenzinssatz sei mit 10 % gegeben. Durch Einsetzen in obige Formel (der letzte Term der obigen Formel kann weggelassen werden, da der Liquidationserlös ja null ist) ergibt sich:

$$GK_{HM1} = 949 + \frac{1000 - 0}{1} + \frac{1000 - 0}{2} \cdot 0,1 \qquad \text{in } €/DP$$

Laufende Kosten	Wertverzehr	Kalk. Kapitalkosten

$$GK_{HM1} = 1999 \qquad \text{in } €/DP$$

Soll die Qualität des Ergebnisses mit den Verfahren der dynamischen Investitionsrechnung überprüft werden, so ist entscheidend, dass die impliziten Annahmen der statischen Rechnung beachtet werden. Der Vergleichszeitpunkt ist somit nicht das Periodenende, sondern die Periodenmitte (01.07.). Es ergibt sich dann ein Wert zur Periodenmitte als Summe der laufenden Kosten und der ein halbes Jahr aufgezinsten Anschaffungsauszahlung: $949 + 1000 \cdot 1,05 = 1.999 \ €_{0,5}$. Dieser Wert stimmt also mit dem Wert der statischen Investitionsrechnung sehr gut überein, weil die Anschaffungsauszahlung ein halbes Jahr aufgezinst wurde und somit zur Periodenmitte betrachtet wird, welche für die statischen Rechnungen immer der Betrachtungszeitpunkt ist.

Der Wert der statischen Rechnung stimmt jedoch nur deshalb mit demjenigen der dynamischen überein, weil kein Liquidationserlös erzielt werden kann. Weiterhin gibt es keine Abweichungen zwischen den Rechnungen, weil der letzte Term der statischen Rechnung (durchschnittliche Kapitalbindung zum Periodenende) in diesem Beispiel null beträgt. Der Zinseszinseffekt ist nicht berücksichtigt (ansonsten 1.997,81 €, nämlich $949 + 1.000 \cdot 1{,}1^{0{,}5}$).

Für eine zweite auch einperiodige Handlungsmöglichkeit (HM2) sei angenommen, dass der Liquidationserlös am Periodenende 1.000 € betrage und nicht durch Auszahlungen für Verschrottungen reduziert wird. Dann gibt es eine Einzahlung von 1.000 € (auch wenn das wenig realistisch ist). Dafür sind die laufenden Kosten mit 1.900 € höher als bei der HM 1, bei der diese laufenden Kosten 949 € betragen. Bezogen auf die Gabelstapler könnte das heißen, dass HM2 z. B. eine höhere laufende Instandhaltung benötigt, die dafür aber auch zu einem höheren Wiederverkaufserlös führt. Es ergibt sich für HM2:

$$GK_{HM2} = 1900 \quad + \quad \frac{1000-1000}{1} \quad + \quad \frac{1000-1000}{2}0{,}1 \quad + \quad 1000 \cdot 0{,}1 \qquad \text{in €/DP}$$

Laufende Kosten	Wertverzehr	KKK auf Wertdifferenz	KKK auf Liquidationserlös

$$GK_{HM2} = 1900 + 0 + 0 + 100 = 2000 \qquad \text{in €/DP}$$

Die laufenden Kosten werden gemäß den impliziten Annahmen der statischen Investitionsrechnung zur Periodenmitte verrechnet. Auch die Zinsen auf den Liquidationserlös würden gemäß dieser Betrachtungsweise am 01.07. anfallen. Sie dürften aber richtigerweise erst am Ende der Periode verrechnet werden, da der Liquidationserlös auch noch vom 01.07. bis zum 31.12. gebunden ist. Dadurch verschlechtert sich fälschlicherweise das Ergebnis der HM2. Die erste Handlungsmöglichkeit wäre also vorzuziehen, weil ihre Durchschnittskosten angeblich geringer sind.

Dynamisch beträgt der Wert zur Periodenmitte:

$$\text{Wert}(t=0{,}5) = 1900 \quad + \quad 1000 \cdot 1{,}0488 \quad - \quad \frac{1000}{1{,}0488} \qquad \text{in € in } t=0{,}5$$

Laufende Kosten	Aufgezinste Anschaffungsauszahlung	Abgezinster Liquidationserlös

$$\text{Wert}(t=0{,}5) = 1995{,}35 \qquad \text{in € in } t=0{,}5$$

(Ohne Berücksichtigung des Zinseszinseffekts ergäbe sich 1997,62.)

Der Unterschied von fast 5 € (2000 − 1995,35) ist auf die falsche Annahme der statischen Investitionsrechnung hinsichtlich des Anfalls der Zinsen auf den Liquidationserlös zurückzuführen. Nach der herkömmlichen statischen Rechnung ist die erste Handlungsmöglichkeit besser, bei der hier vorgestellten dynamischen Ermittlung die zweite.

Dieser Fehler in der statischen Investitionsrechnung kann leicht korrigiert werden, indem die Zinsen auf den Liquidationserlös – letzter Term in der Gleichung – eine halbe Periode abgezinst werden, womit sie dann rechnerisch auch zur Periodenmitte anfallen: Dies ergibt dann folgende verbesserte Formel für den einperiodigen Fall:

$$GK_{kor1} = K_{lfd} \quad + \quad \frac{A_0 - L_{tn}}{tn} \quad + \quad \frac{A_0 - L_{tn}}{2} \cdot i \quad + \quad \frac{L_{tn} \cdot i}{\left(1 + \frac{i}{2}\right)} \quad \text{in €/DP}$$

| Laufende Kosten | Wertverzehr | KKK auf Wertdifferenz | KKK auf Liquidationserlös |

GK_{kor1}:   Korrigierte Gesamtkosten im einperiodigen Fall

Die Dimension lautet nun Euro in der Durchschnittsperiode zur Periodenmitte. Damit belaufen sich die korrigierten Gesamtkosten für die Handlungsmöglichkeit 2 auf:

$$GK_{kor2} = 1900 \quad + \quad \frac{1000 - 1000}{1} \quad + \quad \frac{1000 - 1000}{2} 0{,}1 \quad + \quad 1000 \cdot \frac{0{,}1}{1{,}05} \quad \text{in €/DP}$$

| Laufende Kosten | Wertverzehr | KKK auf Wertdifferenz | KKK auf Liquidationserlös |

$$GK_{kor2} = 1900 + 0 + 0 + 100/1{,}05 = 1995{,}24 \qquad \text{in €/DP}$$

Noch exakter hätte die Abzinsung unter Einbezug des Zinseszinseffektes durchgeführt werden müssen, also statt der Division durch $(1 + i/2)$ durch $(1 + i)^{0,5}$ teilen müssen. Aber die statische Investitionsrechnung arbeitet gemäß ihren Annahmen bzw. per Definition ohne Zinseszinsen und dazu ist die Differenz zum korrekten Ergebnis der dynamischen Rechnung mit 0,11 % bei dem gewählten Zinssatz sehr gering.

Am Rande sei erwähnt, dass der Fehler bei den Zinsen groß wird, wenn der Liquidationserlös größer ist als der Anschaffungswert. Dann steigen die Zinsen, obwohl der Verkauf erst am Ende stattfindet.

Generell kann gesagt werden, dass die herkömmliche unkorrigierte Standardversion der statischen Investitionsrechnung Handlungsmöglichkeiten mit hohem Liquidationserlös benachteiligt, weil der Abfluss von Zinsen zu hoch verrechnet wird. Die hier eingeführte Korrektur durch die halbperiodige Abzinsung auf den Betrachtungszeitpunkt zum 01.07. hat dieses bisher bestehende Grundsatzproblem gelöst.

Die Kostenvergleichsrechnung führt also nach der hier vorgestellten Korrektur zu guten, d. h. praxisrelevanten und betriebswirtschaftlich korrekteren Ergebnissen im einperiodigen Fall, wenn die Annahmen zum Anfall der Kosten beachtet werden. Für kurze Laufzeiten kann auch der Zinseszinseffekt vernachlässigt werden.

Insbesondere bei Rationalisierungs- und Ersatzinvestitionen können die Voraussetzungen weitgehend als gegeben betrachtet werden, weil nach der Investition häufig gleiche Kostenreduktionen kommen, die üblicherweise über das Jahr gleichmäßig (nicht einseitig saisonal) verteilt liegen. Dann ist die Annahme des durchschnittlichen Anfalls zur Periodenmitte gerechtfertigt und die statische Investitionsrechnung (hier statische Kostenvergleichsrechnung) stellt im Falle einer Periode für die Praxis eine einfache und doch aussagekräftige Methode des Investitionscontrollings dar.

Verbesserungsvorschlag für die mehrperiodige Kostenvergleichsrechnung

Die Ausdehnung auf mehrere Perioden ist für die meisten Kostenarten problemlos, weil der Vergleichszeitpunkt die Periodenmitte der Durchschnittsperiode ist. Problematisch dürfte schon eher die Repräsentativität der laufenden Kosten sein. Die Mittelung müsste jetzt eigentlich über Zins und Zinseszinsen erfolgen, um den unterschiedlichen Anfall in den Perioden abzubilden. Dies ist aber in der statischen Investitionsrechnung nicht vorgesehen. Auch der durchschnittliche Wertverzehr kann ungenauer werden aufgrund der Nichtberücksichtigung des tatsächlichen Wertverzehrs im Zeitablauf.

Die Korrektur für den Anfall der Zinsen auf den Liquidationserlös muss nicht modifiziert werden. Die Zinsen können weiterhin auf die Mitte der Durchschnittsperiode bezogen werden. Der Abzinsungsfaktor beträgt somit weiterhin $(1 + i/2)$, womit dann die durchschnittliche Zinszahlung, die am Periodenende anfällt, auf die Mitte bezogen wird. Die Formel muss also nicht korrigiert werden.

Das folgende Beispiel einer Handlungsmöglichkeit über 3 Jahre möge die Funktionsweise verdeutlichen. Die Investition betrage 1.000 €, der Restwert 700 € und die laufenden Kosten 100 € in der Mitte der Durchschnittsperiode. Der durchschnittliche Periodenzinssatz i beträgt wiederum 10 %. Damit ergibt sich für die Kosten GK_m im alten unkorrigierten mehrperiodigen Fall nach der alten Formel:

$$GK_m = \underbrace{100}_{\text{Laufende Kosten}} + \underbrace{\frac{300}{3}}_{\text{Wertverzehr}} + \underbrace{850 \cdot 0{,}1 = 285}_{\text{Kalkulatorische Kapitalkosten}} \qquad \text{in €/DP}$$

GK_m Gesamtkosten (**m**ehrperiodig) in €/DP zur Periodenmitte

Tatsächlich sind die Kosten aber geringer, weil die Zinsen auf das im Liquidationserlös gebundene Kapital erst am Ende der Durchschnittsperiode gezahlt werden müssen. Sie müssen daher wieder eine halbe Periode auf die Periodenmitte abgezinst werden, damit sie mit den anderen Kosten verrechnet werden können. Daraus ergibt sich für die korrigierten Gesamtkosten GK_{korm} im mehrperiodigen Fall:

$$GK_{korm} = \underbrace{100}_{\substack{\text{Laufende} \\ \text{Kosten}}} + \underbrace{100}_{\text{Wertverzehr}} + \underbrace{15}_{\substack{\text{KKK auf} \\ \text{Wertdifferenz}}} + \underbrace{\frac{70}{1 + \frac{0{,}1}{2}} = 281{,}67}_{\substack{\text{KKK auf} \\ \text{Liquidationserlös}}} \qquad \text{in €/DP}$$

GK_{korm} Korrigierte Gesamtkosten (mehrperiodig) in €/DP zur Periodenmitte

Als Maßstab für die Güte des Ergebnisses bietet sich die Auszahlungsannuität aus der dynamischen Investitionsrechnung an, wobei der korrekte Vergleichszeitpunkt – die Periodenmitte – wieder berücksichtigt werden muss. Da die laufenden Kosten bereits zur Mitte anfallen, müssen nur noch die mit der Investition verbundenen Zahlungen auf diese Periodenmitte umgerechnet werden. Die Summe der Barwerte der Zahlungen beträgt im Zeitpunkt $t = 0$:

$$\text{SBW} = -1000 \qquad + \qquad \frac{700}{1{,}1^3} = -474{,}08 \qquad \text{in € in t = 0}$$

$$\text{Anschaffungsauszahlung in t = 0} \quad \text{Liquidationserlös in t = tn,}$$
$$\text{abgezinst auf t = 0}$$

SBW   Summe der Barwerte

Dieser Betrag muss jetzt jeweils auf die Mitte der 3 Perioden verteilt werden, wo auch die laufenden Kosten anfallen. Dazu wird der nachschüssige Annuitätenfaktor (= Wiedergewinnungsfaktor) von 0,40211 verwendet und eine halbe Periode abgezinst:

$$\text{AN}_{\text{AZPM}} = 100 \qquad + \qquad 474{,}08 \cdot \qquad \frac{\text{WGF}}{1 + \frac{0{,}1}{2}} \qquad \text{in € zur Periodenmitte}$$

$$\text{Laufende Kosten} \qquad \text{SBW} \qquad \text{WGF/Abzinsungsfaktor}$$

AN_{AZPM} Annuität der Auszahlungen zur Periodenmitte

$$\text{AN}_{\text{AZPM}} = 100 \quad + \quad 474{,}08 \cdot \frac{0.40211}{1{,}05} = 281{,}56 \qquad \text{in € zur Periodenmitte}$$

Die minimale Ergebnisdifferenz zum obigen Ergebnis von 281,67 ist auf den Zinseszinseffekt zurückzuführen, der in der obigen Rechnung nicht enthalten ist. Die korrigierte Kostenvergleichsrechnung bringt somit im Beispiel sehr gute Ergebnisse. Erst bei höherer Periodenanzahl führt der Zinseszinseffekt zu nicht mehr tolerierbaren Unterschieden. Bei 10 Perioden ergibt sich nach der herkömmlichen Formel ein Wert von 215,00, bei der korrigierten von 211,67 und bei der Annuitätenrechnung von 213,17; bei 100 Perioden jeweils 188, 184,67 und 195,24.

Es bleibt somit festzuhalten, dass der Fehler mit wachsender Anzahl der Perioden, mit höherem Zinssatz und höherem Liquidationserlös zunimmt.

Bei hoher Periodenanzahl wird bei der herkömmlichen Kostenvergleichsrechnung der Fehler der zu frühen Kostenverrechnung der Zinsen auf den Liquidationserlös teilweise kompensiert durch den Fehler der Nichtberücksichtigung des Zinseszinseffektes. Dadurch ist die hier neu vorgestellte Methode nicht in jedem Fall näher am richtigen Ergebnis.

Kostenvergleichsrechnung bei unendlicher Laufzeit

Auch wenn der Fehler mit weiteren Perioden eigentlich zunimmt, kann für den Grenzfall unendlicher Laufzeit wieder eine weitgehende Übereinstimmung mit der investitionstheoretisch richtigen Lösung gezeigt werden. Die Voraussetzung einer unendlichen Laufzeit ist notwendigerweise, dass kein Wertverzehr stattfindet. Sonst wäre das Wirtschaftsgut ja irgendwann nicht mehr einsetzbar. Mithin stimmt der Liquidationserlös immer mit der Anschaffungsauszahlung überein. Aus der Formel fallen somit die Elemente $(A_0 - LE_{tn}) / tn$ und $(A_0 - LE_{tn}) \cdot i/2$ heraus, weil die Anschaffungsauszahlung A_0

dem Liquidationserlös LE_{tn} entspricht. Ohne Wertverzehr ist also immer das gesamte Kapital gebunden. Dann ergibt sich im alten herkömmlichen Fall:

$$GK_\infty = 100 \qquad + \qquad 0 \qquad + \qquad 100 = 200 \qquad\qquad \text{in } \text{€/DP}$$

Laufende Kosten   Wertverzehr   Kalkulatorische Kapitalkosten

GK_∞ Gesamtkosten (unendliche Laufzeit) in €/DP zur Periodenmitte

Ohne die Modifikation (A = L) ergäbe sich zwar auch ein Wertverzehr pro Periode von Null, weil dieser auf eine unendliche Laufzeit verteilt wird, aber die Kapitalbindung bezöge sich nur auf das halbe Kapital (es wird ja nie ein Liquidationserlös erzielt), so dass die Kosten nur 150 € in der Durchschnittsperiode betrügen.

Im korrigierten Fall wird nun wieder berücksichtigt, dass die Zinsen auf das gebundene Kapital erst zum Periodenende anfallen, mithin ein halbes Jahr abgezinst werden müssen, wenn sie mit den übrigen Elementen der Formel saldiert werden sollen. Die beiden mittleren Terme der Gleichung für die korrigierten Gesamtkosten GK_{kor1} ergeben dann weiterhin 0 und können weggelassen werden:

$$GK_{kor\infty} = K_{lfd} \qquad + \qquad L \cdot \frac{i}{1 + \frac{i}{2}} \qquad\qquad \text{in } \text{€/DP}$$

Laufende Kosten   Kalkulatorische Kapitalkosten, abgezinst

$$GK_{kor\infty} = 100 + \frac{100}{1,05} = 195,24 \qquad\qquad \text{in } \text{€/DP}$$

$GK_{kor\infty}$ Korrigierte Gesamtkosten (unendliche Laufzeit) in €/DP zur Periodenmitte

Auch die Auszahlungsannuität der dynamischen Investitionsrechnung ergibt zur Periodenmitte 195,24 €, weil neben der periodischen Auszahlung von 100 € zur Periodenmitte die Anschaffungsauszahlung von 1.000 € zu jedem Jahresende eine Zinslast von 100 € generiert, was bei einer Halbjahresabzinsung von 5 % einen Wert von 95,24 € zur Periodenmitte ergibt.

Ein besonderer Vorteil des dynamischen Ansatzes ist im Falle der unendlichen Laufzeit sein Ergebnis ohne Neuinterpretation des Liquidationserlöses.

In der statischen Rechnung führt die extreme zeitliche Spreizung zwischen Anschaffungsauszahlung und Liquidationserlös zu großen Fehlern, wenn nicht die Umdeutung des Liquidationserlöses (gleiche Höhe wie die Anschaffungsauszahlung bei unendlicher Laufzeit) stattfindet.

Der Fall unendlicher Laufzeit ist nur auf den ersten Blick unerheblich. Schon bei langen Laufzeiten (z. B. über 20 Jahre) ist der Unterschied zwischen den Ergebnissen mit sehr langer und unendlicher Laufzeit nicht mehr groß, so dass zumindest für erste Abschätzungen die einfacheren Formeln für die unendliche Laufzeit verwendet werden können. Außerdem kann der Anwender bei Grundstücken und Immobilien oder langlaufenden Rechten teilweise davon ausgehen, dass sich der Wert kaum ändert, so dass die vereinfachten Formeln angewendet werden können.

Schließlich sei noch darauf hingewiesen, dass die Kostenvergleichsrechnung auch bei der Frage der Wirtschaftlichkeit von einzelnen Rationalisierungs- und/oder Ersatzinvestitionen eingesetzt werden kann. In einem solchen Fall müssen die Gesamtkosten der Investition durch wegfallende laufende Kosten des Istzustandes mehr als kompensiert werden, was z. B durch Personaleinsparungen passieren kann.

Vertiefte Analyse der Gewinnvergleichsrechnung

Unter Berücksichtigung der Abzinsung der Zinsen auf den Liquidationserlös ergibt sich wiederum eine korrigierte Formel:

$$G_{kor} = U - K_{lfd} - \frac{A_0 - L_{tn}}{tn} - \frac{A_0 - L_{tn}}{2} \cdot i - \frac{L_{tn} \cdot i}{\left(1 + \frac{i}{2}\right)} \quad \text{in } €/DP$$

G_{kor} Einfach korrigierter Durchschnittsgewinn in € in der Mitte der Durchschnittsperiode

Als Vorteilhaftigkeitskriterium gilt, dass die Handlungsmöglichkeit einen positiven Gewinn aufweist. Denn dann sind alle Kosten (inklusive der Kapitalkosten) abgedeckt.

Wie oben angedeutet können gerade bei den Umsätzen die Zeitpunkte der Umsatzbuchung (Gefahrenübergang, meist Fakturaerstellung) und der letztendlichen Einzahlung weit auseinanderfallen. Bei 3 Monaten Zahlungsziel werden über die Annahme des Anfalls zur Periodenmitte die Umsätze 3 Monate zu früh erfasst. Um den Bezugszeitpunkt „Periodenmitte" zu halten, müssten somit die Umsätze um 3 Monate abgezinst werden. Dies ist auch deshalb wichtig, weil ansonsten Vergleichsrechnungen der Kundenprofitabilität (Kundenergebnisrechnungen) in die Irre führen können (vgl. Hoberg 2004b, S. 347–353).

Die zeitliche Struktur der Rückflüsse müsste in der Durchschnittsbildung also berücksichtigt werden.

Ähnliches gilt für die laufenden Kosten, wenn sie nicht schon kalkulatorische Kapitalkosten enthalten. Hier muss für den Zeitraum zwischen durchschnittlicher Bezahlung (z. B. Einkauf der Rohstoffe/Teile bzw. Lohn- und Gehaltszahlung) und der Periodenmitte aufgezinst werden. Diese Korrekturnotwendigkeit galt auch schon für die statische Kostenvergleichsrechnung, wird aber nunmehr hier mitbehandelt. Für die in der Literatur bisher übliche Betrachtungsweise ohne Korrektur muss festgehalten werden, dass die Umsätze häufig über- und die laufenden Kosten unterschätzt wurden. Die Projekte wurden also deutlich zu gut dargestellt.[62]

---

62 Nur in wenigen Fällen wird die Vorteilhaftigkeit besser. In der Airline-Industrie erhalten die Luftfahrtgesellschaften die Ticketpreise meistens schon weit vor dem Flug (Zeitpunkt der Leistungserbringung) bezahlt. Auf der Auszahlungsseite lassen sich die Discounter nennen, welche ihre Ware schon längst verkauft haben, bevor sie sie bei ihren Lieferanten bezahlen.

Unter Einbezug der Zahlungsziele erhält der Anwender den korrigierten Gewinn G_{kor2} wie folgt:

$$G_{kor2} = \frac{U}{\left(1 + \frac{t_U}{12} \cdot i\right)} - K_{lfd} \cdot \left(1 + \frac{t_K}{12} \cdot i\right) - WV - KKK \text{ in } €/DP$$

G_{kor2} Zweifach korrigierter Durchschnittsgewinn in €/DP zur Periodenmitte
t_U Anzahl Monate zwischen Umsatzbuchung und Zahlungseingang
t_K Anzahl Monate zwischen Zahlungsausgang und Kostenanfall

Das Beispiel (Investition 1000 €, Restwert 700 € und laufende Kosten 100 €) sei nun um Umsätze von jährlich 285 € ergänzt (über 3 Perioden). Zunächst sei angenommen, dass alle Umsätze und Kosten (außer Zinsen auf den Liquidationserlös) in der Periodenmitte anfallen und damit keine Zahlungsziele zu berücksichtigen sind. Damit ergeben sich dann folgende Gewinne:

Alter herkömmlicher und unkorrigierter Gewinn:

$$G = 285 - 100 - 100 - 85 = 0 \qquad \text{in } €/DP$$

Einfach korrigierter Gewinn:

$$G_{kor} = 285 - 100 - 100 - 15 - 70/1{,}05 = 3{,}33 \qquad \text{in } €/DP$$

Einzahlungsannuität
Um die Qualität der Lösung überprüfen zu können, sei wiederum die Annuität nach den dynamischen Verfahren bestimmt. Ziel ist somit die Bestimmung der Höhe der gleichmäßigen Zahlungsüberschüsse, die in t = 0,5, in t = 1,5 und in t = 2,5 anfallen. Dafür muss zunächst die Summe der Barwerte aller Zahlungen ermittelt werden, wobei für gleichmäßige Größen der Barwertfaktor (BWF) eingesetzt wird (siehe genauer zum BWF das Kap. 9.4).

Schritt 1: Summe der Barwerte (SBW) ermitteln:

$$SBW = \underbrace{(285 - 100)}_{\text{Umsatz} - \text{lfd. Kosten}} \cdot BWF \cdot \left(1 + \frac{0{,}1}{2}\right) - \underbrace{1000}_{A_0} + \underbrace{\frac{700}{1{,}1^3}}_{\text{Restwert}} \quad \text{in } € \text{ in } t = 0$$

SBW = 8,99 € zum Zeitpunkt t = 0

Schritt 2: Verteilung der Summe der Barwerte auf die 3 Periodenmitten
Um zur Annuität zu gelangen, muss nun die Summe der Barwerte mit dem Wiedergewinnungsfaktor (WGF) auf die 3 Periodenmitten verteilt werden. Es wird die nachschüssige Variante verwendet (siehe Kap. 1.5.2), so dass noch vom Periodenende auf die Periodenmitte abgezinst werden muss:

$$AN_{UPM} = 8,99 \cdot \frac{0,4021}{1,05} = 3,44 \qquad \text{in € jeweils zur Periodenmitte}$$

AN_{UPM} Annuität im Fall mit Umsatz zur Periodenmitte

Das gleiche Ergebnis von 3,44 € zur Periodenmitte hätte sich auch ergeben, wenn die drei Deckungsbeiträge zur Periodenmitte (U – K_{lfd}) von 185 € reduziert worden wären um die Annuität AN_{AZPM} der Auszahlungen für Anschaffung und Liquidationserlös von 181,56 € zur Periodenmitte. Das korrigierte statische Ergebnis von 3,33 € zur Periodenmitte trifft also fast das korrekte dynamische Ergebnis (Restunterschied durch Zinseszinseffekt).

Die korrigierte Version, welche die Kapitalkosten auf den Liquidationserlös von 70 € eine halbe Periode abzinst, weist gegenüber der Standardformel einen um 3,33 € höheren Durchschnittsgewinn aus, was mehr als einen Prozentpunkt in Bezug auf den Umsatz ausmacht. Die herkömmliche Version stellt das Ergebnis also unnötig schlecht dar.

Nach dieser Verbesserung kann als nächstes das Problem der Unterschiede zwischen Umsatz und Kosten bzw. Ein- und Auszahlungen adressiert werden. Es sei angenommen, dass durchschnittlich 2 Monate Zahlungsziel und durchschnittlich 3 Monate Differenz zwischen Auszahlung und Kostenanfall bestehen. Die Nettoumsätze müssen also 2 Monate abgezinst werden und die Kosten 3 Monate aufgezinst werden. Dann erhält der Anwender die folgenden negativen Ergebnisse:

– Herkömmlicher unkorrigierter Gewinn: – 7,17 €/DP zur Periodenmitte
– Zweifach korrigierter Gewinn: – 3,84 €/DP zur Periodenmitte
– Einzahlungsannuität: – 3,73 €/DP zur Periodenmitte

In allen Fällen führt die realistische Erfassung der Zahlungen zu einer deutlichen Verschlechterung der Ergebnisse, was zeigt, dass die bisher in der Literatur gebräuchliche Formel ohne Berücksichtigung der Zahlungsziele zu Fehlentscheidungen führen kann. Im Beispiel springen die Ergebnisse sogar von nicht negativen Werten (0, +3,33 und +3,44) in negative Werte, so dass eine andere Entscheidung resultieren würde.

Auch für die Gewinnvergleichsrechnung sei der Fall einer sehr langen Nutzungsdauer betrachtet. Dann beträgt der Wertverzehr WV wie oben gezeigt wieder Null (wegen $A_0 = LE_{tn}$), so dass sich die Formel vereinfacht zu:

$$G_{kor}\infty = U - K_{lfd} - A_0 \cdot \frac{i}{\left(1 + \frac{1}{2}\right)} \qquad \text{in € /DP}$$

$G_{kor\infty}$ Korrigierter Durchschnittsgewinn bei unendlicher Laufzeit, in €/DP zur Periodenmitte

Bei sehr langen Laufzeiten reicht es somit, wenn die laufenden Überschüsse (U – K_{lfd}) die korrigierten Zinsen auf die Anfangsauszahlung decken.

Diese modifizierte Form der Gewinnvergleichsrechnung verringert die Probleme, ist aber weiterhin den dynamischen Verfahren unterlegen.

Angewendet werden darf sie nur, wenn keine Engpässe vorliegen.

Genauere Analyse der Rentabilitätsvergleichsrechnung

Wie in Kap. 1.2.4 ausgeführt, sollte insbesondere in Fällen von Kapitalmangel ein relatives Vorteilhaftigkeitskriterium eingesetzt werden (siehe auch die Ausführungen zu Renditekriterien in Kap. 1.6.4).

Die Qualität der statischen Rentabilitätsrechnung hängt entscheidend davon ab, wie der Liquidationserlös am Ende der Laufzeit abgebildet wird. Dies soll mit einer dreifachen Fallunterscheidung untersucht werden.

Fall 1: Kein Wertverzehr ($A_0 = LE_{tn}$)

Der Fall ohne Wertverzehr trifft insbesondere für Finanzinvestitionen (Beispiel: Investitionen in Wertpapiere oder Kauf eines Unternehmens) zu. Aber auch bei Immobilien bzw. Grundstücken ist es eher der Normalfall, dass die Werte sich nicht wesentlich ändern. Es wird in diesen Fällen unterstellt, dass die Anschaffungsauszahlung dem Liquidationserlös entspricht.

Dies sei anhand eines Beispiels verdeutlicht. Es sei eine Anlage mit 100 € in t = 0 (01.01.) angenommen. Sie wird in t = 1 (31.12.) zusammen mit 5 € (= 5 % Verzinsung) Zinsen zurückgezahlt. Die Rendite beträgt also 5 %. Ohne Wertverzehr – also $A_0 = LE_{tn}$ – erhält der Anwender aus der Ausgangformel:

$$SR = \frac{U - K_{lfd} - \frac{A_0 - L_{tn}}{tn}}{\frac{A_0 + L_{tn}}{2}}$$

die folgende einfache Formel:

$$SR_{oWVZ} = \frac{(U - K_{lfd})}{A_0}$$

SR_{oWVZ} Statische Rentabilität in einem Jahr im Fall ohne Wertverzehr

Wenn korrekterweise angenommen wird, dass das Kapital von 100 € ganzjährig gebunden ist – es gibt ja keinen Wertverzehr mehr –, so ergibt sich die korrekte Rendite zu 5 % nur dann, wenn mit der Annahme von 6 Monaten Zahlungsziel der Umsatz von der Periodenmitte erst am Jahresende zahlungswirksam wird.

Anders sieht es aus, wenn die Überschüsse nicht am Jahresende kommen, sondern realistischerweise über die Periode verteilt. Handelt es sich z. B. um eine Immobilie ohne Wertverzehr ($A_0 = LE_{tn}$) mit einem Überschuss von 5 €, der über das Jahr verteilt kommt, dann ergibt sich das richtige Ergebnis, wenn im Fall ohne Zahlungsziele die laufenden Umsätze und Kosten eine halbe Periode (ganz genau wegen der Vorschüssigkeit bei Mieten 6,5/12 statt 6/12) auf das Periodenende hochgezinst werden.

$$SR_{1kor0} = \frac{(U \cdot (1 + 0,5 \cdot i) - K_{lfd} \cdot (1 + 0,5 \cdot i))}{A_0}$$

SR_{1kor0} Statische korrigierte einperiodige Rendite bei Wertverlust von 0 ($A_0 = LE_{tn}$)

Bei Zahlungszielen ändern sich die zu verzinsenden Monate entsprechend der folgenden Formel:

$$SR_{1kor0Z} = \frac{\left(U \cdot \left(1 + \frac{6 - t_U}{12} \cdot i\right) - K_{lfd} \cdot \left(1 + \frac{6 + t_K}{12} \cdot i\right)\right)}{A_0}$$

SR_{1kor0Z} Korrigierte statische einperiodige Rendite bei Wertverlust von 0 und bei Zahlungszielen

Die Immobilienrendite betrüge also im Falle ohne Zahlungsziele bei i = 10% nicht 5 % gemäß der herkömmlichen falschen Formel, sondern 5,25 %.

Da das Kapital im Zeitablauf konstant ist, gilt die Formel auch für mehrere Perioden.

Fall 2: Wertverzehr

Sobald der Wertverzehr einbezogen wird, stellt sich die schwierige Frage, wie viel Kapital denn nun zu den verschiedenen Zeitpunkten gebunden ist. Die herkömmliche übliche Antwort gemäß der obigen Formel lautet: der Durchschnitt aus Anfangsauszahlung und Liquidationserlös.

Diese Antwort ist jedoch unvollständig, weil das tatsächlich gebundene Kapital natürlich auch von den Rückflüssen abhängt. In der jeweiligen Handlungsmöglichkeit reduziert sich das gebundene Kapital mit jeder Einzahlung. Die Einzahlungen kommen entsprechend den Annahmen gleichmäßig verteilt. Im Fall ohne Zahlungsziele fällt jeden Tag 1/365 des Jahresumsatzes an.

Ein Beispiel möge diese Effekte zeigen: Wenn die Anfangsinvestition wieder 100 € beträgt, der Liquidationserlös nach einem Jahr 0 € und der laufende Überschuss (Umsatz – laufende Kosten zur Jahresmitte) 105 €, ergäbe sich ein durchschnittlich gebundenes Kapital von 50 €. Der Überschuss betrüge 105 – 100 = 5 €. Dies führt nach der üblichen herkömmlichen Formel zu einer Verzinsung von 5/50 = 10%, was dem für die Beispiele angenommen Kalkulationszinssatz entspricht. Das Ergebnis ist nicht korrekt, weil ein Zahlungsstrom von – 100 in t = 0 und 110,25 (105·1,05) in t = 1 vorliegt. Die im Beispiel geringen Abweichungen können bei anderen Datenlagen wesentlich größer werden.

Eine Umformung der Gleichung zeigt die Ursache des Problems. Wenn der Liquidationserlös mit 0 angenommen wird, vereinfacht sich die Gleichung nach Umformung zu:

$$SR_{LE\,=\,0} = 2 \cdot \frac{\left(U - K_{lfd} - \frac{A_0}{tn}\right)}{A_0}$$

$SR_{LE=0}$ Statische Rentabilität bei einem Liquidationserlös von 0

Die Gleichung kann jetzt so interpretiert werden, dass der Überschuss, der zur Periodenmitte anfällt, zweimal generiert werden kann. Die statische Rentabilität ist somit der Internen Zinsfußmethode sehr ähnlich, weil sich die Rendite unabhängig von den tatsächlichen zwischenzeitlichen Anlagen und Kreditaufnahmen verhält.

Es besteht der gleiche Kritikpunkt, dass sich nämlich erst im Laufe der Rechnung herausstellt (ohne dass es im Ergebnis ausgewiesen wird), wie viel Kapital jeweils gebunden wird. Für das nicht mehr gebundene Kapital gilt die sogenannte Wiederanlageprämisse, welche nahelegt, dass es zum gleichen Zinssatz wiederangelegt werden kann.

Diese Wirkungsweise der Wiederanlageprämisse wird noch deutlicher, wenn bei sonst gleichen Daten als Rückfluss 200 € (statt 105) zur Periodenmitte angenommen wird, was die alte Rentabilität auf (200–100)/50 = 200% treibt, während mit besseren Verfahren (Baldwin 1959, S. 89 ff.) bei 10 % p. a. Wiederanlage 200 · 1,05/100–1 = 110% herauskommt. Diese Verfahren geben explizit an, wie hoch sich zwischenzeitliche Rückflüsse verzinsen. Sie nehmen an, dass das Anfangskapital über die ganze Laufzeit gebunden ist, was eher akzeptabel ist, auch wenn die Verzinsung damit eher unterschätzt wird.

Mit dieser Erkenntnis kann die Rentabilität im einperiodigen Fall einfach dargestellt werden. Das Anfangskapital ist die gesamte Periode gebunden und alle anderen Elemente sind mit dem zwischenzeitlich gültigen Kalkulationszinssatz auf das Ende zu beziehen. Es ergibt sich somit folgende einfache Formel:

$$SR_{1kor} = \frac{(U - K_{lfd}) \cdot \left(1 + \frac{i}{2}\right) - A_0 + LE_{tn}}{A_0}$$

SR_{1korr} Korrigierte statische Rentabilität im einperiodigen Fall

Die Formel entspricht der dynamischen Formulierung. Sie ergibt eine Rentabilität von (105 · 1,05 – 100)/100 = 10,25%. Zahlungsziele können wieder einfach einbezogen werden.

Der Wertverzehr kann noch höher sein, wenn am Ende umfangreiche Aufräumarbeiten durchzuführen sind, so dass die Summe aus Liquidationserlös und Verschrottungskosten negativ wird. Es sei angenommen, dass sie im Beispiel nun – 90 € betrage. Das durchschnittlich gebundene Kapital beträgt dann nach der üblichen herkömmlichen Formel nur 5 €! Dadurch explodiert diese Rentabilität auf 200% (200 – 100 – 90) / 5. Richtig wäre natürlich eine Verzinsung von 20 % ((200·1,05–100–90) / 100), was sich ja auch aus der korrigierten Formel ergibt.

Problematisch wird es bei mehreren Perioden, weil die statische Rechnung systembedingt keine Zinseszinseffekte einbeziehen kann. Es lassen sich zwar auch ohne Nutzung der Zinseszinsrechnung mehrperiodige Ansätze finden, diese weichen dann aber mit zunehmender Periodenanzahl immer weiter von der richtigen Lösung ab. Wenn versucht wird, die dynamische Lösung nachzubauen, ist z. B. folgende Formel in Anlehnung an Baldwin denkbar:

$$SR_{mkor} = \frac{(U - K_{lfd}) \cdot \left(1 + \frac{i}{2}\right) \cdot \left(tn + i \cdot (tn - 1) \cdot \frac{tn}{2} + LE_{tn}\right)}{A_0} - \frac{1}{tn}$$

SR_{mkorr} Korrigierte Rentabilität im mehrperiodigen Fall

Der gesamte Wertzuwachs wird dabei auf die Perioden verteilt. Bei einer 5-jährigen Investition von 100, einem Liquidationserlös von 0 und jährlichen Rückflüssen von 40 weist die alte Formel einen Wert von 40 % aus, der richtige Wert beträgt 20,7 % und die erweiterte Formel 30,4 %. Aber durch die fehlende Berücksichtigung des Zinseszinseffektes ist die Abweichung im Falle eines hohen Wertverzehrs häufig zu groß.

Fall 3: Wertzuwachs

Bei einigen Investitionen besteht die positive Komponente hauptsächlich in einem erhöhten Rückfluss beim Verkauf des Wirtschaftsgutes. Ein Kredit ohne laufende Verzinsung (Zerobond) ist ein perfektes Beispiel. Er wird z. B. zu 70 € gekauft und bringt am Ende eine Rückzahlung von 100 €. Der Liquidationserlös ist dann höher als die Anschaffungsauszahlung, so dass ein negativer Wertverzehr, sprich ein Wertzuwachs vorliegt. In diesem Fall führt die herkömmliche Formel dazu, dass mehr Kapital als die Anfangsauszahlung gebunden ist, obwohl der Restverkaufserlös ja erst am Ende zahlungswirksam wird. Die Zahlungsreihe – 100 in t = 0 und ein Liquidationserlös von + 200 in t = 1 soll das verdeutlichen. Laufende Umsätze und Kosten mögen nicht anfallen. In der alten statischen Welt ergibt sich eine Verzinsung von (0–(100–200))/ 150 = 67%, während die richtige Lösung offensichtlich 100 % beträgt.

Jetzt wirkt die Wiederanlageprämisse in die andere Richtung. Die Rentabilitäten werden immer zu niedrig angesetzt, weil in diesem Fall von einem zu hohen durchschnittlich gebundenen Kapital ausgegangen wird.

Es lässt sich festhalten, dass die herkömmliche statische Rentabilitätsrechnung im üblichen mehrperiodigen Fall nicht eingesetzt werden sollte, weil je nach Datenkonstellation grob falsche Ergebnisse resultieren können.

Unendliche Laufzeit

Auch in der Rentabilitätsrechnung ist der Fall unendlicher Laufzeiten erfreulich einfach. Er leitet sich aus dem Fall ohne Wertverzehr ab, wobei der Term für den Wertverzehr weggelassen werden kann.

$$SR_{kor\infty} = \frac{(U - K_{lfd}) \cdot \left(1 + \frac{i}{2}\right)}{A_0}$$

$SR_{kor\infty}$ Statische korrigierte Rendite bei unendlicher Laufzeit

Eine Immobilie mit einem Kaufpreis von insgesamt 1 Mio und laufenden jährlichen Überschüssen $(U - K_{lfd})$ von 40.000 € zur Periodenmitte hat somit eine Rendite von 40.000 · 1,05/1.000.000 = 4,2%, wenn der Zinssatz i 10 % beträgt. Wichtig ist in so einem Fall, dass die laufenden Kosten angemessene Bestandteile für die Renovierung enthalten, damit die Substanz auch wirklich erhalten bleibt. Ansonsten ist die Annahme unendlicher Laufzeit nicht zu halten.

Die Umsätze sind die im Mietvertrag vereinbarte Nettokaltmiete. Branchenüblich sind in der Immobilienwirtschaft Kosten von 20 % für Reparaturen, Instandhaltung, Modernisierung, Leerstand und Mietminderung als laufende Kosten abzuziehen. Nicht selten werden die 20 % in den Immobilienangeboten von Maklern oder Immobilienabteilungen der Banken „vergessen".

1.13.3 Paradoxa in der statischen Investitionsrechnung

Investitionsentscheidungen sind häufig Schicksalsfragen für die langfristige Entwicklung von Unternehmen (vgl. z. B. Atrill/McLaney, S. 275 f.). Dementsprechend kann die Auswahl problematischer Verfahren zu Unternehmenskrisen führen. Neben den Problemen z. B. in den Verfahren der Internen Zinsfußmethode und der Break-Even bzw. Payback-Methode (vgl. Varnholt/Hoberg/Gerhards,Wilms/Lebefromm; S.494 ff.) sind die Gefahren in den statischen Verfahren der Investitionsrechnung zu nennen.

Die eher einfachen Verfahren der statischen Investitionsrechnung (Kosten-, Gewinn- und Rentabilitätsvergleichsrechnung sowie statische Amortisation) erfreuen sich weiterhin großer Beliebtheit in der Praxis (Vgl. Däumler 2007, S. 28). Nach Olfert (2015, S. 193) nutzt etwa die Hälfte aller Unternehmen den Rentabilitätsvergleich. Gemäß einer Untersuchung aus dem Jahr 2009 (Imiger, S. 10) hielten auch noch 2009 51 % der befragten Schweizer Unternehmen die statische Rentabilitätsrechnung für unverzichtbar. Für Österreich führt Zischg aus, dass die Kostenvergleichsrechnung von 57,9 % aller Unternehmen verwendet wird (Zischg, S. 35). Auch für den englischsprachigen Raum zeigen z. B. Atrill/McLaney (S. 305 f.), dass die statischen Verfahren noch häufig eingesetzt werden.

Die Grundidee der statischen Investitionsrechnung besteht in der Zusammenfassung aller Daten auf eine Durchschnittsperiode, die somit möglichst repräsentativ sein sollte (siehe Kap. 1.5).

Geplant werden müssen die durchschnittlichen Nettoumsätze, die sich nach Abzug aller Rabatte und der Effekte der Zahlungsziele ergeben (vgl. zu dieser Nettopreisermittlung Hoberg 2013, S. 320) und die durchschnittlichen Kosten. Zahlungen werden in der

herkömmlichen statischen Investitionsrechnung – außerhalb der statischen Amortisationsrechnung – nur für zwei Elemente ermittelt:
- die Anschaffungsauszahlung (nach allen Rabatten plus Nebenkosten)
- den Restverkaufserlös am Ende der Laufzeit (nach allen gegebenen Rabatten und entstandenen Nebenkosten)

Für die Kosten wird in der statischen Investitionsrechnung implizit angenommen, dass die Mitte der Periode den richtigen zeitlichen Bezugszeitpunkt für die laufenden Kosten und Umsätze darstellt (vgl. Hoberg 2004, S. 271 ff.). Das Gleiche gilt für den Wertverzehr (kalkulatorische Abschreibung) sowie für die Kapitalkosten auf die Differenz von Anschaffungs- und Liquidationserlös. Nur die Zinsen auf das permanent gebundene Kapital fallen zum Periodenende an. Zur Vergleichbarkeit müssen diese Zinsen eine halbe Periode auf die Periodenmitte abgezinst werden, was weiter unten in den Formeln geschieht (vgl. Hoberg 2007, S. 75–81). Damit haben die Kosten und die Nettoumsätze die Dimension € in der Mitte der Durchschnittsperiode oder abgekürzt €/DP.

Die Kostenvergleichsrechnung geht von der Annahme aus, dass die Nutzenseite aller Handlungsmöglichkeiten (weitgehend) gleich ist. Dazu reicht es nicht, dass die Nettoumsätze übereinstimmen, sondern es muss zusätzlich gewährleistet sein, dass auch die nicht monetarisierten Nutzenbeiträge der Handlungsmöglichkeiten gleich oder zumindest sehr ähnlich sind.

Wenn die qualitativen Kriterien gleiche oder ähnliche Werte aufweisen, fällt die Entscheidung für diejenige Handlungsmöglichkeit, welche die geringsten Gesamtkosten in der Durchschnittsperiode aufweist.

Der Wertverzehr in der Durchschnittsperiode ergibt sich, indem der gesamte Wertverzehr (Anschaffungsauszahlung abzüglich Liquidationserlös LE_{tn}) durch die Anzahl der Perioden (tn) dividiert wird. Der Liquidationserlös wird netto, also als Differenz der Einzahlungen abzüglich der Vermarktungs- und Verschrottungsauszahlungen definiert. Er kann somit auch negativ sein (Beispiel: Rückbaukosten eines Atomkraftwerks).

Die Zinsen werden ermittelt, indem das durchschnittlich gebundene Kapital mit dem gleich bleibenden Periodenzinssatz i multipliziert wird. Auch hier zeigen sich die Grenzen der statischen Investitionsrechnung, weil im Zeitverlauf ggf. unterschiedliche Zinssätze z. B. durch Umfinanzierungen bzw. Finanzierungsprolongationen nicht abgebildet werden können.

Verfahren der Investitionsrechnung dürfen nicht zu unlogischen Ergebnissen führen. Wenn sich Inputgrößen verbessern, müssen auch Gewinn und Rendite steigen, bzw. die Kosten müssen sinken. Bei den Verfahren der statischen Investitionsrechnung kann es aber passieren, dass sich die Rendite verschlechtert, wenn der Restwert steigt, und dies für Parameterkonstellationen, die in der Praxis relevant sind. Hoberg hat dies als Renditeparadoxon bezeichnet (vgl. Hoberg 2013, S. 945 ff.).

Es gibt aber noch ein weiteres Paradoxon, was im Folgenden aufgezeigt werden soll.

Paradoxon in der statischen Kosten- und Gewinnvergleichsrechnung

Auch für die einfacheren Verfahren der Kosten- und Gewinnvergleichsrechnung lassen sich paradoxe Ergebnisse finden. Dies sei mit einem Beispiel untermauert. Eine Hotelkette will ein neues Hotel bauen und bewertet dazu 4 Handlungsmöglichkeiten. Zur Vereinfachung sei angenommen, dass alle Handlungsmöglichkeiten die gleiche Differenz aus Nettoumsätzen und laufenden Kosten haben. Damit können dann die Nettoumsätze und die laufenden Kosten vernachlässigt werden. Dahinter steht die Annahme, dass höhere laufende Kosten durch entsprechend höhere Nettoerlöse kompensiert werden können.

Damit sind dann nur noch der Wertverzehr und die Kapitalkosten relevant. Die abzuleitenden Effekte treten auch auf, wenn sich Nettoerlöse und laufende Kosten unterscheiden, aber dann ist das Beispiel weniger klar. Somit soll hier die Handlungsmöglichkeit mit den geringsten Restkosten K_{Rest} gesucht werden.

$$K_{Rest} = \frac{A_0 - L_{tn}}{tn} + \frac{A_0 + L_{tn}}{2} \cdot i \quad \text{in } €/DP$$

K_{Rest} Restkosten in €/DP

Für das erste Hotel sei angenommen, dass es nach einer Laufzeit von 20 Jahren keinen Liquidationserlös mehr hat. Die Restverkaufseinzahlungen werden also von den Vermarktungs- und Entsorgungsauszahlungen kompensiert. Das Hotel möge per t = 0 eine Anschaffungsauszahlung A_0 von 100 Mio € erfordern, wodurch sich die Restkosten wie folgt ergeben:

$$K_{Rest1} = \frac{100 - 0}{20} + \frac{100 + 0}{2} \cdot i \quad \text{in } €/DP$$

Wenn der Zinssatz 15 % beträgt, ermittelt als gewogener Durchschnitt von Eigen- und Fremdkapitalzinssätzen (Mischzinssatz oder Wacc: weighted average cost of capital), betragen die durchschnittlichen jährlichen Restkosten:

$$K_{Rest1} = 5 + 7{,}5 = 12{,}5 \quad \text{in } €/DP$$

Nun sei angenommen, dass das zweite Hotel durch gute Lage und durch ein nachhaltigeres Geschäftsmodell keinen Wertverlust aufweist, so dass der Liquidationserlös nach 20 Jahren dem Kaufpreis von 100 Mio € entspricht. Da kein Wertverzehr vorliegt und die Änderung versus Hotel 1 erst am Ende kommt, müssten die Kosten dramatisch geringer sein. Es ergibt sich aber:

$$K_{Rest2} = \frac{100 - 100}{20} + \frac{100 + 100}{2} \cdot i \quad \text{in } €/DP$$

$$K_{Rest2} = 0 + 15 = 15 \quad \text{in } €/DP$$

Wie dargestellt sinkt der Wertverzehr auf null, aber die Zinsen steigen sehr stark, so dass die Durchschnittskosten höher sind, obwohl sich die Daten verbessert haben!

Für die Hotelinvestitionsmöglichkeiten sollen nun die Restkosten (Wertverzehr und Kapitalkosten) in einer Übersicht (siehe Tab. 1.39) gezeigt werden. Über die beiden Beispiele hinaus mögen folgende Daten mit den sich daraus ergebenden Ergebnissen vorliegen.

Tab. 1.39: Ermittlung der relevanten Kosten für 4 Handlungsmöglichkeiten (eigene Darstellung).

Rechengröße	Einheit	Hotel 1	Hotel 2	Hotel 3	Hotel 4
A_0	Mio€$_0$	100	100	100	100
LE_{tn}	Mio€$_{20}$	0	100	50	−50
WV	Mio€/DP*	5,00	0,00	2,50	7,50
Zinsen	Mio€/DP	7,50	15,00	11,25	3,75
Summe	Mio€/DP	12,50	15,00	13,75	11,25

*Mio € in der Mitte der Durchschnittsperiode
Anschaffungsauszahlung in t = 0: 100 Mio€
Laufzeit in Jahren (tn): 20
Zinssatz p. a. (Wacc): 15 %

Die Restkosten für Hotel 1 und 2 sind bereits berechnet worden. Zusätzlich aufgenommen ist mit Hotel 3 der Fall, dass der Liquidationserlös von 50 Mio € in der Mitte zwischen 0 und 100 liegt. Dieses Hotel müsste niedrigere jährliche Kosten haben als das Hotel ohne Restwert und höhere als das Hotel mit 100 Mio € Restwert. Beides trifft nicht zu und zeigt nochmals die unlogische Wirkung des Paradoxons.

Noch schlimmer wird die Fehlbeurteilung, wenn negative Liquidationserlöse in Betracht gezogen werden. Dies kann passieren, wenn am Ende der Nutzungsdauer hohe Auszahlungen z. B. für den Rückbau der Immobilie (Abriss und Entsorgung) aufgebracht werden müssen. Obwohl Hotel 4 in Tab. 1.39 dieses Problem in Höhe eines negativen Liquidationserlöses von − 50 Mio € aufweist, ergeben sich nach den herkömmlichen Regeln der statischen Rechnung die geringsten Periodenkosten! Für die gewählten Beispiele resultieren also völlig falsche Entscheidungsgrößen. Auch wenn die statischen Gewinne (also mit Berücksichtigung der Nettoumsätze und der laufenden Kosten) gerechnet würden, würden die Ergebnisse paradox bleiben, weil im Beispiel die Differenzen aus Nettoumsatz und laufenden Kosten für alle 4 Handlungsmöglichkeiten gleich sind.

Angesichts dieser erstaunlichen Ergebnisse muss im nächsten Abschnitt ermittelt werden, in welchen Fällen solche Paradoxa möglich werden.

Parameterkonstellationen für das Vorliegen eines Paradoxons

Es sei nun abgeleitet, wie solch verblüffende Ergebnisse entstehen können. Entscheidend ist die Abbildung des Liquidationserlöses in den obigen Formeln der statischen

Vergleichsrechnungen. Logisch wäre eine Erhöhung der Kosten, wenn am Ende ein geringerer Liquidationserlös erzielt wird. Dies ist jedoch nicht immer der Fall. Es gibt – wie die obigen Beispiele zeigen – Parameterkonstellationen, bei denen die Kosten fallen, wenn der Liquidationserlös geringer wird.

Um abzuschätzen, wann die Gefahr auftaucht, sei folgende Überlegung angestellt: Bei einer Erhöhung des Liquidationserlöses sollten die Kosten sinken. Dann muss die Ableitung der Restkosten nach dem Liquidationserlös negativ sein. Wenn die erste Ableitung der Formel gebildet wird, muss also für positive Laufzeiten und Zinssätze gelten:

$$\frac{dK_{Rest}}{dLE_{tn}} = -\frac{1}{tn} + \frac{1}{2} \cdot i < 0$$

$$\frac{1}{2} \cdot i < \frac{1}{tn} \quad \text{oder} \quad i < 2/tn$$

$$tn < \frac{2}{i}$$

Der Zinssatz für normale Ergebnisse muss also kleiner sein als der Quotient von 2 durch die Anzahl der betrachteten Perioden. Im obigen Beispiel betrug der Zinssatz i 15 % und die Periodenanzahl tn 20:

$$20 < \frac{2}{0,15} = 13,33$$

Die Bedingungen sind also offensichtlich nicht erfüllt. Bei den vorliegenden Parameterwerten reagieren somit die Durchschnittskosten paradox, d. h. sie steigen, wenn sich der Liquidationserlös erhöht, was ja auch die Beispiele gezeigt haben.

Auch wenn die für das Paradoxon notwendigen Parameterkombinationen nicht so häufig sind, so können sie doch auftreten, wenn
- sehr lange Laufzeiten und/oder
- hohe Zinssätze (z. B. in Inflationsländern) vorliegen.

Die Prognose insbesondere der Einzahlungen und des Liquidationserlöses wird mit zunehmender Laufzeit immer schwieriger, so dass sich der Entscheider darauf einstellen muss, dass die erwähnten Zahlungen auch in anderer Höhe auftreten können. Neben dem betrachteten Szenario (weil am wahrscheinlichsten) sollten auch andere Szenarien untersucht werden, wobei vor allen Dingen die schlechteren relevant sind. Wenn im Rahmen einer solchen Sensitivitätsanalyse auch die Liquidationserlöse variiert werden, so kann es passieren, dass bei einer vorsichtigeren = niedrigeren Schätzung des Liquidationserlöses die Kosten nicht steigen, sondern fallen. Das kann zu Verwirrung und falschen Schlüssen führen.

Erklärung und Verhinderung des Paradoxons

Ursache der auftretenden Paradoxa ist die unzutreffende Abbildung der Zinsen, die angeblich durch den Liquidationserlös erzeugt werden. Mit dem Term $(A_0 + LE_{tn}) / 2 \cdot i$ wird unterstellt, dass die Kapitalbindung linear mit den Abschreibungen abnimmt, unabhängig von dem eigentlich entscheidenden Anfall der Zahlungen. Denn der Liquidationserlös wird erst am Ende der Laufzeit liquiditätswirksam und nicht schon im Laufe der Durchführung der Handlungsmöglichkeit.

Es ist somit zu fragen, ob eine bessere Modellierung der Kapitalkosten gefunden werden kann, die berücksichtigt, dass der Liquidationserlös nicht auf die Kapitalbindung wirkt. Also muss der Liquidationserlös LE_{tn} aus der Formel herausgezogen werden und einzeln modelliert werden. Er darf nicht die Kapitalbindung erhöhen, weil er erst am Ende anfällt.

Da die statische Rechnung sich nur auf eine einzige Periode bezieht, muss der Liquidationserlös zunächst durch die Anzahl der Perioden tn dividiert werden. Und da er am Ende der Laufzeit anfällt, muss er auf die Mitte der Laufzeit abgezinst werden. Damit ergibt sich eine verbesserte Formel, die immer noch einfach ist:

$$K_{kor} = \frac{A_0}{tn} + \frac{A_0}{2} \cdot i - \frac{LE_{tn}}{tn \cdot \left(1 + i \cdot \dfrac{tn}{2}\right)} \qquad \text{in } €/DP$$

K_{kor} Korrigierte Gesamtkosten in € zur Mitte der Durchschnittsperiode

Die Abzinsung könnte auch mathematisch korrekt mit Zinseszinsen durchgeführt werden, aber das passt nicht zum allgemeinen Ansatz der statischen Rechnung.[63]

Der Nachweis, dass die verbesserte Formel nicht mehr zu einem Paradox führt, läuft wieder über die erste Ableitung:

$$\frac{dK_{kor}}{dLE_{tn}} = - \frac{1}{tn \cdot \left(1 + i \cdot \dfrac{tn}{2}\right)} < 0$$

Mit positiven Laufzeiten tn und positiven Zinssätzen i ist die linke Seite der Gleichung aufgrund des Vorzeichens immer negativ, so dass die Bedingung immer eingehalten wird.

In Tab. 1.40 ist die korrigierte Formel auf die Beispielsdaten von Tab. 1.39 angewendet.

---

[63] Für eine exakte Erfassung der Zinskosten müsste der genaue Tilgungsverlauf ermitteln werden, der z. B. in gleichen Tilgungen erfolgen kann. Viel häufiger sind aber Annuitätendarlehen, bei denen sich im Laufe der Zeit der Tilgungsanteil erhöht. In solchen Fällen wie auch in vielen anderen Tilgungsformen müsste mit der dynamischen Investitionsrechnung berechnet werden, wie hoch die durchschnittliche jährliche Zinsbelastung ist. Das wäre dann aber ein – sicherlich vernünftiger – Wechsel zur dynamischen Investitionsrechnung.

Tab. 1.40: Beispielsdaten für die korrigierte Formel der Kapitalbindung (eigene Darstellung).

Rechengröße	Einheit	Hotel 1	Hotel 2	Hotel 3	Hotel 4
A_0	Mio € in t = 0	100	100	100	100
LE_{tn}	Mio € in t = 20	0	100	50	–50
Summe alt	Mio€/DP	12,50	15,00	13,75	11,25
Summe korrigiert	Mio€/DP	12,50	10,50	11,50	13,50

Anschaffungsauszahlung in t = 0: 100 Mio€
Laufzeit in Jahren (tn): 20
Zinssatz p. a. (wacc): 15 %

Es zeigt sich, dass die Korrektur richtig wirkt. Erhöhte Restwerte führen in allen Fällen zu geringeren Kosten, so dass Paradoxa im Gegensatz zur alten Formel nicht mehr auftreten.

Allerdings ist zu fragen, ob sich der Aufwand einer verbesserten Formel lohnt. Dies ist dann zu bejahen, wenn die Unternehmen weiterhin darauf beharren, mit den statischen Verfahren zu arbeiten. Besser wäre es natürlich, wenn sie sich zum Einsatz vollständiger Finanzpläne entschließen könnten. Gerade bei langen Laufzeiten und hohen Zinssätzen werden die Abweichungen zwischen statischer und dynamischer Rechnung häufig sehr groß.

Zusammenfassung

Die Untersuchungen haben gezeigt, dass die statische Investitionsrechnung viele Probleme enthält: Insbesondere die Abbildung der Kapitalkosten über das durchschnittlich gebunden Kapital kann zu Paradoxa führen. Neben dem schon bekannten Renditeparadoxon (Vgl. Hoberg 2013a, S. 945ff), das auch für Parameterkonstellationen auftauchen kann, die in der Praxis üblich sind, kann es auch für den statischen Gewinn- bzw. Kostenvergleich Paradoxa geben. Es tritt auf bei langen Laufzeiten und hohen Zinssätzen.

Angesichts der zahlreichen Probleme sollten auch die vielen Unternehmen, die heute noch statisch rechnen, die statischen Verfahren aufgeben. An ihrer Stelle empfehlen sich vollständige Finanzpläne (VoFis), die methodisch überlegen sind und durch den Einsatz von Tabellenkalkulationen leicht handhabbar sind.

Wenn trotzdem noch statisch gerechnet werden soll, müssen die Ergebnisse auf das etwaige Vorliegen der oben genannten Paradoxa und Probleme überprüft werden. Besser wäre der Einsatz der hier vorgestellten korrigierten Formel der statischen Investitionsrechnung, mit der Paradoxa verhindert werden können.

1.14 Negative transaktionsbasierte interne Zinssätze

Im Abschnitt 1.6.4 wurden die Renditekriterien dargestellt, wozu auch die Interne Zinsfußmethode gehört. Trotz ihrer Probleme wird sie in der Praxis angewendet, weil sie das auf den ersten Blick unangenehme Problem vermeidet, dass Kalkulationszinssätze geschätzt werden müssen.

Der Zinssatz wird in der Betriebswirtschaftslehre als der prozentual ausgedrückte Preis definiert, welcher für die Überlassung von Kapital gezahlt wird. Eine Überprüfung der tatsächlich gezahlten und erzielten Renditen der getätigten Investitionen ist in den meisten Geschäftsbereichen mangels ausreichender Informationen kaum möglich. Eine Ausnahme bildet der Immobilienmarkt, der aufgrund zahlreicher gesetzlicher Regelungen über eine sehr hohe Transparenz und Dokumentation verfügt. Die Instrumente zur Ermittlung des aktuellen Markt- oder Verkehrswertes sind standarisiert und gesetzlich vorgegeben.

Der **Verkehrswert** wird im Baugesetzbuches (BauGB) § 194 wie folgt definiert: „Der Verkehrswert (Marktwert) wird durch den Preis bestimmt, der in dem Zeitpunkt, auf den sich die Ermittlung bezieht, im gewöhnlichen Geschäftsverkehr nach den rechtlichen Gegebenheiten und tatsächlichen Eigenschaften, der sonstigen Beschaffenheit und der Lage des Grundstücks oder des sonstigen Gegenstands der Wertermittlung ohne Rücksicht auf ungewöhnliche oder persönliche Verhältnisse zu erzielen wäre."[64] Für die Berechnung der Verkehrswerte werden durch die jeweiligen Gutachterausschüsse durchschnittliche Liegenschaftszinssätze vorgegeben.[65] Die Liegenschaftszinssätze sind die Kapitalisierungszinsäte, mit denen Verkehrswerte von Grundstücken je nach Grundstücksart im Durchschnitt marktüblich verzinst werde.[66]

Theoretisch lassen sich die Liegenschaftszinsen auch aus den Kaufpreissammlungen der tatsächlich bezahlten Kaufpreise ableiten. Aus diesem Grunde soll die transaktionsfundierte Ableitung von internen Zinsfüßen bei Immobilien betrachtet werden, die durch vermehrt auftretende negative Zinssätze zu Interpretationsproblemen führt. Bei negativen Liegenschaftszinssätzen wird definitionsmäßig das eingesetzte Kapital negativ verzinst und Verluste werden in Kauf genommen. Ein solches Verhalten erscheint bei einer marktwirtschaftlichen Betrachtung unüblich. Hierbei handelt es sich nicht um statistische Ausreißer, sondern um Phänomene, die bei bestimmten Marktkonstellationen auftreten.

---

64 Baugesetzbuch § 194
65 Vgl. Rössler u. a. 2004, S. 270.
66 ImmoWertV

1.14.1 Ableitung von Liegenschaftszinssätzen aus dem Transaktionsgeschehen auf dem Immobilienmarkt

Die Liegenschaftszinssätze in den Grundstücksmarktberichten der Gutachterausschüsse sollen das Marktverhalten der Marktteilnehmer simulieren. Mittel tatsächlich realisierter Transaktionen werden die Liegenschaftszinssätze aus tatsächlich gezahlten Kaufpreisen abgeleitet. Die Immobilienwertermittlungsverordnung (ImmoWertV)[67] regelt detailliert, wie der Verkehrswert einer Immobilie je nach Anwendungsfall mittels Vergleichswert-, Ertragswert- oder Sachwert-Verfahren zu ermitteln ist. Für das Ertragswertverfahren ist die Vorgabe von internen Zinssätzen erforderlich, die über das aktuelle Transaktionsgeschehen am relevanten Markt abgeleitet werden. Für die Verzinsung von Immobilienwerten ist der Liegenschaftszins ausschlaggebend, welcher gemäß § 14 Abs. 3 der ImmoWertV als der Zins definiert ist, mit dem sich Verkehrswerte von Grundstücken marktüblich verzinsen. Liegenschaftszinsen werden nach den Grundsätzen der Ertragswertverfahren auf der Grundlage repräsentativer Kaufpreise und Reinerträge für gleichartig bebaute und genutzte Grundstücke unter Berücksichtigung der modifizierten, wirtschaftlichen Restnutzungsdauer der Gebäude abgeleitet. Hierbei handelt es sich um vergangenheitsorientierte, realisierte Werte ohne Berücksichtigung der zukünftigen Mietsteigerungen, der möglichen Wertentwicklung der Immobilien sowie der Kostenentwicklung der Verwaltung oder Instandhaltung.

Die iterative Ableitung erfolgt durch eine mathematische Umstellung der Berechnungsformel des allgemeinen Ertragswertverfahrens. Bei einer derartigen Ableitung der Liegenschaftszinssätze aus den gezahlten Kaufpreisen sind die Parameter häufig nur bedingt bekannt und fachkundig durch die Gutachterausschüsse zu ergänzen. Zu diesen Parametern, die im jeweiligen Grundstücksmarktbericht zu beschreiben sind, zählen z. B. die erzielbaren Mieterträge und die Annahmen zu den wirtschaftlichen Gesamt- bzw. Restnutzungsdauern.

Der Ertragswert setzt sich aus zwei Komponenten zusammen; dem Bodenwert und dem Wert der baulichen Anlagen. Um den Bodenwert zu ermitteln, wird im Allgemeinen das Vergleichswertverfahren angewendet; grundsätzlich unterliegt er keiner wertmäßigen Abnutzung. Der Wert der baulichen Anlagen hingegen wird über die Dauer der geschätzten Nutzung verzehrt. Er stellt einen Rentenbarwert dar, welcher nachschüssig auf Grundlage der Restnutzungsdauer berechnet wird.

Die ImmowertV und die Ertragswertrichtline (EW-RL) verwenden Symbole, die von den in diesem Buch standartmäßig vorgegeben Symbolen abweichen:

ImmowertV   *Buch: Investitionsmanagement*

BW Bodenwert BW wird in diesem Buch ansonsten als Barwert verwendet

---

67 ImmoWertV

LZ	Liegenschaftszinssatz Zinssatz i, prozentual oder dezimal: 10% = 0,1
KF	Kapitalisierungsfaktor Barwertfaktor BWF

Formel der Ertragswertrichtline entsprechend den in diesem Buch verwendeten Symbolen:

$$vEW = (RE - BW * i)*BWF(i; tn) + BW$$

Es sei darauf hingewiesen, dass der Zinsfuß P nicht durch 100 dividiert werden muss, weil er die Einheit in % aufweist, was ja pro hundert heißt. Es gilt für einen Zinssatz von 10% somit i = 10% = 0,1.

Im Folgendem werden in diesem Kapitel 1.14 die Symbole der ImmowertV / EW-RL verwendet.

1.14.2 Iterative Berechnung von Liegenschaftszinsen

Die Formel des allgemeinen Ertragswertverfahrens lautet:[68]

$$vEW = (RE - BW \times LZ) \times KF + BW$$

$$\text{wobei } KF = \frac{q^n - 1}{q^n * (q - 1)}, \text{ mit } q = 1 + LZ \text{ mit } LZ = p/100$$

vEW	=	vorläufiger Ertragswert
RE	=	jährlicher Reinertrag (Nettomiete ohne Verwaltungskosten, Instandhaltung, Mietausfallrisiko u.a)
BW	=	**Bodenwert** ohne selbstständig nutzbare Teilflächen
LZ	=	Liegenschaftszinssatz
KF	=	Kapitalisierungsfaktor (Barwertfaktor; Nr. 10 und Anlage 1 ImmoWertV)
N	=	wirtschaftliche Restnutzungsdauer
p	=	Zinsfuß
KP	=	Kaufpreis bereinigt, ohne Grunderwerbsteuer, Notargebühren, Makler usw.

Der Kaufpreis wird um Sondereffekte, wie z. B. die Übernahme von anderen Verpflichtungen oder Altlasten bereinigt und entspricht nicht der Anschaffungsauszahlung A_0. Die Anschaffungsnebenkosten, insbesondere Grunderwerbssteuer, Notargebühren, Eintragungsgebühren, Makler können heute bis zu 15% auf den beglaubigten Kaufpreis betragen. Diese Anschaffungsnebenkosten führen zu keiner Wertsteigerung und sind bei einer Weiterveräußerung verloren. Bei einer klassischen Investitionsrechnung sind diese Größen natürlich zu berücksichtigen.

---

68 Ertragswertrichtlinie –EW_RL, BAnz AT 04.12.2015 B4

Durch Einsetzen (q = 1 + p/100) und Auflösen der Gleichung nach p zeigt sich, dass diese ohne Iteration nicht lösbar ist; p steht auf beiden Seiten der Gleichung. Anstelle des Ertragswertes wird bei der iterativen Ermittlung des Zinsfußes p der um die besonderen objektspezifischen Grundstücksmerkmale (boG) bereinigte Kaufpreis KP eingesetzt.

$$p = \left(\frac{RE}{KP} - \frac{q-1}{q^n-1} * \frac{KP-BW}{KP} \right) * 100 = \left(\frac{RE}{KP} - \frac{p/100}{q^n-1} \frac{KP-BW}{KP} \right) * 100$$

Als erster Näherungswert wird $p_0 = \dfrac{RE}{KP} * 100$ auf der rechten Seite der Formel eingesetzt.

$$p_1 = \left(\frac{RE}{KP} - \frac{p_0/100}{\left(1+p_0/100\right)^n - 1} * \frac{KP-BW}{KP} \right) * 100$$

Es ergibt sich der Wert p_1. Anschließend wird der Wert p_1 eingesetzt, so dass sich p_2 ergibt, usw. Diese Vorgehensweise lässt sich leicht in Excel abbilden (siehe Table 1.41).

1.14.3 Formelbedingte Grenzen des Iterationsverfahrens

Da die bei dem Iterationsverfahren verwendete Formel nicht monoton ist, kann diese je nach verwendeten Datensätzen zu nicht definierten oder zu sprunghaften Ergebnissen führen. Beispielsweise kann theoretisch nicht ausgeschlossen werden, das p_0 den Wert -200 annimmt (z. B. RE 150.000 €; KP -75.000 €) und es hierdurch bei dem Term $\dfrac{p_0/100}{\left(1+p_0/100\right)^n - 1}$ zu einer unzulässigen Division mit Null kommt. Wenn q einen negativen Wert annimmt, kommt es bei den Iterationen in Abhängigkeit von der Restnutzungsdauer (gerade oder ungerade Zahl) zu Sprüngen. In Abhängigkeit der Anzahl der gegebenen Iterationsschritte kommt es zu einem unterschiedlichen Ausweis des Liegenschaftszinssatzes (siehe Tab. 1.42).

1.14.4 Liegenschaftszinsen in Abhängigkeit der Bestimmungsfaktoren

Beispielhaft sollen Liegenschaftszinssätze für die entscheidenden Faktoren, Kaufpreis, Reinerträgen, Bodenwerten und Restnutzungsdauern ermittelt werden (siehe Tab. 1.43).

Bei einer Betrachtung der Ergebnisse wird ersichtlich, dass die häufig verwendeten Multiplikatoren (Faktor) und die Reinertragsrendite keine Aussage über die Wirtschaftlichkeit einer Immobilie machen können, da Sie den Bodenwert und die Restnutzungszeit des Gebäudes nicht berücksichtigen, die letztendlich auch bei einem positiven Reinertrag zu negativen Liegenschaftszinsen führen können. Der Liegenschaftszins ist abhängig vom bereinigten Kaufpreis, der Reinrendite, dem Bodenwert sowie der angesetzten Restnutzungsdauer der Immobilie; die Gesamtnutzungsdauer ist nicht relevant.

Tab. 1.41: Iterationsschritte zur Bestimmung des Liegenschaftszinssatzes.

Berechnung der Zinsfüße P mittels Excel Iteration

KP	RE	BW	RND	RE/KP	q-1	q	q^n-1	(KP-BW)/KP		p
€	€	€	n							
3.000.000	150.000	500.000	30							
				=$C$6/$B$6	=(1+$L6/100)-1	=(1+L6/100)	=POWER(H7,$E$6)-1	=($B$6-$D$6)/$B$6	0	=C6/B6*100
				=$C$6/$B$6	=(1+$L7/100)-1	=(1+L7/100)	=POWER(H8,$E$6)-1	=($B$6-$D$6)/$B$6	1	=(F7-(G7/I7*J7))*100
				=$C$6/$B$6	=(1+$L8/100)-1	=(1+L8/100)	=POWER(H9,$E$6)-1	=($B$6-$D$6)/$B$6	2	=(F8-(G8/I8*J8))*100
									3	=(F9-(G9/I9*J9))*100

Berechnung von Liegenschaftszinssätzen p mittels Iteration

Kaufpreis ber. KP	Reinertrag RE	Bodenwert BW	Gesamt ND GND	Rest ND RND		p
3.000.000 €	150.000 €	500.000 €	80	30	0	5,000
					1	3,746
					2	3,450
					3	3,372
					4	3,352
					5	3,346
					6	3,344
					7	3,344

Tab. 1.42: Sprünge und nicht definierte Liegenschaftszinssätze.

Berechnung von Liegenschaftszinssätzen p mittels Iteration							
Kaufpreis	**KP**	**-50.000 €**	**-70.000 €**	**-75.000 €**	**1 €**	**-1 €**	**-100.000 €**
Reinertrag	RE	150.000 €	150.000 €	150.000 €	150.000 €	150.000 €	150.000 €
Ertragsrendite	RE/KP	-300%	-214%	-200%	15.000.000%	-15.000.000%	-150%
Faktor	KP/RE	-0,333333	-0,4667	-0,5000	0,0000	0	-0,7
Bodenwert	BW	500.000 €	500.000 €	500.000 €	500.000 €	500.000 €	500.000 €
Restnutzung	RND	30	30	30	30	30	30
Liegenschaftszins	**%**	**-300,000**	**-214,286**	**#DIV/0!**	**15.000.000**	**-15.000.000**	**-1.050**
Liegenschaftszins	LZ						
Zinsfuß	p						
	0	-300,000	-214,286	-200,000	15000000	-15000000	-150,000
	1	-300,000	-181,927	#DIV/0!	15000000	-15000000	-1050,000
	2	-300,000	-1699,446	#DIV/0!	15000000	-15000000	-150,000
	3	-300,000	-214,286	#DIV/0!	15000000	-15000000	-1050,000
	4	-300,000	-181,927	#DIV/0!	15000000	-15000000	-150,000
	5	-300,000	-1699,446	#DIV/0!	15000000	-15000000	-1050,000

Tab. 1.43: Liegenschaftszins in Abhängigkeit der Bestimmungsfaktoren.

Berechnung von Liegenschaftszinssätzen p mittels Iteration						
Kaufpreis	KP	3.000.000 €	3.000.000 €	3.000.000 €	3.000.000 €	**5.000.000 €**
Reinertrag	RE	150.000 €	150.000 €	150.000 €	**75.000 €**	150.000 €
Ertragsrendite	RE/KP	5%	5%	5%	2,5%	3%
Faktor	KP/RE	20	20	20	40	33
Bodenwert	BW	500.000 €	**800.000 €**	500.000 €	500.000 €	**800.000 €**
Restnutzung	RND	30	30	**15**	30	30
Liegenschaftszins %		**3,344**	**3,603**	**-0,924**	**-0,473**	**0,333**

1.14.5 Liegenschaftszins in Abhängigkeit des Kaufpreises

Negative Liegenschaftszinssätze können durch sehr hohe, aber auch durch negative Kaufpreise entstehen. Bei symbolischen Kaufpreisen von z. B. 1 € gehen die Renditen formelbedingt (nahe Null) gegen Unendlich (siehe Tab. 1.44).

Negative Kaufpreise sind in der Praxis nicht ausgeschlossen, da in manchen Fällen Schulden oder andere Leistungen, wie z. B. Altlasten oder andere Risiken übernommen werden. Werden derartige Sondereffekte nicht erkannt oder bereinigt, werden falsche Werte in den Kaufpreissammlungen erfasst. Ein negativer Kaufpreis führt in solchen Fällen zu einem negativen Liegenschaftszinssatz, der jedoch auf die unvollständige Berücksichtigung der verfügbaren Daten im Model zurückzuführen ist.

Tab. 1.44: Liegenschaftszinssätze in Abhängigkeit vom Kaufpreis.

Berechnung von Liegenschaftszinssätzen in Abhängigkeit vom Kaufpreises							
Kaufpreis	**KP**	**3.000.000 €**	**5.000.000 €**	**6.000.000 €**	**1 €**	**-1 €**	**- 100.000 €**
Reinertrag	RE	150.000 €	150.000 €	150.000 €	150.000 €	150.000 €	150.000 €
Ertragsrendite	RE/ KP*100	5%	3%	2,5%	15.000.000%	-15.000.000%	-150%
Faktor	KP/RE	20	33.33	40	0.00	0.00	-0.67
Bodenwert	BW	500.000 €	500.000 €	500.000 €	500.000 €	500.000 €	500.000 €
Restnutzung	RND	30	30	30	30	30	30
Liegenschaftszins %		**3,344**	**0,000**	**-1,042**	**15.000.000**	**-15.000.000**	**-1,050**

1.14.6 Liegenschaftszins in Abhängigkeit des Reinertrages

Geringe Erträge können auf Verträge zurückgehen, bei denen die marktüblichen Pachten oder Mieten nicht erzielt werden. Dies kann z. B. bei älteren Verträgen der Fall sein, die über länger Zeit nicht angepasst wurden und deren Mieten nun nur schrittweise entsprechend den gesetzlichen Vorgaben erhöht werden dürfen. Beispiele für negative Liegenschaftszinsen in Folge von geringen oder gar negativen Reinerträgen werden in Tab. 1.45 ausgewiesen.

Tab. 1.45: Geringe Reinerträge führen zu negativen Liegenschaftszinssätzen.

Berechnung von Liegenschaftszinssätzen in Abhängigkeit von Reinertrag							
Kaufpreis	KP	3.000.000 €	3.000.000 €	3.000.000 €	3.000.000 €	3.000.000 €	3.000.000 €
Reinertrag	**RE**	**300.000 €**	**150.000 €**	**75.000 €**	**15.000 €**	**1 €**	**-150.000 €**
Ertragsrendite	RE/KP*100	10%	5%	3%	1%	0%	-5%
Faktor	KP/RE	10	20	40	200	3000000	-20
Bodenwert	BW	500.000 €	500.000 €	500.000 €	500.000 €	500.000 €	500.000 €
Restnutzung	RND	30	30	30	30	30	30
Liegenschaftszins %		**9,437**	**3,344**	**-0,473**	**-4,519**	**-5,794**	**-28,540**

Eine anders Problem stellt die zu beobachtende Diskrepanz zwischen marktüblichen Wohnungsmieten und den ortsüblichen Vergleichsmieten (§ 558 BGB) dar[69]. Da die Mietspiegel eine rückwärtige Betrachtung der Situation des Mietmarktes der letzten vier Jahren abbilden (§§ 558c&d BGB), können sie methodisch nicht die marktübliche Miete aufzeigen. Steigt die marktübliche Miete in diesem Zeitraum deutlich an, sind die marktüblichen Erträge höher als die nach dem Mietspiegel zulässigen (Ausnahme: Neuvermietungen). Bei einer derartigen Entwicklung über mehrere Jahre kann die

---

69 Vgl. Bischoff 2019,

Differenz erheblich werden, sodass negative Liegenschaftszinssätze nicht ausgeschlossen sind. Dies kann auch eintreten, wenn über viele Jahre keine neuen Mietspiegel aufgestellt werden oder nur einfache Fortschreibungen erfolgen. Der negative Liegenschaftszins ginge in diesen Fällen auf methodische Fehler zurück.

Ein negativer Reinertrag ergibt sich, wenn die Bewirtschaftungskosten höher sind als die Roherträge, bzw. die nicht umlegbaren Ausgaben die Einnahmen übersteigen. Die marktübliche Miete sollte zumindest mittelfristig über gesetzlich zulässige Mieterhöhungen gesichert sein. Da Verluste von einem Investor nicht dauerhaft akzeptiert werden, sind andere Motive denkbar, wie z. B. erwartete Preissteigerungen oder Optionen der Nachverdichtung.

1.14.7 Liegenschaftszins in Abhängigkeit des Bodenwertes

Im Ertragswertverfahren wird der Bodenwert des fiktiv unbebauten Grundstückes angesetzt. Es kann sich die Situation ergeben, dass der Bodenwert höher als der Ertragswert des bebauten Grundstücks ist (Beispielswerte siehe Tab. 1.46).

Tab. 1.46: Liegenschaftszins in Abhängigkeit vom Bodenwert.

Berechnung von Liegenschaftszinssätzen in Abhängigkeit vom Bodenwert							
Kaufpreis	KP	3.000.000 €	3.000.000 €	3.000.000 €	3.000.000 €	3.000.000 €	3.000.000 €
Reinertrag	RE	150.000 €	150.000 €	150.000 €	150.000 €	150.000 €	150.000 €
Ertragsrendite	RE/KP*100	5%	5%	5%	5%	5%	5%
Faktor	KP/RE	20	20	20	20	20	20
Bodenwert	**BW**	1 €	300.000 €	1.000.000 €	3.000.000 €	4.000.000 €	5.000.000 €
Restnutzung	RND	30	30	30	30	30	30
Liegenschaftszins %		**2,845**	**3,155**	**3,764**	**5,000**	**5,463**	**5,864**

Unter wirtschaftlichen Gesichtspunkten ergibt sich daraus die Alternative des Abbruches des Gebäudes verbunden mit einer intensiveren Neubebauung. Der Verkehrswert besteht dann aus dem Wert des unbebauten Grundstücks abzüglich der Abbruchkosten.

1.14.8 Liegenschaftszins in Abhängigkeit der Gesamt- und Restnutzungsdauer

Die Restnutzungsdauer stellt einen erheblichen Faktor bei der Ermittlung des Liegenschaftszinssatzes dar. Geringe Restnutzungsdauern begünstigen negative Liegenschaftszinssätze. Die Restnutzungsdauer wird durch die Vorgabe der anzusetzenden Gesamtnutzungsdauer der einzelnen Gutachterausschüsse determiniert.

Die Annahmen zu der Gesamtnutzungsdauer der Immobilien ist bei den verschiedenen Gutachterausschüssen sehr unterschiedlich. Früher wurde bei Wohngebäuden oft eine Gesamtnutzungsdauer von 100 Jahren unterstellt, heute werden in der Regel 80 Jahre (z. B. Stuttgart) oder 70 Jahre (z. B. Ludwigsburg) angesetzt. Neben der Berücksichtigung von Anpassungsfaktoren, wie z. B. laufende Renovierungen usw. hat dies erhebliche Auswirkungen auf die Restnutzungsdauer und somit auf den ausgewiesenen Liegenschaftszinssatz (siehe Tab. 1.47).

Tab. 1.47: Liegenschaftszins in Abhängigkeit der Restnutzungsdauer.

Berechnung von Liegenschaftszinssätzen in Abhängigkeit der RND							
Kaufpreis	KP	3.000.000 €	3.000.000 €	3.000.000 €	3.000.000 €	3.000.000 €	3.000.000 €
Reinertrag	RE	150.000 €	150.000 €	150.000 €	150.000 €	150.000 €	150.000 €
Ertragsrendite	RE/KP*100	5%	5%	5%	5%	5%	5%
Faktor	KP/RE	20	20	20	20	20	20
Bodenwert	BW	500.000 €	500.000 €	500.000 €	500.000 €	500.000 €	500.000 €
Restnutzung	**RND**	**50**	**30**	**20**	**15**	**10**	**5**
Liegenschaftszins %		**4,539**	**3,344**	**1,339**	**-0,924**	**-5,699**	**-19,593**

1.14.9 Liegenschaftszinssätze ausgewählter Städte

Im Rahmen einer Thesis[70] wurden die Liegenschaftszinssätze ausgewählter Städte abgefragt und ausgewertet. Die Daten wurden erhoben für Berlin, Dresden, Düsseldorf, Frankfurt am Main, Hamburg, Stuttgart sowie Ludwigsburg (siehe Tab. 1.48 & 1.49). Auswahlkriterien für die in die Auswertung einzubeziehenden Städte waren deren Größe, gemessen an der Einwohnerzahl sowie deren Lage im Bundesgebiet. Für jede Region sollte hierbei mindestens eine Stadt berücksichtigt werden, um regionale Unterschiede in der Entwicklung der Liegenschaftszinssätze in die Auswertung mit einzubeziehen. Da die Wohnraumsituation in Ludwigsburg als besonders angespannt gilt, wurde diese in die Auswertung mit einbezogen.

Negative Liegenschaftszinssätze wurden für die Städte Dresden und Ludwigsburg ausgewiesen (siehe Tab. 1.48).

Für die Städte Dresden und Ludwigsburg wurden nicht nur negative Liegenschaftszinssätze ausgewiesen, sondern in diesen Städten sind auch die höchsten Varianzen zu beobachten (siehe Abb. 1.23). Dies könnte in der vorgegebenen Restnutzungsdauer oder in den unterschiedlichen Erhebungsmethoden, sowie zum Beispiel dem Ausweis oder der Unterdrückung von Extremwerten, begründet sein.

---

70 Vgl. Hufenbach 2022.

Tab. 1.48: Liegenschaftszinssätze ausgewählter Städte in % – Niedrigste Werte.

Niedrigste Werte	2017	2018	2019	2020	2021	2022
Dresden	−2,67	−1,81	−3,47	−1,06	−2,46	−3,34
Frankfurt am Main	1,50	2,25	1,75	2,25	2,00	1,75
Stuttgart	2,30	2,70	1,90	1,40	1,40	1,40
Berlin	0,45	0,60	1,20	1,10	1,20	
Ludwigsburg	2,50	1,80	−0,30	−0,60	−0,84	−0,84
Düsseldorf	2,75	2,50	0,99	1,10	1,10	1,12
Hamburg	1,85	1,88	1,78	1,60	1,45	1,15

Tab. 1.49: Liegenschaftszinssätze ausgewählter Städte in % – Höchste Werte.

Höchste Werte	2017	2018	2019	2020	2021	2022
Dresden	6,18	6,84	6,09	5,41	4,73	5,48
Frankfurt am Main	4,50	4,25	4,00	3,75	3,25	3,00
Stuttgart	4,60	3,60	2,90	2,70	2,60	2,50
Berlin	3,17	3,20	3,40	3,40	2,80	
Ludwigsburg	4,50	4,90	5,50	2,60	3,53	3,53
Düsseldorf	3,50	3,50	3,88	5,16	5,22	2,86
Hamburg	3,68	3,75	3,55	3,20	2,88	2,29

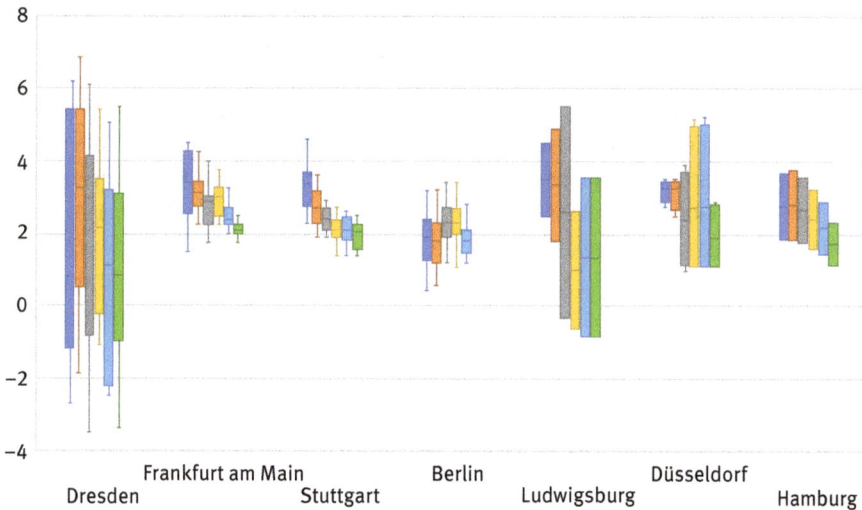

Abb. 1.23: Varianz der Liegenschaftszinssätze in % ausgewählter Städte.

Die allgemeine Entwicklung auf dem Immobilienmarkt lässt sich sehr gut in dieser Auswertung ablesen. So kam es in den Jahren ab 2017 aufgrund der günstigen Finanzierungskonditionen und der Tatsache, dass sichere Alternativinvestitionen wie beispielsweise deutsche Staatsanleihen eine immer geringere oder sogar negative Rendite versprachen, vermehrt zu Investitionen im Immobiliensektor. Die damit verbundene Nachfrageerhöhung führte zu der in den Immobilienmarktberichten zu beobachtenden Senkung der Liegenschaftszinsen im betrachteten Zeitraum. Im Fall von Berlin ist eine gewisse Steigerung in den Jahren 2019 und 2020 festzustellen, welche vermutlich auf die politischen Entscheidungen, wie z. B. die Einführung eines Mietendeckels oder die in dieser Zeit lauter werdenden Rufe nach einer Verstaatlichung des Immobiliensektors zurückzuführen sein dürften. Sie könnten für einen Rückgang der Nachfrage nach Immobilieninvestments verantwortlich sein.

1.14.10 Marktgerechte negative Liegenschaftszinssätze

Die Liegenschaftszinssätze werden von den Gutachterausschüssen festgelegt und in den Grundstücksmarktberichten veröffentlicht. Niedrige Liegenschaftszinsen sind ein Indikator für sehr gute Lagen in Kombination mit einer hohen Nachfrage. In einigen Regionen werden zunehmend negative Liegenschaftszinssätze für verschiedene Immobilienarten wie z. B. Geschäfts- oder Mehrfamilienhäuser oder Eigentumswohnungen, ausgewiesen.[71] Entweder sind die Investoren bereit, die Immobilien quer zu subventionieren oder sie beurteilen die Marktlage anders als in den Modellen unterstellt wird. Auf den Immobilienmärkten besteht in vielen Regionen ein hoher Nachfrageüberhang. Insbesondere bei Mehrfamilienhäusern sowie in Toplagen für Eigentumswohnungen und Eigenheimen ist dies zu beobachten. Die Preisbildung erfolgt über den relativ transparenten Markt, wobei sich die Immobilien zunehmend zu Spekulationsobjekten entwickeln, bei denen die Investitionsentscheidung nicht alleine mittels der ausgewiesenen Renditeerwartung begründet werden kann. Die in einzelnen Märkten zu beobachtende hohe Varianz kann auch als ein Indikator für spekulative Käufe gewertet werden. Investoren verzichten kurzfristig auf Renditen und zahlen die geforderten Kaufpreise, um ihr Kapital in Sachwerten anzulegen. Ursachen für die großen Preissteigerungen bei Immobilien sind geringe Angebote bei – insbesondere in Ballungsräumen – steigenden Nachfragen. Verstärkt wird diese Entwicklung durch den allgemeinen Mangel an Wohnraum. Aufgrund der Nachfrage und der geringen Zinsen für Immobilienfinanzierungen wurden vermehrt Eigentumswohnungen errichtet bzw. bestehende Mehrfamilienhäuser in Wohneigentum umgewandelt.

In den deutschen Ballungsräumen hat bereits seit Jahren das Angebot an unbebauten Grundstücken stark abgenommen. Wegen der steigenden Preise verkauften

---

71 Vgl. Bischoff 2019, Teil1, Rohr 2020

Eigentümer ihre Immobilien nicht und hofften auf weitere Wertsteigerungen. Andere Anbieter, wie der Staat und Gebietskörperschaften, erweiterten das Angebot nicht, da sie bereits zwecks Haushaltskonsolidierung nicht benötigte Immobilien veräußert haben und zum Teil ihren Bestand wieder aufstocken und hierdurch den Markt weiter anheizen. Der Mangel an Bauland geht einher mit einer steigenden Nachfrage durch Kapitalanleger, die in anderen Anlageformen keine ausreichende Rendite oder Sicherheit vor geldpolitischen Krisen sehen. Da die Liegenschaftszinssätze aus dem tatsächlichen Transaktionsgeschehen abgeleitet werden, lassen sich durchaus auch Warnsignale für eine Immobilienblase ableiten.

Internationale Kapitalanleger, wie z. B. Hedge- und Pensionsfonds steigen zunehmend in den deutschen Immobilienmarkt ein, da dieser als wirtschaftlich stabil und im Vergleich zu anderen europäischen Märkten unterbewertet gilt. Kapitalanleger oder Eigennutzer legen ihr Kapital in sichere Immobilien an, ohne dass sie eine positive Rendite erwarten. Negative Liegenschaftszinssätze bringen zum Ausdruck, dass Investoren Immobilien ein sehr geringes Risiko beimessen oder erhebliche Wertsteigerungen erwarten. Bei Anlageentscheidungen sind neben Renditeerwartungen und Risikobewertungen auch Portfoliogesichtspunkte, abweichende Markteinschätzungen wie z. B. die alternativen Verwertungen der Grundstücke, sowie ungewöhnlich niedrige Kreditzinsen der Immobilienfinanzierung bei gleichzeitig negativen Zinsen für Kapitalanlagen, zu berücksichtigen. Die Flucht in Sachwerte stellt ein wichtiges Motiv dar.

Entweder weist die Wertermittlung systembedingte Schwächen auf oder sie verdeutlicht die aktuelle Entwicklung eines Immobilienmarktes, auf dem die aktuellen Mietpreise den Kaufpreiserwartungen hinterherhinken. Unter Berücksichtigung der Erwerbsnebenkosten bei Immobilien in der Größenordnung von 8–15%, die nicht in den Kaufpreisen enthalten und ausgewiesen werden, verschärft sich diese Aussage nochmals. Spekulative Elemente können zu marktgerechten, negativen Liegenschaftszinssätzen bei Immobilien im Ertragswertverfahren führen.

Ein weiterer wesentlicher Grund für die geringen Verzinsungen ist darin zu sehen, dass erwartete höhere Mieten und Restwerte nicht in die Kalkulation eingehen. Ein Investor wird sicher auch deswegen bereit sein, heute höhere Preise zu bezahlen, wenn er in seiner Investitionsrechnung herausgefunden hat, dass die am Markt gezahlten Preise gerechtfertigt sind unter der Berücksichtigung seiner Preiserwartungen.

1.15 Investitionsentscheidungssituationen, -prozesse und –träger

Investitionsentscheidungsträger sind vielfältig und hängen insbesondere von der Größe des Unternehmens und der Art der Investition ab. In den KMU's sind die Einzelentscheider i. d. R. die Inhaber bzw. Geschäftsführenden Gesellschafter, wohingegen in großen Unternehmen häufig mehrere auf die jeweiligen Investitionsarten spezialisierte Führungsgremien existieren. In großen Unternehmen kann ein Investitionsausschuss für

Sachanlagen parallel zu einem Investitionsausschuss für Unternehmenskäufe und Beteiligungen und einem Investitionsausschuss für Forschungs- und Entwicklungsprojekte bestehen. Darüber hinaus werden Investitionen fallweise sowohl in KMU's als auch in großen Unternehmen von externen Beratern und /oder Gutachtern begleitet. Für Investitionsprojekte sind häufig sowohl betriebswirtschaftliche als auch technische, steuerliche, rechtliche und ökologische Expertise notwendig. Diese breitgefächerten Kenntnisse können in der Person eines Einzelentscheiders kaum vereint sein. Deshalb holen sich gerade auch Einzelentscheider externe Beratungskompetenz hinzu, wobei hier in kleinen Unternehmen die Steuerberater einen häufig hinzugezogenen Beratertypus darstellen. In der derzeitigen Situation der sprunghaft steigenden Energiepreise sind Investitionen in Photovoltaik, Solarthermie und Hybridheizungen von großer Aktualität, erfordern aber Informationen zu den steuerlichen Implikationen und ggf. die Heranziehung eines Energieberaters. Die fallweise Beauftragung von Beratern erscheint für KMU effizienter als die Bildung von Investitionsausschüssen, da diese die Investitionsprozesse verlangsamen können.

Zur Struktur und Effizienz von Ausschüssen liegt umfängliche Literatur in der Organisationstheorie vor. Investitionsausschüsse werden hier unter den Oberbegriff der Führungsgremien subsumiert. Führungsgremien – auch Komitees, Kommissionen, Kollegien genannt – sind gekennzeichnet durch die diskontinuierliche Zusammenarbeit ihrer Mitglieder in Sitzungen (Redel 1987). Zu bestimmten Zeitpunkten verlassen die Mitglieder eines Gremiums ihre eigentlichen Arbeitsbereiche (Stellen) und kommen zur gemeinsamen Bearbeitung bestimmter Aufgaben zusammen (Kosiol 1980). Gremienmitglieder nehmen eine Multisystemposition ein, d. h. sie gehören mindestens zwei Subsystemen an (Bleicher 1975). Allerdings bietet die organisationstheoretische Literatur wenig konkrete Hilfestellung für die hier interessierenden speziellen Fragen der optimalen Ausgestaltung der Investitionsentscheidungsprozesse.

Im Folgenden wird ein anonymisiertes und gekürztes Beispiel für eine Investitionsrichtlinie einer internationalen Unternehmensgruppe der Konsumgüterindustrie dargestellt und mit Anmerkungen versehen. Die Struktur bzw. Nummerierung entspricht weitgehend der Primärquelle.

1. Gegenstand und Zweck der Investitionsrichtlinie: Diese Richtlinie regelt die Durchführung von Investitionsprojekten. Sie legt – beginnend mit der Planung bis hin zur abschließenden Kontrolle – die Mindestanforderungen hierfür fest. Die im Anhang aufgeführten Ausführungsbestimmungen sind Bestandteil der Richtlinie.

2. Die Richtlinie gilt für die gesamte Unternehmensgruppe;
Anmerkung: In internationalen Großunternehmen muss eine formale Investitionsrichtlinie allein aus dem Grunde der internationalen Vereinheitlichung, Transparenz und Vergleichbarkeit der Investitionsanträge existieren, wohingegen in KMUs diese Notwendigkeit nicht oder in geringerem Ausmaß besteht.

3. Begriffe: Eine Investition im Sinne dieser Richtlinie ist die Verwendung finanzieller Mittel für folgende Projekte:
   a. Kauf/Erstellung von Sachanlagen (ausgenommen Paletten, Werkzeuge für Blas- und Spritzgussformen sowie Ätzkosten für Druckzylinder)
   b. Kauf von Grundstücken und grundstücksgleichen Rechten
   c. Leasing, Mietkauf, Miete, Pacht

Akquisitionen (angel.: Merger And Akquisition) und Investitionen in Forschung und Entwicklung sind in der Beispiel- Unternehmensgruppe durch eine gesonderte Richtlinie geregelt.

4. Grundsätze
   a. Etatbewilligung: Der Investitionsetat ist jährlich im Rahmen der Kurzfristplanung zu erstellen. Er bedarf der Bewilligung durch die Geschäftsführung. Nicht in Anspruch genommene bewilligte Etatmittel verfallen zum Jahresende.
   b. Projektgenehmigung: Jedes einzelne Projekt muss vor Übernahme finanzieller Verpflichtungen von der jeweils zuständigen Instanz genehmigt werden.
   c. Splittingverbot: Die Aufteilung eines Investitionsvorhabens in mehrere Projekte ist bei der Beantragung unzulässig. Das Vorhaben muss alle zur Realisierung erforderlichen Maßnahmen beinhalten.

5. Planung und Bewilligung des Investitionsetats: Im Rahmen der Kurzfristplanung sind von den Unternehmen Investitionspläne in Abstimmung mit dem zuständigen Ressort zu erstellen. Diese müssen gesondert ausweisen:
   – Grundstücke und grundstücksgleiche Rechte
   – V-Projekte   (Vorhaben ab .... €)
   – G-Etats   als Sammelbetrag für G-Projekte   (Vorhaben unter .... €)

Hierbei sind Ausführungsbestimmung und Richtlinie "Kurzfristplanung' – zu beachten. Aus den Investitionsplänen ist von der Investitionskommission ein Vorschlag für den Investitionsetat des Gesamtunternehmens zu entwickeln und der GF vorzulegen. Der von der GF bewilligte Etat ist verbindlicher Rahmen für die Investitionen.

6. Beantragung von Projekten
   a. Veranlassung der Bearbeitung: Der zukünftige Betreiber bzw. das zuständige Ressort veranlasst die Aufnahme der Bearbeitung eines Projektes mit dem Ziel, die für die Genehmigung erforderlichen Daten zu ermitteln. Bei der Auswahl der bearbeitenden Organisationseinheit sind Umfang und Schwierigkeitsgrad des Projektes zu berücksichtigen.
   Projekte werden durch das Ressort Ingenieurwesen bearbeitet. Ausnahmen bedürfen der Zustimmung des Leiters des Unternehmensbereiches. Die mit der Bearbeitung beauftragte Organisationseinheit hat vor Bearbeitungsaufnahme einen für die Abwicklung des gesamten Vorhabens geeigneten Projekt- Leiter zu benennen.
   b. Erarbeitung der Genehmigungsunterlagen: Bei der Erarbeitung der Genehmigungsunterlagen sind im Gesamtunternehmen vorhandenes Wissen und verfügbare Bearbeitungskapazitäten zu nutzen. Die Investitionssumme ist mit einer

Genauigkeit von 10 % zu ermitteln. Für die Zusammenstellung der Unterlagen ist der Projektleiter verantwortlich. Er hat darauf zu achten, dass die technischen Unterlagen den Anforderungen der Ausführungsbestimmungen genügen.

c. Form der Beantragung: Die Beantragung hat auf dem Vordruck "Antrag auf Genehmigung eines Projektes" zu erfolgen. Bei Kauf/Verkauf von Grundstücken und grundstücksgleichen Rechten sowie Miete und Pacht von Grundstücken kann die Beantragung formlos erfolgen. Bei Projekten mit einer Investitionssumme unter ... € ist eine Kurzbeschreibung auf dem Antragsvordruck ausreichend. Bei Projekten mit einer Investitionssumme ab ... € sind dem Antrag weitere Unterlagen gemäß Ziffer xx des Vordruckes beizufügen, soweit sie relevant sind.

Die Investitionsrechnung ist entsprechend der Ausführungsbestimmung zu erstellen.

Bei V-Projekten müssen das Datenblatt mit den Marketing- und Betriebsdaten, Angaben zu geprüften Alternativen sowie zur Finanzierung beigefügt werden. Kleininvestitionen in Verbundenen Unternehmen müssen nicht beantragt, jedoch auf dem Antragsvordruck gemeldet werden. Anträge aus Verbundenen Unternehmen sind von dem Geschäftsführer dieses Unternehmens zu unterschreiben. Die Anträge sind dem zuständigen Ressort vorzulegen. Dieses wird eine Fachbeurteilung, sofern erforderlich, veranlassen und das Genehmigungsverfahren einleiten.

7. Genehmigung von Projekten
   a. Genehmigungsinstanzen: Folgende Instanzen können innerhalb der angegebenen Grenzen die Genehmigung erteilen:
      Für V-/G-Projekte und für Leasing, Mietkauf, Miete, Pacht, sofern nicht Grundstücke betroffen sind,

Geschäftsführer der Verbundenen Unternehmen (VU) für A-Firmen		bis € ....
für B-Firmen	individuell zu regeln	von € .... bis ....

Niedrigere Genehmigungsgrenzen können intern durch die operativen Unternehmensbereiche festgelegt werden.

Bereichsleiter des zuständigen Ressorts				unter	....	€
Leiter des zuständigen Ressorts	ab	....	b i s	unter	....	€
Investitionskommission	ab	......	b i s	unter	......	€
GF	ab	......	b i s	unter	......	€
Gesellschafterausschuss	ab	....	€			

V-Projekte, die im bewilligten Etat nicht enthalten sind, müssen vom Gesellschafterausschuss genehmigt werden.

Für Kauf/Verkauf von Grundstücken und grundstücksgleichen Rechten sowie Miete und Pacht von Grundstücken

Leiter des zuständigen Ressorts zusammen mit Ressort Recht			unter	.... €
Investitionskommission	ab ...	bis	unter	.... €
GF	ab .... €			

Die vorgeschalteten Instanzen müssen das Projekt vor Genehmigung befürworten.

   b. Genehmigungsmitteilung: Die Genehmigung des Projektes ist dem antragstellenden Ressort und dem Projektleiter vom etatführenden Ressort schriftlich mitzuteilen. Dies erfolgt durch die projektverwaltende Stelle mit Übersendung einer Kopie des Antrages, versehen mit einem Genehmigungsvermerk, dem Genehmigungsdatum und mit einer Projektnummer. Erst die Projektnummer bewirkt die Eröffnung eines Projektes. Daher sind auch die Deckblätter der durch die Geschäftsführer genehmigten Projektanträge über die zuständigen Ressorts an die projektverwaltende Stelle zur Vergabe einer Projektnummer zu übermitteln.

   c. Nachgenehmigungen: Werden Kostenüberschreitungen in Landeswährung von mehr als 10% der genehmigten Investitionssumme erkennbar, ist bei Projekten ab .. .. € die Erhöhung der Investitionssumme unter Verwendung des Vordrucks "Antrag auf Genehmigung eines Projektes" zu beantragen. Für Beantragung und Genehmigung sind die für das ursprüngliche Projekt zuständigen Instanzen maßgebend. Werden wesentliche Änderungen der technischen Konzeption zu der Kostenüberschreitung führen, sind neben einer neuen Wirtschaftlichkeitsrechnung auch die relevanten technischen Unterlagen beizufügen. Die Mitteilung der Nachgenehmigung erfolgt wie beim ursprünglichen Projekt.

8. Ausführung von Projekten
   a. Projektleiter: Verantwortlich für die Ausführung eines Projektes ist der Projektleiter, dessen Aufgaben, Pflichten und Rechte in der Ausführungsbestimmung geregelt sind.
   b. Nutzung eigener Kapazitäten: Bei der Ausführung von Projekten sind vorrangig die im Gesamtunternehmen vorhandenen technischen Kapazitäten zu nutzen. Die Einschaltung von im Unternehmen verfügbaren Fachleuten ist zu prüfen.
   c. Baustellenleiter: Für jede Baustelle ist ein Baustellenleiter zu benennen, dessen Aufgaben, Pflichten und Rechte in der Ausführungsbestimmung geregelt sind.
   d. Beschaffung: Bei der Beschaffung sind die in der Ausführungsbestimmung festgelegten Grundsätze zu beachten.
   e. Informationspflicht: Die an der Projektausführung beteiligten Stellen – das sind insbesondere zukünftiger Betreiber, zuständiges Ressort und Projektleiter –

haben sicherzustellen, dass ein für die Erfüllung der jeweiligen Aufgaben erforderlicher, lückenloser und rechtzeitiger Informationsaustausch stattfindet.

f. Abrechnung: Die Abrechnung eines Projektes ist auf Anforderung des Projektleiters unmittelbar nach Abschluss der Inbetriebsetzung und Erledigung von Restarbeiten vorzunehmen. Kann die Abrechnung wegen noch zu leistender Zahlungen erst zu einem wesentlich späteren Zeitpunkt erfolgen, ist durch geeignete Maßnahmen (Projektschließung) das Eingehen weiterer Verpflichtungen auszuschließen. Dieses hat spätestens bei Abschluss des Probebetriebes zu erfolgen.

9. Investitionskontrolle

a. Etatausschöpfung: Für die Einhaltung der ihnen bewilligten Etats sind die Unternehmen verantwortlich. Bis zum Ende eines Jahres nicht beanspruchte Teile eines Etats können nicht auf das Folgejahr übertragen werden.

b. Ausgabenmeldung: Von jedem Unternehmen sind dem etat-führenden Ressort die Ausgaben für die Projekte quartalsweise zu melden. Von den Verbundenen Unternehmen ist die Meldung gemäß Ausführungsbestimmung Nr. 13 vorzunehmen.

c. Investitionsnachrechnung: Zur Feststellung des Erfolges einer Investition ist bei V-Projekten im Anschluss an ihre Realisierung eine Investitionsnachrechnung durchzuführen. G-Projekte sind nur in Einzelfällen einer Nachrechnung zu unterziehen. Die Entscheidung ist von der Investitionskommission bei Genehmigung zu treffen.

10. Verzeichnis-der-Ausführungsbestimmungen

Nr. 1: Kleininvestitionen in Verbundenen Unternehmen

Nr. 2: Aufgaben, Pflichten und Rechte des Projektleiters

Nr. 3: Beschaffung von Kraftfahrzeugen

Nr. 4: Leasing, Mietkauf, Miete, Pacht

Nr. 5: Grundstücke und grundstücksgleiche Rechte

Nr. 6: Technischer Bearbeitungsstand bei Antragstellung

Nr. 7: Abgrenzung, Darstellung und Verfolgung von Investitionskosten

Nr. 8: Inbetriebsetzung von Neuanlagen

Nr. 9: Aufgaben, Pflichten und Rechte des Baustellenleiters

Nr. 10: Terminplanung und Terminverfolgung

Nr. 11: Beschaffung

Nr. 12: Dokumentation technischer Unterlagen

Nr. 13: Meldung von Investitionsausgaben durch Verbundenes Unternehmen

Nr. 14: Investitionsrechnung

1.16 Investitionscontrolling

Der Entscheidungsträger sollte nicht glauben, dass mit der Entscheidung für eine Handlungsmöglichkeit die Arbeiten beendet sind.[72] Er muss vielmehr periodisch und bei wichtigen Ereignissen prüfen, ob sich neue Auswirkungen auf die Handlungsmöglichkeit ergeben. Wie die Ausführungen zur Sensitivitätsanalyse gezeigt haben, sind die Fähigkeiten der Entscheidungsträger zur Prognose begrenzt, sodass immer wieder nachgesteuert werden muss. Im positiven Fall (z. B. Absatzmenge im Ist deutlich höher als im Plan) muss überlegt werden, ob bzw. wie die Kapazitäten erhöht werden können. Im negativen Fall, z. B. lassen sich die geplanten Nettopreise oder Absatzmengen nicht erzielen oder sind die Energiekosten dramatisch gestiegen, muss gegengesteuert werden. Hierbei sind die entscheidungsrelevanten Kosten anzusetzen. Dabei ist immer zu berücksichtigen, in welchem Umfang schon getätigte Entscheidungen bereits zu Auszahlungen geführt oder Kosten verursacht haben bzw. werden, die nicht mehr zurückgeholt werden können (*sunk cost*). Es gilt die Maxime, dass nur die zukünftig noch beeinflussbaren Faktoren wie z. B. Umsätze und Kosten bzw. Ein- und Auszahlungen zu berücksichtigen sind.

Bei der Nachverfolgung von Investitionen sind die gleichen Instrumente einzusetzen, die auch in allen anderen Bereichen des Controllings eines Unternehmens standartmäßig eingesetzt werden[73]. Das Thema Investitionscontrolling könnte somit auch sehr ausführlich unter Berücksichtigung aller Controlling Aspekte dargestellt werden. An dieser Stelle erfolgt eine Beschränkung auf einige Aspekte, die sich aus der besonderen Langfristigkeit und der oft sehr hohen Kapitalbindungen der Entscheidungen ergeben. Diese erfordern z. B. eine die überdurchschnittlich detaillierte Dokumentation, Regeln für die Anschlussfinanzierungen, mögliche Exit Strategien sowie die Prüfung von Desinvestition.

1.16.1 Investitionskontrolle

Nach der Behandlung verschiedener Möglichkeiten zur Beurteilung von Handlungsmöglichkeiten sei nun ein in der Praxis sehr wichtiger Punkt angesprochen, die Investitionskontrolle. Hier ist auf eine enge Verzahnung mit dem Planungs- und Budgetierungsprozess zu achten. Denn der gleiche Manager, der vor wenigen Wochen anlässlich der Projektentscheidung die Chancen des Projektes in den schönsten Farben ausgemalt hat, wird häufig während der Planerstellung für die nächsten Jahre von einem plötzlichen Realismus gepackt. Nur wenn er weiß, dass er später an den Zahlen

---

[72] Der Begriff Investitionscontrolling wird hier sehr restriktiv verwendet und bezieht sich hier nur auf die Aspekte des Investitionscontrollings, die sich aus der besonderen Langfristigkeit der Entscheidungen und der hohen Kapitalbindung ergeben.
[73] Varnholt u. a. 2020.

gemessen wird, die er zur Entscheidungsfindung abgegeben hat, wird er mit Sorgfalt und der notwendigen Ehrlichkeit die Prognosen erstellen.[74] Dies sind die gleichen Probleme, die bei der Entscheidungsfindung auftreten können (siehe Kap. 1.1.3).

Allerdings muss berücksichtigt werden, dass ein detaillierter Vergleich von Soll und Ist nicht unbedingt weiterhilft, weil die Rahmenbedingungen praktisch nie wie vorhergesagt eintreffen werden. Bei einer realistischen Planung sollte erwartet werden dürfen, dass nicht alle Größen schlechter als geplant eintreffen. Zudem muss berücksichtig werden, dass gemäß Leitfaden nach der Entscheidung eine permanente Anpassung erfolgen muss (siehe Kap. 1.17).

Die Arbeit im Controlling wird durch die SAP-Module IM (Investitionsmanagement) und PM erleichtert, welche auf der Ressourcenseite sicherstellt, dass nur genehmigte Auszahlungen frei gegeben werden.

1.16.2 Dokumentation der Entscheidungsprozesse

Das Investitionscontrolling beschäftigt sich mit der Überprüfung von Entscheidungen und der Analyse von Planungsfehler oder Fehlannahmen. Oberstes Ziel sollte es stets sein, aus fehlerhaften Annahmen und Fehlentscheidungen zu lernen. Bei Investitionen steht latent der Vorwurf im Raum, dass neue Projekte passend gerechnet werden. Das Investitionscontrolling kann diesem Vorwurf begegnen, indem eine laufende Dokumentation und Überprüfung der Datengrundlagen und Entscheidungsprozesse erfolgt.

Die Praxis zeigt, dass hier nur eines gegen zu optimistische Planungen hilft: Die schriftliche Versicherung, dass die der Investitionsentscheidung zugrunde gelegten Zahlen unverändert als Vorgaben im Budget verwendet werden. Die Autoren erwarten, dass vor allen Dingen im Mittelstand die Reihe der Fehlinvestitionen nicht sinken wird. Häufig geschieht dies sogar, ohne dass das Management es merkt (oder merken will). Die Herkulesaufgabe des Controllers liegt somit in der Phase der Entscheidungsvorbereitung, in welcher er alle wichtigen Daten validiert und für die spätere Budgetierung dokumentiert werden. Die Validierung kann aber oft nur eine Plausibilitätsprüfung sein, denn der Controller kann naturgemäß in vielen Planungsdaten nicht so tief informiert sein wie die Fachabteilung. Das Controlling sollte jedoch bei größeren Abweichungen im Budgetierungsprozess eine Erklärung der Fachabteilungen einfordern.

Investitionsprojekte sind aufgrund der langen Laufzeiten häufig von wechselnden Entscheidungsträgern zu verantworten, was bei Misserfolgen leicht zu Schuldzuweisungen an frühere Verantwortliche oder zur Ablehnung der eigenen Verantwortung führen kann. Eine saubere Dokumentation und Nachverfolgung der Investitionsprojekte, der getroffenen Annahmen, der Entscheidungsträger sowie der Entscheidungsprozess im Cont-

---

74 Vgl. zur Notwendigkeit einer Investitionskontrolle z. B. Weber/Schäffer, S. 359.

rolling kann hierbei helfen gegenzusteuern. Größere Investitionsprojekte sind unter der laufenden Prüfung der entscheidungsrelevanten, zukunftsbezogenen Auszahlungen und Kosten, z. B. dramatisch steigender Energiekosten aufgrund von Sanktionen, anzupassen und ausreichend zu dokumentieren. Ein Gegenzeichnen der verantwortlichen Entscheidungsträger bei den verabschiedeten Beschlussvorlagen ist zu empfehlen.

1.16.3 Optimierung der (Re-) Finanzierungen am Beispiel eines Immobilienkredits

Insbesondere in Phasen steigender Zinsen können erforderliche Anschlussfinanzierungen für Unternehmen zu einem erhöhten Risiko werden. Das Controlling sollte deshalb anstehende Refinanzierungen bei der Liquiditätsplanung im Auge haben. Dies gilt insbesondere, wenn die Anschlussfinanzierungen in Zeiten anderer Krisen, wie zum Beispiel Lieferkettenunterbrechungen oder aufgrund von kriegerischen Auseinandersetzungen auftreten. In vielen Fällen lässt sich die Finanzierung einzelner Produktionsanlagen nicht von der Gesamtfinanzierung des Unternehmens trennen. Deshalb sollte stets eine enge Abstimmung des Controllings mit der Finanzabteilung bezüglich anstehender geplanter Investitionsprojekten erfolgen.

Die Finanzierung von Immobilien erfolgt in vielen Fällen separat. Die Ermittlung des optimalen Eigenkapitals bei einer Finanzierung soll anhand eines Immobilienbeispiels aufgezeigt werden.[75]

Die Konditionen für Kredite hängen entscheidend von dem Risiko ab, das der potenzielle Kreditgeber sieht. Für Unternehmen stehen häufig Ratingnoten zur Verfügung, welche nach einer ausführlichen Analyse aller relevanten Umstände vergeben werden. Neben einigen anderen Faktoren spielt auch die Eigenkapitalquote eine wesentliche Rolle, da Eigenkapital die Rolle eines Risikopuffers erfüllt. Je höher das Eigenkapital, desto besser die Konditionen. Wie aber lässt sich die Ermittlung des Eigenkapitals optimieren?

Der Kreditanteil

Bei der Vergabe von Krediten können Kreditgeber (insb. Banken) ihren Risikoaufschlag im gewährten Zinssatz reduzieren, wenn durch mehr Eigenkapital das Risiko von Kreditausfällen geringer wird. Insofern hängen die zu gewährenden Konditionen entscheidend vom Kreditanteil ab. Am Beispiel eines Immobilienkredits heißt dies, dass der Kredit zum Marktwert der Immobile ins Verhältnis gesetzt wird. Bei der Wertschätzung der Immobilie ist Vorsicht geboten. Einige Banken versuchen, den anzusetzenden Wert der Immobilie insbesondere in Krisenzeiten deutlich unter den des

---

75 Die folgenden Ausführungen stützen sich auf den Beitrag von Hoberg (2021) Finanzierung eines Immobilienerwerbs als Vermögensanlage: Berechnung der Kreditdauer, in: BBP 11/2021, S. 298–301.

Kaufpreises zu legen. Damit steigt der Kreditanteil und als Folge erhalten die Banken höhere Zinssätze und versuchen diese Kosten auf die Kunden abzuwälzen. Dieses Problem wird sich in Zukunft verstärken, weil nach Ende des Immobilienbooms viele Objekte an Wert verlieren werden.

Das Risiko für die Banken steigt mit dem Kreditanteil in der Finanzierung, was sich die Banken zurecht durch höhere Zinssätze bezahlen lassen. Für einen 15-jährigen Kredit kann der effektive Zinssatz bei einem 60 %-Kreditanteil z. B. 1 % betragen, bei 80 % 1,4 %, und bei 90 % 1,8 %. Die Sprünge sehen zunächst nicht so schlimm aus, wenn der Zinssatz z. B. von 1,4 % auf 1,8 % springt. Aber es ist zu bedenken, dass der neue Zinssatz nicht nur für den zusätzlichen Kreditbetrag (von 80 % auf 90 %) gilt, sondern für den gesamten Kreditbetrag. Somit muss auch der ursprüngliche Anteil von 80 % den höheren Zinssatz tragen.

Die Beispiele zeigen, dass die Konditionen an bestimmten Grenzen der Kreditanteile springen können. Da dann immer der gesamte Kredit betroffen ist, sind die Steigerungen deutlich höher. Somit sollte der potenzielle Kreditnehmer den optimalen Eigenkapitalanteil als eigenes Optimierungsproblem sehen.

Aber gerade, wenn beim Eigenkapitalanteil nur ein geringer Betrag zur nächsten Sprunggrenze fehlt, kann über alternative Wege nachgedacht werden. Um herauszufinden, wie teuer die Alternativen sein dürfen, werden im Folgenden Entscheidungstabellen für unterschiedliche Entscheidungssituationen entwickelt. Die folgenden Überlegungen sind in ähnlicher Weise auch für andere Anschlussfinanzierungen gültig.

Der Effekt zusätzlichen Eigenkapitals

Zusätzliches Eigenkapital kann die Zinslast über die gesamte Laufzeit überproportional reduzieren. Dies gilt besonders, wenn die Stufen bei gestiegenen Kreditanteilen sehr hoch sind, weil der zunächst geplante Kreditanteil nahe an einer Sprungstelle liegt. Wenn mehr Eigenkapital bei der Finanzierung angesetzt wird, um die Effektivverzinsung zu reduzieren, kann der Kreditnehmer entscheiden, ob er die gleiche Rate bezahlen möchte, um die Restschuld zu reduzieren oder bei gleicher Restschuld niedrigere Raten bezahlen will.

Relevanter dürfte der zweite Ansatz sein, weil ein Kreditnehmer, der niedrigere Raten bezahlt, noch Zahlungen für das Kapital leisten muss. Daher wird diesem Ansatz gefolgt, auch wenn er etwas komplizierter ist.

Im ersten Schritt ist die Monatsrate zu ermitteln. Der Finanzierungsbedarf sei auf 100 T € festgelegt, damit andere Beträge einfach abgeleitet werden können. Die Monatsrate MR ergibt sich dann dadurch, dass die Summe aus Fremdkapitalsatz und Tilgungsprozentsatz addiert, durch 12 dividiert wird und dann mit dem Kreditbetrag multipliziert wird. Das führt zur folgenden Formel:

$$MR = (FKZS + TS) \div 12 \times KP \times (1 - EKA) \text{ in € pro Monat}$$

MR   Monatsrate in € pro Monat nachschüssig

FKZS Fremdkapitalzinssatz
TS   Tilgungssatz
KP   Kaufpreis ohne Nebenkosten in $€_0$
EKA   Eigenkapitalanteil

Es sei ein Beispiel betrachtet mit den folgenden Daten, bei denen zunächst kein Eigenkapital angenommen wird:

$$MR = (2{,}4\% + 3{,}0\%) \div 12 \times 100.000(1 - 0\%)\ € \text{ pro Monat}$$

$$MR = 0{,}054/12 \times 100.000 = 450\ € \text{ pro Monat}$$

Nun kann die Restschuld ermittelt werden, indem alle Zahlungen auf den Endzeitpunkt der Finanzierung bezogen werden. Dieser sei zunächst auf 15 Jahre festgelegt. Da die Monatsraten vorliegen, sind somit tn = 180 Raten zu berücksichtigen. Die Restschuld RS am Ende der 180 Monate ergibt sich wie folgt:

$$RS180 = KP \times (1 - EKA) \times q^{180} - MR \times EWF$$

RS180   Restschuld nach 180 Monaten
q   Monatszinsfaktor: 1 + i
i   Monatszinssatz

EWF Endwertfaktor: $(q^{tn} - 1) / i$

Der Endwertfaktor (vgl. Abschnitt 1.5.1) kann eingesetzt werden, wenn gleichmäßige Zahlungen (Höhe, zeitlicher Abstand) auf den Endzeitpunkt hochgezinst und addiert werden sollen. Im Beispiel beträgt der Endwertfaktor 215,96 $€_{180}$ / $€_{1;180}$ (vgl. zu dieser präziseren Darstellung der Einheiten Abschnitt 1.5.2). Mit dem so ermittelten Endwertfaktor lässt sich die Restschuld zu 142.725 – 97.184 = 45.541 $€_{180}$ ausrechnen.

Bei gleicher Restschuld RS kann nun die neue Rate berechnet werden, welche deutlich geringer sein muss, weil der Kreditbetrag und die Effektivverzinsung niedriger sind. Es sei angenommen, dass 10 % weniger Kredit (neue EK-Quote 90 %) aufgenommen werden soll, wodurch sich die Effektivverzinsung von 2,4 % auf 1,8 % reduziert.

Für die Ratenermittlung werden Wiedergewinnungsfaktoren (auch Annuitätenfaktoren genannt) eingesetzt, wiederum in der nachschüssigen Variante (vgl. Kap. 1.5.). Wiedergewonnen (finanziert) werden muss der Kreditbetrag von 90.000 EUR abzüglich des Restwertes, der aber vorher auch auf den Startzeitpunkt t = 0 bezogen werden muss. Der zu amortisierende Betrag ergibt sich somit zu

$$ZAB = KP \times (1 - EKA) - RS/q^{180} \text{ in } €_0$$

ZAB   Zu amortisierender Betrag in $€_0$
RS   Restschuld in $€_{180}$

Für das Beispiel ergibt sich:

$$ZAB = 90.000 - 45.541 \div 1,307 = 55.151 \text{€}_0$$

Dieser Betrag wird nun mit dem Wiedergewinnungsfaktor nachschüssig auf die 180 Monate verteilt:

$$WGFn = \left(q^{tn} \times i\right) / \left(q^{tn} - 1\right) \text{ in } \text{€}_{1;tn} / \text{€}_0$$

WGFn   Nachschüssiger Wiedergewinnungsfaktor, in $\text{€}_{1;tn} / \text{€}_0$

Die Einheit des Wiedergewinnungsfaktors ist in $\text{€}_{1;tn} / \text{€}_0$, d. h., dass man für jeden Euro, der in t = 0 finanziert werden muss, zu den Zeitpunkten 1 bis tn jeweils eine Rate bezahlen muss (vgl. Abschnitt 1.5.2).

Die Monatsrate ergibt sich mit den obigen Zahlen gerundet entsprechend:

$$MR = ZAB \times WGFn = 55.151 \times 0,00634 = 349,48 \text{ in } \text{€}_{1:180}$$

Gegenüber der alten Rate von 450 $\text{€}_{1;180}$ ergibt sich eine Reduktion von 100,52 $\text{€}_{1;180}$ als Ausgleich dafür, dass statt 100 T €_0 nur 90 T €_0 Kredit vergeben wurden. Die weniger ausgezahlten 10 T €_0 erbringen somit eine Reduktion von $180 \times 100,52$ $\text{€}_{1;180}$.

Aus dieser Zahlungsreihe ist nun die Effektivverzinsung zu ermitteln, welche sich mit den obigen Daten iterativ zu 9,215 % ergibt. Dies sind die zusätzlichen Verzinsungen, die der Käufer erbringen muss, wenn er die höhere Fremdkapitalrate wählt. In diesem Beispiel sollte es leicht sein, z. B. einen nachrangigen Kredit mit einer geringeren Effektivverzinsung zu finden. Die Höhe der Verzinsung zeigt auch, dass der Kreditnehmer sich überlegen sollte, ob er ein eventuell vorhandenes Wertpapierdepot auflösen sollte, um seine Eigenkapitalbasis zu stärken.

Variationen und Verhandlungsstrategie
Wenn die im Beispiel angenommenen Daten variiert werden, ergeben sich folgende Ergebnisse, wobei das obige Beispiel immer den Ausgangspunkt darstellt:

a) Höherer Eigenkapitalanteil: Wenn der Sprung nicht von 100 % auf 90 % erfolgt, sondern von 90 % auf 80 %, dann reduziert sich die kritische Effektivverzinsung um ca. 0,7 Prozentpunkte, weil bei gleichem Kaufpreis der Kredit geringer ausfällt.

b) Höhere Tilgung: Wenn die ursprüngliche Tilgung einen Prozentpunkt höher liegt, so reduziert sich die kritische Effektivverzinsung um ca. 0,7 Prozentpunkte, weil die Kapitalbindung schneller fällt.

c) Kürzere Laufzeit: Wenn die ursprüngliche Laufzeit um fünf Jahre auf zehn Jahre reduziert wird, so steigt die kritische Effektivverzinsung um ca. 1,3 Prozentpunkte, weil die durchschnittliche Kapitalbindung höher liegt. Umgekehrt fällt sie bei 20 Jahren um ca. 1,2 Prozentpunkte.

d) Halbierter Sprung: Wenn die Sprunghöhe nicht mehr 10 Prozentpunkte, sondern nur noch 5 Prozentpunkte ausmacht, so verteilt sich die Reduktion der Effektivverzinsung auf einen geringeren Betrag, sodass die kritische Effektivverzinsung um ca. 6,5 Prozentpunkte steigt. Ein höherer Eigenkapitalanteil lohnt in diesen Fällen fast immer.

Eine gute Vorbereitung auf die Kreditgespräche ist somit außerordentlich wichtig, damit der Kreditnehmer seine Spielräume kennt. Wichtig ist es, bei mehreren Kreditgebern anzufragen, weil sie unterschiedliche Stufen haben können und weil sie den Marktwert und die Risiken eventuell anders einschätzen. Wenn dann der benötigte Betrag bis zum Erreichen der Sprungstelle feststeht, können die Angebote bewertet werden.

Die Analysen haben gezeigt, dass teilweise sogar ein Konsumentenkredit günstigere Zinsen erbringen kann. Besser sind aber nachrangige Darlehn wie z. B. Bausparverträge. Noch geeigneter sind häufig Policendarlehen auf die bereits eingezahlten Beiträge zu Lebens- und Rentenversicherungen. Auch KfW-Darlehen sind häufig nachrangig. Durch die stark verringerten Raten kann ggf. der Zusatzkredit schnell zurückgezahlt werden.

Die abgeleiteten Erkenntnisse lassen sich in abgewandelter Form auch auf gewerbliche Kreditaufnahmen übertragen. Hier können zusätzlich noch Geschäftspartner gefragt werden, ob sie – z. B. für einen langfristigen Vertrag – bereit sind, Finanzierungen zur Verfügung zu stellen.

1.16.4 End of Life Management von Marken

Während die Marketingliteratur fast ausschließlich die Schaffung und Führung von Marken bearbeitet, gibt es in der Praxis sehr häufig die Frage, wie das End of Life einer Marke aussehen sollte. Zu diesem Thema wird ein Ansatz vorgestellt, wann eine Marke relauncht oder weitergeführt werden soll.[76] Auch großen internationalen Konzernen gelingt es nicht immer, Marken erfolgreich zu führen. Nicht selten müssen sie sich entscheiden, ob eine Marke weiterentwickelt, verkauft oder eingestellt werden sollen. So hat P&G im Jahr 2018 die Haarpflegemarke Wella mit Dutzenden von Produkten verkauft, weil sie aus ihrer Sicht nicht aussichtsreich profitabel genug waren. Interessanterweise können die Marken dann in den Händen kleinerer, aber fokussierterer Unternehmen zu neuer Blüte gelangen. Andererseits werden alte Marken in andere Geschäftsfelder weiterlizenziert, um zusätzliche Einzahlungen zu generieren

Im Marketing konzentrieren sich viele Publikationen auf den Aufbau und die Entwicklung von Marken. Kaum beschrieben wird die Frage nach dem End of Life von Marken. *Homburg*[77] verwendet in seinem „Marketing-Management" über 30 Seiten auf das Management von Marken, lässt das Thema der sterbenden Marken aber

---

76 Die Ausführungen stützen sich auf den Beitrag von Hoberg, End of Life Management von Marken; in: Der Betrieb, 74. Jahrgang, Heft 17/2021, S. 853–859.

77 Vgl. Homburg, Marketing Management, 7. Aufl. 2017, S. 623 ff.

außen vor, obwohl mehr Marken scheitern als reüssieren. Genauso selten findet sich der Ansatz, Marken zum „Ausschlachten" oder Melken zu kaufen bzw. dann zu vermarkten. Solche Strategien werden aber in der Praxis angewendet, sodass ein tieferer Blick in dieses Thema lohnt.

Marken führen, wie es der Name schon sagt, zu Markierungen im Gehirn. Damit grenzen sie sich gegenüber den Handelsmarken (weiße Ware) ab, die definitionsgemäß keine Wirkungen ausüben, welche über das Produkt hinausgehen. Laut Homburg gilt: „Eine Marke stellt eine im Bewusstsein des Kunden verankerte Vorstellung dar, die das Angebot eines Unternehmens von Wettbewerbsangeboten differenziert".[78]

Es sei erwähnt, dass diese Differenzierung nicht positiv sein muss. Denn einige Marken üben eine negative Wirkung aus. Dies gilt z. B. für Monsanto (Glyphosatproblematik), sodass in einem solchen Falle eine Handelsmarke vorzuziehen wäre. Der Einsatz positiv besetzter Marken führt hingegen dazu, dass eine Bereitschaft der Kunden besteht, höhere Preise zu zahlen.[79] Die durch die gute Marke ausgelösten zusätzlichen Einzahlungen stellen zunächst den Nutzen der Marke dar.[80] Dagegen laufen aber die für die Marke notwendigen Auszahlungen. Erst wenn diese Differenz positiv ist, bringt die Marke einen Wert. Noch genauer ausgedrückt: Die Barwertsumme der zusätzlichen Einzahlungen muss größer sein als die der zusätzlichen Auszahlungen.

Die Barwertsummen müssen wegen des großen Problems der Periodenverschiebungen angewendet werden, da die Investitionen in die Marke (Auszahlungen) zeitlich vorgelagert sind. Der Nutzen tritt erst später, häufig auch erst in den nachfolgenden Jahren ein. So ist das Image von Coca-Cola über Jahrzehnte aufgebaut worden und hilft dem Konzern auch heute noch, für ihn bessere Preis-Mengen-Kombinationen durchzusetzen. Die Folgen für das markenführende Unternehmen sind:
- Im Jahr der Markeninvestition verringern die Auszahlungen für die eigene Marke den Cashflow. Im externen Rechnungswesen dürfen sie nicht aktiviert werden, sodass der Nutzen erst in den Folgejahren wirksam wird.
- Spätere Jahre hingegen profitieren von den in den Vorjahren getätigten Markeninvestitionen. Im Extremfall kann auf aktuelle Markeninvestitionen verzichtet werden und trotzdem der Verkauf noch vom Markenimage profitieren.

Somit muss 2-stufig vorgegangen werden, um die Effekte auf die neuen Perioden zu berücksichtigen (Carry-over-Effekt). Zunächst soll nur für die betrachtete Periode die optimale Preis-Mengen-Kombination bestimmt werden (obwohl ihre Realisierung Auswirkungen auf die Folgeperioden hat) und erst später sollen die Markeninvestitionen mit Wirkung auf die Folgeperioden einbezogen werden.

---

78 Vgl. Homburg, a.a.O., S. 624.
79 Vgl. z. B. Hünerberg, Markenmanagement, 2. Aufl. 2017, S. 13 ff.
80 Vgl. z. B. Wöhe/Döring, Einführung in die Allgemeine Betriebswirtschaftslehre, 27. Aufl. 2020, S. 400 ff.

Die erwarteten Verkaufsmengen des Markenartikels lassen sich als Antwort des Marktes auf den Marketingmix des Unternehmens verstehen, wobei auch die weiteren Einflussgrößen des Umfelds im weiteren Sinne zu beachten sind. Insbesondere die Reaktion der Konkurrenz auf den Marketingmix des Unternehmens muss antizipiert werden, was aber nur selten richtig geschieht.[81] Bezogen auf den Preis des Konkurrenzprodukts kann versucht werden, mit der Kreuzpreiselastizität den Einfluss zu bestimmen.[82] Die Frage nach der optimalen Preis-Mengen-Kombination kann das Unternehmen nur über die Preise beeinflussen, wobei im Fall der Einschaltung von Absatzmittlern wie den Handelsketten nur die Preise an diese Mittler bestimmt werden können. Bei zu hohen Preisen werden die Mengen bescheiden bleiben. Zu niedrige Preise hingegen sind zwar häufig gut für die Mengen, aber nicht für die Margen, sodass schnell die Gewinne des Unternehmens erodieren können. Insofern muss sorgfältig analysiert werden, welches die richtigen Preise für die Endkunden bzw. für die Absatzmittler sind.

Preisabsatzfunktionen

Die Standardantwort der Betriebswirtschaftslehre auf die Frage nach der besten Preissetzung besteht in der Nutzung von Preisabsatzfunktionen (PAF), welche für jede Preissetzung angeben, wie hoch die resultierende Menge voraussichtlich sein wird.[83] Wie oben angeführt muss die Mengenschätzung auch die antizipierte Reaktion anderer Marktteilnehmer (insb. Konkurrenz) beinhalten. Für die Nutzung dieses Standardmodells sind einige Präzisierungen notwendig. Es sei darauf hingewiesen, dass der Preis immer der Nettopreis sein muss, also nach Berücksichtigung aller Rabatte (in der Rechnung, auf den Rechnungsbetrag und Rückvergütungen) und der Effekte der Zahlungsziele.[84] In der Literatur wird die Wirkung der verschiedenen Rabatte „price waterfall" bezeichnet,[85] wobei in der Realität noch mehr Erlösreduktionen anfallen. Es fehlen z. B. die Effekte von Zahlungszielen und die Nachteile aufgrund von subventionierten Krediten.

Im Folgenden wird der Preis daher als Nettopreis p_N angegeben, um deutlich zu machen, dass wirklich alle Erlösschmälerungen inklusive eventueller Finanzierungskosten abgezogen sein müssen. Zudem sei auf die Notwendigkeit hingewiesen, die zu betrachtende Periode genau festzulegen. Denn die Wirkungsbeziehungen können sich schon wenig später ändern, was insbesondere für Produkte gilt, deren Nachfrage von der Saison abhängt. Es ist offensichtlich, dass höhere Preise bis auf wenige Sonderfälle[86]

---

81 Vgl. hierzu Hoberg, Controlling Journal 5/2017 S. 30 ff.
82 Vgl. z. B. Homburg, a.a.O., S. 685 ff.
83 Vgl. z. B. Wöhe/Döring, S. 407 ff., Hoberg, DB 2018 S. 1937 ff.
84 Vgl. zur Ermittlung der Nettopreise Varnholt/Hoberg/Gerhards/Wilms/Lebefromm, S. 133 ff.
85 Vgl. Vohra/Krishnamurthi, Principles of Pricing – An analytical approach, 2012, S. 74 ff.
86 Zu den Ausnahmen gehören z. B.: Veblen-Effekt, Snob-Effekt, Preis-Qualitätsvermutung, u. ä. Vgl. hierzu z. B. Wöhe/Döring, S. 409 ff.

zu niedrigeren Mengen führen und vice versa. Daher weist die Preisabsatzfunktion (PAF) eine negative Steigung auf. Die PAF wird üblicherweise linear angenommen. Sie stellt das Ergebnis der Entscheidung von sehr vielen Kunden dar und ist somit das Ergebnis der Aggregation von vielen Einzelentscheidungen.

Die Preisabsatzfunktion beginnt mit dem Prohibitivpreis p_{PH} für eine Menge von 0 (Schnittpunkt auf der Y-Achse). In ihrer linearen Variante hat die Preisabsatzfunktion das folgende Aussehen:

$$p_N = p_{PH} + a \times x \quad \text{in GE/ME}$$

p_N Nettopreis in GE/ME
p_{PH} Prohibitivpreis in GE/ME
a Steigungsparameter, üblicherweise negativ
x Fakturierte Menge in ME/Pe

Die Zusammenhänge seien anhand eines Beispiels für ein Produkt ohne Einsatz einer Marke gezeigt. Der Prohibitivpreis betrage in der betrachteten Periode 10 €/ME und die Steigung a – 0,001. Diese Parameter schätzt das Unternehmen auf der Basis von Marktforschungen. Es wird für verschiedene Preissetzungen prognostiziert, welche Menge in der betrachteten Periode resultieren würde. Aus den Punkten werden dann die Parameter (Prohibitivpreis und Steigung) der – in diesem Fall linear unterstellten – Preisabsatzfunktion bestimmt. Sie gilt nur in bestimmten Intervallen. Im Beispiel sei sie nur für Preise zwischen 40 und 90 €/ME gültig:

$$p_{No} = 10 - 0{,}001 \times x_o \, (\text{in € /ME})$$

mit $40 \leq p_{No} \leq 90$

Die Variablen haben den Index o erhalten, da sie für den Fall *ohne* Marke gelten.

Bei einem Prohibitivpreis von $p_{PHo} = 100$ €/ME ist laut den Parametern dieser Preisabsatzfunktion ein Preisniveau erreicht, bei dem niemand mehr kauft. Für jede Mengeneinheit, die das Unternehmen nun verkaufen will, muss es den Nettopreis jeweils um 0,001 €/ME reduzieren. Wenn es schließlich 100.000 ME/Pe verkaufen will, muss es den Preis auf 100 – 0.001 × 100.000 = 0 senken. Die bei diesem Preis von 0 absetzbare Menge wird Sättigungsmenge genannt.

Es sei darauf hingewiesen, dass diese Arten von Preisabsatzfunktionen einige Probleme aufweisen.[87] Für die Zwecke dieser Untersuchung der Markeneffekte sind sie nicht so wesentlich, zumal auch nur ein begrenztes Preisintervall zwischen 40 und 90 €/ME betrachtet werden soll. An den Rändern – also bei extremen Preisen – tauchen häufiger Abweichungen auf, sodass die Funktion nur für diesen mittleren Bereich als relevant definiert sei.

---

87 Vgl. dazu Hoberg, DB 2018 S. 1937 ff.

Die Variablen werden im Fall **mit** Marke mit einem m als Index gekennzeichnet. Der positive Effekt einer Marke kann mathematisch somit über eine Verschiebung der Preisabsatzfunktion abgebildet werden. Die Käufer sind bereit, höhere Preise zu bezahlen oder kaufen bei gleichem Preis größere Stückzahlen. Die Preisabsatzfunktion bei Einsatz einer Marke sei durch die folgende Gleichung abgebildet:

$$p_{Nm} = 12 - 0{,}0008 \times x_m \, (\text{in } € /ME)$$

Im Vergleich zur Preisabsatzfunktion ohne Marke schafft es das Markenprodukt, einen höheren Prohibitivpreis zu erzielen und eine flachere Steigerung zu erreichen. Letzteres bedeutet, dass Preiserhöhungen mit einer geringeren Reduktion des Absatzes „bestraft" werden. Im nächsten Schritt ist zu klären, wie ein Unternehmen das Wissen um die Preisabsatzfunktionen in eine jeweils optimale Preis-Mengen-Kombination umsetzen kann.

Optimale Preis-Mengen-Kombination

Zunächst sei das Optimum für das weiße Produkt (also ohne Marke) bestimmt. Die Zielgröße besteht im Gewinn der betrachteten Periode. Die Einflüsse auf andere Perioden seien zunächst ausgeklammert. Für die Optimierung wird noch der Grenzkostensatz benötigt, welcher für dem Fall ohne Marke durchgängig mit 40 €/ME angenommen wird (= Linearitätsannahme[88]). Degressionseffekte aufgrund höherer Einkaufsmengen seien somit nicht betrachtet. Im Fall mit Marke möge der Grenzkostensatz bei 45 €/ME liegen. Die Fixkosten z. B. für Verwaltung, Mieten, Produktentwicklung, PR, Zentralfunktionen, zeitlich bedingten Abschreibungen usw. ändern sich in der betrachteten Periode nicht, sodass sie bei der Optimierung herausfallen werden. Zunächst wird angenommen, dass die Investitionen in die Marke nicht relevant sind. Dies stellt eine wenig realistische Annahme dar, die weiter unten aufgehoben werden muss.

Dann kann die Gewinnfunktion G_0 (ohne Marke) wie folgt aufgestellt werden:

$$G_0 = (p_{PH} + a_0 \times x_0)x_0 - k_{vo} \times x_0 - K_{fix} \text{ in GE/Pe}$$

G_0 Gewinn in der betrachteten Periode ohne Markeneinsatz in GE/Pe

k_{vo} Variabler Stückkostensatz ohne Marke in €/ME

K_{fix} Periodenfixkosten in €/Pe

Nach Ableitung der Gewinnfunktion und Nullsetzung ergibt sich:[89]

$$x_{opto} = (p_{PH_0} - k_{vo})/(-2 \times a_0) \quad \text{in ME/Pe}$$

x_{opto} Gewinnoptimale Menge im Falle ohne Markeneinsatz

Diese Bedingung für das Mengenoptimum sei in die PAF eingesetzt:

---

88 Vgl. Varnholt/Hoberg/Gerhards/Wilms/Lebefromm), S. 378.
89 Vgl. ausführlicher zu den Arbeitsschritten Hoberg, Wisu 2013, S. 322 ff.

$$p_{opto} = (p_{PHo} + k_{vo})/2 \quad \text{in } €/ME$$

p_{opto} Gewinnoptimaler Preis im Falle ohne Markeneinsatz

Mit den obigen Daten ergibt sich der optimale Preis zu (100 + 40) / 2 = 70 €/ME bei einer optimalen Menge von (100 – 40) / (-2 × -0,001) = 30.000 ME/Pe, was auch in der Zusammenfassung in Tab. 1.50 abgebildet wird.

Tab. 1.50: Gewinnoptimale Preise und Deckungsbeiträge ohne und mit Marke.

Marke	Prohibitivpreis (in €/ME)	Steigung	Var Stückkosten (in €/ME)	p_{opt} (in.€/ME)	x_{opt} (in,ME/Pe)	DB1 (in T €/Pe)
Ohne	100,00	−0,0010	40,00	70,00	30.000	900
Mit	120,00	−0,0008	45,00	82,50	46.875	1.758
Differenz	20,00	0,0002	5,00	12,50	16.875	858

Der optimale Deckungsbeitrag im Fall ohne Marke beläuft sich auf 900 T €/Pe. Die Einheit „T €/Pe" bedeutet neben der Angabe in T €, dass die Zahl nur für die betrachtete Periode gilt. Zudem ist zu berücksichtigen, dass in der Kosten- und Leistungsrechnung die Größen auf die Mitte der betrachteten Periode bezogen sind.[90] Insofern kann lässt sich auch T €_{0,5} schreiben.

Die gleiche Optimierung soll auch für den Fall mit Marke durchgeführt werden. Der Markenartikel habe leicht höhere variable Stückkosten aufgrund der höherwertigen Aufmachung. Der Einsatz der Marke führt zu höheren optimalen Preisen **und** Mengen, sodass es eine doppelte positive Anpassung gibt. Der sich ergebende Deckungsbeitrag liegt im Fall mit Marke fast doppelt so hoch wie im Fall ohne Marke. Für die Daten des Beispiels kann abgeleitet werden, dass der Einsatz der Marke in der betrachteten Periode zunächst einen zusätzlichen Wert von 1.758 – 900 = 858 T €/Pe geschaffen hat (siehe Differenzzeile in Tab. 1.48). Dieser Wert gilt allerdings nur vor Berücksichtigung von Markeninvestitionen.

Entscheidungsrelevante Fixkosten

Im letzten Absatz wurde der optimale Gewinn unter Vernachlässigung der Fixkosten abgeleitet, weil diese nicht von der Menge abhängen. Dies stimmt für viele Arten der Fixkosten. Aber die Investitionen in die Marke fallen nicht in diese Kategorie. Gem. der erweiterten Differenzmethode[91] müssen diese Markeninvestitionen berücksichtigt werden, weil ihre Höhe von der gewählten Strategie (mit oder ohne Marke) abhängig ist. Die Abschätzung der Markeninvestitionen darf sich jedoch nicht auf die in der be-

---

90 Vgl. hierzu Hoberg, ZfCM 2004 S. 271 ff.
91 Vgl. Hoberg, BBP 2015 S. 132 ff.

trachteten Periode anfallenden Kosten beschränken. Denn Kosten sind ja bewerteter betrieblicher Wertverzehr in einer Periode. Betriebswirtschaftlich (nicht handels-rechtlich) gilt das auch für die Wertänderung der Marke, wobei nicht nur ein Wert-verzehr, sondern auch ein Wertzuwachs auftreten kann. In der Terminologie der BWL sind dann Zusatzleistungen aufgetreten.[92] Jede Marke sollte daher mindestens einmal im Jahr bewertet werden, auch um die Qualität der Marketingmaßnahmen be-urteilen zu können. Erst dann kann beurteilt werden, ob sich der Einsatz der Marke gelohnt hat.

Wertänderung der Marke

Wertbestimmend aus betriebswirtschaftlicher Sicht ist, inwieweit die Marke zu höhe-ren Preisen und/oder Mengen führt, wie es oben mit der verschobenen Preisabsatz-funktion gezeigt wurde. Die dafür notwendigen Investitionen entstammen teilweise auch aus den vorhergehenden Jahren. Dieser Gedanke sei am Extremfall der unterlas-senen Markeninvestitionen dargestellt. Da viele Marken sich über Jahre in das Ge-dächtnis der Kunden „eingebrannt" haben, wirkt die Marke auch dann noch, wenn sie nicht durch die Marketingpolitik aktualisiert wird. Während die Wirkung vorhan-den ist und in die optimale Preis-Mengen-Kombination eingeht, gibt es keine Kosten für die Markenaktualisierung. Aber es entstehen dadurch Kosten, dass die Marke ohne Markeninvestitionen in der Kundenerinnerung schwächer wird und somit an Wert verliert. Die für die Marke anfallenden Gesamtkosten, welche von den zusätzli-chen Deckungsbeiträgen gedeckt werden müssen, ergeben sich wie folgt:

$$GK_{MIm} = K_{Im} + (MW_{JA} - MW_{JE}) + KKK_m \qquad in\ €/Pe$$

GK_{Mim} Gesamtkosten Marketinginvestitionen mit Markenwertänderung in €/Pe
K_{Im} Kosten für Marketinginvestitionen
MW_{JA} Markenwert am Jahresanfang (JA)
KKK_m Kalkulatorische Kapitalkosten der Marke

Der Klammerausdruck ($MW_{JA} - MW_{JE}$) steht für den Wertverlust der Marke, der vom Jahresanfang (JA) bis zum Jahresende (JE) anfällt. Er wird als Markenwertänderung ΔMW bezeichnet. Wenn hohe Beträge erfolgreich in die Marke investiert werden, steigt der Markenwert zu Jahresende. Damit würden dann Kostenentlastungen anfallen. Al-ternativ könnte dies als Zusatzleistungen abgebildet werden. Mit dieser Vorgehensweise für das interne Rechnungswesen wird das Problem der Nichtaktivierbarkeit des exter-nen Rechnungswesens gelöst, indem die Wertänderung der Marke berücksichtigt wird. In dieser Wertänderung zum Jahresende spiegelt sich wider, wie erfolgreich die kumu-lierten Markeninvestitionen der Vergangenheit waren. Die relevanten Gesamtkosten für die Marketinginvestitionen seien für einige Fälle durchgespielt, wobei neben der In-

---

92 Vgl. Hoberg, DB 2014 S. 553 ff.

vestition die Änderung des Markenwerts ΔMW berücksichtigt wird. Der Markenwert kann über die Marktforschung in etwa ermittelt werden, indem die Preis-Mengen-Kombinationen des Markenprodukts mit denen der weißen Ware verglichen wird. Mit Hilfe von Paneldaten können Daten zur Reichweite, Wiederkaufsrate und Verbrauchsintensität erhoben werden, welche bei der Markenbewertung zur Unterstützung herangezogen werden können. Weiter einbezogen werden müssen die kalkulatorischen Kapitalkosten der Marke KKK_m als Opportunitätskosten. Denn bei einem Verkauf der Marke am Beginn der Periode würde dieser Betrag zur Verfügung stehen und würde Zinsen bringen.

Kalkulationen der markenbezogenen Gesamtkosten

Durch den Einsatz der Marke wurde ein zusätzlicher Deckungsbeitrag von 846 T $€_{0,5}$ erzielt. Er muss ausreichen, um die markenbezogenen Gesamtkosten zu decken. Diese bestehen aus den Marketinginvestitionen und den Änderungen im Markenwert. Tab. 1.51 enthält sieben verschiedene Kombinationen dieser beiden Kosten. Aus Vereinfachungsgründen sei angenommen, dass der zusätzliche Deckungsbeitrag unverändert für alle Varianten gilt.

Tab. 1.51: Relevante Markenkosten der Periode.

Fall	K_{Im} (in T €/Pe)	MW_{JA} (in T $€_0$)	MW_{JE} (in T $€_1$)	ΔMW (in T €/Pe)	Wertverzehr (in T €/Pe)	Zinsen 1 (in T €/Pe)	Zinsen 2 (in T €/Pe)	GK_{Wm} (in T €/Pe)
1	0	2.000	1.500	−500	500	143,02	24,40	667,42
2	500	2.000	2.000	0	500	190,69	0,00	690,69
3	800	2.000	2.000	0	800	190,69	0,00	990,69
4	300	2.000	2.000	0	300	190,69	0,00	490,69
5	500	2.000	2.500	500	0	190,69	23,27	213,96
6	400	2.000	2.600	600	−200	190,69	27,92	18,61
7	300	2.000	1.600	−400	700	152,55	19,52	872,08

Jahreszinssatz effektiv: 10% = > pro Halbjahr: 4,88%
K_{Im} Kosten für Investitionen in die Marke
MW Markenwert
GK Gesamtkosten mit Wertänderung der Marke
T €/Pe: 1.000€ in der Mitte der betrachteten Periode (t = 0,5)

Im Fall 1 der Tab. 1.51 werden die Markeninvestitionen auf null heruntergefahren und die Marke lebt von der Substanz. Im Beispiel verliert sie dadurch im Laufe der betrachteten Periode 500 T €/Pe, sodass sie am Periodenende nur noch 1.500 T $€_1$ wert ist.[93] Der verringerte Wert am Jahresende ist insbesondere für die behandelte Frage-

---

[93] vgl. zu der Schreibweise mit den Indices in der Einheit Hoberg, DB 2018 S. 468 ff.

stellung relevant, weil ein Verkauf dann auch einen entsprechend geringeren Preis einbringen würde.

Bei Maschinen würde sich niemand über einen solchen Wertverzehr wundern, aber bei selbsterstellten Marken wird die interne Wertermittlung häufig unterlassen, weil das externe Rechnungswesen eine Aktivierung nicht zulässt (§ 248 Abs. 2 HGB). Nichtsdestotrotz hat der Wertverlust stattgefunden, sodass er aus betriebswirtschaftlicher Sicht berücksichtigt werden muss. Dies gilt auch für die weiteren Fälle.

Die kalkulatorischen Kapitalkosten KKK_m (Gesamtkapitalzinsen) beziehen sich zunächst auf das in t = 0 gebundene Markenkapital, welches als Ausgangslösung für alle Fälle 2.000 T $€_0$ beträgt. Gemäß Tab. 1.51 wurde ein Kapitalkostensatz (WACC) von 10% angenommen. Die Zinsen berechnen sich üblicherweise auf das durchschnittlich gebundene Kapital, welches in Fall 1 einen Mittelwert 1.750 T $€_{0,5}$ aufweist. Wie oben angeführt fallen die Größen in der Kosten- und Leistungsrechnung aber durchschnittlich in der Jahresmitte an, nicht erst am Jahresende. Daher muss die Zinsberechnung modifiziert werden, wobei die Erkenntnisse aus der Kritik der statischen Investitionsrechnung angewendet werden können.[95] Danach muss die Zinskalkulation zweifach durchgeführt werden. Einmal muss das durchgängig gebundene Kapital betrachtet werden und zum anderen die Änderung. Der erste Teil der Verzinsung (in Tab. 49 als Zinsen 1 bezeichnet) basiert auf dem Betrag, der von Anfang bis Ende gebunden ist. Im Fall 1 beträgt er 1.500 T $€_0$. Da die Zinsen von 150 T $€_1$ am Ende des Jahres anfallen (also in t = 1), müssen die Zinsen ein halbes Jahr auf die Jahresmitte abgezinst werden. Der Jahreszinssatz ist effektiv angegeben, sodass Zinseszinsen für die Ermittlung der Halbjahresverzinsung von 4,88% berücksichtigt werden müssen. Damit ergeben sich die ersten Zinsen 1 per Jahresmitte zu 150 T $€_1$ / (1,0488 $€_1$/$€_{0,5}$) = 143,02 T $€_{0,5}$, wie es auch die drittletzte Spalte der Tab. 1.51 zeigt.

Der zweite Zinsbestandteil bezieht sich auf das Kapital, welches sich im Laufe der Periode ändert. Im Fall 1 weist die Marke in t = 0 einen Wert von 2.000 T $€_0$ auf und am Periodenende von 1.500 T $€_1$. Die Kapitalbindung sinkt also im Laufe des Jahres um 500 T €, sodass die durchschnittliche zusätzliche Bindung (über das Minimum von 1.500 T €) 250 T € ausmacht. Alternativ lässt sich berechnen, dass die gesamten 500 T $€_0$ ein halbes Jahr gebunden sind, was bei einem Halbjahreszinssatz von 4,88% zu Zinsen von 24,40 T $€_{0,5}$ führt.

Mit Tilgung und allen Zinsen ergibt sich dann ein Gesamtkostenbetrag von 667,42 T $€_{0,5}$ (letzte Spalte der Tab. 2). Die Richtigkeit dieses Ergebnisses zeigt sich auch darin, dass die halbjährige Aufzinsung von 2.000 und die halbjährige Abzinsung der 1.500 ebenfalls zu einer mittigen Jahreszahlung von 667,42 T $€_{0,5}$ führt. Die in der letzten Spalte ausgewiesenen gesamten Markenkosten von 667,42 $€_{0,5}$ sollten geringer sein als die Vorteile durch den Einsatz der Marke im Markt. Gem. Tab. 49 betrugen

---

95 vgl. hierzu Hoberg, Wisu 2014 S. 71 ff.

die Vorteile zur Periodenmitte 858 T $€_{0,5}$, sodass sie die Kosten übertroffen haben. Der Einsatz der Marke war in diesem Fall1 ein Erfolg.

In Fall 2 ist ein Gleichgewicht bei der Entwicklung des Markenwerts angenommen. Die Markeninvestitionen von 500 T € reichen gerade aus, um die Marke zu aktualisieren und somit den Markenwertverlust in gleicher Höhe zu kompensieren. Die Kosten für die Markenaktualisierung plus den Zinskosten liegen mit 690,69 $€_{0,5}$ wieder unter den Vorteilen.

Bei Fall 3 sind die Markeninvestitionen mit 800 T € höher, weil z. B. ein Zuwachs im Markenwert geplant war. Aber die gleiche Bewertung von 2.000 T € am Ende zeigt, dass die Maßnahmen nicht so effizient gewesen sind wie erhofft. VW hat mit seinem als rassistisch wahrgenommenen Spot zum neuen Golf 8 gezeigt, wie ein Unternehmen die Marke beschädigen kann. Dadurch übertrafen die Kosten der Maßnahmen von 990,69 $€_{0,5}$ den Nutzen, sodass sich die Maßnahmen nicht gelohnt haben. Nur erfolgreiche Markenaktualisierungen zahlen auf die Marke ein.

Der Fall 4 hingegen zeigt, dass mit einem unterproportionalen Budget von 300 T € der Markenwert gehalten werden konnte, sodass die Kostenbelastung der Periode mit 300 T € gering ausfällt. Auch wenn die Zinskosten addiert werden, ist der Vorteil deutlich größer (858 > 491 T $€_{0,5}$).

Ebenfalls effizient war die Markeninvestition in Fall 5 mit 500 T €. Denn sie hat nicht nur den Rückgang des Markenwerts kompensiert, sondern hat auch noch zusätzlich 500 T € an Wert geschaffen, sodass vor Zinsen keine Kosten entstanden sind. Bei diesem Fall des Wertzuwachses muss der zweite Teil der Zinsen anders gerechnet werden. Es wird angenommen, dass der Wertzuwachs erst im zweiten Halbjahr, dann aber ganz zur Verfügung stand. Die zum Ende des Jahres anfallenden Zinsen von 24,40 T $€_1$ müssen dann ein halbes Jahr abgezinst werden, was einen Betrag von 23,27 T $€_{0,5}$ ergibt. In der Summe fallen nur Zinskosten an, sodass die Gesamtkosten der letzten Spalte mit gerundet 214 T $€_{0,5}$ deutlich unter dem Vorteil liegen.

Im sicher extremen Fall 6 war die Effizienz der Maßnahmen zur Markenaktualisierung sogar so hoch, dass die Wertsteigerung die Kosten überstiegen hat. Daher sind die Gesamtkosten selbst bei Einbezug der Kapitalkosten mit gerundet 19 T $€_{0,5}$ sehr gering. Das Unternehmen kann somit fast ungeschmälert vom Vorteil des Einsatzes der Marke profitieren.

Der letzte Fall 7 zeigt eine sehr ungünstige Entwicklung. Obwohl in die Marke 300 T € investiert wurden, ist der Markenwert um 400 T € gesunken, was auf kontraproduktiv wirkende Maßnahmen schließen lässt. Die Gesamtkosten liegen mit 872 T $€_{0,5}$ über dem Vorteil durch höhere Deckungsbeiträge. Der Einsatz der Marke hat sich somit nicht gelohnt.

Obwohl die diskutierten Gesamtkosten der Markenaktualisierungen nicht von der Menge der verkauften Markenartikel abhängen, mithin Fixkosten sind, müssen sie bei der Entscheidung berücksichtigt werden, ob z. B. eine Marke gekauft oder verkauft werden sollte. Nachdem die Kalkulation geklärt ist, können jetzt Empfehlungen für den Einsatz einer Marke oder deren Verkauf abgeleitet werden.

Ableitung der Markenstrategie

Nach den obigen Ausführungen lautet die Fragestellung, ob es sich für das betrachtete Unternehmen lohnt, eine Marke einzusetzen. Je nach Analyseergebnis kann es sinnvoll sein, die jeweilige Marke weiter zu nutzen, zu verkaufen oder auch eine Marke zu kaufen. Für die zukunftsgerichtete Sichtweise einer Entscheidung muss jedoch vorher noch auf das Prognoseproblem hingewiesen werden. Während der aktuelle Markenwert wohl noch hinreichend gut ermittelt werden kann, sieht das für den Wert am Jahresende anders aus. Denn dafür muss die Wirkung der geplanten Marketingmaßnahmen und des gesamten Umfelds geschätzt werden. Neben dem allgemeinen Unsicherheitsproblem wird kaum ein Marketingverantwortlicher prognostizieren, dass seine Maßnahmen nicht sonderlich erfolgreich sein werden (selbst wenn er das befürchtet). Insb. der Fall 3 in Tab. 1.51 – hohe Investitionen, aber kein Zusatz oder sogar Verlust im Markenwert – dürfte somit nicht prognostiziert werden. Erst recht wird wohl kaum ein Verlust im Markenwert – siehe Fall 7 – vorhergesagt, wenn investiert wird. Negative Markenwertentwicklungen dürften wohl erst dann vorhergesagt werden, wenn allen Beteiligten klar ist, dass die Marke ihre besten Zeiten hinter sich hat und es in erster Linie um Schadensbegrenzung geht. Insofern müssen die Daten mit größter Vorsicht analysiert werden, zumal in der Praxis die Floprate sehr hoch ist.

Markenstrategie aus Sicht des aktuellen Besitzers

Die Handlungsmöglichkeiten des aktuellen Besitzers bestehen aus einer Fortführung der Nutzung der Marke vs. einem Verkauf bzw. der Einstellung der Nutzung der Marke. Letzteres kann als Verkauf zu 0 € aufgefasst werden, sodass die Alternativen in Nutzung vs. Verkauf bestehen.

Bei der Nutzung kann weiter entschieden werden, ob die Marke noch auf ähnliche Produkte ausgedehnt werden soll, was entweder vom Besitzer selbst durchgeführt werden kann oder über Unternehmen, die auf die „Markenausschlachtung" spezialisiert sind. Im Weiteren ist zu bestimmen, ob die Markennutzung für einen bestimmten Zeitraum (z. B. fünf Jahre) gerechnet werden soll oder ob eine unendliche Nutzungsdauer angenommen werden soll.

Insbesondere, wenn sich herausstellt, dass die Aktualisierung der Marke immer schwieriger wird, kann der Verkauf, die Lizenzierung auch für andere Produktgruppen oder das Auslaufenlassen der Marke die bessere Entscheidung sein. Eine Mischstrategie fährt z. B. Grundig, die zwar noch unter ihrem Namen Elektrogeräte verkaufen, aber auch den Markennamen lizenziert haben, sodass der Kunde sogar Grundig-Batterien kaufen kann.

Die obigen Ausführungen galten für die Markenwertänderung für eine Periode. Bei mehrjährigen Entscheidungen sollte der Analyst jedoch Vollständige Finanzpläne (VoFis) einsetzen (Vgl. Absatz 1.6.3). Bei ihnen würde dann zwar auch der Markenwert zum Entscheidungszeitpunkt t = 0 berücksichtigt, danach aber erst der Markenwert am Ende des Planungszeitraums, also z. B. nach fünf oder zehn Jahren. Dabei muss beachtet werden, dass die Umsätze und Kosten, welche auf die Periodenmitte bezogen sind, in Zahlungen umgerechnet werden müssen, die jeweils zum Jahresende anfallen. Die weiteren Zahlungen können jahresspezifisch verrechnet werden. Diese Vorgehensweise soll am Beispiel des in Tab. 1.52 dargestellten Vollständigen Finanzplans (VoFi) gezeigt werden:

Tab. 1.52: Markenbewertung mit einem Vollständigem Finanzplan (VoFi).

1	Zeitpunkt t =	0	1	2	3	4	5
2	Einheit	$€_0$	$€_1$	$€_2$	$€_3$	$€_4$	$€_5$
3	Wert der Marke	−2.000					1.000
4	Auszahlungen für Marke	0	−700	−700	−600	−500	
5	Δ Einzahlungen		4.000	4.000	3.800	3.700	2.000
6	Δ Auszahlungen		−3.000	−3.000	−3.000	−3.000	−2.000
7	Projekt Cashflow	−2.000	300	300	200	200	1.000
8	Sollzinsen		−200	−190	−179	−177	−175
9	Habenzinsen		0	0	0	0	0
10	Periodenendsaldo	−2.000	100	110	21	23	825
11	Finanzierung						
12	Kapitalaufnahme	2.000	0	0	0	0	0
13	Kapitalrückzahlung	0	−100	−110	−21	−23	−825
14	Zinssatz		10,0%	10,0%	10,0%	10,0%	10,0%
15	„Geldanlage"						
16	Kapitalanlage	0	0	0	0	0	0
17	Kapitalrückfluss	0	0	0	0	0	0
18	Zinssatz		10,0%	10,0%	10,0%	10,0%	10,0%
19	Bestandsgrößen						
20	Restfinanzierung	2.000	1.900	1.790	1.769	1.746	920
21	Guthaben	0	0	0	0	0	0
22	Kapitalwert	−572					
23	Tatsächlicher Markenwert	1.428					

Das Unternehmen kann/muss somit für t = 0 entscheiden, ob die Marke weitergenutzt werden soll oder besser verkauft werden soll. Im Fall der Nutzung entgeht dem Unternehmen zunächst der mögliche Kaufpreis (Zeile 3 in Tab. 1.52). Dafür erhält es die durch die Marke ausgelösten zusätzlichen Einzahlungen (Zeile 5), gemindert um die dafür notwendigen Auszahlungen (Zeilen 4 und 6). Die in t = 1 aufgeführten Werte der Zeilen 4–6 ergeben sich, indem die im Laufe des ersten Jahres anfallenden Zahlungen jeweils auf das Jahresende hochgezinst werden. Mit den Überschüssen jeweils am Jahresende wird das durch die Marke gebundene Kapital abgetragen.

Über fünf Jahre rechnet das Unternehmen somit, dass sich der Marktwert halbiert. Der verbleibende Markenwert von 1.000 T $€_5$ erhöht den Wert der Nutzung der Marke. Allerdings reichen im Beispiel die Überschüsse nicht aus, um das gebundene Kapital vollständig zurückzuzahlen. Es verbleibt ein Minus von 920 T $€_5$. Bezogen auf den Startzeitpunkt t = 0 entspricht dies einem Verlust von 572 T €$_0$. Damit beträgt der tatsächliche Wert für das Unternehmen nur 1.428 T €$_0$, sodass ein Verkauf zu 2.000 T €$_0$ vorteilhaft wäre.

In Tab. 1.52 wurde ein einziges Szenario betrachtet. Es muss nun im nächsten Schritt geprüft werden, ob es noch andere – in diesem Fall bessere – Szenarien geben kann. Dies sei nicht der Fall, sodass der Verkauf die bessere Lösung wäre. Die Höhe des Verlusts wird der jetzige Markeninhaber wohl nicht dem Käufer mitteilen, um den gesamten Betrag von 2.000 T €$_0$ nicht zu gefährden.

Markenstrategie aus Sicht eines potenziellen Käufers

Für den Käufer gelten vom Ansatz her ähnliche Überlegungen. Wenn er die Marke für 2.000 T €$_0$ erwirbt, kann er sich die zusätzlichen Zahlungen sichern. Es sei zusätzlich angenommen, dass er Synergien bei den Auszahlungen – z. B. in der Verwaltung, der Produktion und physischen Distribution – jedes Jahr in Höhe von 250 T €$_{1;5}$ erreichen kann. Dadurch steigt der Projekt Cashflow in Zeile 7 der Tab. 1.53. Aufgrund der besseren Cashflows der ersten Jahre wird der Käufer mehr und länger in die Marke investieren, wodurch der Markenwert in t = 5 mit 2.000 T €$_5$ erhalten bleibt. Auch die Einzahlungen profitieren.

Tab. 1.53: Markenbewertung aus Käufersicht per Vollständigem Finanzplan (VoFi).

1	Zeitpunkt t =	0	1	2	3	4	5
2	Einheit	€$_0$	€$_1$	€$_2$	€$_3$	€$_4$	€$_5$
3	Wert der Marke	−2.000					2.000
4	Auszahlungen für Marke	0	−700	−700	−700	−700	−700
5	Δ Einzahlungen		4.000	4.000	3.800	3.700	3.700
6	Δ Auszahlungen		−2.750	−2.750	−2.750	−2.750	−2.750
7	Projekt Cashflow	−2.000	550	550	350	250	2.250
8	Sollzinsen		−200	−165	−127	−104	−90
9	Habenzinsen		0	0	0	0	0
10	Periodenendsaldo	−2.000	350	385	224	146	2.160
11	Finanzierung						
12	Kapitalaufnahme	2.000	0	0	0	0	0
13	Kapitalrückzahlung	0	−350	−385	−224	−146	−896
14	Zinssatz		10,0%	10,0%	10,0%	10,0%	10,0%
15	„Geldanlage"						
16	Kapitalanlage	0	0	0	0	0	−1.265
17	Kapitalrückfluss	0	0	0	0	0	0
18	Zinssatz		10,0%	10,0%	10,0%	10,0%	10,0%
19	Bestandsgrößen						
20	Restfinanzierung	2.000	1.650	1.265	1.042	896	0
21	Guthaben	0	0	0	0	0	1.265
22	Kapitalwert	785					
23	Tatsächlicher Markenwert	2.785					

Mit den optimistischeren Annahmen des potenziellen Käufers ergibt sich ein Guthaben von 1.265 T €$_5$ am Ende der Laufzeit. Es ist also klar positiv. Allerdings sollte auch in diesem Fall eine Prüfung alternativer Szenarien vorgenommen werden. Denn der Verkauf einer Marke (oder eines Unternehmens) durch den Verkäufer wird nur dann geplant, wenn der Verkaufspreis für den Käufer über dem Wert der Fortführung liegt. Der Käufer sollte also schon sicher sein, dass er die Marke besser führen kann. Da das Ergebnis nur durch die Synergien positiv wird, wird der Käufer überlegen, ob er dem Verkäufer einen Teil der Synergien überlassen soll.[96] Zumindest wird er eine Preisreduktion anstreben.

Schlussfolgerung

Die unübliche Frage, ob es überhaupt Sinn macht, eine Marke zu nutzen, muss sorgfältig untersucht werden. Dazu muss geklärt werden, welcher Wert aus der Marke gezogen werden kann, wenn der jetzige Eigentümer sie selbst einsetzt. Auf dieser Basis kann er prüfen, ob ggf. ein Verkauf besser ist, wenn die Käufer Synergien erzielen können. In jedem Fall sollten Markenbewertungen jährlich stattfinden, auch um herauszufinden, wie gut die eigenen Maßnahmen gewesen sind. Diese Ergebnisse sollten auch in die erfolgsabhängige Bezahlung eingehen.[97] Denn ansonsten kann ein Manager die Marken melken, also kaum investieren, dann aber hohe Boni für die Periode kassieren. Der Einbruch in der Folgeperiode würde dabei nicht berücksichtigt.

1.16.5 Desinvestitionen

Desinvestitionen erfolgen laufend in Unternehmen, ohne dass diese in allen Fällen genauesten geplant werden. Beispielsweise werden nicht mehr benötigte Anlagen, Maschinen oder Fahrzeuge veräußert. Bei dem Investitionscontrolling muss überprüft werden, ob ersetzte Anlagen oder Maschinen weiterhin im Betrieb verbleiben und als Reservekapazität vorgehalten werden. Dies führt häufig zu einem ungeplanten Flächenbedarf, zu einer nicht geplanten Kapitalbindung sowie zu unplanmäßigen Instandhaltungskosten. Beliebt ist auch, dass Mitarbeiter Ihre alten Rechner behalten, die für andere, einfachere Aufgaben vorgesehen sind und später separate beschafft werden müssen.

Das Controlling beschäftigt sich insbesondere mit Desinvestitionen von größeren Anlagen, Immobilien und Beteiligungen. Eine Priorisierung zukünftiger und bereits getätigter Investitionen ist zu erstellen. Dies führt zu internen Diskussionen bezüglich des Einsatzes des knappen Gutes Kapital sowie zu einer besseren Entscheidungsgrundlage für laufende Diskussionen bei Ersatzbeschaffungen sowie in Krisensituationen. Bei einer umfassenden Bestandsaufnahme der Investitionen wird unter

---

96 Vgl. zu diesem Problem Brealey/Myers/Marcus, S. 625.
97 Vgl. Hoberg, Variable Vergütungen, S. 683–689.

anderem geprüft, auf welche Investments im Notfall als erstes verzichtet werden könnte. Es zeigt sich immer wieder, dass Unternehmen in Krisensituationen zu viel Zeit mit Bestandsaufnahmen, Bewertungen und Analysen verlieren, um ihre Freisetzungspotentiale zu identifizieren.

Desinvestitionen erfolgen aber insbesondere auch bei Fehlinvestitionen, die nicht die erwartete Rendite erbringen. Eine fundierte Ursachenanalyse sollte derartige Fehlentscheidungen in der Zukunft möglichst vermeiden. Hierbei ist auch der optimal Ausstiegszeitpunkt zu ermittelt (vgl. Absatz 1.9.2).

Die Freisetzung von Kapital durch Desinvestitionen ist auch für die Finanzierung von neuen Projekten zu beobachten. Beispielsweise könnte ein Autobauer eine Produktionsanlage, eine Betriebsstätte oder ein Motorenwerk veräußern, um Mittel für Investitionen in die Elektromobilität freizusetzen.

Ein bekanntes Model ist auch der Verkauf von Immobilien und deren anschließenden Anmietung (Sale & Lease Back), insbesondere bei Verwaltungsgebäuden.

Auch im Beteiligungsmanagement erfolgt eine laufende Überprüfung des Portfolios mit laufenden Des- und Investitionsentscheidungen.

Wer verkauft welche Beteiligungen:
a. Renditeschwache unprofitable Beteiligungen?
b. Rentable hoch profitable Beteiligungen?

Wer sein Portfolio beherrscht, trennt sich eher von seinen renditeschwachen oder den nicht zum Portfolio passenden Beteiligungen. Dies ist ein zeitintensiver Prozess und muss gut vorbereitet werden.

Hoch profitable Beteiligungen werden ungerne veräußert. Häufig werden diese in Krisensituationen kurzfristig, oft unter Marktwert zur Sicherung der Liquidität, veräußert, da für diese Unternehmen kurzfristig Käufer zu finden sind.

Bei großen Investitionsentscheidungen bietet es sich an, auch über Worst-Case-Szenarien zu sprechen. Hierbei sollte eventuell auch über eine Notfall-Desinvestitionsliste gesprochen werden. Dies schärft die Priorisierung bei Investitionen sowie erhöht das Risikobewusstsein der Entscheidungsträger.

Desinvestition führen häufig auch zu nicht geplanten Kosten. Intern können Desinvestitionen erheblich Kapazitäten binden und Kosten, z. B. bei der Käufersuche verursachen. Häufig sind externe Berater oder Gutachter erforderlich und es sind entsprechende Dokumente oder Genehmigungen zu beschaffen. Diese sogenannten internen Kosten werden im internen Rechnungswesen fast nie vollständig separat ausgewiesen.

1.17 Zusammenfassung inklusive Investitionsleitfaden

Nachdem die Vorgehensweise bei der Ermittlung der Vorteilhaftigkeit von Handlungsmöglichkeiten im Einzelnen begründet und beschrieben wurde, sollen nun die Ergebnisse in einen Leitfaden münden, mit dem auch der weniger erfahrene Controller zu guten Investitionsbeurteilungen kommen kann. Für den erfahrenen Controller möge der Leitfaden als Checkliste dienen.

Auch wenn die Schritte in einer Reihenfolge angegeben sind, heißt das nicht, dass ein lineares Vorgehen durchgängig möglich ist. Häufig treten erst im Laufe eines Projektes neue Tatbestände auf, welche zu einer Modifikation der vorläufigen Ergebnisse aus vorhergehenden Schritten führen können.

Schritt 1: Genaue Beschreibung der Handlungsmöglichkeiten: Vergleichsmaßstab/Messpunkt (*benchmark*) ist die Unterlassensalternative. Bei den eigentlichen Handlungsmöglichkeiten muss genau beschrieben werden, welche Bereiche/Produkte betroffen sind.

Schritt 2: Ermittlung des Betrachtungszeitraums: Dieser Schritt hängt eng mit der Beschreibung der Handlungsmöglichkeiten zusammen und wird häufig mehrfach durchlaufen.

Schritt 3: Ermittlung der zusätzlichen, d. h. durch die Handlungsmöglichkeit ausgelösten finanziellen Konsequenzen = Zahlungen im weiten Sinne, hinsichtlich Höhe und Zeitpunkt. Es ist gegen die fortgeführte Nullalternative zu vergleichen.

Schritt 4: Bestimmung des Kalkulationszinssatzes als Mischzinssatz aus Fremdkapitalverzinsung und geforderter Eigenkapitalverzinsung gemäß Risiko, Fungibilität und Zeitdauer. In seltenen Fällen kann eine Aufspaltung in Soll- und Habenzinssätze erfolgen.

Schritt 5: Aufzinsung aller intraperiodisch anfallenden Zahlungen auf das jeweilige Periodenende. Aus Finanzierungssicht evtl. Abzinsung der Auszahlungen auf den Periodenanfang.

Schritt 6: Auswahl des geeigneten Kriteriums:
Fall ohne Kapitalknappheit: VoFi-Endwert muss positiv bzw. besser als die Opportunität sein. Fall mit Kapitalknappheit: Die Handlungsmöglichkeiten mit den höchsten VoFi-Verzinsungen werden empfohlen.

Schritt 7: Aufstellung des entsprechenden vollständigen Finanzplans (VoFi): Im häufigsten Fall (Durchführen oder nicht) wird der Endwert im VoFi ermittelt. Als Nebenprodukt erhält der Analyst in einigen VoFi-Versionen den dynamischen Amortisationszeitpunkt und alle Periodenendsalden.

Schritt 8: Durchführung von Sensitivitätsanalysen für die wichtigsten Parameter (insbesondere Marktdaten wie Nettopreise, Mengen und Zeitpunkt des Markteintritts).

Schritt 9: Berücksichtigung nicht quantifizierter Daten (solche, die nicht quantifizierbar waren und solche, die aus Komplexitätsgründen nicht in den Daten verarbeitet wurden).

Schritt 10: Sorgfältige Dokumentation aller Entscheidungsgrundlagen

Schritt 11: Dokumentation des Entscheidungsprozesses inkl. der Entscheidungsträger und Überleitung der Daten in den Budgetierungsprozess

Schritt 12: Laufendes Investitionscontrolling. In angemessenen Zeitabständen prüfen, ob die vorgegebenen Parameter noch gegeben sind. Häufig werden Investitionen zu spät in Frage gestellt, so dass der optimale Zeitpunkt der Desinvestition verpasst wird.

Der Controller muss sich bewusst sein, dass es sich auch bei einer theoretisch und praktisch sehr fundierten Investitionsrechnung nur um eine entscheidungsunterstützende Vorlage handelt und dass nicht in allen Fällen seinem Vorschlag gefolgt wird. Zu hohe Erwartungen bezüglich der Genauigkeit erfordern einen unverhältnismäßig großen Aufwand in der Datenerhebung und werden trotzdem nicht perfekt sein. Eine vermeintliche Scheingenauigkeit kann auch genutzt werden, die Verantwortung für die Entscheidung nicht übernehmen zu müssen, da ja jeder den getroffenen Annahmen hätte widersprechen können.

Die Entscheidung muss letztendlich das verantwortliche Management fällen und auch verantworten. Hierbei können neben den reinen Rechenergebnissen insbesondere auch nicht quantifizierbare Faktoren sowie persönliche Erfahrungswerte einfließen. Dann sind Methoden wie TCOplus (Total Cost of Ownership) bzw. die modifizierte Nutzwertanalyse anzuwenden. Diese erweiterten Verfahren sind in Kapitel 1.11 ausführlich dargestellt.

Die Entscheidungen werden in der Regel in Abhängigkeit von Kriterien wie Größe, Laufzeit, strategische Bedeutung der Investition auf die unterschiedlichen Managementebenen übertragen. In den meisten Fällen müssen große Investitionen zusätzlich von den Kontrollgremien wie Aufsichts- oder Beirat genehmigt werden. Bei strategischen Investitionen erfolgt dies i. d. R. als separater Punkt einer Aufsichtsratssitzung, während die Standardinvestitionen häufig im Rahmen der Budgetierung mit verabschiedet werden. Hierbei ist neben reinen Renditekriterien der einzelnen Investitionen auch auf eine Ausgewogenheit, Risikoabschätzung sowie Finanzierbarkeit aller Investitionen aus Unternehmensgesamtsicht zu achten.

Wenn der mit der Bewertung einer Investition Beauftragte diesen Leitfaden anwendet, sollte er in der Lage sein, Entscheidungen über die Durchführung von Investitionen optimal zu unterstützen.

2 SAP – Portfolio und Projekt Management in SAP S/4HANA

Investitionsentscheidungen erfordern Ideen, Vorschläge und Konzepte zu Projekten, mit denen Investitionen im Unternehmen geplant und umgesetzt werden können. Unternehmensprojekte und die damit verbundenen Managementstrukturen sind komplex. Für eine erfolgreiche Planung und Umsetzung komplexer Großprojekte ist es elementar, die korrekten Organisations- Programm- und Managementstrukturen im Unternehmen zu etablieren. So manche Großprojekte in der Vergangenheit sind ein Beispiel dafür, dass die Etablierung solcher Strukturen nur mit erheblichem Mehraufwand an finanziellen Mitteln und einem eklatanten Zeitverzug in den Projekten gelungen ist. Das Schaffen von Transparenz, Zuständigkeiten, Planung, Fortschrittsanalyse und Troubleshooting komplexer Projekte ist die Aufgabe des Portfolio und Projekt Management (PPM). Aus betriebswirtschaftlicher Sicht ist die Interdependenz von Planung, Organisation, Controlling und Management zu beachten. Für das Studium dieser Zusammenhänge sei verwiesen auf Lebefromm, 2017, S. 31 ff. sowie Luković, Th., 2014, Plan-Do-Check-Act Zyklus, S. 9 ff. In diesem Kapitel werden zunächst die Grundlagen von PPM erläutert. Dazu zählen die Begriffsklärung und die Positionierung der PPM-Lösung der SAP. Danach erfolgt die Erläuterung der Strukturen des PPM, der Strukturelemente und der Integrations-Szenarien des PPM mit dem Projektsystem der SAP (PS) und dem Accounting und Controlling. Es folgt ein Überblick über ausgewählte Funktionen im PPM, insbesondere die Finanzplanung und Kapazitätsplanung. Danach wird die Integration des PPM mit dem Projektsystem und dem Finanzwesen anhand von Zahlenbeispielen erklärt.

2.1 Grundlagen

Das Portfolio eines Unternehmens besteht aus den strategischen Geschäftsbereichen des Unternehmens und den in den Geschäftsfeldern erreichte Marktposition. Aus den Produkten in den Geschäftsfeldern des Unternehmens leitet sich das Produktportfolio ab. Eine strategische Aufgabe des Managements ist die Ausrichtung des Unternehmensportfolios und des damit verbundenen Produktportfolios an den strategischen Zielen des Unternehmens. Die Umsetzung der Portfolioplanung erfordert die Investitionsplanung und das Monitoring der Investitionsausführung. Ein Unternehmensportfolio ist nicht statisch, sondern unterliegt dem technischen Fortschritt und der Marktentwicklung. Aus dieser Dynamik resultieren Innovationen in neue Produkte, Geschäftsprozesse, Informationstechnologie und des Human Capital Managements. SAP-Portfolio und Projektmanagement ist eine Anwendungslösung, welche das Management bei der Definition, Planung und Analyse von Projekten unterstützt, welche sich auf unterschiedliche Projektinhalte wie Produktinnovation und Prozessinnovation beziehen und die Integration der projektbasierten Geschäftsprozesse zwischen dem Projektmanage-

https://doi.org/10.1515/9783110786774-002

ment, Finanzwesen und Personalmanagement leistet. Dazu zählen rollenspezifische Workflows und Genehmigungsverfahren, Ressourcenzuordnung, Analyse des Erfolgs und des Risikos von Portfolio-Elementen und damit des strategischen Nutzens des Unternehmensportfolios.

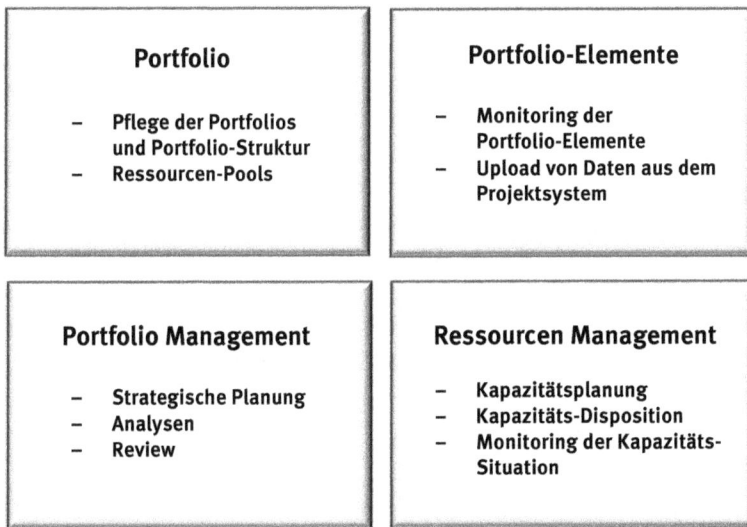

<table>
<tr><td>

Portfolio

- Pflege der Portfolios und Portfolio-Struktur
- Ressourcen-Pools

</td><td>

Portfolio-Elemente

- Monitoring der Portfolio-Elemente
- Upload von Daten aus dem Projektsystem

</td></tr>
<tr><td>

Portfolio Management

- Strategische Planung
- Analysen
- Review

</td><td>

Ressourcen Management

- Kapazitätsplanung
- Kapazitäts-Disposition
- Monitoring der Kapazitäts-Situation

</td></tr>
</table>

Abb. 2.1: Portfolio und Portfolio Management (Quelle: SAP, eigene Beispieldaten).

Das Portfolio als interdisziplinäres und organisations-übergreifendes Instrument wird auf mehreren Managementebenen eingesetzt. Es ist interdisziplinär in Bezug auf die finanzwirtschaftliche Dimension, das Personalmanagement und in Bezug zur strategischen Unternehmensplanung. Das Portfolio ist Organisationsübergreifend im Hinblick auf die Positionierung des Portfolios auf globaler Unternehmensebene, den verschiedenen Management-Ebenen bis hin zu Projekten in den Einzelgesellschaften. Das Portfolio und die Portfolio-Struktur unterliegen der Dynamik technologischer Entwicklungen und den Anforderungen des Marktes, woraus sich die ständige Aktualisierung des Portfolios und der Portfolio-Struktur ergibt. Die im Unternehmen verfügbaren Ressourcen beziehen sich auf die mit dem Portfolio verbundenen Rollen, z. B. Projektleitung, Entwicklung, Testen, etc. und deren Besetzung. Es handelt sich dabei sowohl um internes Personal als auch um Geschäftspartner, welche bestimmte Rollen in der Projektdurchführung wahrnehmen. Die Planung und Pflege der Geschäftsbeziehungen mit externen Ressourcen ist eine Aufgabe in der Portfolio Pflege. Die Disposition der benötigten Ressourcen eine Aufgabe des Ressourcen Management. Die IT-technische Aufgabe im Portfolio Management ist die Wartung der Schnittstellen zu anderen Modulen wie Projektsystem, Finanzwesen sowie Kostenrechnung und Controlling. Diese Aufgabe wird durch die Entwicklungsabteilung der SAP für das PPM System wahrgenommen. Aufgabe im Portfolio Management ist dagegen das Portfolio stets mit aktualisierten Daten zu versorgen. Das Controlling der Portfolios übernimmt die Aufgabe, den Erfolg durch die Berechnung entsprechender Kennzahlen zu analysieren.

2.1.1 Organisations-Strukturen im SAP S/4 HANA – System

Über die Organisations-Elemente erfolgt die Abbildung der Aufbauorganisation eines Unternehmens im SAP-System. Die oberste Organisationsebene ist der MANDANT. Das System wird von SAP mit einem Auslieferungsmandanten ausgeliefert. Auf dieser Basis erfolgen die sogenannten Mandantenkopien in Testmandant, Customizing-Mandant und Produktiv-Mandant. Die Implementierung des SAP-Systems beim Kunden erfolgt zunächst in den Entwicklungs- und Test-Mandanten. Ad-hoc Tests werden in sogenannten Sandbox-Mandanten ausgeführt. Die Einstellungen der Prozesse über Parameter und ggf. Erweiterungen werden vom Entwicklungs-Mandanten per Programm – das sogenannte Transport- und Korrekturwesen – in den Produktiv-Mandanten transferiert. Dadurch ist in einem Produktiv-Mandanten jederzeit nachvollziehbar, welche Änderungen von wem zu welchem Zeitpunkt vorgenommen worden sind – eine unabdingbare Voraussetzung dafür, dass der Jahresabschluss im Rechnungswesen von der Wirtschaftsprüfung testiert wird. Es werden nun die Organisationselemente erklärt, welche in einem unmittelbaren Zusammenhang mit dem Rechnungswesen und dem Projektsystem im SAP-System in einem Zusammenhang stehen. Jedes Modul im SAP-System kann ein oder auch mehrere Organisationselemente enthalten. Einerseits werden den Organisationselementen eines Moduls die Stammdaten des Moduls zugeordnet. Andererseits werden die Organisationselemente selbst einander zugeordnet. Die Zuordnung der Stammdatenobjekte zu Organisationselementen regelt auf der einen Seite, innerhalb welcher Organisationsstrukturen im Unternehmen ein Stammdatenobjekt gebucht werden kann, z. B. kann ein Bankkonto einer deutschen Gesellschaft nur im sogenannten Buchungskreis der deutschen Gesellschaft eines Konzerns gebucht werden. Andererseits werden in einem Stammdatenobjekt durch die Zuordnung von Organisationselementen sich darauf beziehenden Parameter gepflegt. Beispiel: Die im Kundenstammsatz gepflegten Zahlungsbedingungen lauten beim Organisationselement VERTRIEBSWEG = Download (von Software) „Vorauskasse", beim VERTRIEBSWEG = „Filialverkauf" dagegen „Zahlbar sofort bei Erhalt der Rechnung".

Das externe Rechnungswesen SAP mit der Bezeichnung „Finanzwesen"- wird durch den BUCHUNGSKREIS strukturiert. Der Buchungskreis stellt die kleinste bilanzierende Einheit eines Unternehmens – die Gesellschaft – dar. Wesentliche Parameter im Buchungskreis sind die Buchungskreis-Währung, in der Regel die Landeswährung, die Geschäftsjahresvariante und der Kontenplan. Die Geschäftsjahresvariante definiert die Relation des Geschäftsjahres zum Kalenderjahr. Insbesondere im Konsumgüterbereich findet sich oft ein sogenanntes verschobenes Geschäftsjahr. Das Geschäftsjahr beginnt dann z. B. zum 01. Oktober eines Kalenderjahres und endet zum 30. September des Folgekalenderjahres. Einem Buchungskreis können zwei Kontenpläne zugeordnet werden. Ein Kontenplan ist ein Zuordnungsschlüssel, welchem die Sachkonten des Hauptbuchs zugeordnet werden, auf welche die Hauptbuch-Buchungen erfolgen. Dieser Kontenplan ist der operative Kontenplan, in der Regel ein Konzernkontenplan, den alle Einzelgesellschaften eines Konzerns verwenden. Neben dem operativen Konzernkontenplan kann ein zweiter lokaler Kontenplan dem Buchungskreis zugeordnet werden. Die Sachkonten des lokalen Kontenplans werden jeweils einzeln im Stammsatz eines operativen Konzernkontos eingetragen und dadurch automatisch mit gebucht. Die Verwendung eines lokalen Kontenplans ist lediglich eine Option. Eine Vielzahl weiterer Parameter werden dem Buchungskreis zugeordnet, auf welche hier jedoch nicht eingegangen wird, da diese Parameter im Rahmen dieses Buches keine Rolle spielen. Dem Buchungskreis direkt zugeordnet sind die Stammdatenobjekte des Finanzwesens (FI) und des Controllings (CO). Beispiele: Hauptbuchkonto, Debitoren- und Kreditoren- sowie Anlagenkonto. Aus CO-Sicht sind dies die Kostenstelle, der Innenauftrag aber auch das Projektstrukturplan-Element (PSP) als Teilprojekt einer Projektstruktur.

Weitere Organisationselemente im Finanzwesen sind das SEGMENT, welches einzelne PROFIT CENTER zu Profit Center Gruppen zusammenfasst und die segmentorientierte Berichterstattung im Finanzwesen ermöglicht. Der GESCHÄFTSBEREICH spielt als Organisationselement die gleiche Rolle wie das Segment, kann jedoch nicht aus Profit Centern abgeleitet werden und spielt daher eine untergeordnete Rolle gegenüber dem Segment. Das Profit Center stellt in einem Unternehmen eine ergebnisverantwortliche Organisationseinheit dar. In der Regel sind dies Abteilungen der Feldorganisation und damit Vertrieb und Beratung. Aber auch das Produktmanagement wird in der Regel als ergebnisverantwortliche Organisationseinheit im Unternehmen etabliert.

Die vorherige Abbildung zeigt die Integration des Profit Centers am Beispiel des Geschäftsprozesses der Dienstleistung. Das für das Dienstleistungsprodukt verantwortliche Profit Center wird im Materialstamm des Dienstleistungsproduktes eingetragen. Der Materialstamm als Objekt-Typ wird in diesem Fall als Dienstleistungsprodukt verwendet. Die Verwendungsart wird generell durch die Materialart, zu welcher der Materialstamm angelegt wird, bestimmt, in diesem Fall mit der Materialart DIEN (Dienstleitung), so dass voreingestellt ist, dass gewisse Parameter, zum Beispiel zur Bestandsbewertung nicht notwendig sind. Alle Belege, welche zu der Produkt-Nummer im System angelegt werden, enthalten die Profit Center Nummer aus dem Produktstamm. Damit werden alle mit der Leistungserbringung verbundenen Kosten, Erlöse aber auch Bilanzwerte (Forderungen) auf das Profit Center kontiert. Damit kann je Profit Center und auch je Segment, welches wiederum im Stammsatz des Profit Centers eingetragen ist eine vollständige Bilanz und Gewinn- und Verlustrechnung erstellt werden.

Das interne Rechnungswesen wird durch den Kostenrechnungskreis strukturiert. Es ist prinzipiell möglich, dass ein Konzern global durch einen Kostenrechnungskreis über alle Einzelgesellschafen repräsentiert wird. Betriebswirtschaftlich ist dies jedoch nur sinnvoll, wenn alle Einzelgesellschaften eines Konzerns der gleichen Branche angehören und somit identische Geschäftsfelder bearbeiten. Bei SAP-Konzern ist dies der Fall, da alle

Dienstleistungsverkauf
Integration

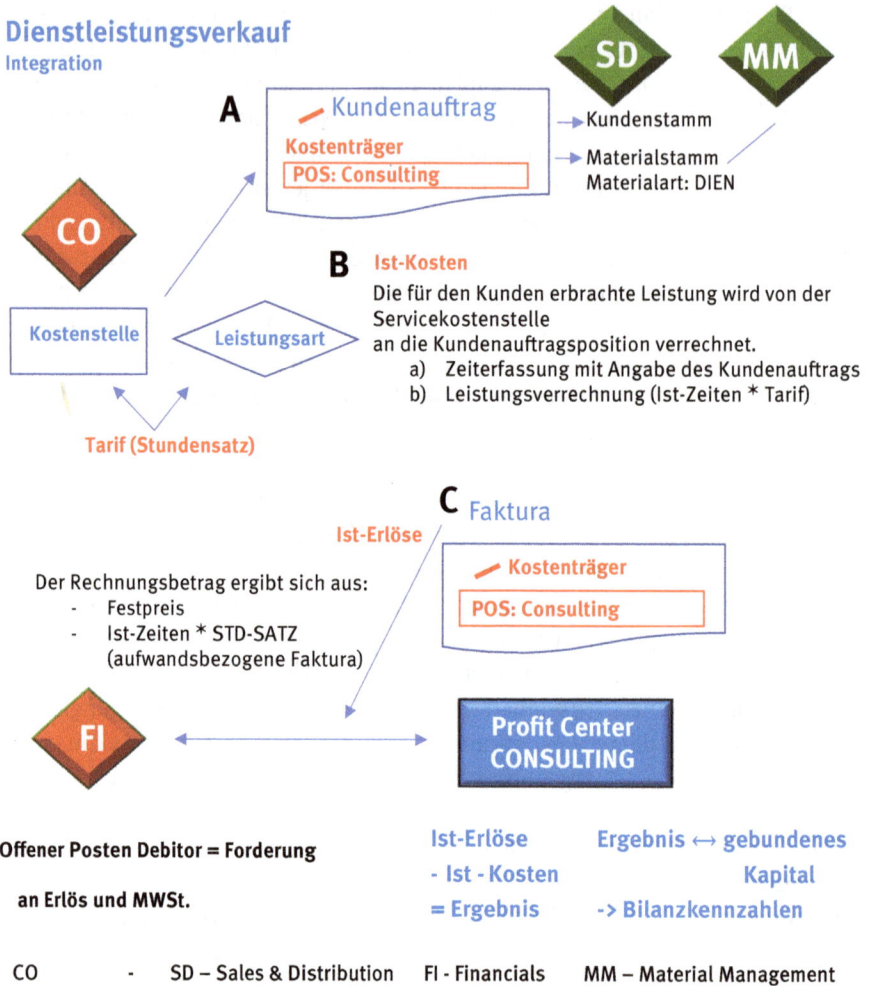

SD   **MM**

A   Kundenauftrag

Kostenträger
POS: Consulting

→ Kundenstamm
→ Materialstamm
  Materialart: DIEN

CO

Kostenstelle   Leistungsart

Tarif (Stundensatz)

B   Ist-Kosten

Die für den Kunden erbrachte Leistung wird von der Servicekostenstelle an die Kundenauftragsposition verrechnet.
  a) Zeiterfassung mit Angabe des Kundenauftrags
  b) Leistungsverrechnung (Ist-Zeiten * Tarif)

C Faktura

Ist-Erlöse

Der Rechnungsbetrag ergibt sich aus:
  - Festpreis
  - Ist-Zeiten * STD-SATZ
    (aufwandsbezogene Faktura)

Kostenträger
POS: Consulting

FI

Profit Center CONSULTING

Offener Posten Debitor = Forderung

an Erlös und MWSt.

Ist-Erlöse
- Ist - Kosten
= Ergebnis

Ergebnis ↔ gebundenes Kapital
-> Bilanzkennzahlen

CO   -   SD – Sales & Distribution   FI - Financials   MM – Material Management

Abb. 2.2: Die Rolle des Profit Centers – Beispiel Dienstleistung (Quelle: Eigene Darstellung).

strategischen Geschäftsbereich des Unternehmens der IT-Branche zuzurechnen sind. Ein Konzern mit unterschiedlichen Geschäftsfelder hätte bei einem globalen Kostenrechnungskreis das Problem, dass in der Kostenrechnung und dem Controlling eines Geschäftsbereiches Objekte und Merkmale auftauchen, welche mit dem eigenen Geschäftsfeld in keinem Zusammenhang stehen. Man denke an einen globalen Misch-Konzern wie die Siemens AG mit den Geschäftsfeldern Automatisierung und Digitalisierung, dezentrale Energiesysteme, Mobilitätslösungen für die Schienentechnik und die Medizintechnik. Geschäftsprozesse unterschiedlicher Branchen lassen sich nicht sinnvoll unter einem Kostenrechnungskreis und dessen CO-Objekten zusammenfassen. Parameter im Buchungskreis, Geschäftsjahresvariante und Konzernkontenplan sind auch im Kostenrechnungskreis enthalten. Damit mehrere Buchungskreise einem Kostenrechnungskreis zugeordnet werden können, müssen diese beiden Parameter in allen dem Kostenrechnungskreis zugeordneten Buchungskreisen identisch sein. Falls die dem Kostenrechnungskreis zugeordneten Buchungskreise gleiche Geschäftsfelder bearbeiten, macht diese Zusammenfassung durchaus Sinn. Im SAP-System ist prinzipiell eine Buchungskreis-übergreifende Verrechnung von Kosten und Erlösen innerhalb einer umsatzsteuerlichen Organschaft möglich, nicht jedoch Kostenrechnungskreis-übergreifend. Die mit dem Portfolio- und Projektmanagement integrierten Projektstrukturen, welche eine Zusammenstellung der mit einem Großprojekt verbundenen Teilprojekte darstellen, enden damit an der Kostenrechnungskreis-Grenze. Alle Projektstrukturplan-Elemente (PSP) einer Projektstruktur können nur einem Kostenrechnungskreis zugeordnet werden. Dies gilt auch für Auswertungen über die gesamte Projektstruktur. Falls dennoch mehrere Projektstrukturen unterschiedlicher Kostenrechnungskreise ausgewertet werden sollen, bietet sich der Einsatz der SAP Analytics Cloud an, welche allerdings in diesem Buch nicht besprochen wird.

2.1.2 Projektstruktur und Projektstrukturplanelemente

Zwischen dem Portfolio und Projekt Management und dem Projektsystem (PS) besteht eine enge Verknüpfung. Während das Portfolio und die damit verbundenen Projekte im Portfolio und Projekt Management auf strategischer Ebene geplant und bearbeitet werden, erfolgt die operative Umsetzung im Projektsystem. Projekte im PS sind daher Controlling – Objekte welche die Planung, Kontierung und Analyse operativer Projekte mit einem definierten Anfang und Ende beinhalten. Das Projekt im Projektsystem besteht aus einer Zusammenstellung von Teilprojekten – sogenannte Projektstrukturplan-Elemente (PSP) zu einer Projektstruktur. Innerhalb der Projektstruktur müssen alle PSP-Elemente dem gleichen Kostenrechnungskreis zugeordnet sein, können jedoch unterschiedlichen Buchungskreisen zugeordnet werden. Dazu müssen allerdings wiederum alle in der Projektstruktur über die PSP-Elemente zugeordneten Buchungskreise dem gleichen Kostenrechnungskreis zugeordnet sein. Eine gesamte Projektstruktur endet an der Kostenrechnungskreis-Grenze. Der Schwerpunkt der PSP-Elemente liegt im Rechnungswesen. Neben Kosten können auch Erlöse auf Projekte gebucht werden. Damit ist es möglich, für ein PSP-Element bzw. für das gesamte Projekt eine Ergebnisermittlung zu erstellen, durch die Abgrenzungsbeträge wie Rückstellungen für fehlende Kosten oder Ware in Arbeit berechnet werden können. Ein Projekt kann auch als Nebenkontierungsobjekt operativen Logistik-Objekten zugeordnet werden. Dazu zählen Kundenauftragspositionen, Produktionsaufträge oder auch Innenaufträge. Voraussetzung für die Zuordnung eines PSP-Elementes als Nebenkontierungsobjekt ist die Verwendung eines nicht statistischen PSP-Elementes. Es darf daher nicht als statistisches PSP-Element gekennzeichnet sein. Die Terminplanung innerhalb der Projektstruktur beschränkt sich auf Start- und Endtermine. Weitergehende Funktionen in der Terminplanung erfordern die Verwendung eines Netzplans. Dabei können die Netzplan-Vorgänge mehrerer Netzpläne den PSP-Elementen einer Projektstruktur zugeordnet werden. Netzplanvorgänge können nur Kosten tragen, keine Erlöse. Allerdings können Netzplanvorgänge Personen zugeordnet und disponiert werden. Auch benötigte Materialien können den Netzplanvorgängen zugeordnet werden, wodurch sich bei Eigenfertigungsmaterialien Planbedarfe ergeben bzw. Reservierungen bei vorhandenem Materialbestand. Für fremdbeschaffte Materialien werden bei Zuordnung zu einem Netzplanvorgang ebenfalls Reservierungen oder auch Bestellanforderungen erzeugt. Netzplanvorgänge haben daher einen höheren Bezug zur Logistik und zum Human Capital Management (HCM). Die nachfolgende Abbildung gibt einen Überblick übe die grundlegenden Strukturen im Projektsystem. Während PSP-Elemente einer Projekt-Definition zugeordnet werden, erfolgt die Zuordnung der Netzplanvorgänge eines Netzplans zu einem Netzplanvorgang. Beide, Projektdefinition und

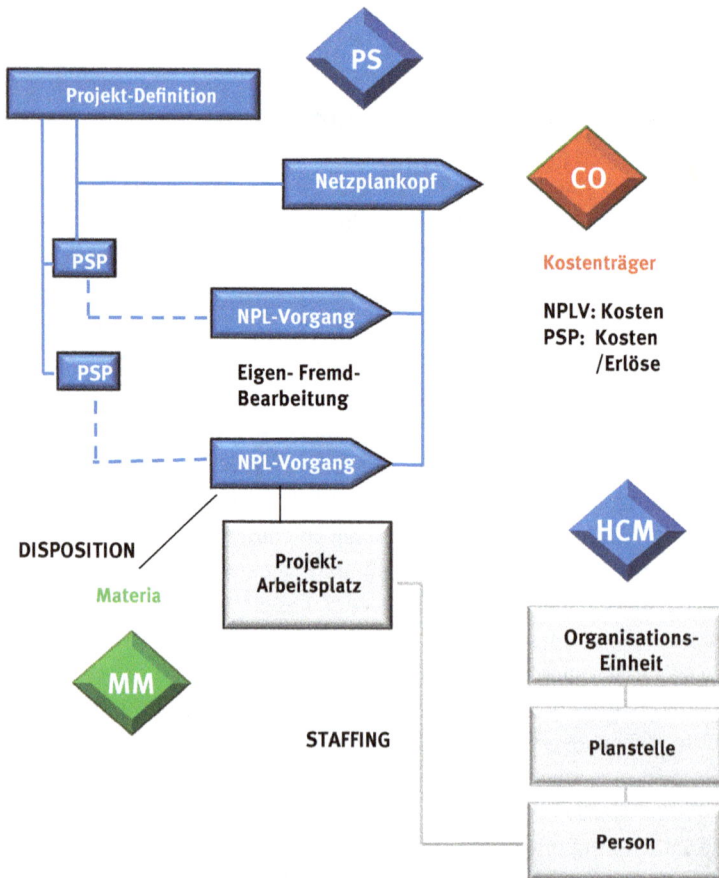

Abb. 2.3: Grundstruktur des Projektsystems (Quelle: Eigene Darstellung).

Netzplankopf enthalten für die jeweilige Struktur allgemeine Parameter. Die Projektdefinition enthält Profile wie das Budgetprofil, Planprofil und Investitions-profil. Der zugeordnete Kostenrechnungskreis wird an alle PSP-Elemente vererbt. Der Netzplankopf enthält Parameter wie das Kennzeichen zur Kapazitätsplanung, eine Voraussetzung dafür, dass Personal-Nummern Netzplanvorgängen zugeordnet und terminlich disponiert werden können. Dies ist nur ein erster Überblick über das Projektsystem in diesem Grundlagen-Kapitel. Eine ausführlichere Besprechung erfolgt im weiteren Verlauf des Buches.

2.1.3 Interne Projektleistungen von Kostenstellen

Die Kostenstellen repräsentieren die Verrechnungseinheit für Gemeinkosten aus der Sich des Accounting und Controlling. Vom Blickwinkel des Human Capital Manage-ments aus gesehen sind Kostenstellen als ein Team von Mitarbeiterinnen und Mitarbei-tern organisiert, welche die an das Team gestellten Aufgaben bewerkstelligen. Aus Sicht des Portfolio- und Projekt Managements stellen sie die internen Ressourcen bereit, wel-che die durch das PPM definierten Projekte umsetzen. Die Kostenstellen-Leitung ist für die Planung und das Monitoring des Finanz-Budgets zuständig, welches für die Realisie-rung der an das Team der Kostenstelle gestellten Aufgaben benötigt wird. Im Rahmen der Projektrealisierung werden Kostenstellen nicht als Verrechnungskostenstellen son-dern als Leistungserbringer definiert. Daher tritt neben der Kostenstelle die Leistungs-art, für welche Leistungen zur Projekterfüllung geplant und verrechnet werden. Damit ergibt sich ein Integrations-Szenario der Kostenstellenrechnung für die Planung und Re-alisierung der definierten Programme und Projekte. Kostenstellen und Leistungsarten sind Kostenrechnungskreis-bezogen, Kostenstellen darüber hinaus auch Buchungskreis-bezogen. Den Bezug zum Kostenrechnungskreis und Buchungskreis haben auch die für die Umsetzung des Portfolio und Projekt Managements definierten Projekte und deren Projektstrukturplan-Elemente (PSP). Planleistungen für ein PSP können in Form einer Leistungsaufnahme-Planung als disponierte Leistung für die Kombination aus Kosten-stelle und Leistungsart gebucht werden. Die disponierte Leistung ist die Basis für die eigene Leistungsplanung der Kostenstelle und der damit verbundenen Etat- und Kosten-planung. Im Rahmen der Plantarif-Ermittlung kann der Stundensatz eine Leistungsart in Kombination mit einer Kostenstelle berechnet werden, welcher bei der Kostenstelle zu einem Plankosten-Saldo von Null führt. Der so berechnete Stundensatz wird als soge-nannter fairer Tarif betrachtet. Zur Kostenstellen-Planung und der damit verbundenen Plantarifermittlung folgendes Zahlenbeispiel.

a) **Plankosten und Planleistung Senderkostenstelle SERVICE**

Kostenstelle SERVICE	Kosten Fix	Kosten Variabel
Plankosten Energie:	31.500,-	
Plankosten Personal:	3.000,-	9.000,-

Leistungsart REPAIR: 1.000 STD Planleistung, manueller Plantarif: 90,- EUR/STD Äquivalenz-Ziffer: 2 Leistungsart CHEK: 500 STD Planleistung, manueller Plantarif: 20,- EUR/STD Äquivalenz-Ziffer: 1

b) Plankosten und Planleistung Empfängerkostenstelle PRODUKTION

Kostenstelle PRODUKTION	Kosten fix	Kosten variabel
Plankosten Personal:	9.600,- EUR	
Planleistung PROD:	540 STD, manueller Plantarif: 90,- EUR/STD	

c) Leistungsaufnahmeplanung

Leistungsaufnahmeplanung der Kostenstelle PRODUKTION von der Kostenstelle SERVICE:

Leistungsart REPAIR 950 STD, Leistungsart CHECK (Qualitätsmanagement) 480 STD.

d) Plankostensplittung

Die Plankostensplittung ordnet zunächst die nicht leistungsbezogenen Plankosten auf Basis der Äquivalenz-Ziffern den Leistungsarten zu. Für die Kostenstelle SERVICE folgt damit: Äquivalenzziffer 2 für Leistungsart REP und Äquivalenzziffer 1 für Leistungsart CHECK folgt als sogenannte Plankostensplittung:

31.500 * 2/3 = 21.000 zugeordnet der Leistungsart REPAIR und 31.500 * 1/3 = 10.500 zugeordnet der Leistungsart CHECK.

e) Plantarif-Ermittlung

Damit ergeben sich folgende abgestimmte (faire) Plantarife:

Kostenstelle SERVICE, Leistungsart REPAIR, Plankosten fix
3.000,- EUR eigene Plan-Kosten + 21.000,- Leistungsaufnahm-Kosten = 24.000,- Plankosten fix.
24.000 / Planleistung 1.000 STD = 24,- EUR /STD **Tarif fix**
Kostenstelle SERVICE, Leistungsart REPAIR, Plankosten variabel
9.000,- EUR eigen Plankosten / Planleistung 1.000 STD = 9,- EUR **Tarif variabel**

Kostenstelle PRODUKTION
Leistungsaufnahme von SERVICE: 950 STD * 33,- EUR/STD = 31.350,- EUR
Leistungsaufnahme von SERVICE: 480 STD * 21,- EUR/STD = 10.080,- EUR
TARIF für Leistungsart PROD: 9.600 + 31.350 + 10.080 = 51.030,- EUR
51.030 / Planleistung 540 STD = 94,50 EUR/STD.

Die durch das Portfolio und Projektmanagement initiierten Projekte sind in Bezug auf interne Leistungserbringung mit der Leistungsaufnahme von Kostenstellenleistungen konfrontiert, welche zu einem abgestimmten Plantarif an die Projekte und deren PSP-Elemente verrechnet werden sollten.

2.2 Portfolio-Strukturen und Integrations-Szenarien

Ein Portfolio ist eine Gruppe von Projekten und Vorhaben oder auch potenzieller Projekte und Vorhaben in koordinierter Weise, um die strategischen Ziele eines Unternehmens zu erreichen. Projektorientierte Unternehmen managen ihre Projekte als Portfolios in Abhängigkeit von Standort, Art des Projektes, Produktlinien, etc. Die Portfolio-Struktur reflektiert wie Projekte strategisch in einem Unternehmen gruppiert werden. Möglich ist eine globale Portfolio-Struktur für den gesamten Konzern oder auch Portfolios für unabhängige Unternehmensbereiche. Die Portfolio-Struktur ist als eine Standardhierarchie zu verstehen, deren Knoten einzelne Projekte darstellen.

2.2.1 Kriterien und Objekte der Portfolio-Struktur

Die Zusammenstellung der Portfolio-Struktur orientiert sich an Kriterien. Kriterien bestimmen den der Umfang von Projekten. Ein Portfolio mit zu vielen Objekten birgt die Gefahr, dass das Management der einzelnen Projekte aus der Perspektive des Portfolios nicht optimal verläuft. Ein Portfolio mit einer zu geringen Anzahl an Projekten kann dazu führen, dass Portfolio-Management und Projekt-Management nicht in einem angemessenen Verhältnis stehen. Möglicherweise müssen Portfolio-Manager zwischen verschiedenen Portfolios wechseln, um ihre Projekte zu analysieren. Das SAP-System bietet keine Portfolio-übergreifenden Auswertungen. Viele Reviews und Auswertungen im SAP-System beziehen sich zwar auf mehrere Portfolio-Elemente, jedoch immer nur auf ein Portfolio. Ein Portfolio kann in mehrere Portfolio-Bereiche strukturiert werden, auf der untersten Ebene der Hierarchie von Portfolio-Bereichen werden die Portfolio-Elemente zugeordnet. Portfolio-Elemente sind Projekt, Produktinitiativen, Services, etc. Die Portfolio-Elemente werden immer nur auf der untersten Ebene der Portfolio-Hierarchie zugeordnet. Ein Portfolio-Bereich hat entweder untergeordnete Bereiche oder Portfolio-Elemente. Portfolio-Elemente enthalten Informationen der zugeordneten Projekte, Initiativen, etc. Solche Informationen sind kritische Erfolgsfaktoren, Status, Termine, Rahmenbedingungen, etc. Die Portfolio-Elemente sind Gegenstand strategischer Planung der Finanzen und Kapazitäten. Die Vorgaben eines Portfolio-Bereichs können mit den Daten der zugeordneten Elemente verglichen werden. Die Auswertungen beziehen sich immer auf ein Portfolio, allerdings können innerhalb eines Portfolios die Initiativen, Sammlungen und Reviews auch unterschiedlicher Portfolio-Bereiche zusammengefasst analysiert werden. Ein Portfolio-Element kann in einzelne Rollen und Ressourcen strukturiert werden. Das Portfolio-Element besteht aus der Projektdefinition, den Projektphasen, einzelnen Aufgaben und Teilaufgaben. Die Aufgaben selbst können zu Aufgabenhierarchien zusammengesetzt werden. Zur Auswertung können Checklisten angelegt werden, welche sich aus einzelnen Checklistenpunkten zusammensetzen (vgl. SAP, 2020, Seite 16).

Ausgehend von einer Projektdefinition können die Ressourcen des Projektes geplant werden. Dazu werden sogenannte Rollen definiert, welche eine formale Beschreibung der benötigten Ressourcen enthalten. Diese Beschreibung enthält den zeitlichen Bedarf an Ressourcen zu definierten Aufgaben und Teilaufgaben sowie die fachlichen Anforderungen an die Ressourcen. Unabhängig davon, ob es sich bei der Ressource um interne Mitarbeiter oder externe Partner handelt, werden die Ressourcen als Geschäftspartner angelegt. Der Stammsatz zum Geschäftspartner enthält deren Verfügbarkeit und Qualifikationen.

Einem Portfolio im SAP Portfolio- und Projektmanagement können Projekte des SAP- Projektsystems (PS) zugeordnet werden. Über die Rollen kann das Verbindungsglied (angel.: der link) zu dem Projekt im Projektsystem genutzt werden. Man gelangt direkt zur Ressourcen-Sicht des PS-Projektes. Die Ressourcen-Disposition erfolgt Projektbezogen, oder im Sinne des Portfolio- und Projektmanagements projektübergreifend durch ein Ressourcen-Management. Die Ressourcenplanung oder auch Ressourcenverteilung der PS-Projekte können mit der strategischen Kapazitätsplanung des zugeordneten Portfolio-Elements integriert und abgeglichen werden. Der Abgleich der Ressourcenplanung ist zwischen dem PS-Projekt, dem zugeordneten Portfolio-Element bis hin zum übergeordneten Portfolio-Bereich möglich. Damit kann die Umsetzung der strategischen Kapazitätsplanung der Ressourcen mit den PS-Projekten abgestimmt werden. Die Top-Down-Budgetierung im Portfolio und Projektmanagement kann in die PS-Projekte übergleitet werden und die Portfolio-Elemente mit den PS-Projekten synchronisiert werden (vgl. SAP, 2020, S. 19 und Soosaimuthu, 2022, S. 40).

Für die Synchronisation des Portfolio- und Projektmanagements (PPM) mit dem Projektstrukturplan-Element (PSP) des PS Projektes kann bestimmt werden, ob das PPM führend ist oder das PSP Element. Die Synchronisation gilt für den Status und die Berechtigungen. Der SAP-Fachbegriff ist hier: „horizontale Synchronisation". Andererseits ist es aber auch möglich, dem PPM Element oder dem PSP Element die führende Rolle zuzuweisen. Ist das PPM Element führend, werden Änderungen im PSP *nicht* in das zugeordnete PPM Element transferiert. Das bedeutet, der Prozess wird ausschließlich über das PPM Element gesteuert. Ist das PSP führend, werden Änderungen im PPM nicht in das zugeordnete PSP transferiert, der Prozess wird ausschließlich über das PSP Element gesteuert. Von vielen Unternehmen wird allerdings auch bei GLOBAL BIKE genutzt, PPM-gesteuert und PSP-gesteuert in Bezug auf verschiedene Attribute. Die folgende Tabelle gibt dafür ein Beispiel (vgl. Soosaimuthu, 2022, S. 43).

Die Abbildung zeigt folgenden Zusammenhang: Wird ein PPM Element organisatorisch neu zugeordnet, indem die Aufgabe von einem anderen Organisationsbereich wahrgenommen werden soll, so gilt dies auch für das zugeordnete PSP Element. Für eine Änderung der Basis-Daten, z. B. Aufgabenzuordnung ist das PPM Element führend. Dagegen ist das PSP Element für die Ist- und Prognose-Daten führend und auch der Satus wird alleine durch das PSP Element gesteuert. Alle Vorgaben des Managements werden im PPM Element vorgenommen und in das PSP Element transferiert.

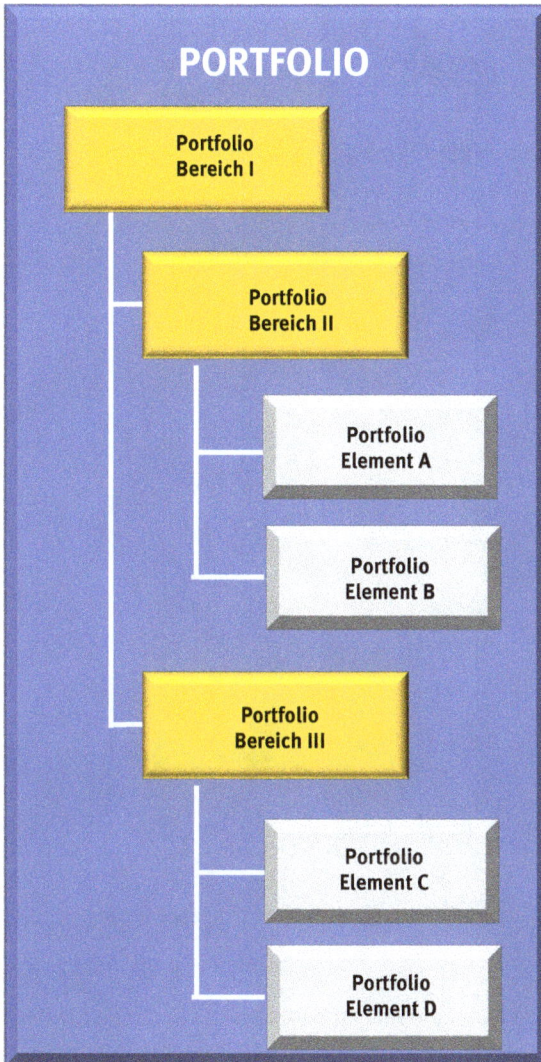

Abb. 2.4: Portfolio-Struktur (Quelle SAP, eigene Beispieldaten).

2.2.2 Integrations-Szenario des Portfolio- und Programm Management mit dem Projektsystem

Oftmals wird für das operative Management der Projekte direkt im SAP-Projektsystem PS gearbeitet. Für das Management der Finanzdaten in SAP PPM wird die Integration zu Financials (FI) und Controlling (CO) genutzt. Das in der folgenden Abbildung dargestellte Integrations-Szenario startet mit der Pflege des Portfolio-Elements. Das Portfo-

Feldgruppe	Richtung der Synchronisation	Ausnahmen
Organisationseinheiten	PPM Element → PSP Element	
Basis Daten	PPM Element → PSP Element	
Ist-Daten	PSP Element → PPM Element	
Prognose-Daten	PSP Element → PPM Element	
System Status	PSP Element → PPM Element	Status Eröffnet
Anwender Status - Freigegeben - Technisch Abgeschlossen - Abgeschlossen	PSP Element → PPM Element	Status Eröffnet
Program Manager, Project Director, Phase Level Manager	PPM Element → PSP Element	

Abb. 2.5: Synchronisation Portfolio Element mit Projektstrukturplan Element (Quelle SAP, eigene Beispieldaten).

lio-Management oder auch Portfolio-Element-Management legen das Portfolio-Element an, erfassen die kritischen Erfolgsfaktoren und berechnen eine Prognose der benötigten Kapazitäten und Finanzmittel. In einem Review werden die Daten des Portfolios vom strategischen Management bewertet und über die weitere Vorgehensweise des Portfolios entschieden. Im SAP-Projektsystem wird die Projekt-Struktur angelegt, welche sich aus einzelnen Projektstrukturplan-Elementen (PSP-Elemente) zusammensetzt. Die PSP-Elemente werden mit den Portfolio-Elementen verknüpft. Die Verknüpfung ist automatisiert möglich, kann allerdings auch dann erfolgen, wenn die Portfolio-Elemente den Satus „Genehmigt" erhalten haben (vgl. SAP, 2020, S. 20).

Die Projektleitung definiert den Bedarf an Ressourcen und übermittelt den Bedarf an das Ressourcen-Management. Das Ressourcen-Management ist für die Besetzung mit eigenen oder auch externen Ressourcen zuständig. Einerseits können die PSP-Elemente mit Kosten und Erlösen kontiert werden. Andererseits ist es auch möglich, dass weitere

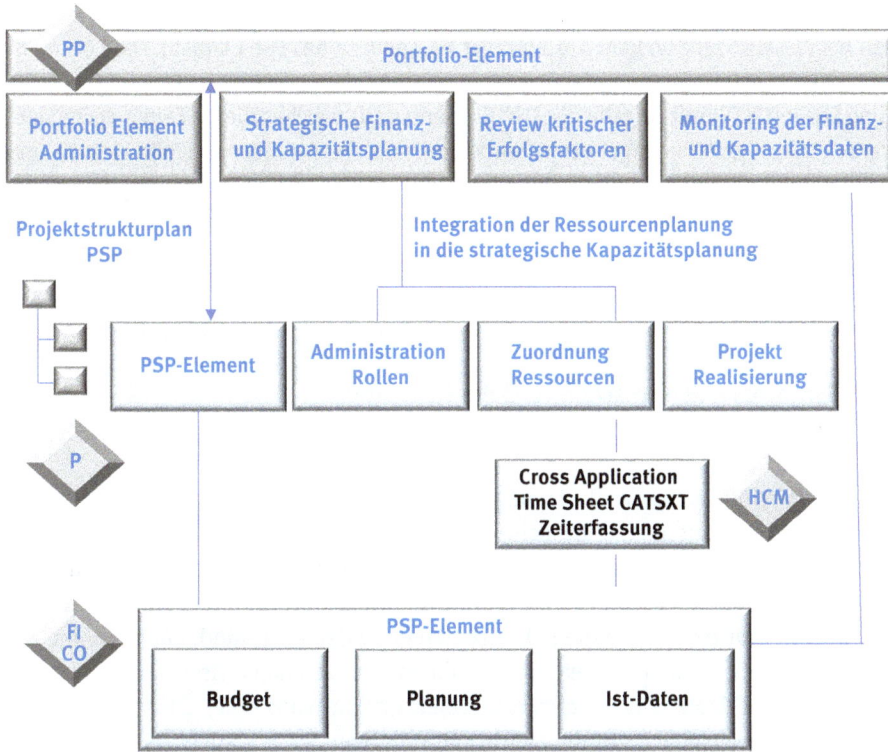

Abb. 2.6: Integrations-Szenario Portfolio und Projekt-Management (Quelle SAP, eigene Beispieldaten).

Kostenträger im SAP-System geführt und mit dem PSP – Element verknüpft werden. Ein PSP – Element kann in eine Kundenauftragsposition eingetragen werden, wenn der Kundenauftragsposition eine dafür vorgesehene Bedarfsart zugeordnet worden ist. Die Bedarfsart wiederum ist einer Bedarfsklasse zugeordnet, die Bedarfsklasse enthält die Parameter zur betriebswirtschaftlichen Steuerung der Kundenauftrags-Position. Diese sind die Kalkulations-Methode (Erzeugnis-Kalkulation bei Waren, Einzelkalkulation bei Dienstleistungen), Abrechnungsprofil (erlaubte Empfänger-Objekttypen wie Projekt, Ergebnisrechnung, etc.), Kennzeichen zur Materialbewertung (z. B. auf Basis der Kundenauftrags-Kalkulation bei konfigurierten Produkten) und einen Kontierungstyp, welcher die Kontierung der Kundenauftragsposition auf das zugeordnete PSP – Element automatisch generiert. Das bedeutet, die zu einer Kundenauftrags-Position angelegte Faktura führt zur Buchung der Ist-Erlöse auf das zugeordnete PSP-Element. Gleiches gilt für die zu einer solchen Kundenauftragsposition gebuchten Lieferung im Fall der Projekt-Einzelfertigung. Die Buchung des Warenausgangs zu einer Lieferung führt zur Kontierung der mit Warenausgang gebuchten Ist-Kosten aus Liefermenge multipliziert mit dem bewertungsrelevanten Preis (in der Regel kalkulierte Herstellkosten) auf das PSP-Element. Im Falle einer Dienstleistungsabwicklung erfolgt die Verrechnung der Kosten der Dienstleistung allerdings direkt auf das PSP-Element, da die Kundenauftragsposition bei diesem Szenario kein Kostenträger ist, sondern das PSP-Element. Die Leistungsverrechnung erfolgt in der Regel über die Erfassung der Ist-Zeiten im Cross Application Time Sheet (CATS) mit Angabe des PSP-Elementes auf welches die Ist-Zeiten verrechnet werden sollen. Zusammengefasst bedeutet dies, dass die detaillierte Strukturierung und die Planung und Realisierung des Projektes im Projektsystem stattfindet. Das Projekt ist mit dem PPM verknüpft. Im PPM erfolgt das Monitoring und die Auswertung der operativen Daten aus dem Projekt, dessen Kostensammlung und die Abstimmung mit der strategischen Finanzplanung.

2.2.3 Synchronisation zwischen Portfolio-Elementen und Projektstrukturplan-Elementen

Das SAP-Portfolio und Projekt-Management (PPM) ermöglicht die Synchronisation von Status, Attributen und Berechtigungen zwischen PPM-Initiativen, Portfolio-Elementen und den PSP-Elementen der Projekte. Dabei ist eine horizontale und vertikale Synchronisation möglich. Die vertikale Synchronisation bezieht sich auf die Synchronisation zwischen den PPM-Initiativen und den Portfolio-Elementen. Die horizontalte Synchronisation bezieht sich auf die Synchronisation zwischen den Portfolio-Elementen und den PSP-Elementen des Projektstrukturplans (PSP). Die vertikale Synchronisation bezieht sich auf die Synchronisation von der Initiative in PPM mit dem Portfolio Element sowie auf die Synchronisation der Entscheidungspunkte der Initiative mit den Entscheidungspunkten der Portfolio-Elemente. Bei der Synchronisation kann die Initiative oder das Portfolio-Element führend sein. Ist die Initiative im PPM führend, werden Änderungen im Portfolio Element nicht an die Initiative übergeben, da die Initiative führend ist. Werden Änderungen in der Portfolio Initiative nicht an das Portfolio Element übergeben, ist das Portfolio Element führend. Die Synchronisation von der Initiative an das Portfolio Element betrifft die Feldgruppen (Soosaimuthu, 2022, S. 42 ff.):
- Organisations-Ebenen (Initiative → Portfolio Element)
- Basisdaten (Initiative → Portfolio Element)
- Produkt-Linien (Initiative → Portfolio Element)
- Projekt-Leitung (Initiative → Portfolio Element)

Die horizontale Synchronisation bezieht sich auf das Portfolio Element mit dem Projekt im SAP-Projektsystem (PS). Dabei kann das Portfolio Element führend sein (Änderungen im PSP Element führen nicht zu Änderungen im Portfolio Element) oder das PSP Element kann führend sein (Änderungen im Portfolio Element führen nicht zu Änderungen im PSP Element). Die betroffenen Feldgruppen dabei sind:
- Organisations-Ebenen (Portfolio Element → PS Projekt)
- Basis-Daten (Element → PS Projekt)
- Ist-Daten (PS Projekt → Portfolio Element)

– Prognose-Daten (PS Projekt → Portfolio Element)
– System Status (PS Projekt → Portfolio Element)
– Projektleitung (Element → PS Projekt)

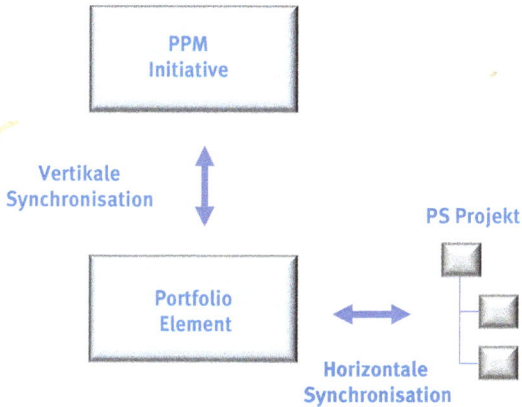

Abb. 2.7: Vertikale und horizontale Synchronisation PPM mit PS (Quelle: Eigene Darstellung).

2.3 Portfolio und Portfolio Element

Das höchste Element im Portfoliomanagement ist das Portfolio, welches sich aus Portfolio-Bereichen, Portfolio-Elementen sowie Sammlungen und Reviews zusammensetzt. Das Portfolio ist z. B. die Zusammenstellung aller IT-Projekte der IT-Abteilung. Ein Portfolio wird – analog wie ein Auftrag – zu einer Portfolioart angelegt. Die Portfolioart enthält die Attribute zur Einstellung und betriebswirtschaftlichen Steuerung des Portfolios. Dazu zählen:
– Portfolio-Felder (Ressourcen, Kapazitätstyp, Entscheidungspunkte, etc.)
– Portfolio-Elemente (Dokument, Entscheidungspunkte, etc.)
– Review-Status (in Bearbeitung, genehmigt, etc.)
– Elemente-Arten (Konzept, Vorschlag, Beratungsprojekt, etc.)
– Initiativ-Arten (Vorschlagsinitiative, Beratungsinitiative, etc.)

Weitere Einstellungen sind die Verknüpfung der Portfolioart mit
– Finanztyp (Budget, interne Kosten, externe Kosten, etc.)
– Finanzsicht (Prognose, Planung, Ist, Profitabilität, etc.)
– Kapazitätstyp (Marketing, Finanzen, Logistik, Management, etc.)
– Kapazitätssicht (Plan, Besetzung, etc.)

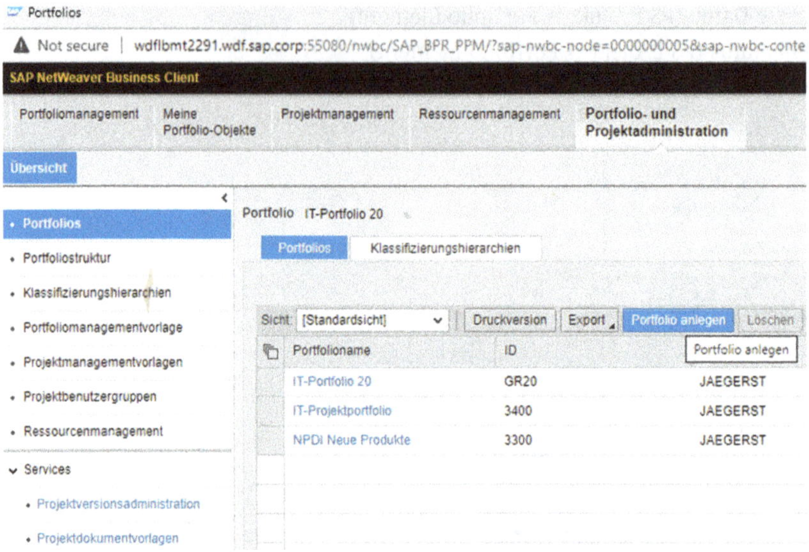

Abb. 2.8: Portfolio-Übersicht (Quelle SAP, eigene Beispieldaten).

Die vorherige Abbildung zeigt eine Übersicht vorhandener Portfolios. Aus der Übersicht kann ein Portfolio selektiert und bearbeitet bzw. ausgewertet werden. Über die Portfolio- und Projektadministration erfolgt das Anlegen neuer Portfolios.

2.3.1 Portfolio Definition und Portfolio Strukturierung

Ein Portfolio wird zu einer Portfolio-Art angelegt. Ein Portfolio ist die Zusammenstellung einer Gruppe von Projekten oder auch potenzieller Projekte in koordinierter Weise, um die strategischen Ziele eines Unternehmens zu erreichen. Projektorientierte Unternehmen verwalten ihre Projekte je nach Region als Portfolios. Die Art der Portfoliostruktur spiegelt wider, wie Projekte in einem Unternehmen strategisch gruppiert werden. Es kann ein Portfolio für das gesamte Unternehmen oder auch mehrere Portfolios geben, die sich auf andere Portfolios beziehen. Ein Portfolio besteht aus einer Standardhierarchie von Knoten. Darüber hinaus können Klassifizierungshierarchien zu einem Portfolio für ein flexibles Berichtswesen definiert werden. Zu den Strukturobjekten in SAP PPM gehören die folgenden Elemente, die zur weiteren Detaillierung der Portfolio-, Programm- und Projektmanagementstruktur verwendet werden: Sammlungen. Sie ermöglichen das Gruppieren und Berichten von PPM-Elementen und -Initiativen. Initiative. Sammlungen stellen ein Arbeitsprogramm von Projekten dar. Zum Zwecke des Programmmanagements sollten Initiativen verwendet werden. Sie ermöglichen das Gruppieren von PPM-Elementen. Sie bieten auch Planung, Budgetierung, Prognose und das Aufrollen von Finanzen und Ressourcenkapazitäten (Soosaimuthu, 2022, S. 38).

Das Strukturieren des Portfolios ist über die Verwendung von Portfoliobereichen möglich. Die Elemente eines Portfolios können damit überschaubarer dargestellt werden. Auf der Ebenen der Portfoliobereiche erfolgt die Finanz- und Kapazitätsplanung sowie die Finanz- und Kapazitätsauswertung der den Bereichen zugeordneten Portfolio-Elemente. Das Konzept der hierarchischen Gruppierung der Bereiche kann nach regionalen oder auch organisatorischen Kriterien erfolgen. Die Berechtigungen werden von den übergeordneten Elementen, das bedeutet dem Portfolio bzw. dem übergeordneten Bereich an den untergeordneten Bereich vererbt, sind jedoch änderbar. Die hierarchische Zusammenstellung ist strategisch zu sehen, denn ein Bereich kann innerhalb der Portfolio-Struktur nicht mehr verschoben werden. Mithilfe von Sammlungen können Portfolio-Elemente gemeinsam analysiert werden, auch wenn die Portfolio-Elemente unterschiedlichen Bereichen zugeordnet sind (SAP, 2020, S. 38.

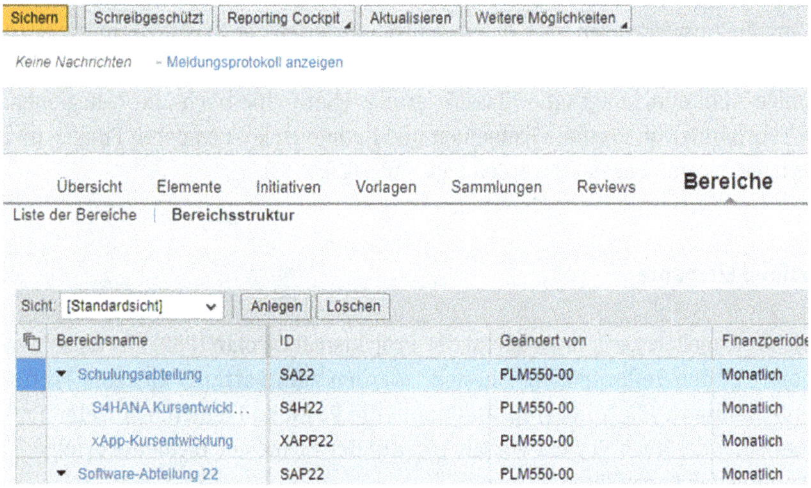

Abb. 2.9: Bereichs-Struktur zu einem Portfolio (Quelle: SAP, eigene Beispieldaten).

Die vorherige Abbildung zeigt eine Bereichsstruktur zu einem Portfolio. Das Portfolio bezieht sich auf die Projekte einer IT-Abteilung. Es ist unterteilt in den Bereich Software-Entwicklung und Schulung. Der Bereich Software-Entwicklung ist wiederum unterteilt in die Bereiche Projekte im SAP-Umfeld und Projekte außerhalb des SAP-Umfelds. Der Bereich Schulung ist unterteilt in den Bereich mit der Entwicklung von Kursen für SAP S/4HANA und den Bereich von Schulungsentwicklung für xApps.

Ein weiteres Element der Portfolio Strukturierung ist die Klassifizierungs-Hierarchie. Mit Klassifizierungs-Hierarchien ist es möglich, das Portfolio nach unterschiedlichen Kriterien zu strukturieren, z. B. aus organisatorischer Sicht, aus Produktsicht und aus der Sicht der Marktsegmente, auf welche sich das Portfolio bezieht. Dabei ist es möglich Klassifizierungshierarchien portfolio-bezogen oder auch portfolio-übergreifend anzulegen. Ein Portfolio-Element wird daher unterschiedlichen Klassifizierungshierarchien zu-

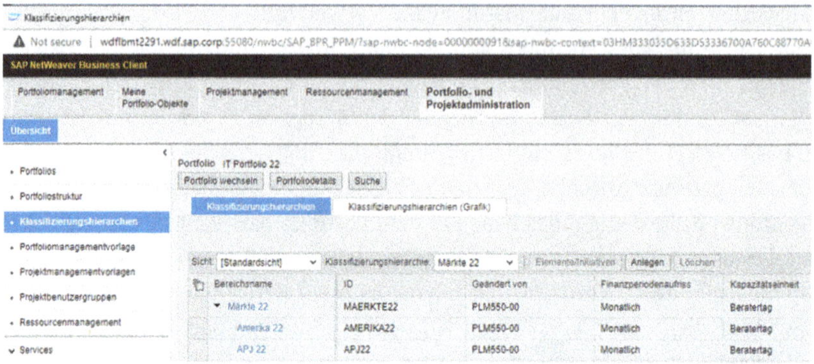

Abb. 2.10: Klassifizierungs-Hierarchie nach Regionen (Quelle: SAP, eigene Beispieldaten).

geordnet, um die Auswertungen nach den jeweiligen Kriterien der Klassifizierungshierarchie durchführen zu können.

Die obige Abbildung zeigt eine Klassifizierungs-Hierarchie nach Markt-Regionen. Durch die Zuordnung von Portfolio-Elementen und Initiativen können deren Finanz- und Kapazitätsdaten zusammengefasst werden (vgl. SAP, 2020, S. 55).

2.3.2 Portfolio Elemente

Analog wie im Projektsystem, in welchem der Projektstrukturplan (PSP) aus einzelnen PSP-Elementen – den Teilprojekten – besteht, werden zum Portfolio einzelne Portfolio-Elemente definiert. Allerdings repräsentieren die Portfolio Elemente einzelne Projekte, Initiativen oder auch Projekt-Vorschläge. Auf der Ebene der Elemente erfolgt
– die Planung der Kapazitäten
– die Planung der Finanzen
– die Abbildung der Realisierung über sogenannte Entscheidungspunkte.

Die Daten zu den Portfolio Elementen können manuell im PMM erfasst oder auch über die Integration zu dem SAP- Projektsystem (PS) und auch aus dem FI und CO übernommen werden. Die Zuordnung der Elemente zum Portfolio erfolgt zum Portfolio-Bereich auf der untersten Ebene der Bereichsstruktur. Ein Bereich hat damit entweder untergeordnete Bereiche oder Portfolio-Elemente zugeordnet.

Zu den Portfolio Elementen können folgende Key Performance Indicators berechnet werden:
– Kapitalwert
– Amortisationsdauer
– Interner Zinsfuß
– Prognosewerte

Portfolio-Elemente-Art

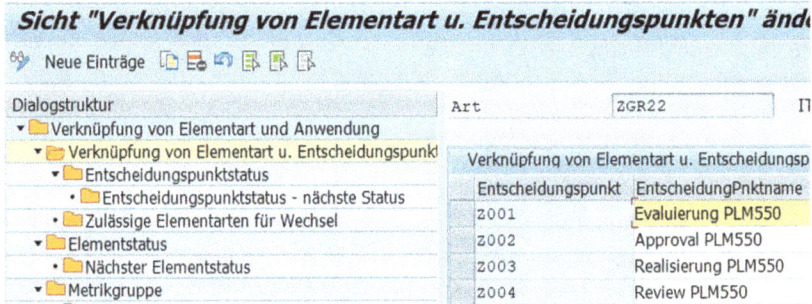

Abb. 2.11: Element-Art und Entscheidungspunkte (Quelle SAP, eigene Beispieldaten).

Wie beim Portfolio werden auch Portfolio-Elemente zu einer Elemente-Art angelegt. Die Elemente-Art enthält Parameter zur Steuerung des Portfolio Elementes. Dazu zählen die Definition von Entscheidungspunkten, Entscheidungspunktstatus und die Statusabfolge. Entscheidungspunkte sind z. B. Evaluierung, Genehmigung, Realisierung und Review. Die Statusabfolge ist der Ablauf der zu durchlaufenden Stati, z. B. die Stati „In Vorbereitung", „In Bearbeitung" und „Abgeschlossen". Es ist möglich über die Elemente-Art vorzugeben, dass

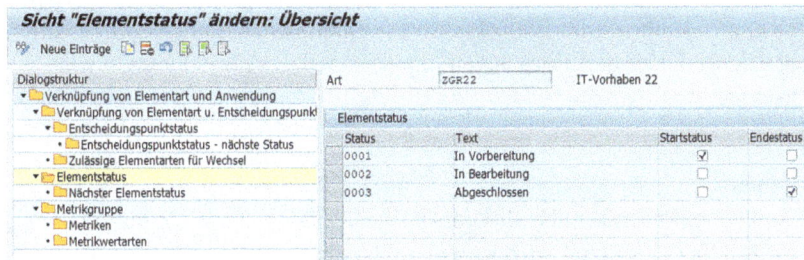

Abb. 2.12: Elemente-Status zur Elemente-Art (Quelle SAP, eigene Beispieldaten).

beim Anlegen eines Portfolio-Elementes auch gleichzeitig ein Portfolio-Projekt erstellt wird. Dies kann eine Projektdefinition sein, welche später beim Hochladen von Projektstrukturen verwendet werden kann. Es ist allerdings auch möglich Projektvorlagen zu definieren, so dass automatisch ein komplettes Portfolioprojekt mit Elementen angelegt wird.

Portfolio-Elemente-Typ

Eine weitere Kategorisierung der Portfolio-Elemente erfolgt über den Portfolio-Elemente-Typ. Ein Elemente-Typ besteht aus Untertypen, in dem hier aufgezeigten Beispiel der Soft-

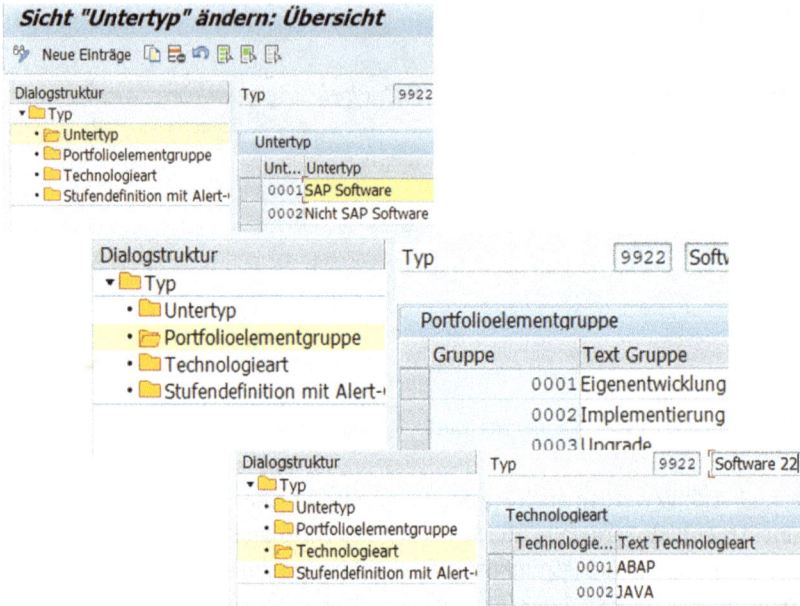

Abb. 2.13: Element-Art und Entscheidungspunkte (Quelle SAP, eigene Beispiel-Daten).

ware-Entwicklung sind Untertypen Elemente, welche sich auf die Entwicklung von SAP-Software oder anderer Software beziehen. Eine weitere Unterteilung erfolgt über Elemente-Gruppe, z. B. Elemente für die Software-Entwicklung, die Implementierung von Anwendungslösungen oder der upgrade von implementierten Anwendungslösungen auf ein neues Release.

Portfolio Element

Das Portfolio Element repräsentiert die Vorschläge, Projekte, Konzepte kurzum alles, was in einem Portfolio geplant, realisiert und analysiert wird. Zwischen den Portfolio Elementen können Relationen definiert werden, weiterhin können die Portfolio-Elemente zu Versionen gepflegt werden. Das Portfolio Element wird zu einem Bereich und einer Elemente-Art angelegt. Entsprechend den vorherigen Ausführungen stehen die im Customizing des PPM gepflegten Kategorien, z. B. Elemente-Typ (Software), Unter-Typ (SAP-Software), Technologie (Java), Gruppe (Eigenentwicklung), etc. zur Kategorisierung des Elements zur Verfügung (vgl. SAP, 2020, S. 79).

Die vorherige Abbildung zeigt ein Beispiel für ein Portfolio-Element für die Investition in die Entwicklung einer Java-Anwendung in der Region Europa. Das Element ist durch die Kriterien für Gebiet, Unter-Typ (Nicht-SAP-SW), Gruppe (Eigenentwicklung) und Standort entsprechend kategorisiert. Dem Element werden Entscheidungspunkte zugeordnet, z. B. Evaluierung und Genehmigung. Das Beispiel zeigt die Terminplanung für den Entscheidungspunkt der Evaluierung.

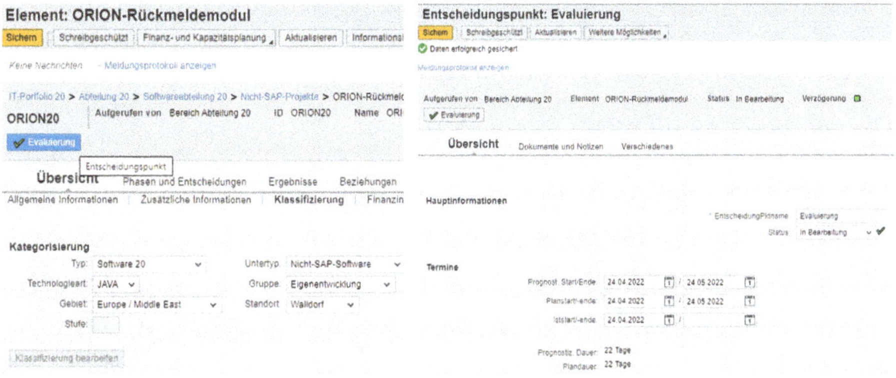

Abb. 2.14: Element-Art und Entscheidungspunkte (Quelle SAP, eigene Beispieldaten).

Zur Entscheidung für eine Investition, z. B. die der Entwicklung einer Java-Anwendungslösung sollten folgende Fragen gelöst sein (vgl. Soosaimuthu, 2022, S. 287):

- Wie hoch ist die wirtschaftliche Rendite (Kapitalwert, Kosten-Nutzen-Verhältnis)?
- Sind alle mit der Investitions-Entscheidung verbundenen Risiken bekannt und handhabbar? Wie ist das Risikoprofil der Investitions-Entscheidung?
- Wie verändert sich die Infrastruktur bzw. Systemlandschaft in der Informationstechnologie (IT), wenn die Investitionsentscheidung positiv bzw. negativ ausfällt? Wird die Infrastruktur nachhaltig sein?
- Ist die Investitionsentscheidung Teil einer staatlichen Förderung? Ist die Investitionsentscheidung an den strategischen Zielen des Unternehmens ausgerichtet?
- Werden alle mit der Anlageentscheidung verbundenen Risiken verstanden und gemanagt? Wie ist das Risikoprofil der Anlageentscheidung?

2.3.3 Portfolio Status und Workflow

Ein Status dokumentiert im SAP-Portfolio and Project Management den Zustand von Objekten, wie z. B. von Portfolioelementen, Entscheidungspunkten, Reviews oder What-If-Szenarios. Anders als im *Projektmanagement* steuert der Status in SAP-Portfolio and Project Management standardmäßig nicht, welche betriebswirtschaftlichen Vorgänge erlaubt bzw. verboten sind. Der Wechsel von Status in Portfolioelementen oder Entscheidungspunkten kann in SAP-Portfolio and Project Management jedoch verwendet werden, um Workflows anzustoßen und so automatisch Verantwortliche über Statusänderungen zu informieren (vgl. SAP, 2020, S. 173).

Ein Status wird zentral im PPM-Customizing in den portfoliounabhängigen Einstellungen definiert. Beispiele für standardmäßig ausgelieferte Status sind inaktiv, In Vorbereitung, In Bearbeitung, genehmigt oder abgeschlossen. Man kann im Customizing auch eigene Status anlegen. Die Definition eines Status erfordert lediglich eine

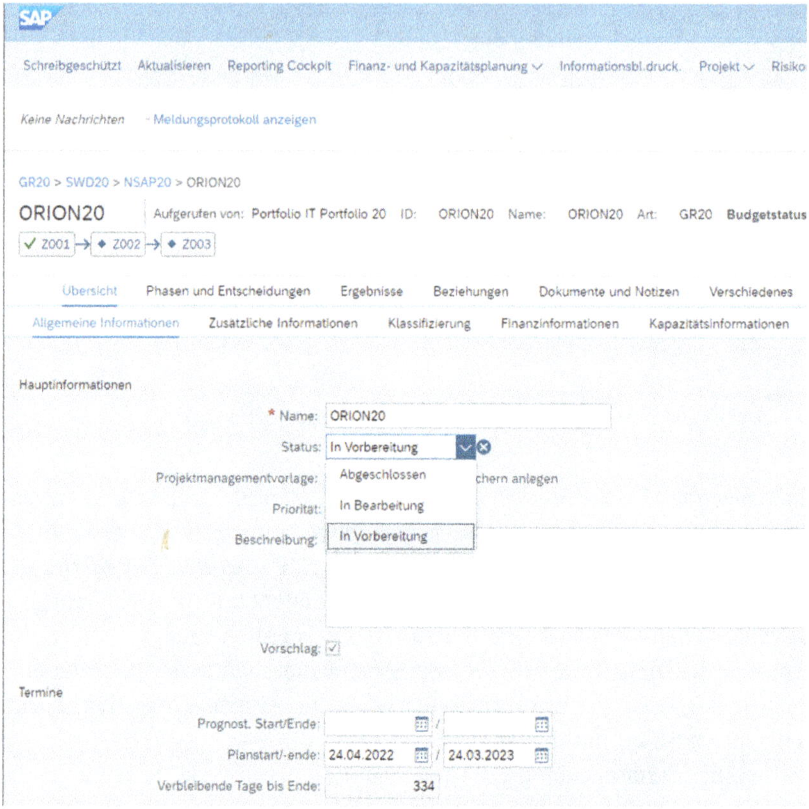

Abb. 2.15: Status in einem Portfolio-Element (Quelle: SAP, eigene Beispieldaten).

Identifikation und einen Text. Welche Status für Ausrüstungselemente verwendet werden können und deren Entscheidungspunkte definieren Sie in der Definition der Ausrüstungselementtypen. Dabei bestimmen Sie auch die Reihenfolge der Status in den Positionen bzw. Entscheidungspunkten. Bei der Definition der Portfoliotypen legen Sie fest, welche Status für Reviews und Was-wäre-wenn-Szenarien zur Verfügung stehen sollen, sowie die mögliche Reihenfolge dieser Status.

Bei einer Änderung von Attributen oder dem Status von Portfolioelementen oder Entscheidungspunkten, können in PPM automatisch Workflows ausgelöst werden, die die zuständigen Benutzer per E-Mail informieren. Um diese Funktion nutzen zu können, müssen verschiedene Einstellungen im PPM-Kernsystem konfiguriert werden.

Bei der Definition der Statusreihenfolge für Positionen und Entscheidungspunkte kann auch eine Einstellung dafür sorgen, dass die zuständigen Benutzer aufgrund dieser Statusänderung eine E-Mail erhalten. Dazu wird dem Status im Customizing des PPM eine Workflow-ID zugeordnet. Die Workflow-ID wiederum hat die Zuordnung einer Berechtigungs-ID mit den Berechtigungen für Portfolios und Portfolio-Elemente. Das bedeu-

Sicht "Elementstatus" ändern: Übersicht

Neue Einträge

Dialogstruktur	Art	GR20	GR20		
▼ 🗀 Verknüpfung von Elementart					
▼ 🗀 Verknüpfung von Element:	Elementstatus				
▼ 🗀 Entscheidungspunktstat:	Status	Text		Startstatus	Endestatus
• 🗀 Entscheidungspunktst	0001	In Vorbereitung		☑	☐
• 🗀 Zulässige Elementarten	0002	In Bearbeitung		☐	☐
▼ 🗁 Elementstatus	0003	Abgeschlossen		☐	☑
• 🗀 Nächster Elementstatus	0005	Genehmigt		☐	☐
▼ 🗀 Metrikgruppe					
• 🗀 Metriken					
• 🗀 Metrikwertarten					
• 🗀 Konfiguration von Element					

▼ 🗀 Entscheidungspunktstat:	Nächster Elementstatus			
• 🗀 Entscheidungspunktst	Nä. Status	Text		Workflow-ID
• 🗀 Zulässige Elementarten	0003	Abgeschlossen		
▼ 🗀 Elementstatus	0005	Genehmigt		000000000000005 Anderu.
• 🗁 Nächster Elementstatus				

Sicht "Für WF relevante Objekttypen und Aktivitätsarten zuordnen" ände

Neue Einträge

Für WF relevante Objekttypen und Aktivitätsarten zuordnen

Objekttyp	Aktivität	Workflow-ID
RIH Element	▼ Admin	000000000000005 Änderungsworkflow Elementstatus

Abb. 2.16: Einstellungen für den Status in den Portfolio-Elementen (Quelle: SAP, eigene Beispieldaten).

tet, die Adressaten des Workflows und damit der Nachricht über den Satus-Wechsel des Portfolio-Elements sind diejenigen, welche die zugeordnete Berechtigung innehaben. Die vorherige Abbildung zeigt die Zuordnung der Berechtigung (Aktivität) Admin.

2.3.4 Entscheidungspunkte und Prozessablauf

Die zu einem Zeitpunkt getroffene Entscheidung wird in SAP PPM als Entscheidungspunkt bezeichnet. Diese Entscheidungspunkte ermöglichen es dem Projekt- oder Programmmanager, von einer Phase zur anderen zu wechseln und als weißes Tor zu fungieren. Daher wird zum Zeitpunkt des Entscheidungspunkts eine Entscheidung getroffen, ob man fortfahren und zur nächsten Phase übergehen oder sich in der aktuellen Phase zurückhalten möchte. Die Entscheidung, in die nächste Phase zu gehen, wird objektiv auf der Grundlage einer bestimmten Liste von Prüfungen getroffen, die durchgeführt und bestätigt werden müssen. Die durchgeführte oder gelieferte Arbeit wird durch die Initiative dargestellt. Punkte können ein Vorschlag (vorgeschlagene Arbeit, Idee oder Konzept) oder eine Projektarbeit sein. Initiativen können ein Arbeitsprogramm oder Projekte sein. Als Teil des Entscheidungsflusses muss Folgendes möglicherweise nicht von einem Teil der Arbeit zum anderen (Top-Down, Bottom-Up) synchronisiert werden, wenn es mehr als ein Objekt gibt, das dieselbe Arbeit in verschiedenen Anwendungen repräsentiert.

Portfoliomanagement (PPM) und Projektsystem (PS) definierten abhängig von den Unternehmensanforderungen:
– Attribute (wie die Änderung eines Attributs mit einem anderen Objekt mit demselben Wert synchronisiert werden soll)
– Status (wie sich die Änderung eines Status auf eine andere Statusänderung in einem anderen Objekt auswirken kann)
– Autorisierung (wie sich die Änderung des Zugriffs auf ein Objekt auf den Zugriff auf ein anderes Objekt auswirken kann)
– Workflow-Aufgabe zur Aktualisierung des Status-Umfangs nachfolgender Entscheidungspunkte.

Entscheidungsprozess.-Management ist eine Funktion, die an unterschiedliche Geschäftsanforderungen aus verschiedenen Branchen angepasst werden kann. Diese Funktionalität ist eine weit verbreitete gängige Praxis im Projekt- und Programmmanagement (Soosaimuthu, 2022, S. 288).

Die Projekte des Portfolios haben einen Lebenszyklus, welcher sich aus Phasen zusammensetzt. Er beginnt mit einer Vorschlagsphase, gefolgt von den Planungsphasen, Genehmigungsphasen und Realisierungsphasen. Um den Verlauf der Projekte verfolgen zu können bzw. den Status des Projektes analysieren zu können werden Entscheidungspunkte definiert, an denen eine Projektanalyse stattfindet. Entscheidungspunkte dienen insbesondere der besseren Abbildung der Komplexität der Projekte, da die verschiedenen Aspekte des Projektes entsprechende Entscheidungspunkte erfordern. Die Entscheidungspunkte werden chronologisch durchlaufen und mit Start- und Endterminen versehen. Je nachdem wie die Entscheidung im Entscheidungspunkt getroffen wird, ergibt sich daraus ein Status, z. B. der Status „genehmigt".

Abb. 2.17: Entscheidungspunkte in Portfolio-Elementen (Quelle: SAP, eigene Anpassungen).

Im Hinblick auf die Kommunikation wird festgelegt, welche Nachrichten an welche Adressaten bei einem Status-Wechsel versendet werden (SAP, 2020, S. 101). Die vorherige Abbildung zeigt einen exemplarischen Ablauf von Status-Phasen. Auch die folgende Abbildung zeigt die Entscheidungspunkte eines Portfolios zur Entwicklung von Schulungen für das Projekt-System. Da jede Phase des Projektes eine Disposition von Finanzmitteln und Ressourcen erfordert steht die Genehmigung der Phase als Entscheidungspunkt in Bezug auf die Relation von Ressourcen- und Finanzmitteleinsatz gegenüber dem Projektfortschritt im Fokus. Die sukzessive Genehmigung der Entscheidungspunkte erfordert eine realistische Planung und verantwortungsvolle Umsetzung der Aufgaben.

Abb. 2.18: Entscheidungspunkte eines Portfolios (Quelle: SAP, eigene Beispieldaten).

Wenn in einem Unternehmen mehrere Innovationen geplant werden, sind dazu entsprechende Portfolios in PPM notwendig. Der Umfang der Innovation bestimmt die Ausgestaltung der Prozesse, welche die Innovation abbilden. Wenn zu Beginn einer Innovation und einer damit verbundenen Initiative der genaue Umfang des Projektes noch nicht feststeht, kann im Rahmen der weiteren Entwicklung eine Änderung des Prozessablaufs notwendig werden. Beispiel: Es ist noch nicht klar, ob das anstehende Innovations-Projekt einen eher kleinen, mittleren oder großen Projektumfang annehmen wird. Wird ein kleinerer Projektumfang angenommen könnte das Projekt mit der Phase Realisierung beginnen. Stellt sich ein größerer Projektumfang heraus, sind vorher die Phasen Planung und Genehmigung notwendig, der Prozessablauf muss entsprechend geändert werden. In SAP PPM werden die Projekte als Portfolio-Elemente geführt. Die Projektphasen werden als Entscheidungspunkte definiert. Analog werden bei Prozessänderungen Portfolio Elemente und Initiativen definiert und führen zu einer Erstellung, Löschung oder auch Umbenennung von Entscheidungspunkten. Die

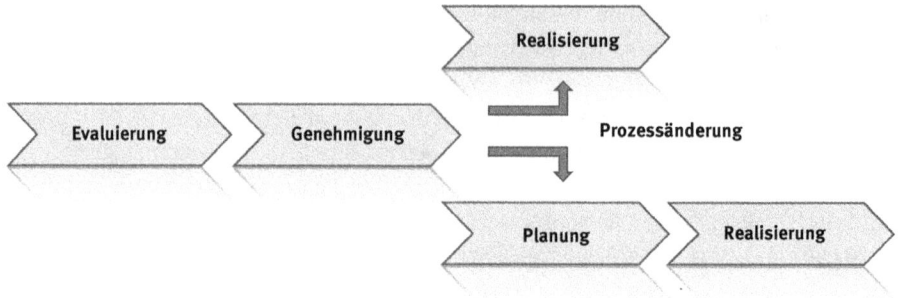

Abb. 2.19: Entscheidungspunkt Prozessänderung (Quelle: SAP, eigenes Beispiel).

Festlegung der Details der Prozessänderung führt auch ggf. zu einer Änderung des Elemente-Status und Entscheidungspunkt-Status (SAP, 2020, S. 119).

2.4 Initiativen

Analog zu den Portfolio-Bereichen und Portfolio-Elementen können auch sogenannte Initiativen angelegt werden. Im Gegensatz zu Projekten und Portfolio-Elementen weist eine Initiative nicht die Funktionalität dieser PPM Objekte auf sondern dient der Aggregation von Portfolio-Elementen. Initiativen repräsentieren ein Objekt, das im Prozess der Entdeckung, Gestaltung und Entwicklung neuer Produkte innerhalb eines Unternehmens und der Markteinführung dieser Produkte verwendet wird. Dieser Innovationsprozess folgt vordefinierten Innovationsprozessvorlagen, in denen Entscheidungspunkte und -phasen definiert sind. Die Initiative wird verwendet, um den Prozess des DECISION FLOW MANAGEMENT zu verfolgen. Eine Initiative hat Entscheidungspunkte und Statusphasen. In der Initiativen-Übersicht können die Entscheidungspunkte und -phasen überwacht werden. Beim DECISION FLOW MANAGEMENT geht es darum, wie Entscheidungen in Bezug auf die zu liefernde Arbeit zu einem bestimmten Zeitpunkt getroffen werden und wie dies andere oder nächste Teile der auszuführenden Arbeit beeinflusst. Es berücksichtigt auch die Folgewirkungen auf das Arbeitsprogramm und andere Projekte, mit denen es in Verbindung steht oder von denen es abhängt. Beispiele für die Phasen und Entscheidungspunkte finden sich bei Soosaimuthu (2020, S. 291 ff.):
　Anforderungen
– SAP PPM bietet die Möglichkeit, Phasen oder Phasen mithilfe des Projektmanagements zu verwalten.
– Entscheidungspunkte sind der Eingang (Gateway) oder die Gateway-Genehmigungsprozesse für den erfolgreichen Abschluss der Phase und die Genehmigung, in die nächste Phase des Projekts einzutreten.
– Während des Gateway-Überprüfungsprozesses wird Folgendes eingereicht:
　– Obligatorische und optionale Gateway-Überprüfungsdokumente und -leistungen.

- Checkliste der Punkte, die für die Gateway- oder Entscheidungspunkt-Genehmigung bewertet werden sollen
- Leistung in Bezug auf Ausstiegskriterien und Zielkennzahlen, die auf strategischen Zielen, Schwerpunkten und Themen, Risiken und Bereitschaft für die nächste Phase und Verlust früherer Empfehlungen und Verpflichtungen basieren.
- Die Entscheidungsgenehmigung sollte den Beginn der Freigabe der nächsten Phase ermöglichen, aber es sollte immer noch möglich sein, die verbleibenden Kosten der ausstehenden Zeit der vorherigen Phase oder den vorherigen Phasen zuzuordnen.
- Planen von Daten, die basierend auf dem ursprünglich im Business Case geplanten und prognostizierten Zeitplan erfasst werden sollen. Im Projekt- bzw. Angebotsverlauf sollen Daten aus den Projektmanagementsystemen die Prognose- und Ist-Termine bestimmen.

Das SAP-Portfolio-, Programm- und Projektmanagementsystem bietet die folgenden Funktionen, um diese Anforderungen zu erfüllen:
- Dokumente und Notizen zum Erfassen von obligatorischen und optionalen Dokumenten oder Links zu Dokumenten.
- Checkliste und Checklistenelemente, um den Status eines Checklistenelements, seine Ergebnisse und Daten zu erfassen.
- Kennzahl zur Erfassung und Überwachung von Kennzahlen. Kennzahlen werden mit Metriken verknüpft, um die Ergebnisse des Projekts/Vorschlags zu überprüfen und zu überwachen.
- Was-wäre-wenn-Szenarien zur Simulation von Zielwerten auf Basis der Original- und Simulationsversionen, mit oder ohne Initialkosten und Sponsoren.
- Die Fähigkeit zur Prozessänderung ermöglicht es dem Portfolioelement, den Entscheidungsgenehmigungsprozess im Verlauf des Projekts oder Vorschlags zu ändern, ohne dass die ursprünglichen Elementdetails verloren gehen müssen. Während einer Prozessänderung können Versionen wie Snapshot (nicht änderbar) und Simulation (änderbar) als Referenz erstellt werden oder eine Simulation von Key Performance Indikatoren sein.
- Statusänderungen am Entscheidungspunkt können die folgenden Workflows auslösen:
  - Workflow zum Löschen von Elementen/Initiativen
  - Workflow zum Ändern von Element-/Initiative-Attributen
  - Workflow zur Änderung des Entscheidungspunktstatus von Elementen/Initiativen
  - Workflow für die Statusänderung von Elementen/Initiativen

2.4.1 Struktur von Initiativen

Das Anlegen einer Initiative führt dazu, dass der Initiative automatisch Phasen und Entscheidungspunkte hinzugefügt werden, die Struktur der Initiative damit gesetzt wird. Dadurch wird der zeitliche Verlauf der Initiative abgebildet. Die Phasen bzw. Entscheidungspunkte werden allerdings nicht in der Anwendung sondern in der Konfiguration des SAP PPM gepflegt. Das bedeutet, dass es eine Initiative nicht ohne Phasen und Entscheidungspunkte gibt.

Abb. 2.20: Entscheidungspunkt Prozessänderung, Quelle SAP, eigene Beispieldaten).

Die Abbildung zeigt ein Beispiel für eine Initiative in SAP PPM und die grundlegende Struktur (Quelle: SAP Screenshot)

Eine Initiative kann sich auf verschiedene Portfoliobereiche und deren Elemente beziehen. Weiterhin können die Elemente der Initiative sich auf assoziierte Projekte im Projektsystem (PS) beziehen. Durch die Zuordnung der Portfolio-Elemente zu einer Initiative können Berechtigungen und Stammdaten ausgetauscht werden. Weiterhin bietet sich die Möglichkeit der Synchronisation bei Änderung der Daten. Diese wird im folgenden Abschnitt besprochen.

2.4.2 Synchronisation

Die Synchronisation ist eine gemeinsame Funktion des SAP PPM und SAP PS. Die Synchronisation bezieht sich einerseits auf die Objekte eines Portfolios untereinander: Initiative, Entscheidungspunkte der Initiative, Portfolioelement, Entscheidungspunkte eines

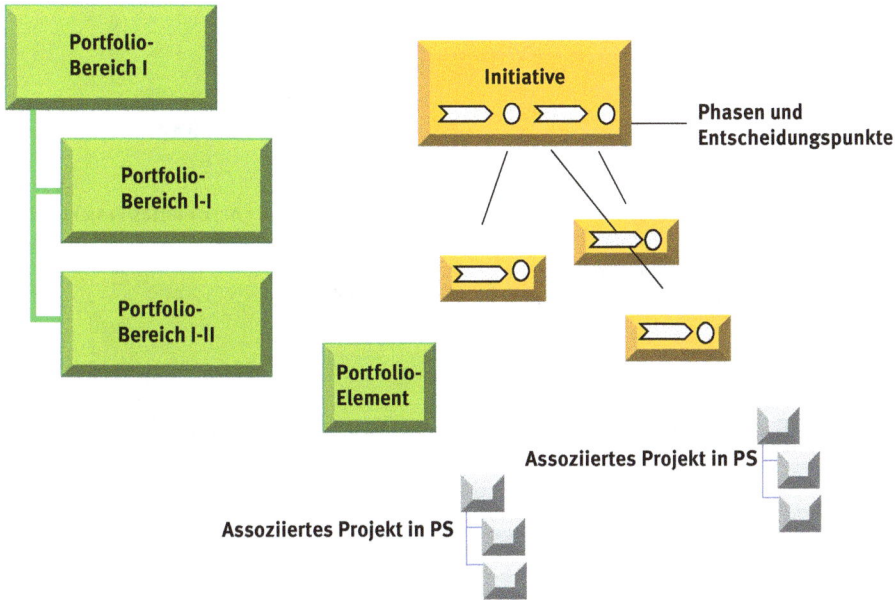

Abb. 2.21: Initiative in der Struktur des PPM (Quelle: SAP, modifiziert vom Verfasser).

Portfolio-Elements, Portfolioprojekt und die Phasen des Portfolio-Projektes. Diese Synchronisation wird als vertikale Synchronisation bezeichnet. Mit der vertikalen Synchronisation werden daher die Objekte innerhalb einer Anwendung – Portfoliomanagement oder Projektmanagement – synchronisiert. Der zweite Aspekt der Synchronisation bezieht sich auf die Objekte im SAP PPM und SAP PS. Es werden Objekte im Portfoliomanagement (PPM) und Projektsystem (PS) synchronisiert. In beiden Fällen gilt, dass eine Änderung in einem Objekt dazu führt, dass diese Änderung im entsprechenden Objekt automatisch durchgeführt wird. Die Synchronisation zwischen Elementen im SAP PPM und assoziierten Projekten in SAP-PS wird als horizontale Synchronisation bezeichnet und bezieht sich auf die Synchronisation von Elementen verschiedener Anwendungen (SAP, 2020, S. 130, Soosaimuthu, 2022, S. 293).

Um die Synchronisation anwenden zu können, erfolgt im Customizing unter der gemeinsamen Funktion des Entscheidungsprozessmanagements die Festlegung, welche Objektpaare synchronisiert werden. Synchronisiert werden können (SAP, 2020, S. 148):
- Portfolio-Initiative
- Entscheidungspunkt einer Initiative
- Phase einer Initiative
- Portfolio-Element
- Entscheidungspunkt eines Portfolioelements
- Portfolioprojekt
- Phase eines Portfolioprojekts

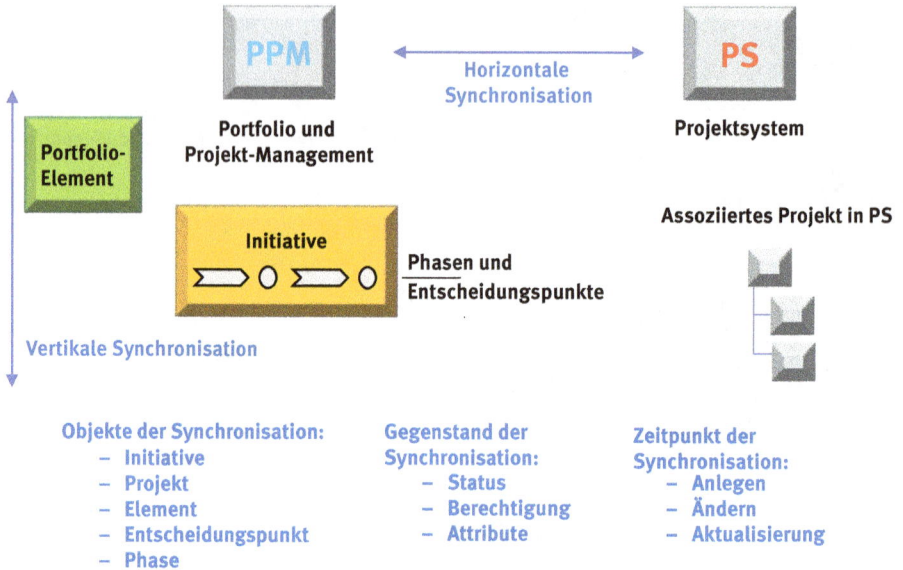

Abb. 2.22: Synchronisation (Quelle: SAP, modifiziert vom Verfasser).

2.4.3 Konfiguration von Initiativen

Eine Initiative wird zu einer Initiativen-Art angelegt. Jeder Objekt-Typ im SAP-System wird in der Regel zu einer Objekt-Art angelegt, welche die Parameter zur betriebswirtschaftlichen Steuerung der Buchungsprozesse mit dem jeweiligen Objekt liefert. Analog zur Auftragsart verschiedenster Auftragstypen (Fertigungsauftrag, Kundenauftrag) oder dem Projekt-Profil werden die Parameter für Initiativen mit der Initiativ-Art gepflegt. Die Initiativ-Art enthält eine Kennzeichnung, ob diese Initiativ-Art beim Anlegen einer Initiative vorgeschlagen werden soll. Zur Initiativ-Art werden Entscheidungspunkte definiert. Für den Entscheidungspunkt wird bestimmt, von welcher Entscheidungspunkt-Phase in welche andere Entscheidungspunkt-Phase gewechselt werden kann, z. B. Status „in Vorbereitung" – „in Bearbeitung" – „abgeschlossen" – „Review" – „genehmigt" aber auch Staus wie „abgebrochen", „Ausgesetzt", etc. Mit dem Wechsel des Status wird ein Workflow verknüpft, über welchen die beteiligten Mitarbeiterinnen und Mitarbeiter informiert und in den Prozess einbezogen werden.

2.5 Finanz- und Kapazitätsplanung

Die Finanzplanung bezieht sich auf Primär- und Sekundärkosten (Kostenkategorie) für Material- und Servicekosten (Kostengruppe) und auf Plankosen und prognostizierte Kosten (View). Die Auswertung der Kosten ist Basis dafür, ob in Produkte investiert werden sollte oder ob laufende Projekte beendet werden sollten, wenn das Budget aus dem Ruder läuft. In SAP-Portfolio and Project Management (PPM) können die Finanzdaten auf verschiedenen Ebenen geplant werden: Artikel, Initiativen und auch für ganze Bereiche. Die Planung ist manuell möglich aber auch über die Verdichtung der Plandaten (ROLL-UP) von untergeordneten Objekten oder auch von den zugeordneten Projektstrukturplan – Elementen (PSP). Die Ist-Werte werden gegenüber den Prognose- und Plan-Werten analysiert.

2.5.1 Finanzplanung in der Anwendung

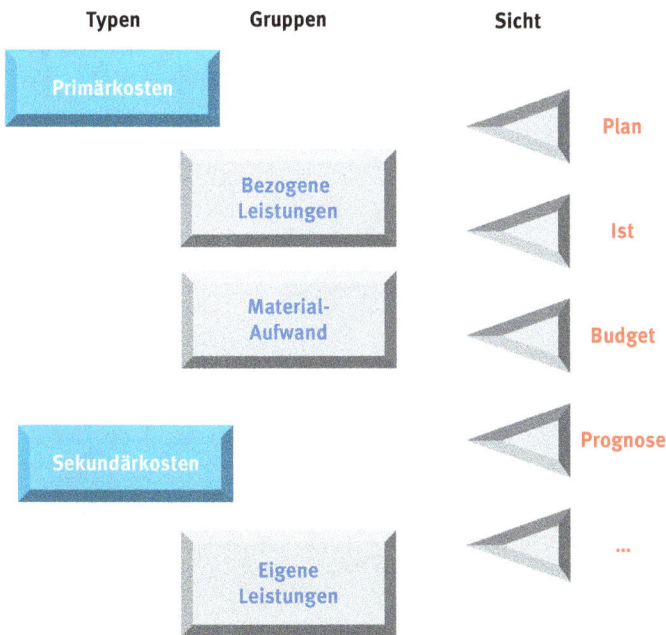

Abb. 2.23: Strukturelemente der Finanzplanung (Quelle: SAP, modifiziert vom Verfasser).

Die nachfolgende Abbildung einer manuellen Finanzplanung zeigt die Finanzplanung mit drei verschiedenen Hierarchien zwischen denen gewechselt werden kann. Voraussetzung für die Finanzplanung ist die Definition von Typen, z. B. Primär- und Sekundärkosten, Kostengruppen und Sichten. In SAP-ERP-Systemen ist eine detaillierte Kostenplanung auf Basis von Kostenarten möglich. Diese Kostenarten werden zu Kostenartengruppen zusammengefasst. Obwohl die Finanzplanung in SAP-Portfolio Management nicht so detailliert ist wie in SAP ERP, ist die Struktur der Finanzplanung ähnlich. Es können eigene Typen angelegt werden, je nach Anforderungen an die Struktur der Finanzplanung des Portfolios. Die Typen werden in Gruppen aufgeteilt, z. B. eigene Leistungen und bezogene

Leistungen. Dazu kommt als drittes Struktur-Element die Pflege von Sichten – ausgerichtete auf die Werttypen, in der Regel Planwerte, Budgetwerte, Ist-Werte und Prognosewerte. Damit ist es möglich, die Auswertungen aus verschiedenen Blickwinkeln vorzunehmen. Sobald Kategorien, Gruppen und Ansichten vordefiniert sind kann die Finanzplanung erstellt werden. Die nachfolgende Abbildung zur manuellen Finanzplanung für ein Portfolioelement zeigt, dass in diesem Fall die Ansicht PROGNOSE für die manuelle Planung vordefiniert ist. Daher können prognostizierte Kosten für alle Perioden innerhalb des Planungsintervalls eingeben werden. Es kann eine Währung für die Finanzplanung verwendet werden, für welche die Währungsumrechnungen mit PPM auf Basis von Umrechnungskursen erfolgt. Allerdings ist die Währungsumrechnung nicht so detailliert wie in SAP ERP. Die manuelle Finanzplanung ist für Portfolioelemente, Initiativen und Bereiche (Container für alle Portfolio Elemente) verfügbar. Die Sichten können für verschiedene Objekte einrichten werden. Beispielsweise können Ansichten für prognostizierte Artikelkosten, Prognosen für Bereiche und Prognosen für Initiativen definiert werden.

Prognose

Aufgerufen von: Bereich SAP20		Start der aktuellen Planungsperiode: 01. Januar 2022		Bis: 31. Dezember 2023		Periode	

Hierarchieart:	Sicht - Typ - Gruppe	Währung:	Euro		

Sicht: [Standardsicht]		Druckversion	Export	Angezeigte Periode: 01.01.2022	Bis: 31.12.2023	

. Ansicht /. Typ /. Gruppe .	D	S	Initialbetrag	JAN 2022	FEB 2022	MAR 2022
⌄		• •	390....	• • 21.000	• • 21.000	• • 21.000
› Ist		• •	0	• • 0	• • • 0	• • 0
› Plan		• •	0	• • 0	• • • 0	• • 0
› Prognose		• •	390.000	• • 0	• • • 0	• • 0
⌄ Prognostizierte Kosten - Bereich		• •	0	• • 21.000	• • 21.000	• • 21.000
⌄ Primärkosten		•	0	• 21.000	• 21.000	• 21.000
Externer Service	M.		0	20.000	20.000	20.000
Materialkomponenten	M.		0	1.000	1.000	1.000

Abb. 2.24: Manuelle Prognose (Quelle: SAP, eigene Beispieldaten).

Die Berechnung einer Prognose im SAP PPM ist einerseits manuell möglich. Dazu werden auf der untersten Stufe der Finanzplanung die Prognosewerte manuell erfasst und über die Struktur verdichtet. Die vorherige Abbildung zur manuellen Prognose zeigt diesen Zusammenhang. Eine andere Möglichkeit ist die maschinelle Berechnung der Prognose. Dies erfolgt zu den Elementen eines mit dem Portfolio korrespondierenden Projektes (PSP) im Projektsystem, aus welchem die Prognose in das Portfolio im PPM hochgeladen werden. Im Projektsystem handelt es sich dabei nicht um die Be-

rechnung einer Prognose mit Verwendung eines Prognosemodells bzw. einer Progno-
sestrategie unter Anwendung mathematisch-statistischer Verfahren. Es ist vielmehr
so, dass sich diese Prognose auf die Plan- und Ist-Daten des Projektes bezieht. Das System berechnet aus dem Vergleich der Plandaten mit der Summe aus Ist-Daten und
Obligo-Werten die verbleibenden Restkosten. Dieses Restkosten werden gemeinsam
mit den Ist-Kosten und Obligos in die gewählte Prognoseversion fortgeschrieben. Es
handelt sich daher betriebswirtschaftliche gesehen um erwartete Kosten. Die nachfolgende Abbildung zeigt, welche Objekte aus dem SAP ERP mit den Portfolio-Elementen
integriert werden können. Damit lassen sich die geplanten Kosten von Projektstrukturplan-Elementen (PSP), Netzplanvorgängen (NPL), Instandhaltungsaufträge, Innenaufträge oder auch Customer-Service Aufträge integrieren (SAP, 2020, S. 215).

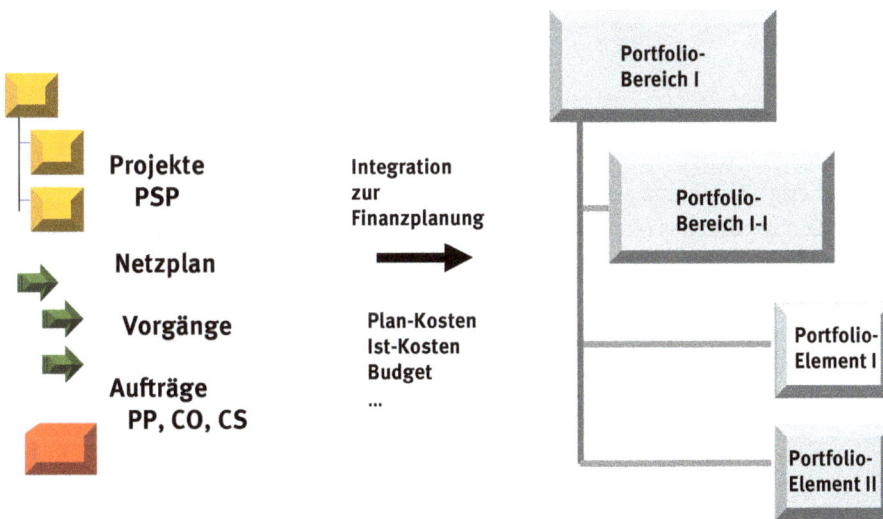

Abb. 2.25: Integration SAP ERP zur Finanzplanung (Quelle: SAP, eigene Aufbereitung).

2.5.2 Konfiguration der Finanzplanung

Im Customizing erfolgt in den Portfolio-unabhängigen Einstellung die Pflege der Finanz-
und Kapazitätstypen sowie der Finanz- und Kapazitätssichten, welche für die Finanzplanung benötigt werden. Für jeden Finanztyp, z. B. Primärkosten erfolgt die Definition von
zumindest einer Finanzgruppe, z. B. eigene Primärkosten und extern bezogene Leistungen. Zur Finanztyp kann die Akkumulation – positiv oder negativ – festgelegt werden.
Positive Akkumulation eignet sich für Finanztypen, welche Einkommen darstellen, z. B.
Vertrieb. Negative Akkumulation eignet sich für Finanztypen, welche Ausgaben sind,
zum Beispiel Marketing. Es handelt sich bei der Akkumulation daher um eine qualitative
Bewertung im Sinne von Ansammlung von Erträgen oder von Aufwendungen. Zur Fi-

nanzgruppe wird eine Verteilungsart zur Verteilung der Werte auf Kalenderjahre oder Perioden zugeordnet. Bei der Definition der Sichten auf Portfolioelementebene – Plan, Ist, Prognose, etc. – wird festgelegt, ob die Sicht eine manuelle Eingabe zulässt oder automatisch über die FI/CO- oder Projektmanagement-Integration gefüllt werden soll. Für Sichten auf Portfolio-Bereich-Ebene kann bestimmt werden, ob die Daten manueller gepflegt oder die Finanzdaten hochgerollt werden, indem das Programm /RPM/FICO_INT_PLANNING ausgeführt wird. Das Programm kann über die Transaktion SE38 gestartet werden.

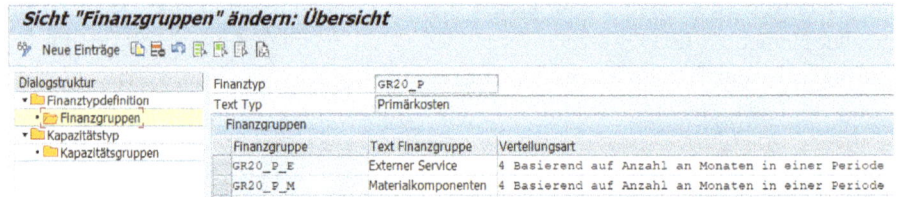

Sicht "Finanzgruppen" ändern: Übersicht

Neue Einträge

Dialogstruktur		
▼ Finanztypdefinition	Finanztyp	GR20_P
• Finanzgruppen	Text Typ	Primärkosten
▼ Kapazitätstyp	Finanzgruppen	
• Kapazitätsgruppen		

Finanzgruppe	Text Finanzgruppe	Verteilungsart
GR20_P_E	Externer Service	4 Basierend auf Anzahl an Monaten in einer Periode
GR20_P_M	Materialkomponenten	4 Basierend auf Anzahl an Monaten in einer Periode

Abb. 2.26: Definition von Finanzgruppen (Quelle: SAP, eigene Beispieldaten).

Die vorherige Abbildung zeigt die Pflege von zwei Finanzgruppen: Die Kosten des externen Service und des Materialaufwands. Die Gesamtwerte werden auf Basis der Anzahl an Monaten einer Periode – Jahr – verteilt.

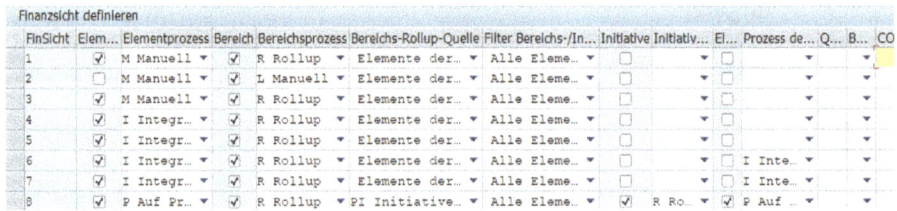

Finanzsicht definieren

FinSicht	Elem	Elementprozess	Bereich	Bereichsprozess	Bereichs-Rollup-Quelle	Filter Bereichs-/In...	Initiative	Initiativ...	El...	Prozess de...	Q...	B...	CO
1	✓	M Manuell	✓	R Rollup	Elemente der...	Alle Eleme...	☐		☐				
2	☐	M Manuell	✓	L Manuell	Elemente der...	Alle Eleme...	☐		☐				
3	✓	M Manuell	✓	R Rollup	Elemente der...	Alle Eleme...	☐		☐				
4	✓	I Integr...	✓	R Rollup	Elemente der...	Alle Eleme...	☐		☐				
5	✓	I Integr...	✓	R Rollup	Elemente der...	Alle Eleme...	☐		☐				
6	✓	I Integr...	✓	R Rollup	Elemente der...	Alle Eleme...	☐		☐ I Inte...				
7	✓	I Integr...	✓	R Rollup	Elemente der...	Alle Eleme...	☐		☐ I Inte...				
8	✓	P Auf Pr...	✓	R Rollup	PI Initiative...	Alle Eleme...	✓	R Ro...	✓ P Auf...				

Abb. 2.27: Definition von Finanz-Sichten (Quelle: SAP, eigenes Beispiel).

Die Pflege der Finanzsichten enthält folgende Parameter in Bezug auf den Planungsprozess (Quelle: SAP PPM System):
- Element: Bestimmt, ob die Sicht auf Portfolio-Elemente anwendbar ist.
- Elemente-Prozess:
  - Manuell: Die Daten werden manuell erfasst
  - Integration: Die Daten werden aus Projekten im SAP PPM oder SAP-PS (Projektsystem) geladen.
- Kennzeichen Bereich: Bestimmt, ob der Prozess auf einen Portfolio-Bereich anwendbar ist
- Bereichsprozess: Manuelle Pflege oder ROLL-UP. Dabei kann weiter spezifiziert werden, ob der Prozess auch verwendet wird, um Kapazitäten zuzuordnen oder

als ein sonstiger Prozess verwendete wird, welcher allerdings dann programmiert werden muss.

– Quelle für den Bereichs-ROLL-UO: Initiative und Elemente der Initiative
– Filter: Zum Beispiel nur genehmigte Elemente
– Kennzeichen Initiative: Bestimmt, ob der Prozess auf eine Initiative anwendbar ist.
– Planungsprozess für Initiative: Bestimmt, ob die Planwerte der Initiative die Summe aller zugeordneten Elemente darstellt oder manuell gepflegt werden.
– Kennzeichen Element der Initiative: Bestimmt ob der Prozess auf ein Element der Initiative anwendbar ist.
– Weiterhin wird auch zum Element der Initiative eingestellt, ob manuelle Pflege oder ROLL-UP erfolgt und ob Planwerte oder Budget-Werte per ROLL-UP gebucht werden. Schließlich kann noch die CO-Version eingeschränkt werden.

Die nachfolgende Abbildung zeigt die Einstellungen zur Prognose-Workbench im Projektsystem PS.

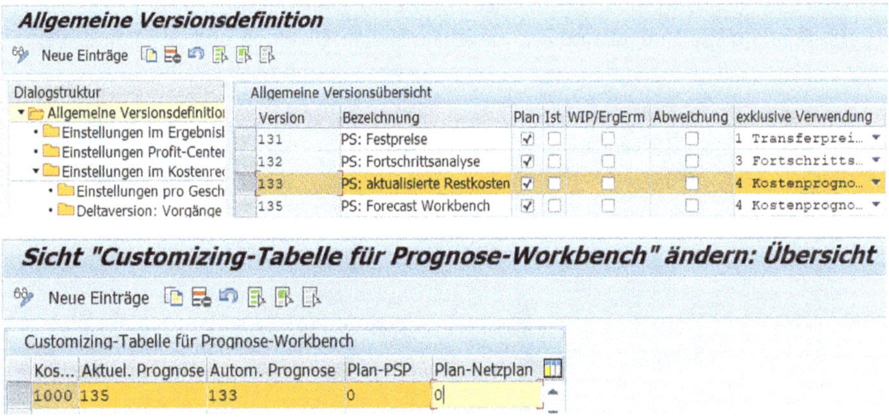

Abb. 2.28: Einstellungen zur Prognose-Workbench im Projektsystem PS (Quelle: SAP, eigene Beispieldaten).

Als Versionen sind solche zu verwenden, welche ausschließlich zur Verwendung als Kostenprognose in der Versionenpflege zugeordnet worden sind. Diese werden eine Version für PSP und Netzplan zugeordnet. Wie bereits in den vorherigen Ausführungen erwähnt, erfolgt als Berechnung des Prognosewertes die Subtraktion der Ist-Werte von den Plan-Werten als erwartete (prognostizierte) Kosten bzw. Erlöse.

Die vorherige Abbildung zeigt, dass die prognostizierten Ist-Kosten den Gesamtkosten entsprechen, also keine weiteren Obligos gebucht worden sind.

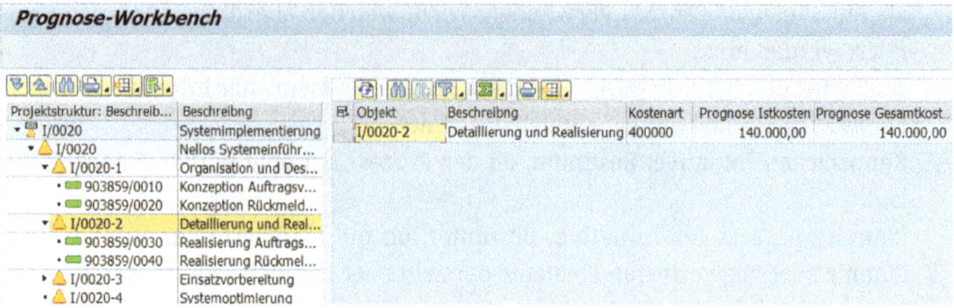

Abb. 2.29: Berechnung erwarteter Ist-Kosten zu einem Projekt (Quelle: SAP, eigene Beispieldaten).

2.5.3 Kapazitätsplanung in der Anwendung

Analog der Finanzplanung kann auch die Kapazitätsplanung in PPM auf verschiedenen Ebenen erfasst, aggregiert und analysiert werden. Beispielsweise kann der Kapazitätsbedarf für Artikel, Initiativen und Bereiche geplant werden. Die Kapazitätsdaten können manuell eingegeben werden oder auf übergeordnete Objekte hochgerollt werden. Auch im Hinblick auf die Integration von untergeordneten Objekten wie Portfolioprojekten können Kapazitätsdaten entlang einer Zeitachse geplant und hochgerollt werden.

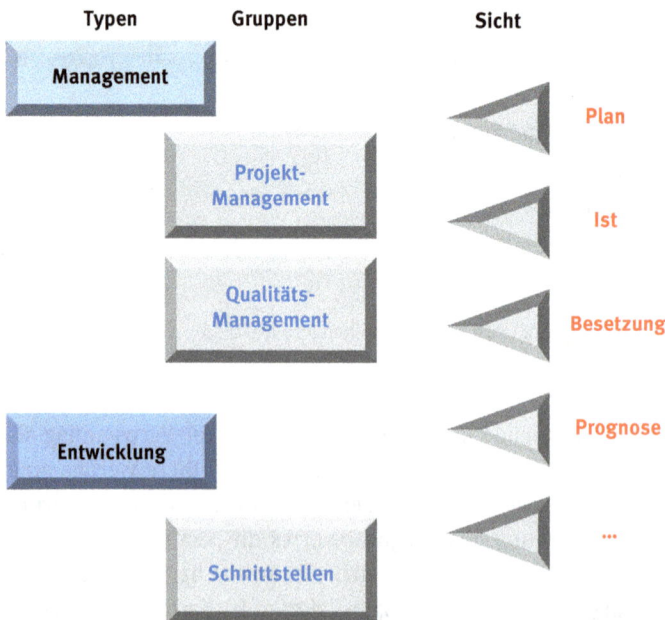

Abb. 2.30: Struktur der Kapazitätsplanung in PPM (Quelle: SAP, eigene Aufbereitung).

Für die Kapazitätsplanung kann ein Periodenaufriss verwendet werden. Beim Kapazitätsplanungsprozess in PPM geht es nicht nur um die Planung des Bedarfs, sondern auch um prognostizierte Werte, zugewiesene Ressourcen und tatsächliche Werte. Daher können Plandaten mit Ist-Daten in Vergleich analysiert werden (SAP 2020, S. 245). Beispiele für Typen, Gruppen und Sichten zeigt die vorherige Abbildung.

Sobald Kategorien, Gruppen und Ansichten vordefiniert sind, kann mit der Kapazitätsplanung begonnen werden. Die nachfolgende Abbildung zeigt ein Beispiel für die manuelle Kapazitätsplanung. Die prognostizierten Kapazitätsbedarfe können für alle Perioden innerhalb des Planungsintervalls manuell gepflegt werden. Es ist möglich vordefinierte Einheiten für die Kapazitätsplanung zu verwenden. Umrechnungen von Einheiten können mit PPM berechnet werden. Die manuelle Kapazitätsplanung ist für Portfolioelemente, Initiativen und Bereiche verfügbar. Es können spezielle Sichten für die Kapazitätsplanung definiert werden, zum Beispiel prognostizierter Artikelbedarf, prognostizierter Bedarf für Bereiche und prognostizierter Bedarf für Initiativen. Die nachfolgende Abbildung zeigt ein Beispiel einer manuellen Kapazitätsplanung (SAP 2020, S. 247).

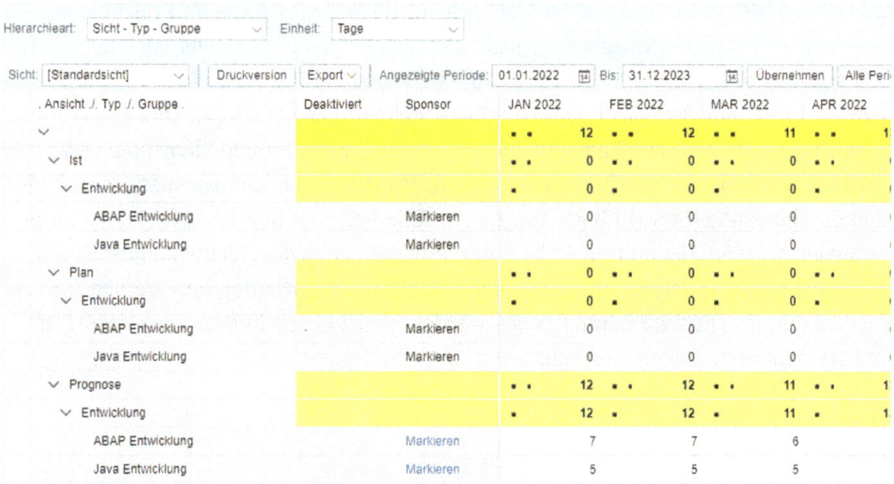

Abb. 2.31: Beispiel einer manuellen Kapazitätsplanung in PPM (Quelle: SAP Screenshot, eigene Beispieldaten).

2.5.4 Konfiguration der Kapazitätsplanung

Zunächst erfolgt im Customizing die Definition von Finanz- und Kapazitätskategorien definieren zunächst Kapazitätskategorien wie Management oder Entwicklung an. Eine Kategorie besteht aus einer Identifikation und einem Text. Sie können für jede Kategorie mehrere Kapazitätsgruppen erstellen. Projektmanagement und Qualitätsmanagement sind Beispiele für Kapazitätsgruppen für die Kategorie Management. Jede Gruppe hat eine Identifikation, einen Text und eine Verteilungsart, die festlegt, ob für die Verteilung Kalendertage oder Arbeitstage verwendet werden. Eine Kapazitätsgruppe existiert nicht alleine, sondern ist eindeutig einer übergeordneten Kategorie zugeordnet. Weiterhin erfolgt die Pflege der Kapazitätssichten. Es wird festgelegt, ob die jeweilige Kapazitätssicht für Portfolio-Elemente, Portfolio-Bereiche, Initiativen und/oder Elemente von Initiativen verwendet werden kann. Weiterhin wird festgelegt, ob die Sicht manuell bearbeitet werden kann, automatisch für FI/CO-Objekte integriert ist oder über eine Erweiterung berechnet wird. Weiterhin kann festgelegt werden, ob die Kapazitätssicht aus untergeordneten Objekten hochgerollt wird (SAP 2020, S. 258). Für die Fronend-Anzeige wird die Kapazitäts-Sicht mit dem Kapazitäts-Typ (z. B. Management, Entwicklung) verknüpft. Insofern erfolgt die Pflege der Kapazitätssichten analog zur Pflege der Finanzplanungssichten.

2.6 Integration des Portfolios im SAP-System

Mit dem SAP-Portfolio und Projekt-Management (PPM) können die im Projektsystem PS bearbeiteten Projekte strategisch geplant und zeitlich positioniert werden. Die strategische Planung erfolgt im PPM in den Portfolio-Elementen. Das operative Projektmanagement bezogen auf die Portfolio-Elemente erfolgt im Projektsystem. Die Projekte und deren Projektstrukturplan-Elemente (PSP) können mit den Portfolio-Elementen verknüpft werden und die Daten synchronisiert werden. Mit dem Finanzmanagement in SAP PPM können Finanzdaten im Hinblick auf die Portfolio-Bereiche und Portfolio-Elemente prognostiziert werden. Die im Projekt bzw. den Projektstrukturplan-Elementen des Projektes (PSP) erfassten Plandaten stehen auch im SAP PPM zur Verfügung und können für Entscheidungen im Portfolio herangezogen werden. Gleiches gilt in Bezug auf die Ist-Daten im Finanzwesen und dem Controlling.

2.6.1 Integration des SAP Projekt-Systems

Die Integration und Daten-Synchronisation bezieht sich auf die Verknüpfung der PSP-Elemente in einem Projektstrukturplan (PSP) mit den Entscheidungspunkten des Portfolio-Elementes. Dazu ist die Projekt-Definition des Projektstrukturplans dem Portfolio-Element zuzuordnen. Darunter erfolgt die Zuordnung der PSP-Elemente zu den Entscheidungspunkten.

Die Verknüpfung ermöglicht es, den Status und Attribute zwischen den PPM Elementen und Entscheidungspunkten und den PS Projekten zu synchronisieren. Zunächst kann ein Portfolio-Element und ein Projektmanagement-Projekt separat erstellen und diese dann später verknüpfen werden. Es ist möglich die unter Verwendung „Zugehörige Objekte" Projekte (PSP-Elemente) und damit auch gesamte Strukturpläne mit Portfolio-

Projektstrukturplan   **Portfolio**

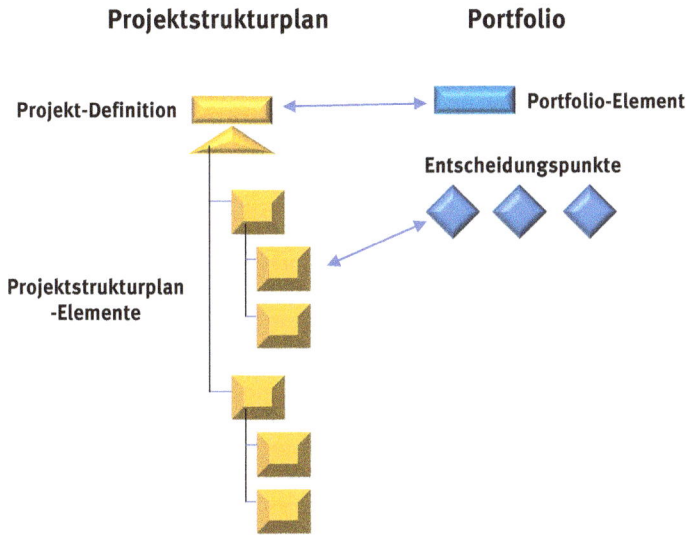

Abb. 2.32: Integration PPM mit PS (Quelle: SAP, eigene Aufbereitung).

Elementen zu verknüpfen und damit auch zu synchronisieren. Beispiel: Ein Portfolio-Element ist mit einem PSP-Element verknüpft. Der vom Portfolio-Management vorgegebene Terminrahmen wird im Rahmen der Bearbeitung der Projekte nicht eingehalten werden können. Eine Änderung des Terminrahmens des zugeordneten Projektes im Projektsystem (PS) führt bei entsprechender Einstellung zur automatischen Änderung und damit Synchronisation des Plan-Terminrahmens im zugeordneten Portfolio-Element. In diesem Fall erfolgt die Aktualisierung BOTTPOM UP. Die folgende Abbildung zeigt dieses Beispiel.

Ein Portfolio-Element kann mit einem Projektmanagement-Projekt entweder zum Zeitpunkt der Erstellung oder zu einem späteren Zeitpunkt aus dem Portfolio-Element mithilfe einer Vorlage erstellen und die Verknüpfung zu beiden Objekten gleichzeitig hergestellt werden. Zum Anlegen des Projektes im Projektsystem kann eine Vorlage verwendet werden. Soll das Projektmanagement-Projekt zu einem späteren Zeitpunkt angelegt und verknüpft werden, kann das Kennzeichen PROJEKT auch später gesetzt werden und führt beim Sichern des Portfolio-Elements zum automatischen Anlegen des Projektes. Abhängig von den Synchronisierungseinstellungen wird das geplante Start- und Enddatum des Ausrüstungselements in die Definition des Projektmanagement-Projekts übertragen. Da Vorlagen im Projektmanagement immer einen Verweis auf eine Projektart enthalten, ist der Positionsart des Portfolio-Elements im Customizing eine Projektart zuzuordnen (SAP 2020, Seite 515). Eine vorhandene Zuweisung kann storniert werden bzw. geändert werden. Einem Portfolio-Element kann jedoch immer nur ein Projektmanagement-Projekt zugeordnet werden.

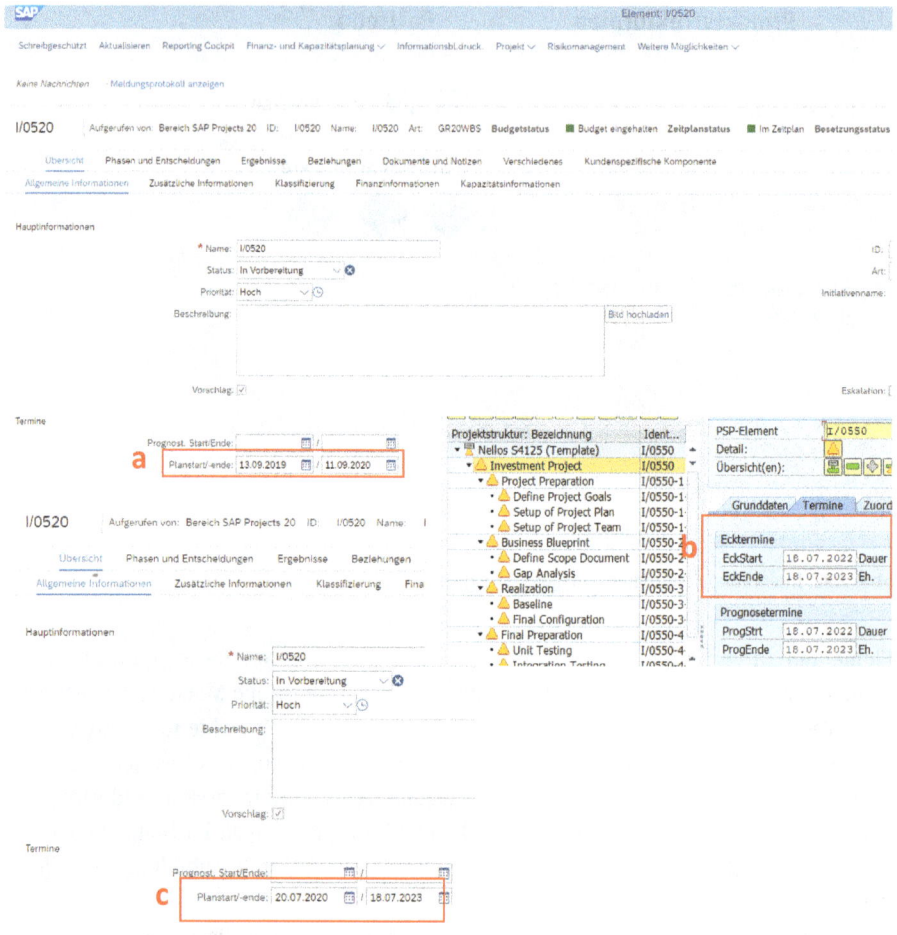

Abb. 2.33: Synchronisation von Portfolio-Elementen mit SAP-Projekt (Quelle: SAP, eigene Beispieldaten).

2.6.2 Integration des Rechnungswesens

Die Integration des Rechnungswesens erfolgt analog der Verknüpfung von Portfolio-Elementen mit PSP-Elementen im Projektsystem. Dazu wird ein Portfolio-Element mit einem CO-Objekt, z. B. einem Innenauftrag oder einem Instandhaltungsauftrag verknüpft. Umfangreiche Vorhaben, zum Beispiel Großprojekte in der Instandhaltung oder auch Forschungs- und Entwicklungsprojekte können in SAP PPM global geplant und gesteuert werden, während die operative Ausführung Projekte und Netzpläne im SAP-Projektsystem erfolgt. Die Netzpläne und PSP-Elemente im SAP- Projektesystem lassen sich mit den Logistik Modulen des Materialmanagements (MM), der Produktionsplanung (PP) und des Vertriebssystems im Sales and Distribution (SD) integrieren.

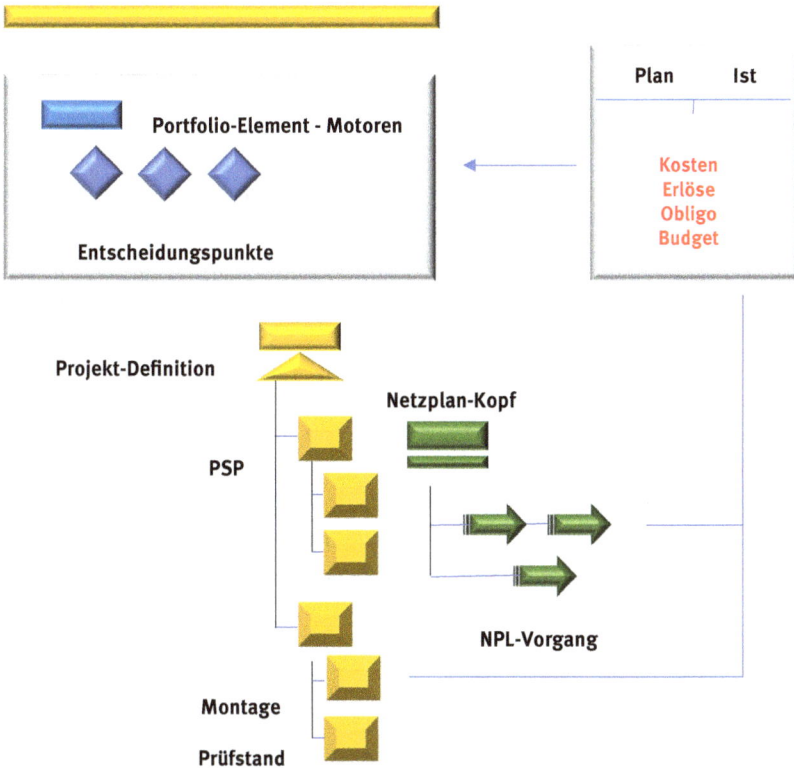

Abb. 2.34: Integration PPM mit FI/CO (Quelle: SAP, eigenes Beispiel).

Darüber hinaus erfolgt über die Projekte und Netzplanvorgänge direkt aber auch über die MM-, PP- und SD-Aufträge die Integration zum Rechnungswesen Financial Accounting (FI) und Controlling (CO).

Zwischen dem Portfolio-Element und den Controlling-Objekten werden Verknüpfungen angelegt, um die Plan- und Ist-Daten in das Portfolio-Element zu übernehmen. Die Plan- und Ist-Daten in den operativen CO-Objekten resultierten aus Zeiterfassung der Mitarbeiterinnen und Mitarbeiter in den Projekten und Netzplänen, dem Verbrauch von Material, der Herstellung von Erzeugnissen und deren Vertrieb. Die Verknüpfung des Portfolio-Elements zu einem CO-Objekt erfolgt direkt im Portfolio-Element. Als CO-Objekte kommen alle reinen CO-Objekte in Frage: Innenaufträge, PSP-Elemente, Netzplanvorgänge sowie Instandhaltungs- und Serviceaufträge. Die Verknüpfung zu den Logistik-Objekten wie der Produktionsauftrag und der Kundenauftrag erfolgt durch Zuordnung des PSP-Elementes in den genannten Aufträgen (SAP 2020, S. 566). Das Programm /RPM/FICO_INT_PLANNING wird im PPM-Kernsystem ausgeführt oder dort als Hintergrundjob eingeplant. Anhand der Objektverknüpfungen werden dann die Buchhaltungsdaten der Controlling-Objekte aus dem FI/CO-System ermittelt, in das PPM-

System transportiert und hier in der Tabelle RPM_FIDATA gespeichert. Als Parameter benötigt das Programm die RFC-Destination des SAP-FI/CO-Systems (SAP 2020, S. 568).

2.6.3 Reporting in SAP PPM

Durch den Einsatz intelligenter Technologien wie SAP Analytics Cloud ist es möglich sowohl interne als auch externe Daten auszuwerten, um Geschäftsergebnisse vorher- zusagen. Strategische Entscheidungen über die Ausrichtung des Unternehmens, Inves- titionen und die Expansion in neue Märkte erfordern eine andere Sicht auf Daten. Mit SAP Analytics Cloud können Unternehmen die mit der Zukunft verbundene Ungewiss- heit reduzieren und strategische Entscheidungen vorantreiben (SAP 2020, S. 621). Flexi- ble Dashboards in SAP-Portfolio and Project Management (PPM) unterstützen dabei, alle Aktivitäten durch eine Detailansicht für Außendienstmitarbeiter und eine Zusam- menfassungsansicht für Top-Führungskräfte im Auge zu behalten. Zu den verfügbaren Anzeigen gehören solche, mit denen der Projektstatus aufgeschlüsselt und geplante Budgets, tatsächliche Budgets und Fristen verglichen werden können. Dashboards in PPM erleichtern Personalaufgaben, Kosten- und Risikoanalysen.

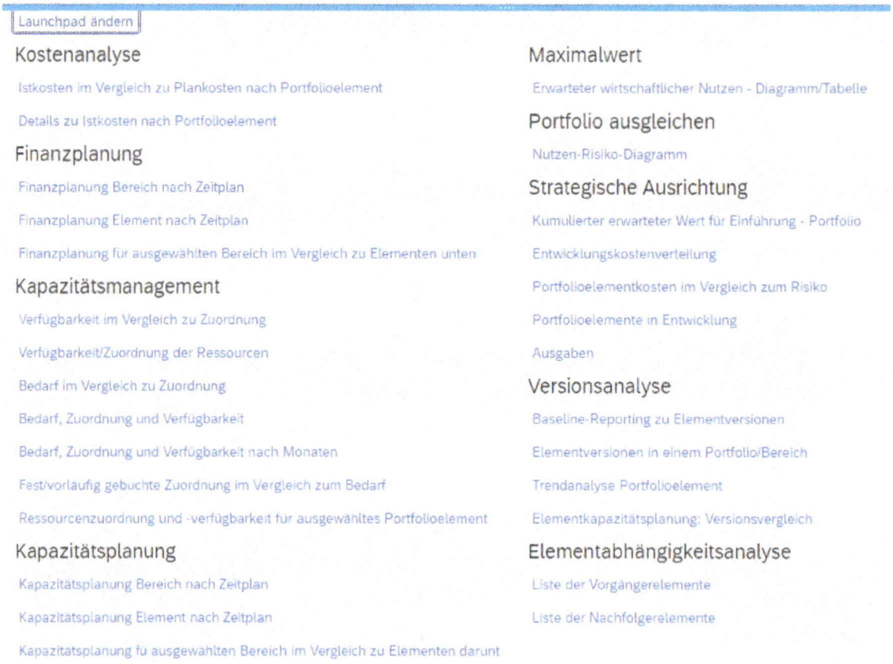

Abb. 2.35: Auswertungsmöglichkeiten in SAP PPM (Quelle: SAP).

Beispiel. Anhand der Plankosten und Ist-Kosten im bisherigen Jahresverlauf (YTD) wird der Budgetstatus eines Postens wie folgt berechnet: Wenn die Plankosten YTD größer sind als die Ist-Kosten YTD, berechnet das System anhand der folgenden Formel eine Planzahl:

Budgetzahl = (Ist-Kosten YTD – Plan-Kosten YTD)/Ist-Kosten YTD x 100

Daher ist diese Planzahl immer kleiner als null. Wenn die Plankosten YTD kleiner oder gleich den Ist-Kosten YTD sind, wird die Planzahl nach der folgenden Formel berechnet:

Budgetzahl = (tatsächliche Kosten YTD – geplante Kosten YTD)/geplante Kosten YTD x 100

In diesem Fall ist die Planzahl immer größer oder gleich Null (SAP 2020, S. 626). 1010, .

2.7 Zusammenfassung des SAP-Portfolio und Projektmanagement

Unternehmensziele wie eine optimierte Bilanz, Maximierung des Unternehmenswertes und nachhaltige Innovationen können mit dem SAP-Portfolio und Projektmanagement strategisch strukturiert, geplant und analysiert werden. Die strategische Ausrichtung des Unternehmens kann im Hinblick auf die Einflüsse des Marktes, der Umwelt und makroökonomischer Entwicklungen in Form eine Unternehmens-Portfolios festgelegt werden. Die Umsetzung des Unternehmens-Portfolios in strategischen Projekten und Teilprojekte kann über die Funktionen des automatischen Anlegens von Projekten bei der Definition von Portfolios in SAP PPM unterstützt werden. Die Zieldefinition des Unternehmens und dessen Umsetzung wird durch die in SAP PPM vorhandene Synchronisation von Portfolio-Elementen mit den zugeordneten Projektstrukturplan-Elementen effizient im System abgebildet. Strategische Unternehmens-Portfolios wie das Innovations-Management, Produktlebenszyklus, Nachhaltigkeit und Marktstellung können in SAP PPM über eine Struktur von Portfolios, Portfolio-Bereiche, Portfolio-Elemente, Entscheidungspunkte bis hin zu den Projekten und Netzplänen im SAP-Projektsystem effektiv umgesetzt werden. Die Durchgängigkeit der Integration von SAP PPM über Projekte und Netzpläne bis zu den operativen CO-Objekten lässt aussagekräftige Analysen über die Unternehmensentwicklung zu und reduziert die Kosten für das Monitoring und die Abstimmung zwischen den Projekten im Unternehmen. Die mit dem Einsatz des SAP PPM getroffenen Entscheidungen auf strategischer und taktischer Ebenen sind nachvollziehbar, belastbar und werden mit einer höheren Sicherheit der zu berücksichtigenden Daten getroffen.

3 SAP-Projekt-System in SAP S/4HANA

In Kapitel 1 wurde beschrieben, wie Investitionsentscheidungen rechenmethodisch richtig vorbereitet werden können. Die Auswertung der zugänglichen Literatur zum Thema „Investition" ergab, dass diese sich zum ganz überwiegenden Teil auf die Darstellung und/oder Weiterentwicklung der Investitionsrechnungsmethoden beschränkt. Diese Aussage gilt sowohl für lehrbuchorientierte als auch für forschungsorientierte Veröffentlichungen. Der mittlerweile in der Betriebswirtschaftslehre erreichte hohe Stand der investitionsrechnerischen Forschung sollte aber nicht darüber hinwegtäuschen, dass eine mit der passenden Methode sachgerecht gerechnete Investition trotzdem erst am Anfang ihres Lebenszyklus steht. Mit der Investitionsrechnung ist erst ein erster Prozessschritt im Gesamtprozess des Investitionsmanagements abgearbeitet.

Die gerechneten Investitionen müssen für den Investitionsausschuss bzw. die Entscheidungsgremien beschlussfähig aufbereitet werden. Nach einer ggf. positiven Entscheidung müssen die Handlungsmöglichkeiten organisatorisch und IT-technisch so umgesetzt werden, dass sie operativ während ihres Lebenszyklus steuerbar sind.

Für eine erfolgreiche Umsetzung erscheint es wichtig, dass die einzelnen Maßnahmen sachgerecht gesteuert und im Rechnungswesen abgebildet werden können. Damit soll angestrebt werden, dass die Projektschritte in der richtigen Reihenfolge abgearbeitet werden und dies unter Einhaltung der Zeitpläne sowie der geplanten Kosten und Erlöse bzw. Ein- und Auszahlungen.

Im Falle der i.d.R. auftretenden Abweichungen von den Planwerten sollten diese im Berichtswesen gezeigt und auf dieser Basis Anpassungsmaßnahmen eingeleitet werden können. Diese Anpassungsmaßnahmen können ggf. zu wesentlichen Änderungen der beschlossenen Handlungsmöglichkeiten führen. Gleiches gilt, wenn Chancen zur Erhöhung der Vorteilhaftigkeit erkannt werden.

Eine im Prozess des Investitionsmanagements notwendig erscheinende Voraussetzung für das Anlegen von Projekten im SAP-Projektsystem PS ist die Kenntnis derjenigen Handlungsmöglichkeiten, die mit den in Kapitel 1 vorgestellten Methoden der Investitionsrechnung bereits gerechnet und vom Investitionsausschuss bzw. dem zuständigen Gremium positiv entschieden worden sind. Die Anlage einer Handlungsmöglichkeit im PS dient der operativen Projektsteuerung dieses speziellen Projektes.

Die Handlungsmöglichkeiten können parallel auch im SAP Portfolio und Projekt Management eingepflegt werden. Die Anlage aller Handlungsmöglichkeiten im Portfolio und Projekt Management dient der Steuerung des gesamten Investitionsprogramms. Investitionsmaßnahmen können insbesondere über Projektstrukturplanelemente oder CO-Innenaufträge (CO-OM-OPA: Gemeinkostenaufträge und Projekte (Overhead Orders and Projects Accounting) in SAP umgesetzt werden.

Der theoretisch geschulte Anwender stößt bei der Einarbeitung in SAP sehr schnell auf vermeintlich unsaubere Begriffsverwendungen. Hierbei handelt es sich jedoch auch um ein methodisches Dilemma. Mit zunehmender Rechnerleistung wird

https://doi.org/10.1515/9783110786774-003

versucht, die Insellösungen des Rechnungswesens abzubauen und Datenredundanzen, Doppelerfassungen und Datenunstimmigkeiten zu vermeiden und auf originäre, einmalig erfasste Größen zuzugreifen. Während die Buchführung, die Kosten- und Leistungsrechnung (KLR) sowie die Cash-Flow-Rechnung im Laufe der Zeit weitgehend verzahnt wurden, ist dies bei der Investitionsrechnung relativ neu. Da diese Daten jedoch für die unterschiedlichsten Rechenzwecke an den unterschiedlichsten Stellen des Rechnungswesens erfasst werden, definieren die originären Bereiche die Begrifflichkeiten.

Für den Controller stehen bei der Beurteilung von Geschäftsvorfällen neben der Erfüllung der Primärziele auch immer Fragen der Cash-Wirkungen, der Vermögenswirkungen, der Periodenergebnisse sowie Periodenabgrenzungen im Raum, wofür er unterschiedliche Systeme zu Rate zieht. Bei dem externen Rechnungswesen und der KLR steht die Vermögenswirkung im Vordergrund, während bei der Investitionsrechnung und der Cash-Flow-Rechnung die Liquiditätsbetrachtung von besonderer Bedeutung sind. Weitere Ausführungen zur Rolle des Controllers insbesondere im Zeitalter der Digitalisierung finden sich bei Lebefromm, 2022, S. 19 ff. sowie Lebefromm, 2019, S. 16 ff.

Bei einem Rückgriff der Investitionsrechnung auf die bereits erfassten Daten des Rechnungswesens ist darauf zu achten, dass die auszahlungswirksamen Komponenten periodengerecht (und innerhalb der Periode möglichst genau) zugeordnet werden. Während die Theorie sauber nach den Wertekategorien Einzahlungen/ Auszahlungen, Einnahmen/Ausgaben, Erträgen/Aufwendungen und Leistungen/Kosten je nach Rechenmethode und Rechenziel unterscheidet, werden in der Praxis in der Regel die Begriffe des Ersterfassungssystems übernommen.

Je nach Vorgang und Periodenabgrenzung können von einem Geschäftsvorfall alle Wertekategorien in der gleichen Periode betroffen sein. Dies ist in der Realität bei sehr vielen laufenden Kosten aus Jahressicht gegeben, die auch Auszahlungen auslösen; hierbei gibt es eine relativ große Schnittmenge. Häufig wird dann von auszahlungswirksamen Aufwendungen (bzw. Erträgen) oder Kosten gesprochen.

Die Begleichung einer Versicherungsrechnung wäre beispielsweise bei einer Jahresbetrachtung gleichzeitig Auszahlung, Ausgabe, Aufwand und Kosten. Bei einer Monatsbetrachtung würden hingegen u. U. verschieden Perioden angesprochen;

Auszahlung	=	Überweisung des Rechnungsbetrages (Liquiditätswirkung des Monats);
Ausgabe	=	Erhalt der Rechnung und Entstehung der Verbindlichkeit (Liquiditätsplanung);
Aufwand	=	Buchung der Verbindlichkeit in dem jeweiligen Monat (Vermögenswirkung);
Kosten	=	Periodenabgrenzung der Kosten auf alle 12 Monate (Vermögenswirkung betrieblich).

Ein Umsatzerlös kann entsprechend je nach Terminierung in einer Periode gleichzeitig Einzahlung, Einnahme, Ertrag und Leistung sein; dies muss aber nicht zwangsläufig zutreffen.

Die Investition in eine Maschine bewirkt in der Regel zuerst eine Liquiditätswirkung (Auszahlung/Ausgabe) und im Laufe der Jahre die Vermögenswirkung in Form der Abschreibung als Aufwendungen/Kosten. Rückstellungen sind hingegen ein Beispiel, bei denen aufgrund der Periodenabgrenzung der Aufwand regelmäßig vor den Auszahlungen liegt. Die Integration der Systeme erfordert auch theoretischen Handlungsbedarf bei einer Überprüfung der Begrifflichkeiten des Rechnungswesens.

In den Kapiteln 2 und 3 werden die Bezeichnungen entsprechend der SAP-Terminologie verwendet.

3.1 Projektstrukturen

3.1.1 Projektstrukturpläne

Die Aufgabe von Projektstrukturen ist es, Projekte anhand definierter Kriterien in Teilpakete zu gliedern und sie damit besser planbar und steuerbar zu machen. Projektstrukturpläne bilden den strukturellen Aufbau ab, indem sie zeigen, welche Teilprojekte sich zu einem Gesamtprojekt verdichten. Netzpläne gliedern die zeitliche Reihenfolge von Teilprojekten.

Es werden die elementaren drei Elemente des SAP-Projektsystems „Projektstrukturpläne", „Netzpläne" und „Meilensteine" dargestellt.

Jedes dieser drei Elemente wird zunächst bezüglich seiner Einsatzzwecke erläutert. Dann wird dargelegt, wie die Strukturen im System benutzt werden und es wird schließlich erläutert, welche Customizing-Einstellungen vorgenommen werden müssen, um die jeweiligen Elemente nutzen zu können.

Ein Projektstrukturplan dient dazu, ein Projekt in eine geeignete Struktur zu gliedern, um Kosten und Umsatzerlöse bzw. Auszahlungen und Einzahlungen und Termine planen, buchen und steuern zu können. Die Logik, nach der die Gliederung erfolgt, hängt von der Art des Projektes ab. Ein Projekt kann z. B. nach Projektphasen, nach Produktbaugruppen oder nach Organisationseinheiten strukturiert werden. Ein Projektstrukturplan benötigt zunächst eine Projektdefinition, in deren Rahmen eine Projektnummer festgelegt wird. Weiterhin benötigt er Voreinstellungen wie z. B. zu den Organisationseinheiten, Steuerungsparametern und Währungen.

Neben der Projektdefinition besteht der Projektstrukturplan aus Projektstrukturplanelementen, den so genannten PSP-Elementen. In einer phasenorientierten Projektstruktur entsprechen die PSP-Elemente den einzelnen Projektphasen, wie z. B. Analyse, Konzeption, Umsetzung usw. Im Falle einer Strukturierung nach Produktbaugruppen ist es empfehlenswert, für jede Baugruppe ein eigenes PSP-Element anzulegen und bei einem Aufbau anhand von Organisationseinheiten ein PSP-Element je Organisationseinheit einzupflegen.

Ein PSP-Element hat ebenso wie die Projektdefinition eine mandantenweit eindeutige Nummer und dient dazu, die Projektstruktur hierarchisch aufzubauen. Diesen Zusammenhang zeigt die folgende Abbildung.

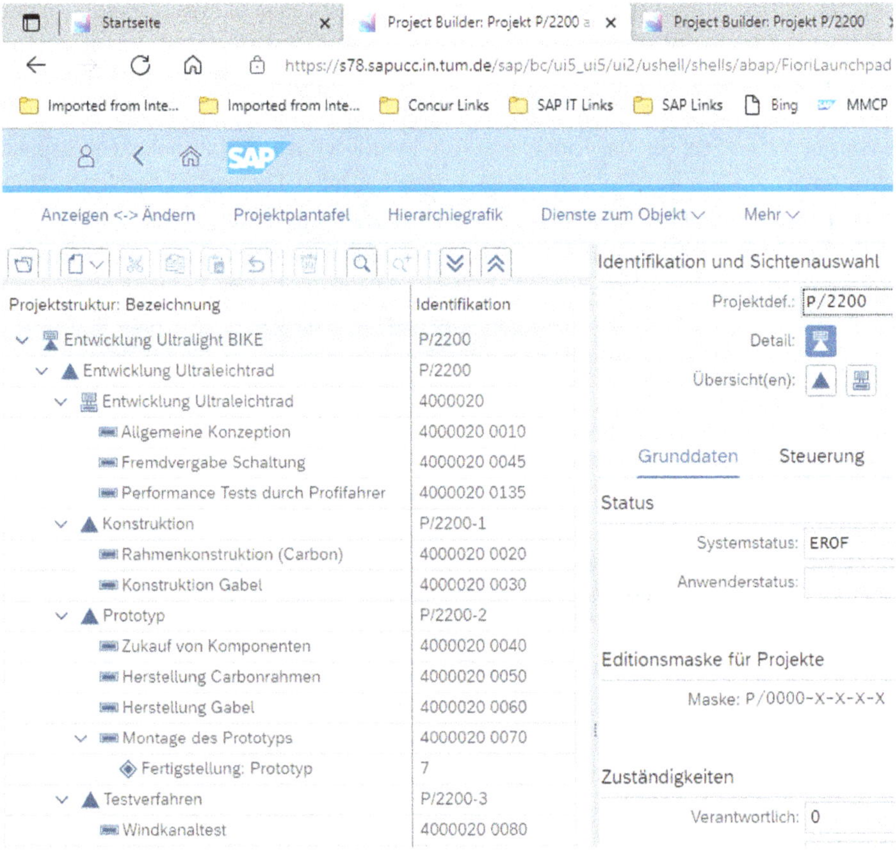

Abb. 3.1: Projektstrukturplan des Beispielprojekts „Entwicklung Ultra-Light Bike" (Quelle: UCC).

Es wurde das Global-Bike Projekt P/2200 "Entwicklung Ultra-Light Bike" als Beispielprojekt ausgewählt. Anwender mit Zugriff auf das SAP S/4HANA System des University Competence Center (UCC) der Universität Magdeburg bzw. Universität München., können dieses Projekt und die im Folgenden dargestellten Schritte im System direkt nachvollziehen.

Das Projekt enthält mehrere Teil-Projekte sowie einen Netzplan zur Entwicklung eines Leicht-Fahrrades bis zur Serien-Reife.

Entwicklung Ultraleichtrad. Dieses Teilprojekt enthält die Netzplanvorgänge der Konstruktion, der Fremdbearbeitungs-Vorgang zur Entwicklung der Fahrradschaltung und die Durchführung der Performance-Tests.

Konstruktion: Die Konstruktion untergliedert sich in die Vorgänge zur Entwicklung eines Carbon-Rahmens und der Entwicklung einer neuen Fahrradgabel.

Prototyp: Die Beschaffungsvorgänge zerfallen in die Beschaffung der Komponenten, der Fertigung des neuen Carbon-Rahmens und der neuen Fahrradgabel sowie die Montage des Prototyps.

Das PSP-Element auf der höchsten Ebene heißt Kopf-PSP-Element. Die Nummern der darunter liegenden PSP-Elemente beginnen mit der Projektnummer sowie mit weiteren Nummern, die die Hierarchiestufe kennzeichnen. Ein Projektstrukturplan wird ausschließlich aus PSP-Elementen aufgebaut. Jedes Element in der Hierarchie kann gleichermaßen bearbeitet werden: es kann auf jeder Ebene geplant werden und es können Ist-Daten erfasst und Auswertungen gefahren werden. Sämtliche erfassten Plan- und Ist-Werte der Kosten und Leistungen oder Termine werden innerhalb einer PSP-Struktur von unten nach oben verdichtet. Daher können in Berichten auf jedem PSP-Element die Zusammenfassungen aller darunter hängenden PSP-Elemente ausgewertet werden.

Aus technischer Sicht ist ein PSP-Element in erster Linie ein Controlling Objekt, da die Funktionalität insbesondere in der Kontierung von Kosten und Erlösen liegt. Aus logistischer Sicht ist eine einfache Terminplanung bei PSP-Elementen möglich. Im Gegensatz dazu haben die Vorgänge eines Netzplans im Projektsystem die Möglichkeit der Disposition von Material und dem Staffing von Personal. Die Möglichkeiten der Terminplanung bei Netzplanvorgängen entspricht der Netzplantechnik mit der Möglichkeit des Setzens von Bedingungen an Start- und End-Termine. Darüber hinaus hat ein PSP-Element, ebenso wie ein Innenauftrag, temporären Charakter; das PSP-Element hat also einen begrenzten Zeitrahmen. Daher verfügt es über eine Statusverwaltung, die den Lebenszyklus eines Projektes darstellen. Die erlaubten betriebswirtschaftlichen Vorgänge sind an den jeweiligen Status des PSP-Elements gekoppelt. PSP-Elemente sind stärker als Nebenkontierungsobjekte in die Logistikmodule integriert als Innenaufträge; sie können z. B. Bedarfe erzeugen und mit Netzplänen verknüpft werden sowie als Nebenkontierung Produktionsaufträgen zugeordnet werden.

Welche PSP-Elemente als Planungselemente festgelegt werden, hängt davon ab, auf welche Weise das Projekt geplant werden soll. Wenn von oben nach unten (top down) geplant wird, werden zunächst auf den obersten Ebenen Planwerte vorgegeben, die anschließend nach unten aufgeteilt werden. Es würden dann alle PSP-Elemente, die an der top down Planung teilnehmen, als Planungselemente gekennzeichnet. Wird hingegen von unten nach oben (*bottom up*) geplant, so wird auf den untersten Ebenen der PSP-Hierarchie angefangen zu planen und die PSP-Elemente dort entsprechend als Planungselemente gekennzeichnet. Wenn verhindert werden soll, dass Planwerte auf den obersten PSP-Elementen erfasst werden, so ist das Kennzeichen dort wegzulassen.

Bei der Entscheidung, welche PSP-Elemente als Fakturierungselemente gekennzeichnet werden sollen, spielt zunächst folgende Überlegung eine Rolle: Wo sollen im Falle eines Kundenprojektes die Erlöse verbucht werden? Erlöse werden in aller Regel über das SD-Modul verbucht. Deshalb müssen die Fakturierungselemente auch als Kontierung in der Kundenauftragsposition im SD eingetragen werden. Oft wird dem Kunden nur eine Rechnung über das Gesamtprojekt ausgestellt (bzw. mehrere Teilrechnungen, die über dasselbe PSP-Element verbucht werden), so dass i.d.R. nur ein Fakturierungselement im Projekt ausreicht. Eine weitere wichtige Überlegung ist, auf welcher Ebene Ware in Arbeit (*work in process*) ermittelt werden soll. Um Ware in Arbeit korrekt zu ermitteln, müssen den aufgelaufenen Erlösen auch die Kosten gegenübergestellt werden, die durch die erwirtschafteten Erlöse verursacht worden sind. Dies kann am einfachsten sichergestellt werden, wenn das Kopf-PSP-Element als Fakturierungselement gekennzeichnet und auf diesem auch die Faktura verbucht wird. Da alle Kosten hier verdichtet werden, kann auf dem Kopfelement auch die Ermittlung der Ware in Arbeit durchgeführt werden. Es sind jedoch auch andere Konstellationen möglich; da alle Werte, Erlöse sowie Kosten auf dem Kopf–PSP-Element verdichtet werden. Es können Fakturierungselemente auch an tieferer Stelle in der Hierarchie eingebaut und trotzdem die Ermittlung der Ware in Arbeit auf dem Kopf-PSP-Element durchgeführt werden. Ob ein PSP-Element Ist-Kosten- Ist-Erlöse bzw. Plan-Werte führt, wird über die sogenannten operativen Kennzeichen im PSP-Element festgelegt. Die nachfolgende Abbildung zeigt die Festlegung der operativen Kennzeichen zu den PSP-Elementen.

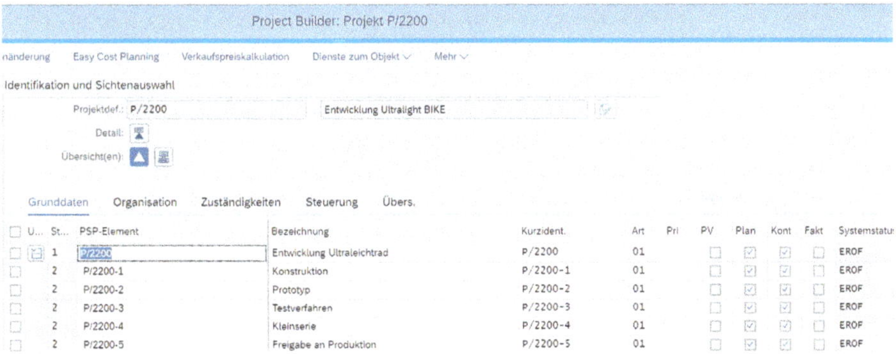

Abb. 3.2: Operative Kennzeichen in den PSP-Elementen (Quelle: UCC).

Anstatt ein PSP-Element für jedes Projekt neu anzulegen, können auch Standardprojektstrukturpläne oder auch andere Projekte als Referenzen verwendet werden. Es besteht die Wahlmöglichkeit, entweder auf einen generischen Standard-PSP zu referenzieren oder ein operatives Projekt zu kopieren. Ein Standard-PSP-Element wird über die FIORI App zum Anlegen von Standard-Projektstrukturen gepflegt. Wie ein operatives Projekt besteht auch ein Standard-PSP aus einer Projektdefinition und aus einem oder mehreren PSP-Elementen. Während die Projektdefinition genauso aussieht wie bei der Pflege über den Project Builder, können die PSP-Elemente nur tabellarisch gepflegt werden. Über einen Doppelklick auf ein PSP-Element gelangt man auch dort zur gleichen Detailsicht wie im Project Builder.

Ein Standard-PSP enthält alle Vorgaben aus dem Projektprofil und bietet darüber hinaus die Möglichkeit, alle Stammdatenfelder, z. B. Projektart, Priorität, Antragsteller und sämtliche Benutzerfelder zu den PSP-Elementen vorzubelegen. Wenn unterschiedliche Projektarten vorliegen und jede davon eine andere Projektstruktur verwendet, kann diese als Standard-PSP angelegt werden und als Referenz für die operativen Projekte genutzt werden. Es können jedoch keine Voreinstellungen zur Terminplanung oder für das Easy Cost Planning vorgenommen werden. Dies bedeutet, dass Termin- und oder Kostenpläne für jedes Projekt neu erstellt werden müssen. Die nachfolgende Abbildung zeigt ein Beispiel für eine Standard-Projekt-Definition.

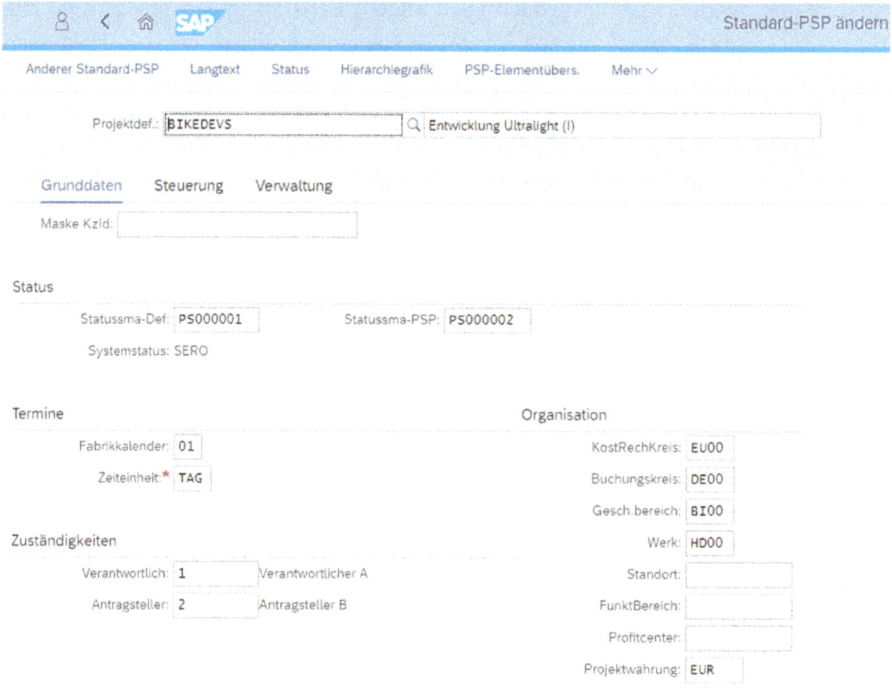

Abb. 3.3: Standard-Projekt-Definition (Quelle: UCC).

In einem Statusschema erfolgt die Sammlung von Statuswerten und möglichen Statusübergängen, die Statusattribute definieren. Statusschemas werden im Customizing festgelegt. Neben dem Systemstatus-Schema kann ein Anwender-Statusschema definiert werden, welches die Phasen des Systemstatus-Schemas feiner untergliedert. Neben der organisatorischen Zuordnung zum Kostenrechnungskreis, welcher für die gesamte Projektstruktur eindeutig ist, können Vorschlagswerte für Buchungskreis, Werk, etc. eingetragen werden. Weiterhin erfolgt zum Standard-Projekt die Zuordnung von Profilen. Das Budget-Profil fasst die Steuerungsparameter für die Budgetierung zusammen. Es regelt den Zeithorizont für die Budgetierung und die Kennzeichnung, ob eine sogenannte Verfügbarkeitsprüfung im Hinblick auf die Überschreitung des für ein Projekt gesetzten Budget eine systemseitige Warnung oder Fehlermeldung erzeugt wird. Das Planprofil bestimmt, welche Kostenartengruppen, Kostenstellengruppen, statistische Kennzahlengruppen und Leistungsartengruppen für die Planung auf einem Projekt verwendet werden können. Ein Zinsschema regelt, ob Kosten und Erlöse zinsrelevant sind sowie die Zuordnung von Zinssatz und Buchungssteuerung. Weiterhin wird zum Beispiel gesteuert, ob die Terminplanung innerhalb der Projektstruktur top-down oder bottom-up erfolgen soll.

Wenn operative Projekte kopiert werden, können wie bei einem Standard-PSP die gesamte Struktur und alle Stammdatenfelder mitkopiert werden. Darüber hinaus besteht aber auch die Möglichkeit, den Termin- und Kostenplan aus dem operativen Projekt zu übernehmen. Wenn also für die Kopiervorlage auch schon Vorgaben zur Terminplanung oder ein Referenzmodell für das Easy Cost Planning eingestellt werden sollen, sollten anstelle von Standardstrukturen operative Projekte als Vorlagen verwenden werden. Um ein neues Projekt mit Referenzen anzulegen, wird im Project Builder das Menu PROJEKT → NEU PROJEKTE MIT VORLAGE gewählt.

Es kann dann eine neue Projektnummer angeben und ausgewählt werden, ob ein bestehendes Projekt oder ein Standard-PSP kopiert werden sollen. Außerdem überlässt das System dem Anwender die Entscheidung darüber, welche abhängigen Objekte mitkopiert werden sollen, wie etwa Netzplanvorgänge, Anordnungsbeziehungen usw. An dieser Stelle erscheint es vorteilhaft, wenn für die bestehenden Projekte eine einheitliche Nummerierung-Logik verwendet wurde, denn das System übernimmt anschließend alle PSP-Elemente aus dem Vorlageprojekt und überschreibt die Projektnummer aus dem Vorlageprojekt mit der Nummer des neuen Projektes. Dies funktioniert allerdings nur, wenn alle PSP-Elemente im Vorlageprojekt auch die Projektnummer enthalten.

3.1.2 Project Builder

Der Project Builder ist der zentrale Einstieg in die Projektbearbeitung und das Pflegewerkzeug für Projekte, welches das Anlegen, Ändern und Löschen von PSP-Elementen, Netzplänen, Meilensteinen und weiteren Objekten erlaubt (siehe Abb. 2.2 sowie Abb. 2.3).

Der Project Builder kann über die entsprechende FIORI-App aufgerufen werden, aber auch über das SAP GUI Menü. Der Project Builder ist in drei Bereiche aufgeteilt: Strukturbaum, Arbeitsvorrat und Arbeitsbereich.

Strukturbaum

Im Hierarchiebereich kann die Struktur des aktuellen Projektes gepflegt werden. Es können hier per Drag-and- drop Elemente zur Struktur hinzugefügt oder Elemente verschoben werden.

Arbeitsvorrat

Im Vorlagenbereich stehen zwei Möglichkeiten zur Verfügung: wenn noch kein Projekt zum Bearbeiten geöffnet ist, finden sich im Arbeitsvorrat die fünf zuletzt bearbeiteten Projekte. Wird in die Vorlagensicht gewechselt, so stellt das System alle Objekte zur Verfügung, die in ein Projekt eingebaut können. Welche Objekte hier angeboten werden, hängt von den Einstellungen in den benutzerspezifischen Optionen ab, die beim erstmaligen Aufruf des Project Builders getätigt wurden.

Arbeitsbereich

Im Arbeitsbereich können schließlich für ein Objekt, das im Hierarchiebereich ausgewählt wurde, alle Detaileinstellungen vorgenommen werden. Es können für ein PSP-Element die Nummer, die Bezeichnung sowie aller weiteren Parameter eingegeben werden.

Neben der organisatorischen Zuordnung zu Kostenrechnungskreis, Buchungskreis, Profit Center, etc. erfolgt die Zuordnung der Profile für die Planung und Ist-Kontierung. Weiterhin werden Kennzeichen gesetzt. Beispiele:

– Statistisch. Wenn dieses Kennzeichen gesetzt ist, werden Kosten und ggf. Erlöse auf dem PSP-Element nur statistisch geführt. Das heißt, dass bei betriebswirtschaftlichen Vorgängen, die zu Ist-Kosten/-erlösen führen, immer ein echt kostenführendes Objekt mitkontiert werden muss und dass die statistischen PSP-Elemente nicht abrechnungsrelevant sind.
– Planintegration. Die auf einem planintegrierten Auftrag/Projekt geplanten Leistungsaufnahmen werden direkt auf der sendenden Kostenstelle als disponierte Leistung gebucht. Allerdings ist dann keine Planung von Kosten über die Einzelkalkulation möglich, da diese eine Planintegration als reine Kalkulation nicht unterstützt.
– Die Objektklasse dient dazu, Werte des Controlling-Objektes wie z. B. das PSP-Element im Finanzwesen zu erklären. So sind nach dem Periodenabschluss zum Beispiel alle Werte der Objekte der Objektklasse „Produktion" sogenannte Ware in Arbeit.

Das Kennzeichen „Projekteinzelbestand" (siehe Abb. 3.4) in der Projektdefinition hat folgende Auswirkungen:

„Kein Projektbestand" (Standardeinstellung): das Projekt führt keinen Bestand. Dies bedeutet, dass alle Wareneingänge zu diesem Projekt direkt als Verbrauch und damit als Aufwand und Primärkosten gebucht werden. Jegliches Material, das zum Projekt bestellt wird, wird als Verbrauchsmaterial betrachtet. Es ist damit kein Bestand zu diesem

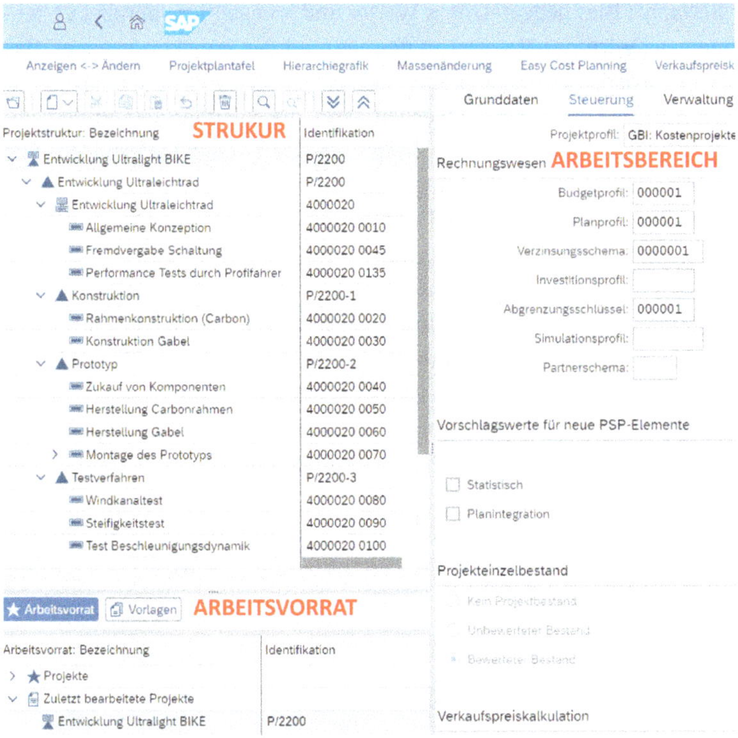

Abb. 3.4: Die drei Bereiche des Project Builder in der Sicht der Projektdefinition
(Quelle: SAP, Beispiel UCC).

Projekt sichtbar, und es ist daher auch nicht möglich, einen Warenausgang (Material-aufwand an Materialbestandskonto) zum Projekt zu buchen. Projekte ohne Projektbe-stand sind vor allem für Dienstleistungsprojekte geeignet oder für Vorhaben, in denen ausschließlich Fremdteile verwendet werden, die nicht eingelagert werden sollen.

„Unbewerteter Bestand: Diese Option bewirkt, dass sämtliche Wareneingänge zum Projekt mengenmäßig bzw. logistisch fortgeschrieben werden. Es ist auswertbar, wel-cher Bestand zu welchem Teil im Projekt geführt wird. Jedoch erfolgen die Buchungen in der Finanzbuchhaltung wie bei der Einstellung „Kein Projektbestand": Beim Waren-eingang bucht das System den Wert des Materials als Aufwand. Aus finanzbuchhalteri-scher Sicht ist das Material damit nicht mehr auf einem Bestandskonto vorhanden. Beim späteren physischen bzw. logistischen Warenausgang erfolgt keine Aufwand-buchung in der Finanzbuchhaltung mehr, da diese bereits erfolgt ist. Beim unbewerte-ten Projektbestand erfolgen Wert- und Mengenfluss also zeitlich getrennt voneinander. Es empfiehlt sich, diese Option zu wählen, wenn einerseits eine Übersicht über die zum Projekt gehörenden Materialbestände gewünscht ist und andererseits die Projektkosten so früh wie möglich sichtbar sein sollen, zum Beispiel zum Zwecke der Bewertung oder der Ermittlung der zeitraumbezogenen Umsatzrealisierung (*percentage of completion*).

„Bewerteter Bestand": Dies bedeutet, dass Werte- und Mengenfluss parallel verlaufen. Beim Wareneingang wird das Material in den Bestand des Projektes gebucht. Das Material ist damit aus logistischer Sicht in einem speziellen Bestand, so dass es direkt nur von logistischen Aufträgen verbraucht werden kann, die ebenfalls dem Projekt zugeordnet sind, wie zum Beispiel Fertigungsaufträge, Netzpläne oder Lieferungen. Aus finanzbuchhalterischer Sicht befindet sich das Material auf einem Materialbestandskonto; es ist damit noch nicht verbraucht und stellt damit weder Aufwand noch Kosten dar. Beim Warenausgang wird der Bestand vermindert und ein Verbrauch auf das Projekt gebucht. Diese Option bietet sich für komplexe Projekte an, die der Herstellung eines Produktes dienen. Zum einen ist hierdurch gewährleistet, dass speziell für das Projekt beschafftes Material nicht von anderen Aufträgen verbraucht wird, und zum anderen ist die Kapitalbindung des Projektes sichtbar (siehe Abb. 3.5).

Im Arbeitsvorrat (siehe Abb. 3.6 bis Abb. 3.10) können die Elementtypen: PSP, Netzplan, Netzplanvorgänge, Dokumente, Meilensteine gewählt werden. Abbildung 3.6 zeigt ein Beispiel für das Element PSP.

Als Dokumentdaten, die zum Projekt hinterlegt werden können, seien als Beispiel Konstruktionszeichnungen genannt. In der folgenden Abbildung wird die Sicht auf den Netzplankopf dargestellt.

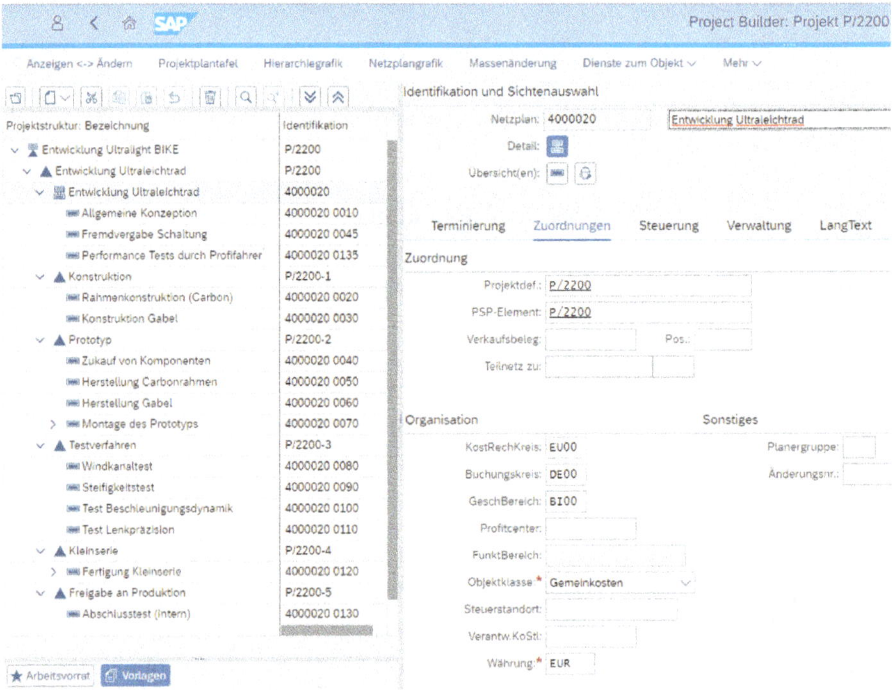

Abb. 3.5: Sicht auf den Netzplankopf (Quelle: UCC).

Netzpläne bestehen aus zugeordneten Netzplanvorgängen. In der Konstruktion sind z. B. die Netzplanvorgänge „Layout", „Konstruktion mechanisch" und „Konstruktion elektrisch" zu durchlaufen. Sie dienen der zeitlichen Strukturierung des Projektes. In der folgenden Abbildung ist der Netzplanvorgang HERSTELLUNG CARBONRAHMEN hervorgehoben. Der Netzplanvorgang ist Teil des Netzplans. Der Netzplan wird über den Netzplankopf dem Top-PSP-Element zugeordnet. Die Vorgänge des Netzplans werden dem jeweiligen PSP-Element der Projektstruktur zugeordnet. Dabei können einem PSP-Element mehrere Netzplanvorgänge – auch unterschiedlicher dem Top-PSP-Element zugeordneter Netzpläne – zugeordnet werden.

Ein Netzplanvorgang kann aus Eigenbearbeitung und/oder Fremdbearbeitung bestehen. Die nachfolgende Abbildung zeigt die Parametrisierung des Teils der Eigenbearbeitung mit der Zuordnung des Arbeitsplatzes. Dabei kann es sich um einen Fertigungsarbeitsplatz aber auch einen Projektarbeitsplatz handeln, in welchem dispositive Aufgaben zum Projekt erledigt werden. Der Arbeitsplatz ist so oder so einer Kostenstelle zugeordnet, welcher wiederum Leistungsarten zugeordnet werden, um die Leistungsmenge und den Verrechnungssatz zu planen. Über diese Zuordnungen wird eine Leistungsart der Kostenstelle zugeordnet. Die im Netzplanvorgang eingetragene Leistungsmenge gibt den geplanten Leistungsaufwand an, führt aber nicht unmittelbar zu einer disponierten Leistung der jeweiligen Leistungsart zur Kostenstelle. Dafür ist die Buchung einer Leistungsaufnahmeplanung notwendig. Wohl erfolgt aber über diesen Zusammenhang die Berechnung der Plankosten zum jeweiligen Netzplanvorgang und damit zum Netzplan bzw. Projekt.

Um ein neues Projekt im Project Builder anzulegen, ist folgendes Vorgehen notwendig: Zunächst wird ANLEGEN gewählt und dann die Auswahlliste im Fenster PROJEKT mit Vorlage geöffnet.

Wie die nachfolgende Abbildung zeigt, erzeugt das System nun eine neue Projektdefinition und erwartet die Eingabe einer Projektnummer und eines Projektprofils. Das Projektprofil liefert zum einen Vorschlagswerte, zum Beispiel zu den Organisationseinheiten, damit diese nicht bei jedem Projekt neu eingegeben werden müssen, und zum anderen enthält es eine Reihe von Steuerungsparametern, z. B. zur Kostenplanung, zur Ermittlung der Ware in Arbeit usw.

Die Anlage eines neuen Projektes kann mit Vorlage erfolgen oder auch komplett neu, d. h. ohne Vorlage, durchgeführt werden.

3.1.3 Projektnummerierung und Statusverwaltung

Die Projektnummer kann frei gewählt werden. SAP bietet hier keine automatische Nummerierung. Die Nummer kann entweder eingegeben werden (externe Nummernvergabe) oder das System kann die nächste freie Nummer suchen (interne Nummernvergabe). Wenn die Projektnummer und das Projektprofil eingepflegt sind, zeigt das System die Grunddaten der Projektdefinition im Arbeitsbereich des Project Builder.

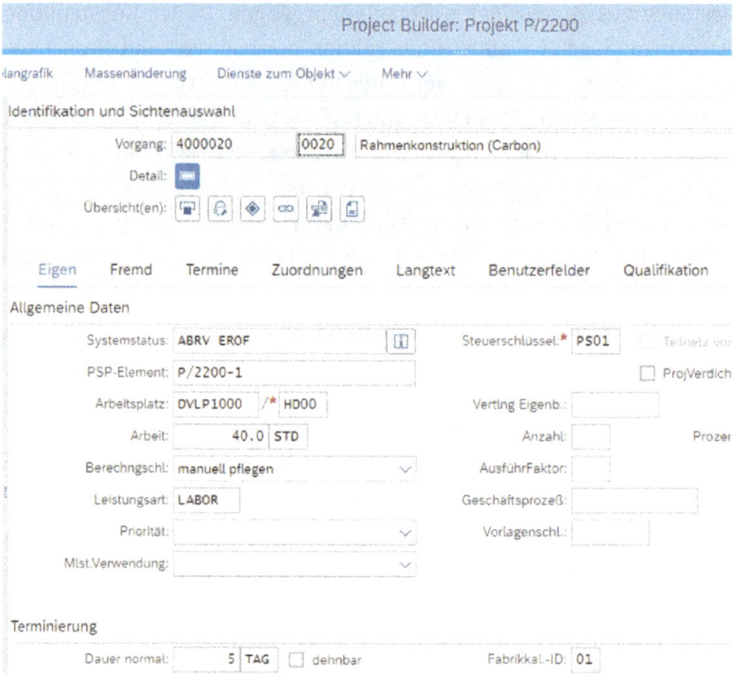

Abb. 3.6: Netzplanvorgang (Quelle: UCC).

Zur Statusverwaltung werden im Statusbereich zwei Felder gepflegt: Systemstatus und Anwenderstatus. Status dienen dazu, im Verlauf eines Projektes unterschiedliche betriebswirtschaftliche Vorgänge zuzulassen oder zu verbieten. Der Initial-Systemstatus ist EROF (eröffnet). Dieser Status bewirkt unter anderem, dass noch keine Ist-Buchungen zum jeweiligen Projekt erfasst werden können. Dadurch kann im System ein Projekt schon angelegt werden, ohne dass zu diesem Zeitpunkt eine Buchung bereits möglich sein soll. Es kann erst dann gebucht werden, wenn in den nächsten Status FREIGEGEBEN gewechselt wurde.

Sobald das Projekt weitgehend fertig ist, aber noch eine Faktura an einen Kunden ausgestellt werden muss, kann das Projekt technisch abgeschlossen werden. Damit sind keine Logistik-Buchungen mehr möglich, zum Beispiel die Zuordnung eines PSP-Elementes zu einer Bestellposition, wohl aber die Kontierung des PSP-Elementes in einer FI-Buchung. Es können keine Planwerte mehr verändert werden. Mit dem Status ABGESCHLOSSEN ist das Projekt schließlich zu Ende. Es können danach keine Änderungen mehr vorgenommen und auch nicht mehr gebucht werden. Daher sollten vor dem Setzten dieses Status noch vorhandene Beträge in der gesamten Projektstruktur abgerechnet werden. Um einen kompletten Überblick darüber zu erhalten, welche Vorgänge beim aktuellen Status erlaubt sind und welche nicht, kann der „INFO" – Schalter verwendet werden.

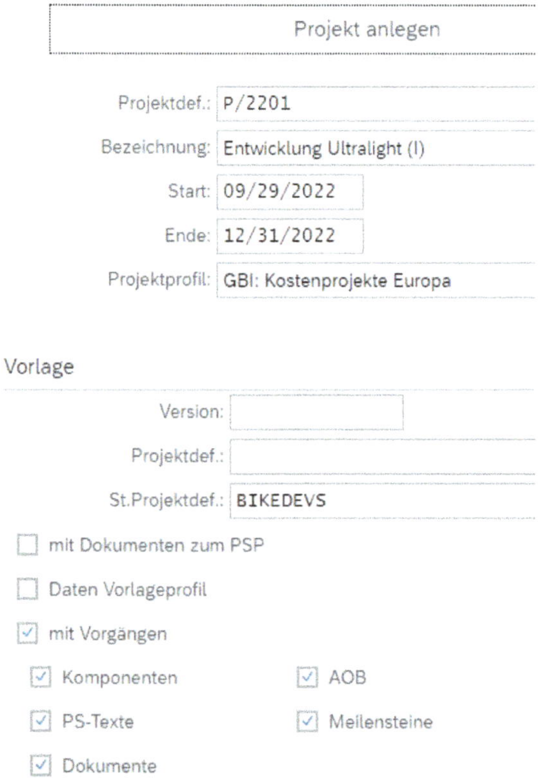

```
┌─────────────────────────────────────────────┐
              Projekt anlegen
└─────────────────────────────────────────────┘
```

Projektdef.: P/2201

Bezeichnung: Entwicklung Ultralight (I)

Start: 09/29/2022

Ende: 12/31/2022

Projektprofil: GBI: Kostenprojekte Europa

Vorlage

Version:

Projektdef.:

St.Projektdef.: BIKEDEVS

☐ mit Dokumenten zum PSP

☐ Daten Vorlageprofil

☑ mit Vorgängen

☑ Komponenten   ☑ AOB

☑ PS-Texte   ☑ Meilensteine

☑ Dokumente

Abb. 3.7: Projekt anlegen (Quelle: UCC).

Anschließend können dann betriebswirtschaftliche Vorgänge ausgewählt werden. Zusätzlich zu den Systemstatus, die fest vom System vorgegeben sind, können auch benutzereigene Anwenderstatus definiert werden, wobei dann vom Anwender festgelegt werden muss, welche betriebswirtschaftlichen Vorgänge beim jeweiligen Anwenderstatus erlaubt sind. Mit dem Anwenderstatus kann ein Systemstatus weiter untergliedert werden. So könnte z. B. mit einem Anwenderstatus festgelegt werden, dass im Systemstatus ERÖFFNET zwar geplant werden kann, aber keine Planeinzelposten gebucht werden. Erst mit dem Setzen des Systemstatus FREIGEGEBEN wird ein Anwenderstatus gesetzt, welcher die Fortschreibung von Planeinzelposten aktiviert.

3.1.4 Organisatorische Zuordnung und Steuerungsparameter

Die Organisationsdaten zur Projektdefinition werden als Voreinstellungen aus dem Projektprofil übernommen: Kostenrechnungskreis, Buchungskreis, Geschäftsbereich, Werk, Profitcenter, Funktionsbereich, Projektwährung.

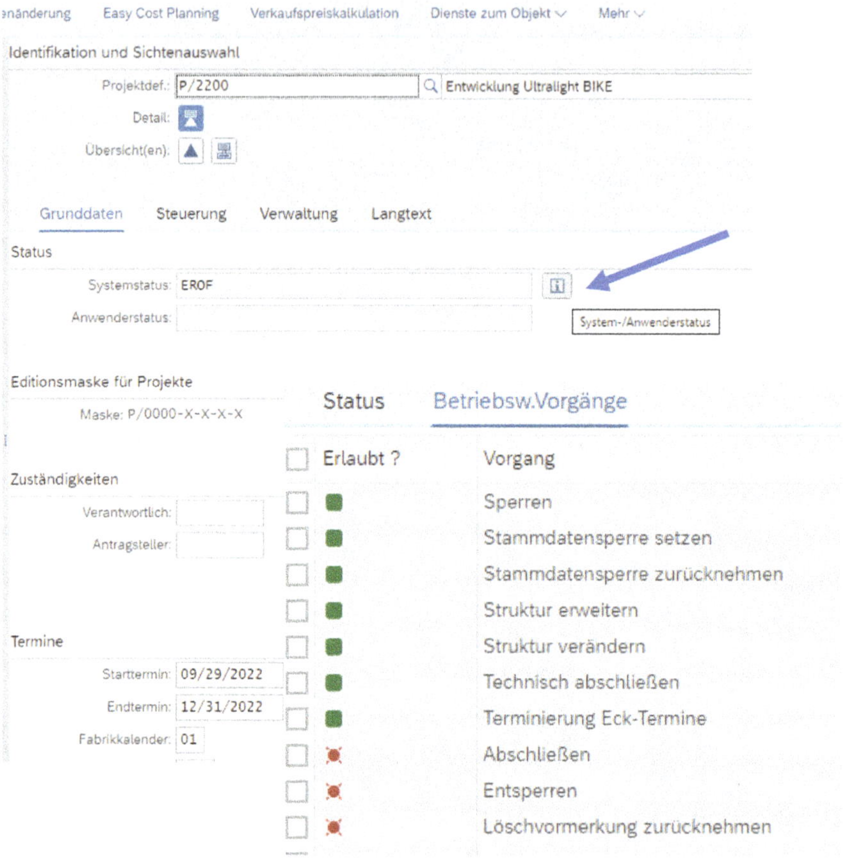

Abb. 3.8: Projektstatus und betriebswirtschaftliche Vorgänge (Quelle: UCC).

Die einzelnen Objekte haben folgende Bedeutung:

Ein **Kostenrechnungskreis** ist eine Organisationseinheit, für die eine vollständige, in sich geschlossene Kostenrechnung durchgeführt werden kann. Jedes Projekt muss genau einem Kostenrechnungskreis zugeordnet werden. Alle PSP-Elemente eines Projektes müssen zum selben Kostenrechnungskreis und zum gleichen Mandanten gehören.

Das Projekt muss außerdem einem **Buchungskreis** zugeordnet werden. Ein Buchungskreis repräsentiert eine selbstständig bilanzierende Einheit, i. d. R. also ein Unternehmen. Es können mehrere Buchungskreise zu einem Kostenrechnungskreis zugeordnet werden, um eine konsolidierte Kostenrechnung zu ermöglichen. Wird der Buchungskreis in der Projektdefinition eingetragen, dann wird dieser zwar in alle PSP-Elemente des Projektes hineinkopiert, es ist jedoch durchaus möglich, dass PSP-Elemente desselben Projektes zu unterschiedlichen Buchungskreisen gehören. Dies ist der Fall, wenn mehrere Unternehmen desselben Konzerns gemeinsam an einem Projekt arbeiten. Voraussetzung hierzu ist, dass alle Buchungskreise, in denen das Projekt

Pflegesprache: `DE` Deutsch

Anwenderstatus

Ordnu...	Status	Kurztext	LText ...	Initialsta...	Niedrigst...	Höchste ...	Position	Priorität
	PLEP	Planeinzelposten schreiben	☐	☐				
	SPER	Gesperrt	☐	☐			1	1

Status: `PLEP` Planeinzelposten schreiben

Vorgangssteuerung

	Beeinflussung				Folgeaktion		
Betriebsw. Vorgang	Kein Einfl...	Erlaubt	Warnung	Verboten	Keine Akt...	Setzen	Löschen
Freigeben	⦿	○	○	○	○	⦿	○
Planeinzelposten schreiben	○	⦿	○	○			

Abb. 3.9: Anwender-Status und Zuordnung zum System-Status (Quelle: SAP, eigene Beispieldaten).

bearbeitet wird, zum selben Kostenrechnungskreis gehören, da ein Projekt nicht unterschiedlichen Kostenrechnungskreisen zugeordnet werden darf.

Ein **Geschäftsbereich** ist eine Organisationseinheit des externen Rechnungswesens, die der weiteren Unterteilung innerhalb eines Buchungskreises dient und insbesondere bei der Segmentberichterstattung gem. § 285 Nr. 6 HGB genutzt werden kann. Geschäftsbereiche werden als Selektionskriterium im Reporting verwendet. Segmentberichterstattungen werden zumeist über die Profit Center Rechnung abgeleitet. Sofern Geschäftsbereiche genutzt werden, können in den Projekt-Organisationsdaten solche Geschäftsbereiche eingetragen werden.

Das Projekt kann einem **Werk** zugeordnet werden. Ein Werk ist eine grundlegende Organisationseinheit für die Logistik, auf deren Basis die Grundeinstellungen für die Materialwirtschaft, Produktion, Instandhaltung usw. aufbauen. Ein Werk ist immer genau einem Buchungskreis zugeordnet. Es ist nur dann notwendig, in den Projektdefinitionen ein Werk einzutragen, wenn im betreffenden Projekt Netzpläne verwendet werden. Sämtliche Parameter, die Netzpläne betreffen, sind werksabhängig.

Wenn die **Profit-Center**-Rechnung verwendet wird, kann jedem PSP-Element auch ein Profitcenter zugewiesen sein. Mittels Profitcentern kann man das Gesamtunternehmen in eigenständige, ergebnisverantwortliche Teilbereiche gliedern. Damit werden alle Buchungen, die auf dem jeweiligen PSP-Element auflaufen, automatisch auf dem entsprechenden Profitcenter fortgeschrieben. Es ist möglich, dass PSP-Elemente eines Projektes zu unterschiedlichen Profitcentern gehören. Mit dem neuen Hauptbuch kann im Stammsatz eines Profit Centers ein Segment eingetragen werden.

Falls nach dem Umsatzkostenverfahren berichtet wird, sollte jedem PSP-Element ein **Funktionsbereich** zugeordnet werden. Mittels eines Funktionsbereiches kann für jede Buchung in der GuV die Zeile ermittelt werden, in die die Buchung eingehen soll.

Wenn also ein PSP-Element einem Funktionsbereich zugeordnet ist, werden alle Buchungen in diesem Projekt automatisch der entsprechenden Funktion zugeschrieben.

Schließlich muss dem Projekt noch eine **Projektwährung** zugewiesen werden. In der Regel wird dies die gleiche Währung sein, in der auch der Kostenrechnungskreis und/oder Buchungskreis läuft. Für den Fall, dass die Kostenrechnungskreiswährung und die Buchungskreiswährung gleich sind, kann für ein Projekt eine davon abweichende Währung eingetragen werden. Das Projekt wird dann in der Projektwährung geführt; alle Belege werden allerdings gleichzeitig auch in der Kostenrechnungskreis- und Buchungskreiswährung fortgeschrieben. Falls für den Kostenrechnungskreis und den Buchungskreis unterschiedliche Währungen existieren, kann als Projektwährung nur die Buchungskreiswährung verwendet werden.

Neben den Organisationsdaten existieren im Arbeitsbereich des Project Builder zwei Felder mit Zuständigkeiten. Die Merkmale ANTRAGSTELLER und VERANTWORTLICHER sind dafür vorgesehen, dass hier Personen zugeordnet werden, die eine entsprechende Rolle im Projekt wahrnehmen. Es kann hier beispielsweise der Projektleiter, der Chefkonstrukteur oder der Kundenbetreuer eingetragen werden. Bevor Personen einem Projekt zugeordnet werden können, müssen diese im Customizing angelegt werden. Es können bis zu 1.000 Personen definiert werden. Die Verantwortlichen können außerdem mit einem SAP-Benutzernamen verknüpft werden. Damit können automatisch Nachrichten an die Verantwortlichen versendet werden. Die nächste Datenseite der Projektdefinition enthält die Steuerung.

Steuerungsparameter (siehe Abb. 3.10)

Es ist eine Reihe von Parametern vorhanden, die allesamt als Vorschlagswerte aus dem Projektprofil übernommen werden. Folgende Parameter sind für das Projektcontrolling von Bedeutung: Das Planprofil steuert die Kosten- und Erlösplanung. Der Abgrenzungsschlüssel ist für die Ermittlung des Auftragseingangs und der Ware in Arbeit zuständig. Das Netzplanprofil enthält Steuerungseinstellungen zum Netzplan.

Weiterhin ist der Eingabeblock Vorschlagswerte für neue PSP-Elemente zu betrachten. Die Werte werden aus dem Projektprofil ermittelt und in jedes PSP-Element kopiert, das zu diesem Projekt angelegt wird. Diese Einstellungen können individuell in den PSP-Elementen geändert werden.

Die Objektklasse dient der Klassifizierung des Projektes für weitere Auswertungen, wie etwa für die Analyse von Kostenflüssen. Die Klassen, die zur Auswahl stehen, sind vom System fest vorgegeben: Fertigung, Investition, Gemeinkosten und Vertrieb. Der STEUERSTANDORT wird für die Ermittlung der Steuersätze in den USA benötigt. Im Statusschema-PSP können zusätzlich zum Systemstatus eigene Anwenderstrategien definiert und einem Statusschema zugeordnet werden. Um das Statusschema im PSP zu verwenden, wird es im Projektprofil unter Statusschema-PSP eingetragen. Eine wichtige und weitreichende Festlegung für ein Projekt ist das Kennzeichen PROJEKTEINZELBESTAND. Es wird damit festgelegt, wie das System mit Wareneingängen und Warenausgängen zum Projekt (aus Bestellungen, Lieferungen oder Fertigungsaufträgen) umgehen soll. Damit kann das Projekt in der Materialwirtschaft bebucht werden.

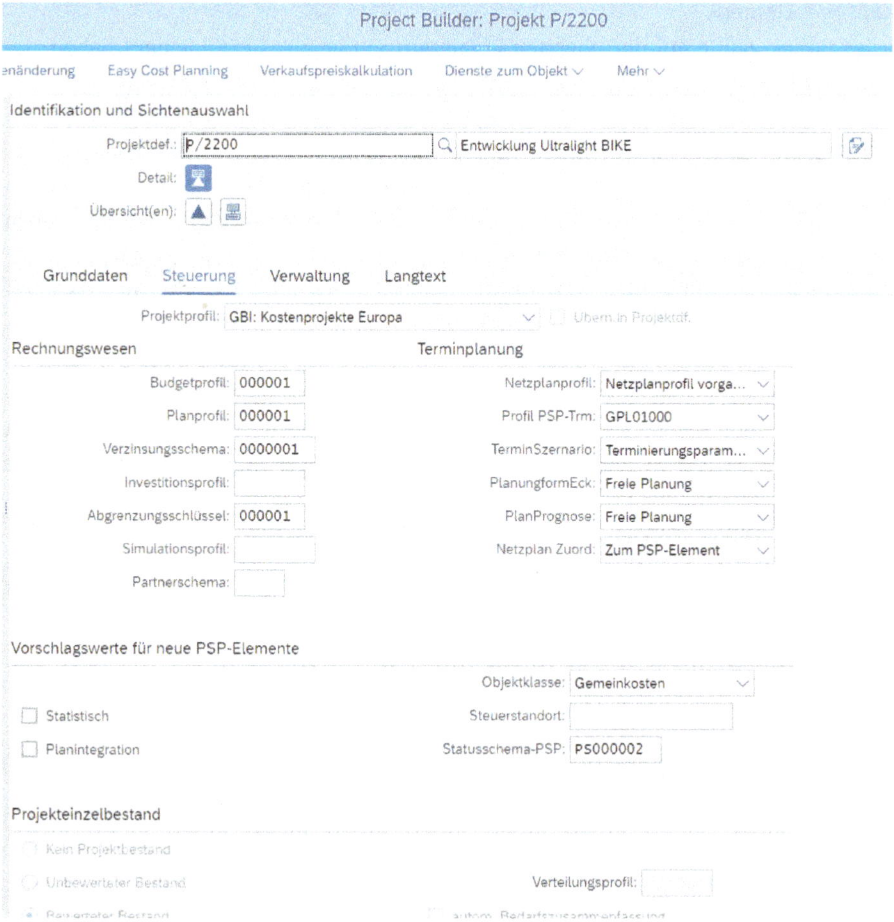

Abb. 3.10: Projektdefinition – Sicht Steuerung (Quelle: SAP, eigene Beispieldaten).

3.1.5 PSP-Struktur

Es kann nun ein PSP-Element zur Projektdefinition angelegt werden. Im obigen Beispiel konnte das zum Zeitpunkt der Anlage die Montage sein. Zur Anlage wird im Vorlagenbereich das Verzeichnis EINZELNE OBJEKTE erweitert. Durch Klicken auf ein PSP-Element und ziehen mit der Maus zur Projektdefinition erfolgt die Zuordnung. Nun sind die Stammdaten ersichtlich, die zu einem PSP-Element gepflegt werden können. Zunächst ist eine PSP-Elementnummer einzugeben. Ebenso wie die Projektnummer muss auch jede Nummer für ein PSP-Element mandantenweit eindeutig sein. Ein Projekt kann theoretisch beliebig viele PSP-Elemente erhalten. PSP-Elemente werden entweder direkt über die Projektstruktur heraus angelegt oder aber über die Vorlagen, die über Drag-and-drop an die gewünschte Stelle innerhalb der Projektstruktur gezogen werden können.

Kopf-PSP-Element

Jedes Projekt sollte auf der obersten Ebene nur ein einziges PSP-Element haben, anstatt mehrerer gleichrangiger PSP-Elemente. Ein solches einzelnes PSP-Element wird auch Kopf-PSP-Element genannt. Das System gibt dieses nicht zwingend vor, jedoch ist es aus folgenden Gründen ratsam, mit einem Kopf-PSP-Element zu arbeiten:

Nur mit einem Kopfelement können Kosten, Erlöse und Termine beim Planen von oben nach unten (*top down*) vorgegeben und beim Auswerten von unten nach oben (*bottom up*) verdichtet werden. Es können ohne ein Kopf-PSP-Element zwar Berichte zur Projektdefinition aufgerufen werden und damit die Gesamtwerte des Projektes überblickt werden, jedoch ist die Projektdefinition kein PSP-Element und damit weder beplanbar noch bebuchbar. Monatsabschlusstätigkeiten, wie die Ermittlung der Ware in Arbeit oder des Auftragseingangs, erfolgen i. d. R. auf Basis des gesamten Projekts. Hierzu ist es notwendig, ein Kopf-PSP-Element anzulegen. Ein weiterer Vorteil ist, dass auf einem Kopf-PSP-Element zum Beispiel Kosten erfasst werden können, die das gesamte Projekt betreffen und daher keinem der untergeordneten PSP-Elemente verursachungsgerecht zugeordnet werden können, wie zum Beispiel Transportkosten oder Versicherungen. Idealerweise erhält das Kopf-PSP-Element die gleiche Nummer wie das Projekt.

3.1.6 Stammdatenfelder für Auswertungszwecke und Operative Kennzeichen

Ein PSP-Element verfügt über eine Reihe von Stammdatenfeldern, die teils der organisatorischen Zuordnung und teils Auswertungszwecken dienen. Zunächst kopiert das System die Organisationsdaten, die verantwortliche Person und den Antragsteller aus der Projektdefinition als Vorschlagswerte in jedes PSP-Element. Darüber hinaus stehen die folgenden Stammdatenfelder zur Verfügung, die ausschließlich Berichtszwecken dienen und keinerlei weitere Funktionen im System haben:

Die **Projektart** kann zur Klassifizierung eines Projektes genutzt werden, zum Beispiel zur Unterteilung in Forschungsprojekte, Gemeinkostenprojekte und Kundenprojekte, aber auch zur Zuordnung in unterschiedliche Produktreihen oder in verantwortliche Abteilungen. Es können bei der Projektart Werte ausgewählt werden, die zuvor im Customizing festgelegt worden sind.

Mit der **Priorität** kann ein weiteres Merkmal festgelegt werden; beispielsweise können A-, B- oder C-Projekte, abhängig von der Bedeutung für das Unternehmen unterschieden werden. Die Ausprägungen müssen ebenfalls zuvor im Customizing definiert werden. Es können bis zu zehn Werte vergeben werden.

Es steht dem Anwender frei, wie er die genannten Merkmale einsetzt; Projekte sind grundsätzlich frei klassifizierbar. Darüber hinaus stehen zehn Benutzerfelder zur Verfügung, die frei benannt werden können. Diesen Feldern kann im Customizing eine Bezeichnung gegeben werden, die auch im Project Builder angezeigt wird. Hierzu wird ein Feld-Schlüssel angelegt und dieser dem Projektprofil zugeordnet. Es kann nicht nur je Projekt ein anderer Feld-Schlüssel verwendet werden, sondern auch innerhalb

eines Projektes je PSP-Element. Aus Controlling-Sicht ist dies jedoch nicht zu empfehlen, da die Projekte dann nicht mehr anhand der Benutzerfelder verglichen werden
können. In Berichten können dann nur die Inhalte der Felder angezeigt werden, nicht
aber unterschiedliche Feldbezeichnungen. Die aufgeführten Stammdatenmerkmale
sowie die zehn Benutzerfelder können als Selektions- oder Filterkriterien in Berichten
verwendet werden, um die Auswertungen entsprechend zu strukturieren. Sie können
ferner als Merkmale in SAP Net Weaver Business Intelligence herangezogen werden,
um sie als Bestandteile von Abfragen (Queries) zu nutzen.

PSP-Elemente, die als Kontierungselement gekennzeichnet sind, erlauben das Buchen von Ist-Kosten. Auf Planungselemente dürfen auch Plankosten geplant werden.
Die Einstellungen zur Planung erfolgen im Planprofil. Nur für Fakturierungselemente
können Erlöse geplant werden. Zudem können die Ermittlung der Ware in Arbeit bzw.
bzw. die Ermittlung des nach Fertigstellungsgrad zu realisierenden Umsatzes (*percentage of completion*)[98] auf Fakturierungselementen vorgenommen werden.

3.1.7 Customizing-Einstellungen zu Projektstrukturplänen

Um Projektstrukturpläne zu nutzen, ist es erforderlich, dass bereits ein Kostenrech-
nungskreis und ein Buchungskreis mit sämtlichen Einstellungen, wie Kontenplan,
Geschäftsjahresvariante, Hauswährung usw., erstellt wurde. Anschließend wird im
Customizing über CONTROLLING → CONTROLLING ALLGEMEIN → ORGANISATIO-
NEN → KOSTENRECHNUNGSKREIS PFLEGEN für den Kostenrechnungskreis die Verwendung von Projekten aktiviert. Es wird dann KOSTENRECHNUNGSKREIS PFLEGEN
gewählt und der Kostenrechnungskreis markiert. Dazu wird im Fenster links KOM-
PONENTEN AKTIVIEREN/STEUERUNGSKENNZEICHEN aktiviert sowie das Kennzeichnen PROJEKTE aktiviert. Sofern die Fortschreibung von Obligos genutzt werden soll,
muss das Kennzeichen OBLIGO VERWALTUNG gesetzt werden.

Als nächste Grundvoraussetzung muss im Customizing über PROJEKTSYSTEM →
STRUKTUREN → OPERATIVE STRUKTUREN → PROJEKTSTRUKTURPLAN → PROJEKT-
PROFIL ein Projektprofil angelegt werden (siehe Abb. 2.21). Es kann hier das von SAP
ausgelieferte Profil 0000001 gewählt werden, dass bereits alle Standardeinträge enthält,
wie etwa Profile zur grafischen Darstellung, Feldschlüssel, Statusverwaltung usw. Dieses
Profil kann modifiziert werden. In der Steuerungssicht sollte beispielsweise die Projektart und der Feldschlüssel überprüft werden. In der Regel sollte die Option alle PSP ELM.
KONT. gesetzt werden. Damit wird die Option Kontierungsobjekt als Vorschlagswert für
alle PSP-Elemente gesetzt. Weiterhin sollte NUR EINE WURZEL gesetzt werden. Dadurch

---

98 Die PoC-Methode nach IAS 11 erlaubt die Umsatzrealisierung in Relation zu einem Fertigstellungsgrad.
Mit IFRS 15, der ab Geschäftsjahre, die nach dem 01.01.2018 beginnen, anzuwenden ist, werden diese Möglichkeiten in stärkerem Ausmaß an Bedingungen geknüpft. IAS/IFRS sind in Deutschland von kapitalmarkt-
orientierten Kapitalgesellschaften ür die Erstellung des Konzernabschlusses verbindlich anzuwenden.

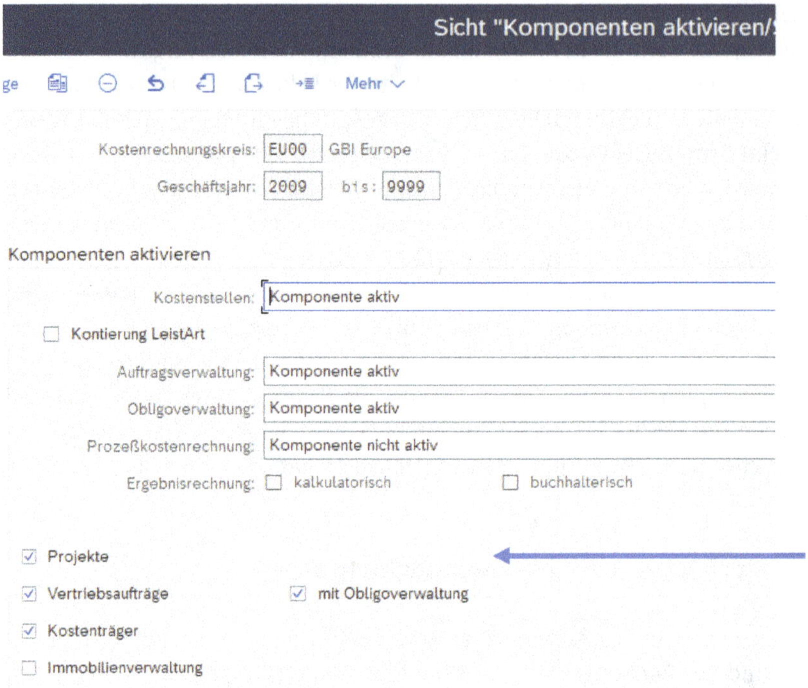

Abb. 3.11: Projektsystem im Kostenrechnungskreis aktivieren (Quelle: SAP, eigene Beispieldaten).

ist nur ein Kopf-Element je Projekt erlaubt. Es muss schließlich entschieden werden, ob die Projekte standardmäßig mit oder ohne Projektbestand angelegt werden sollen.

In der Registerkarte ORGANISATION werden alle Organisationseinheiten vorbelegt, die für Projekte relevant sind, wie etwa Buchungskreis, Kostenrechnungskreis, Profitcenter etc.

Unter der Feldgruppe CONTROLLING können folgende Parameter gepflegt werden (SAP):

– Objektklasse: Die Objektklasse dient zur betriebswirtschaftlichen Einordnung von Controlling-Objekten sowie zum Ausweis von Kostenflüssen innerhalb des Controllings nach betriebswirtschaftlichen Gesichtspunkten.

– Statistisch: Dieses Kennzeichen legt fest, ob ein PSP-Element nur statistischen Zwecken dient, oder ob es mit echten Kosten belastet wird. Wenn das Kennzeichen gesetzt ist, werden Kosten und ggf. Erlöse auf dem PSP-Element nur statistisch geführt. Bei betriebswirtschaftlichen Vorgängen, die zu Ist-Kosten/-erlösen führen, muss immer ein kostenführendes Objekt mitkontiert werden. Die statistischen PSP-Elemente sind nicht abrechnungsrelevant.

– Planintegriert: Die auf einem planintegrierten Auftrag/Projekt geplanten Leistungsaufnahmen werden direkt auf der sendenden Kostenstelle als disponierte Leistung gebucht, sofern die „Planintegration mit Kostenstellen- und Prozesskos-

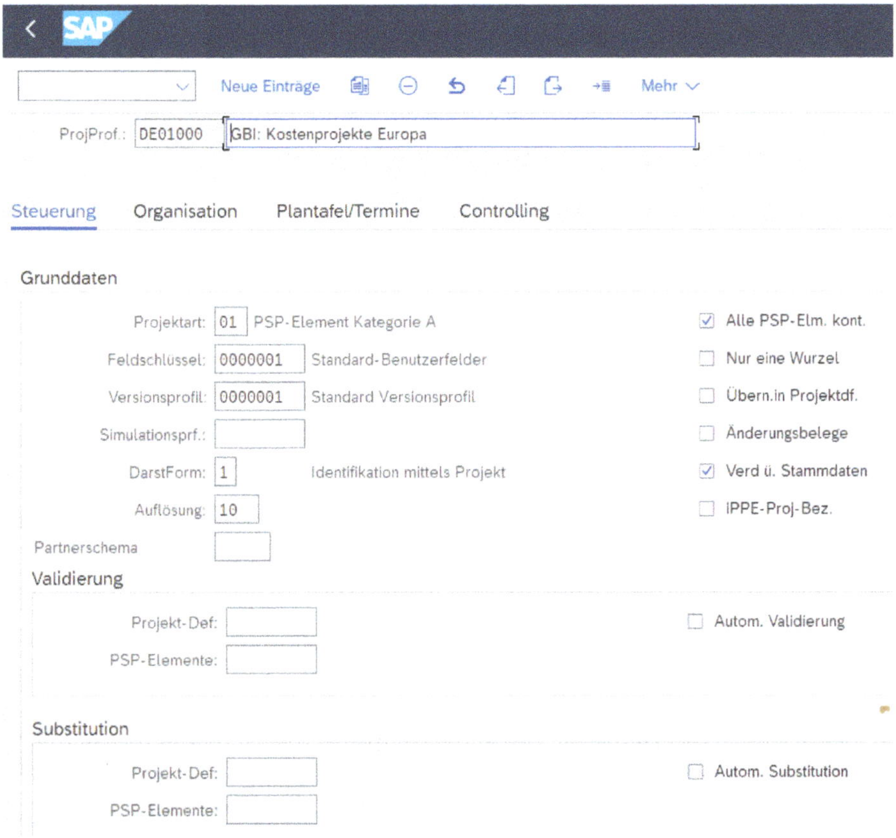

Abb. 3.12: Projektprofil anlegen– Steuerungsdaten (Quelle: SAP, eigene Beispieldaten).

tenrechnung" in der Version aktiviert ist. Planintegrierte Projekte können dann auch an Kostenstellen und Geschäftsprozesse abgerechnet werden.

– Planprofil: Festlegung der Kostenartengruppe, Kostenstellengruppe, Leistungsartengruppe und statistische Kennzahlengruppe, zu denen geplant werden kann.

– Budgetprofil: Festlegung, in welchem Zeitraum in die Vergangenheit und Zukunft Budgetwerte erfasst werden können sowie ob Jahres- und/oder Gesamtwerte gebucht werden können. Es wird weiterhin festgelegt, ob ein Verfügbarkeitskontrolle mit dem ersten Budgetwert vom System aktiv gesetzt werden soll oder manuelles Setzen vorgeschrieben wird.

– Kalkulationsschema: Festlegung von Zuschlagssätzen für die Berechnung von Gemeinkosten.

– Zuschlagsschlüssel: Kann herangezogen werden, um in Abhängigkeit des angegebenen Schlüssels die Zuschlagssätze zu pflegen. Für verschiedenen Projektprofile und damit Projekte können damit unterschiedliche Zuschlagssätze gepflegt werden.

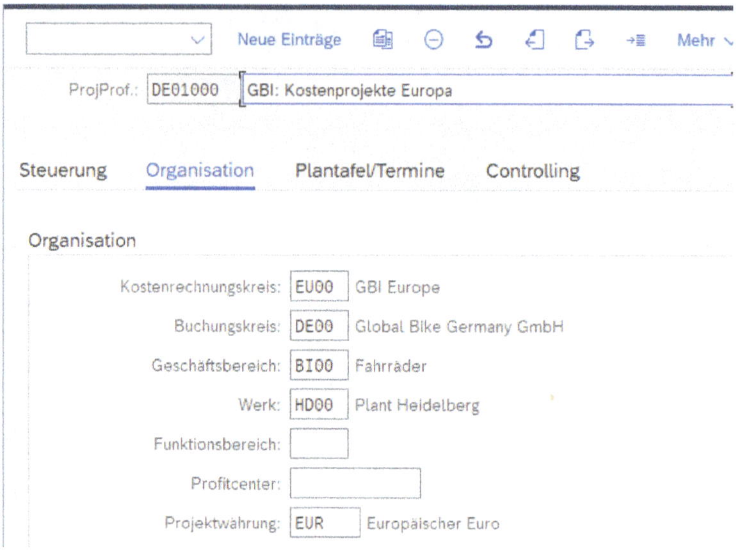

Abb. 3.13: Projektprofil anlegen – Organisationsdaten (Quelle: UCC).

– Verzinsungsschema: Festlegung von Zinssätzen und Steuerung der Verbuchung der Zinsbeträge.
– Investitionsprofil: Festlegung der Anlagenklasse, zu der beim Anlegen eines PSP-Elementes automatisch eine Anlage im Bau (AiB) angelegt wird. Weiterhin wird die Abrechnung des PSP-Elementes festgelegt: Einzelposten-bezogen oder auf Kostenarten verdichtet.
– Abgrenzungsschlüssel. Damit kann festgelegt werden, nach welcher Methode Abgrenzungswerte berechnet werden. Abgrenzungswerte sind zum Beispiel Ware in Arbeit oder Rückstellung fehlender Kosten. Methoden für die Berechnung sind zum Beispiel die erlösproportionale Methode (HGB) oder kostenproportionale Methode (IFRS).
– Abrechnungsprofil: Gibt die erlaubten Empfängerobjekttypen an, zum Beispiel Abrechnung an eine Anlage oder an eine Kostenstelle. Weitere Angaben im Abrechnungsprofil sind zum Beispiel ein Verrechnungsschema mit der Zuordnung der abzurechnenden Kostenarten zu einer Abrechnungskostenart.

Die Projektarten werden über PROJEKTARTEN FÜR PSP ELEMENTE ANLEGEN festgelegt. In dieser Transaktion wird ein Schlüssel und eine Bezeichnung je Projektart angegeben. Die Projektart dient insbesondere im Reporting der Klassifikation von Projekten nach bestimmten Kriterien, etwa Kundenprojekt oder Investitionsprojekt.

Die Projektart hat keinen Einfluss auf die Programmsteuerung oder die Bildauswahl. Sie können die Projektart im Informationssystem als Kriterium zum Filtern verwenden

Unter PRIORITÄT FÜR PSP ELEMENTE ANLEGEN werden die Prioritäten definiert, welche als Filterkriterien für das Reporting verwendet werden können, aber keinen

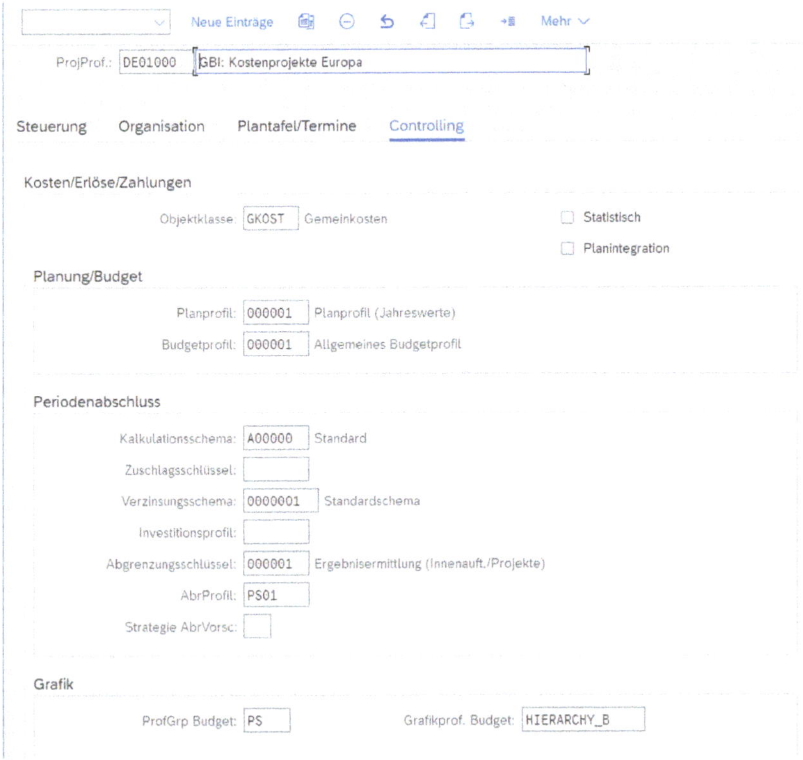

Abb. 3.14: Projektprofil anlegen – Controlling Daten (Quelle: UCC).

Einfluss auf die Steuerung von Projekten haben. Die Verantwortlichen werden in den Eingabefeldern VERANTWORTLICHE FÜR PSP ELEMENTE ANLEGEN eingetragen. Die Angabe im PSP-Element ist eine reine Information und ein Selektionskriterium.

Mittels eines Feldverwendungsschemas werden Bezeichnungen für die Benutzerfelder im PSP-Element vergeben.

3.2 Netzpläne

Ein Netzplan bildet den Ablauf eines Projekts oder einer Aktivität aus dem Projekt ab. Die verschiedenen Strukturelemente eines Projekts und deren Abhängigkeiten voneinander werden mit Methoden der Graphentheorie dargestellt. In der Projektdurchführung sind Netzpläne Ausgangsbasis für die Planung, Analyse, Beschreibung, Steuerung und Überwachung von Terminen, Kosten und Ressourcen (Personal, Maschinen, Fertigungshilfsmittel, Material) oder Dokumenten und Zeichnungen (SAP.help.com).

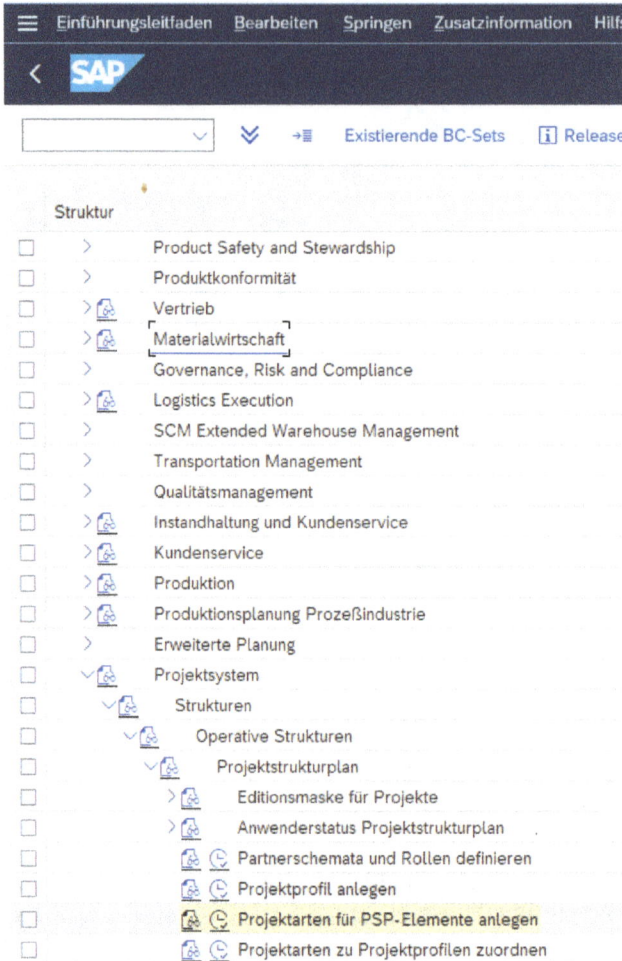

Abb. 3.15: Projektarten definieren (Quelle: SAP).

3.2.1 Vorgänge

Ein Netzplan dient dazu, ein Projekt in einen zeitlich-logischen Ablauf zu gliedern. Damit soll erreicht werden, dass die Projektschritte vollständig und in der richtigen Reihenfolge abgearbeitet werden, damit eine pünktliche Fertigstellung im Rahmen der geplanten Kosten gelingen kann.

Ein Netzplan besteht aus einem Netzplankopf, in dem ähnlich wie bei der Projektdefinition für PSP-Elemente, Vorschlagwerte und Steuerungsparameter vorgegeben werden, sowie aus Vorgängen, die über Anordnungsbeziehungen miteinander verknüpft sind. Netzpläne können wie PSP-Elemente zur Planung und Buchung von Kosten sowie zur Terminplanung eingesetzt werden. Netzpläne können entweder als Ganzes einem PSP-Element zugeordnet werden oder es kann eine Zuordnung der einzelnen Vorgänge vorgenommen werden. Damit werden sämtliche Kosten, die in einem Netzplan verursacht werden, auf den verknüpften PSP-Elementen fortgeschrieben. Die Zuordnung der Vorgänge zu PSP-Elementen ist auch für die Terminplanung relevant, da die PSP-Elemente den zeitlichen Rahmen für Netzplanvorgänge vorgeben können.

Die Terminierung ist ursprünglich ein Werkzeug aus der Produktion; um sie sinnvoll nutzen zu können, müssen Voraussetzungen vorliegen, die denen der Produktion ähnlich sind:

Für alle Beteiligten Ressourcen muss ein Arbeitsplatz vorhanden sein, zu dem die genauen Arbeitszeiten gepflegt sind, inklusive der geplanten Abwesenheiten, der Feiertage usw. Derartige Daten können im Modul Produktionsplanung (PP) im Fabrikkalender gepflegt werden.

Die Kapazität der beteiligten Ressourcen muss komplett über SAP ERP gesteuert werden, um verlässliche Ergebnisse zu liefern. Falls etwa eine Entwicklungsabteilung nur einen Teil ihrer Kapazität über SAP plant (zum Beispiel nur die Zeit, die für Entwicklungsprojekte verwendet wird), den restlichen Teil jedoch nicht, kann die Kapazitätsplanung keine brauchbaren Ergebnisse liefern. Das gleiche Problem existiert, falls Zeiten nur geplant jedoch nicht im Ist erfasst werden. Das System hat in einem solchen Fall keinen Überblick darüber, welche Aufgaben schon abgearbeitet sind und wofür noch Kapazitätsbedarf zu erwarten ist. Zudem besteht die Gefahr, dass nicht genügend Kapazitäten zur Verfügung gestellt werden.

Die Zeitdauer, die ein Vorgang in Anspruch nimmt, muss genau abschätzbar sein, ebenso wie die Konsequenzen, die eine Verzögerung mit sich bringt. Je kleiner die Zeiteinheit ist und je detaillierte die Vorgänge sind, desto genauere Ergebnisse kann eine Terminierung liefern. Ein Beispiel aus der Fertigung wäre das Verschweißen zweier Rohre, das im Plan 20 Minuten dauert. Dieser Vorgang wurde schon viele 100 Male auf identische Weise durchgeführt und ist daher sehr genau planbar. Sind die nachfolgenden Vorgänge ähnlich detailliert geplant, so wird eine Verzögerung des Schweißvorgangs um 5 Minuten mit hoher Wahrscheinlichkeit auch die nachfolgenden Vorgänge verschieben, sofern sie mit einer Normalfolge angeknüpft sind und keinen Zeitpuffer haben. Die Auswirkungen eines defekten Schweißgerätes wären damit deutlich und zuverlässig zu erkennen, so dass sofort Gegenmaßnahmen eingeleitet werden können.

In einem IT-Projekt wird hingegen häufig auf einer wesentlich gröberen Ebene (Tage, Wochen, Monate) geplant, und die Vorgänge befinden sich auf einer abstrakteren Ebene. Eine typische Aktivität wäre zum Beispiel das Erstellen eines Feinkonzeptes für die Debitorenbuchhaltung mit einer geplanten Dauer von sechs Wochen. Zum einen hängt die Dauer einer solchen Aktivität von weitaus mehr Faktoren als dem Schweißen ab: von der Größe und der Komplexität der Finanzbuchhaltung, von Trainingsstand der Beteiligten, von den Urlaubszeiten sowie von der Einbindung der verantwortlichen IT-Spezialisten in andere Aufgaben. Es ist schwer abschätzbar, welche Einflussgrößen welche konkreten Auswirkungen haben. Zum anderen sind alle Vorgänge so angelegt, dass sie parallel starten und enden. Auch die nachfolgenden Vorgänge könnten evtl. bereits beginnen, bevor das Feinkonzept abgeschlossen ist. Eine Terminierung in diesem IT-Projekt wird weniger konkrete vielleicht sogar keine brauchbaren Aussagen liefern.

Vorgänge stellen die einzelnen Arbeitsschritte eines Projektes dar, deren zeitlichlogische Reihenfolge durch die Anordnungsbeziehungen abgebildet wird. Es gibt vier verschiedene Vorgangsarten:

Eigenvorgänge sind Tätigkeiten, die von internen Ressourcen (Personen, Maschinen) des Unternehmens durchgeführt werden. Die konkrete Ressource, die einen Vorgang bearbeitet, wird über die Verknüpfung mit einem Arbeitsplatz ausgewählt. Zu einem Eigenvorgang wird zum einen die zeitliche Dauer (für die Terminierung) geplant und zum anderen die Arbeitseinheiten (i. d. R. Stunden), die für die Ausführung des betreffenden Vorgangs benötigt werden. Die Arbeit wird von einem Arbeitsplatz ausgeführt. Aus der Kombination von Zeitdauer und benötigter Arbeit kann bezüglich des entsprechenden Arbeitsplatzes eine Kapazitätsplanung durchgeführt werden. Für einen Arbeitsplatz wird außerdem ein Arbeitstarif (zum Beispiel Stundensatz, vgl. zu den Details der Berechnung Varnholt/Lebefromm/Hoberg, S. 90 ff.) hinterlegt. Es können somit die Plan- sowie Ist-Arbeitskosten ermittelt werden.

Fremdvorgänge stellen in sich abgeschlossene Aktivitäten dar, die als Ganzes (zum Beispiel die komplette Konstruktion einer Maschine) von externen Dienstleistern eingekauft werden. Die verursachten Kosten werden über einen Einkaufsinfosatz aus der Materialwirtschaft bestimmt. Es können dadurch die geplanten Kosten zum Fremdvorgang kalkuliert und später die Ist-Kosten erfasst werden.

Dienstleistungsvorgänge sind den Fremdvorgängen sehr ähnlich, da auch bei diesen Vorgängen Leistungen, zum Beispiel die Bearbeitung von Werkstücken durch ein anderes Unternehmen bezogen werden. Das System bietet hier allerdings eine noch weitergehende Funktionalität. Während bei einem Fremdvorgang genau eine abgeschlossene Einheit bezogen werden kann, kann man bei einem Dienstleistungsvorgang über ein Leistungsverzeichnis einen ganzen Katalog von Dienstleistungen durchsuchen und verwalten. Ein solches Leistungsverzeichnis beinhaltet z. B. Ariba. Das Ariba Network verbindet Einkäufer und Lieferanten über eine Cloud und stellt eine internetbasierte Handelsplattform zur Verfügung, über die Unternehmen ein weltweites Netzwerk von Partnern aufbauen können. SAP Ariba ist nicht Bestandteil des Kernsystems im SAP S/4HANA.

Die SAP hat die Cloud-Lösung vom Unternehmen Ariba in 2012 gekauft. So führte SAP Ariba 2017 die Funktionen Guided Buying, Supplier Management, Supplier Risk, Direct Materials Sourcing, Supply Chain Finance, Cloud Integration Gateway und Extension Studio ein, um den Beschaffungsprozess nahtlos zu gestalten, ihn mit anderen Geschäftsprozessen zu integrieren und Echtzeiteinblicke in die Lieferkette zu erhalten (ComputerWeekly.de).

SAP Learning Class

Einkaufsinfosätze verwalten   ✕   +

← → C ⟳ 🔒 wdflbmt2260.wdf.sap.corp:44302/sap/bc/ui2/flp/?sap-client=001&sap-langua

‹ **SAP**   Einkaufsinfosätze verwalten ▾

Standard ∨
Nicht gefiltert

Infosätze (1.779) Standard ∨

Infosatz	Einkaufsinfosatztyp	Material
5300000230 ✍ Nicht gesicherte Änderungen von EMPLOYEE 10 TS410	Normal (0)	Kette, Gruppe 00 (T-R100)

Einkaufsorganisation: Purch. Org. 1010 (1010)

Lieferzeit in Tagen: 10

Preis gültig ab: 01.03.2016

Preis gültig bis: 31.12.9999

Nettopreis: 5.49 EUR / 1 ST

Abb. 3.16: Einkaufsinfosätze (Quelle: SAP, eigene Beispieldaten).

Es ist mehr als nur Beschaffung

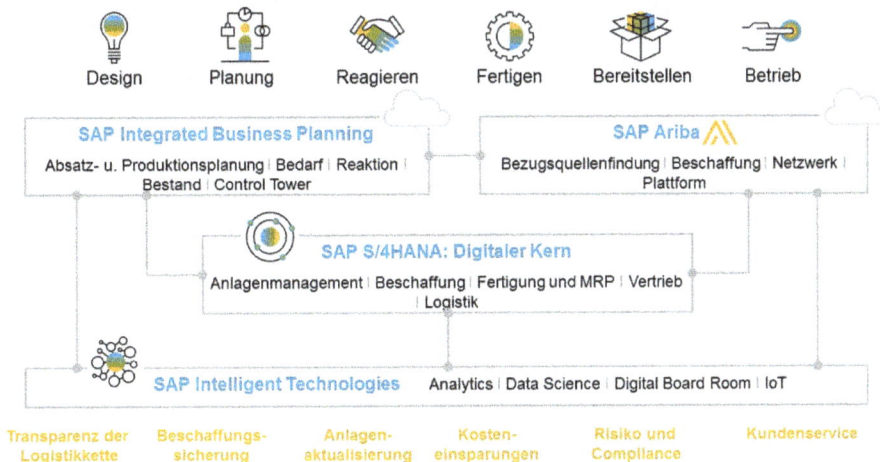

Abb. 3.17: Positionierung von SAP ARIBA in der Beschaffung (Quelle: SAP).

Kostenvorgänge als Netzplanvorgänge dienen lediglich der Planung von Kosten, die im Verlauf eines Projektes anfallen, aber keiner Zeit- oder Ressourcenplanung bedürfen. Es wird lediglich eine Kostenart eingeben, unter der die Kosten geplant werden sollen, und ein Betrag, aus dem sich die Plankosten für den entsprechenden Kostenvorgang ergeben. Ein typisches Beispiel ist eine Versicherung, die im Rahmen eines Projektes abgeschlossen wird.

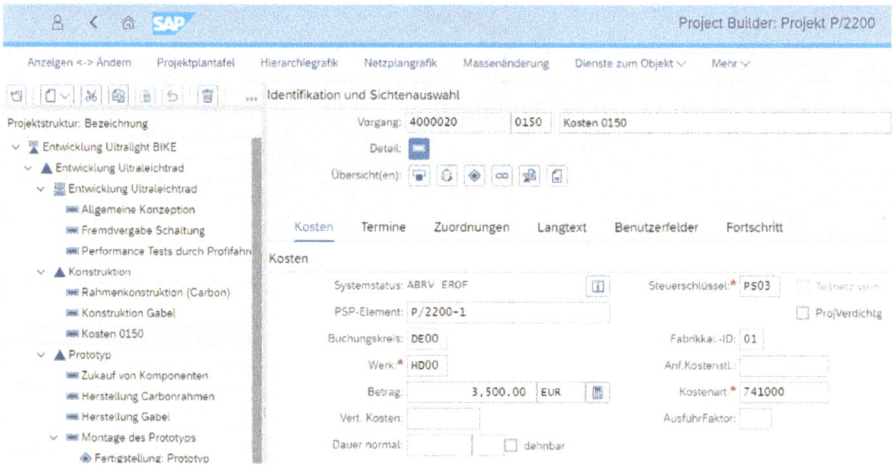

Abb. 3.18: Kostenvorgang in einem Netzplan (Quelle: UCC).

Vorgänge bilden die Grundbausteine von Netzplänen. Im Folgenden werden nun die Konzepte der Vorgangselemente, Anordnungsbeziehungen, Teilnetze und Kontierungseinstellungen vorgestellt, anhand derer Vorgänge weiter unterteilt und verknüpft werden können.

3.2.2 Vorgangselemente

Vorgänge können noch weiter aufgegliedert werden, indem Vorgangselemente angelegt werden. Diese dienen dazu, einen Netzplan in Vorgangselemente zu unterteilen, die bestimmte Abfolgen haben.

Ein Vorgangselement gehört immer zu einem Vorgang. Wie bei den Vorgängen selbst gibt es hier Vorgangselemente für die eigene Bearbeitung, Fremdbearbeitung, für Dienstleistungen oder reine Kosten. Vorgangselemente werden verwendet, wenn Vorgänge vorliegen, die nicht rein eigenbearbeitet, fremdbearbeitet usw. sind, sondern wenn z. B. bei einem eigenbearbeiteten Vorgang noch eine Dienstleistung zugekauft werden muss, es aber nicht möglich ist, dieses mittels zweier getrennter Vorgänge abzubilden. Durch das Hinzufügen von Vorgangselementen kann die strikte Trennung in die vier Vorgangsarten aufgehoben und es können gemischte Vorgänge erzeugt werden. Vorgangselemente hängen komplett am zugeordneten Vorgang. Es ist nicht möglich, Anordnungsbeziehungen zwischen Vorgangselemente zu pflegen, und sie werden auch nicht bei der Terminierung berücksichtigt. Anordnungsbeziehungen bestehen immer zwischen zwei Vorgängen (Vorgänger und Nachfolger) und legen fest, in welcher Reihenfolge diese zueinanderstehen. Folgende Typen von Anordnungsbeziehungen sind möglich:

Normalfolge: der Nachfolger beginnt, wenn der Vorgänger abgeschlossen ist.
Anfangsfolge: beide Vorgänge können gleichzeitig oder zeitlich versetzt beginnen.
Endfolge: beide Vorgänge können gleichzeitig oder zeitlich versetzt enden.
Sprungfolge: der Vorgänger beginnt, wenn der Nachfolger abgeschlossen ist.

Die Anordnungsbeziehungen lassen sich pro Vorgang anzeigen (siehe Abb. 2.35).

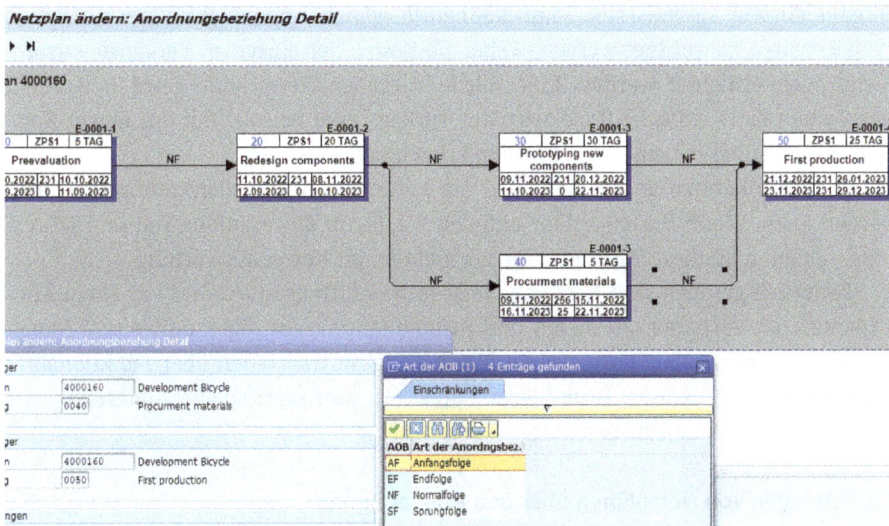

Abb. 3.19: Einstellungen in den Anordnungsbeziehungen (Quelle: SAP, eigene Beispieldaten).

Es ist möglich, einen Netzplanvorgang weiter zu detaillieren, indem ihm ein Teilnetz untergeordnet wird. Ein Teilnetz übernimmt die Steuerungsparameter und Anordnungsbeziehungen vom übergeordneten Vorgang. Durch eine spezielle Einstellung im Customizing kann festgelegt werden, dass die Planwerte eines Vorgangs nicht mehr berücksichtigt werden, sofern ein Teilnetz zum Vorgang vorhanden ist. Die Planwerte des Teilnetzes überschreiben dann Planwerte des Vorgangs.

3.2.3 Kontierungseinstellungen

Kontierungseinstellungen dienen dazu, die Plan- und Ist-Buchungen auf die Elemente eines Netzplanes zu steuern. Grundsätzlich wird zwischen kopfkontierten und vorgangskontierten Netzplänen unterschieden. Kopfkontiert bedeutet, dass alle Plan- und Ist-Kosten, die auf den Vorgängen des Netzplanes erfasst werden, auf dem Kopf verdichtet werden. Die Kosten der einzelnen Vorgänge sind somit nicht auswertbar. Kopfkontierte Netzpläne können vor allem dann verwendet werden, wenn der Netzplan an sich einen in sich geschlossenen Abschnitt eines Projektes darstellt und als Ganzes an einen anderen Netzplan oder an ein übergeordnetes PSP-Element weiter verrechnet werden soll. Dies ist z. B. dann der Fall, wenn ein Netzplan in der Fertigung oder Montage eingesetzt wird und der Netzplan genau der Fertigstellung einer einzelnen Baugruppe entspricht.

Bei einem vorgangskontierten Netzplan werden die Plan- und Ist-Kosten zu jedem Vorgang einzeln ausgewiesen. Somit können Vorgänge individuell unterschiedlichen PSP-Elementen zugeordnet werden, wobei die Kosten der einzelnen Vorgänge entsprechend hochverdichtet werden. Eine solche Vorgehensweise kann gewählt werden, wenn eine relativ einfache Projektstruktur vorliegt, zum Beispiel mit nur einem Netzplan, der sich über die einzelnen Projektphasen hinweg erstreckt.

Probleme können auftauchen, weil die zeitliche Struktur nicht mit ausgewertet werden kann. Wenn Kosten früher anfallen – z. B. am Jahresanfang statt am Jahresende – findet man diese Verschlechterung nicht in der Kostenauswertung.

Technisch gesehen sind Netzpläne logistische Aufträge, die daher vor allem Ähnlichkeiten mit Fertigungsaufträgen und Instandhaltungsaufträgen aufweisen. Neben der Ablaufplanung über Vorgänge verfügen beide Auftragstypen über Funktionalitäten zur Kapazitätsplanung, Terminierung und Verbrauchsplanung für Material.

3.2.4 Anlegen von Netzplänen über den Project Builder

Netzpläne werden ebenso wie PSP-Elemente über den Project Builder angelegt. Im Vorlagenbereich unten links finden sich die entsprechenden Objekte, wie z. B. Netzplan und Vorgänge. Um einen neuen Netzplan zum Projektstrukturplan hinzuzufügen, wird dieser an die Stelle gezogen, der er zugeordnet werden soll. Das System legt daraufhin einen Netzplankopf an (siehe Abb. 2.36).Es muss nun ein Netzplanprofil ausgewählt werden, dass, ähnlich wie das Projektprofil, Voreinstellungen bezüglich der organisatorischen Zuordnung sowie der Kostenrechnung enthält. Über die Wahl der Netzplanart im Reiter STEUERUNG wird festgelegt, ob der Netzplan kopf- oder vorgangskontiert ist und ob eine externe oder interne Nummernvergabe erfolgen soll. Bei interner Nummernvergabe vergibt das System automatisch eine laufende Nummer für den Netzplan; bei externer Nummernvergabe muss der Anwender selbst eine Nummer eingeben. Dies geschieht gleichwohl innerhalb des in der Netzplanart hinterlegten Intervalls für die Nummernvergabe. Aus dem Netzplanprofil übernimmt das System unter anderem das Werk und den Disponenten. Der Disponent ist eine organisatorische Einheit aus der Produktion; hier zeigt sich die enge Verwandtschaft von Netzplänen und Fertigungsaufträgen. Der Disponent ist ein Pflichtfeld, das allerdings nur benötigt wird, falls Netzpläne in der Fertigung eingesetzt werden. Im gleichen Eingabefenster kann außerdem eine Priorität für den Netzplan festgelegt werden. Es stehen dabei die gleichen Werte zur Verfügung wie für den PSP. Des Weiteren finden sich hier einige Einstellungen zur Kalkulation. In der Sicht ZUORDNUNGEN befinden sich die organisatorischen Zuordnungen; im Beispiel ist der Netzplankopf der Projektdefinition E-9990 zugeordnet. Kostenrechnungskreis, Buchungskreis und Profitcenter werden vom zugeordneten Projekt bzw. vom PSP-Element abgeleitet. Falls der Netzplan ein Teilnetz zu einem anderen Vorgang ist, ist diese Zuordnung auch hier ersichtlich.

Netzplanvorgänge werden über den Project Builder per Drag-and-drop angelegt. Im Vorlagenbereich stehen dafür alle Vorgangsarten zur Verfügung. Zunächst werden die Vorgänge zum Netzplankopf gezogen, um dem System mitzuteilen, zu welchem Netzplan der Vorgang gehören soll. Von dort wird der Vorgang zum PSP-Element gezogen, um Ihn mit diesem zu verknüpfen. Der Steuerschlüssel bestimmt, ob ein Vorgang eigen- oder fremdbearbeitet, ein Dienstleistungsvorgang oder ein Kostenvorgang ist. Abhängig davon werden auch unterschiedliche Sichten dargestellt. Bei Netzplanvorgängen stehen in der Sicht BENUTZERFELDER dieselben benutzerdefinierten Felder wie bei den PSP-Elementen zur Verfügung, die frei benannt werden können.

Netzplanvorgänge können Eigenbearbeitungsvorgänge, Fremdbeschaffungsvorgänge, reine Kostenvorgänge oder Dienstleistungsvorgänge sein. Im Netzplankopf wird über den Parameter KAPATZITÄTSBEDARF die Möglichkeit der Zuordnung von Ressourcen, insbesondere von Planstellen und deren Mitarbeiter aktiviert. Der Netzplan wird über den Netzplankopf dem Top-PSP-Element zugeordnet, die Netzplanvorgänge entsprechend den PSP-Elementen der Projektstruktur.

3.2.5 Projektplantafel

Ziel der Projektplantafel ist es, eine grafische Übersicht über den Netzplan und damit das Projekt zu gewährleisten. Um Vorgänge mittels Anordnungsbeziehungen miteinander zu verbinden, bestehen mehrere Möglichkeiten. Die übersichtlichste Möglichkeit bietet die Projektplantafel. Hierzu wird in der Projektübersicht die Projektdefinition gewählt und dann im Menü SPRINGEN die Projektplantafel. Während der Project Builder besser dazu geeignet ist, die Struktur eines Projektes und die Stammdaten darzustellen, liegt die Stärke der Projektplantafel darin, den zeitlich logischen Ablauf transparenter zu gestalten. Um zwei Vorgänge miteinander zu verbinden, werden diese markiert und anschließend der Button „Markierte Vorgänge verbinden" gewählt. Sowohl die Sicht des Project

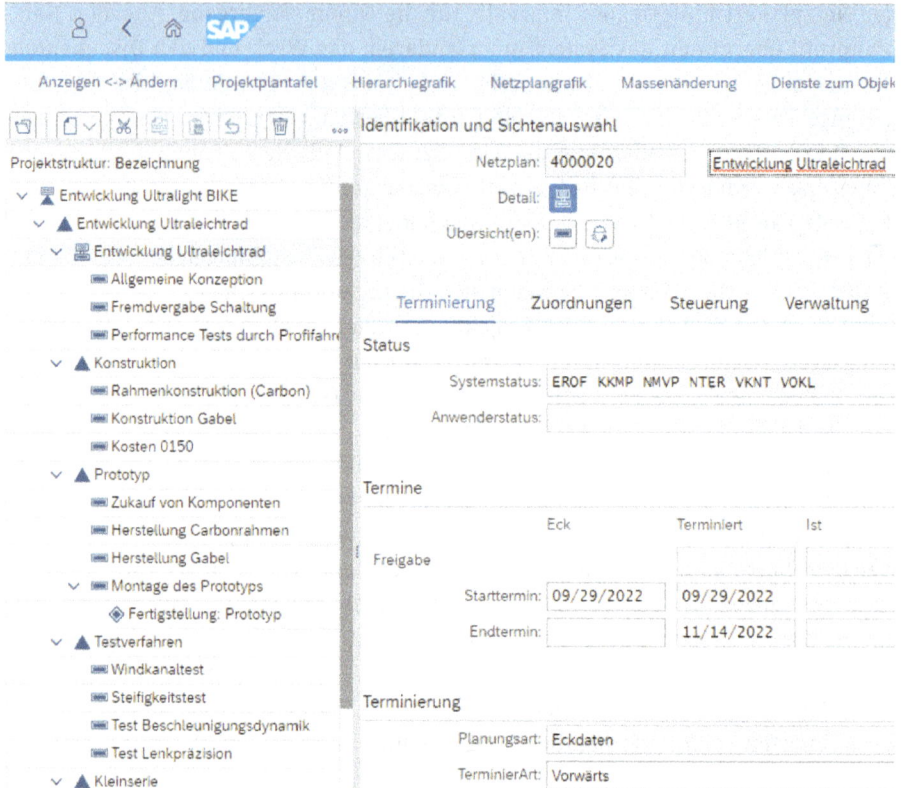

Abb. 3.20: Netzplankopf – Terminierung (Quelle: SAP, eigene Beispieldaten).

Builder als auch die Sicht der Projektplantafel sind für das gleiche Projekt möglich und häufig sinnvoll und können parallel gepflegt werden.

Netzplanvorgänge und PSP Elemente haben ein Statusschema, wobei für beide Objekttypen neben dem Systemstatusschema auch ein Anwenderstatusschema gepflegt werden kann. Die Rolle des Statusschemas wurde in den vorangegangenen Ausführungen erläutert. Unterschiede zwischen den Netzplanvorgängen und den PSP-Elementen bestehen darin, dass NPL-Vorgänge – im Gegensatz zu PSP-Elementen – auch Material disponieren können. Die Zuordnung von Materialien kann manuell mit einzelnen Materialnummern erfolgen oder auch mit der Selektion einer Stückliste und aller darin zugeordneten Materialien. Bei vorhandenem Lagerbestand löst die Zuordnung eine Reservierung aus, bei Fremdbeschaffung eine Bestellanforderung, ansonsten einen Sekundärbedarf. Wurde ein Sekundärbedarf erzeugt, wird dieser beim nächsten Bedarfsplanungslauf in einen Planauftrag umgesetzt. Es kann eingestellt werden, ob die Disposition schon bei der Materialzuordnung erfolgt oder erst mit Setzen des Status FREIGEGEBEN.

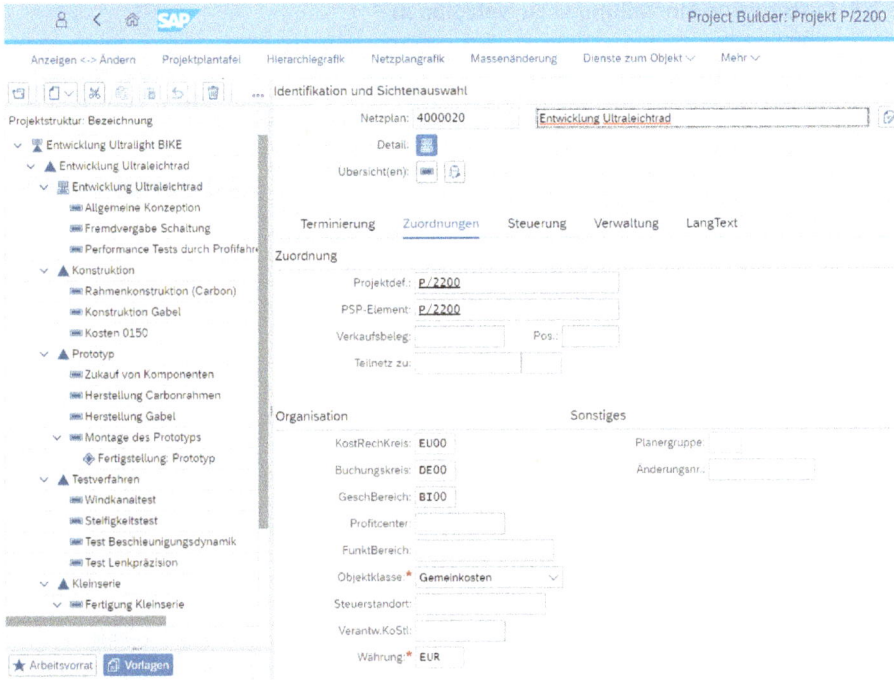

Abb. 3.21: Netzplankopf – Zuordnung zu Organisations-Ebenen (Quelle: SAP, eigene Beispieldaten).

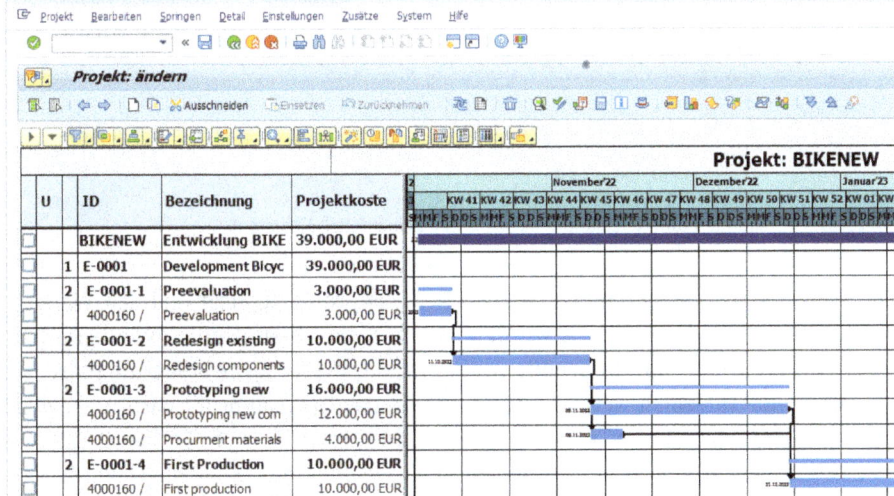

Abb. 3.22: Projektplantafel (Quelle: SAP, eigene Beispieldaten).

3.2.6 Customizing Einstellungen zu Netzplänen

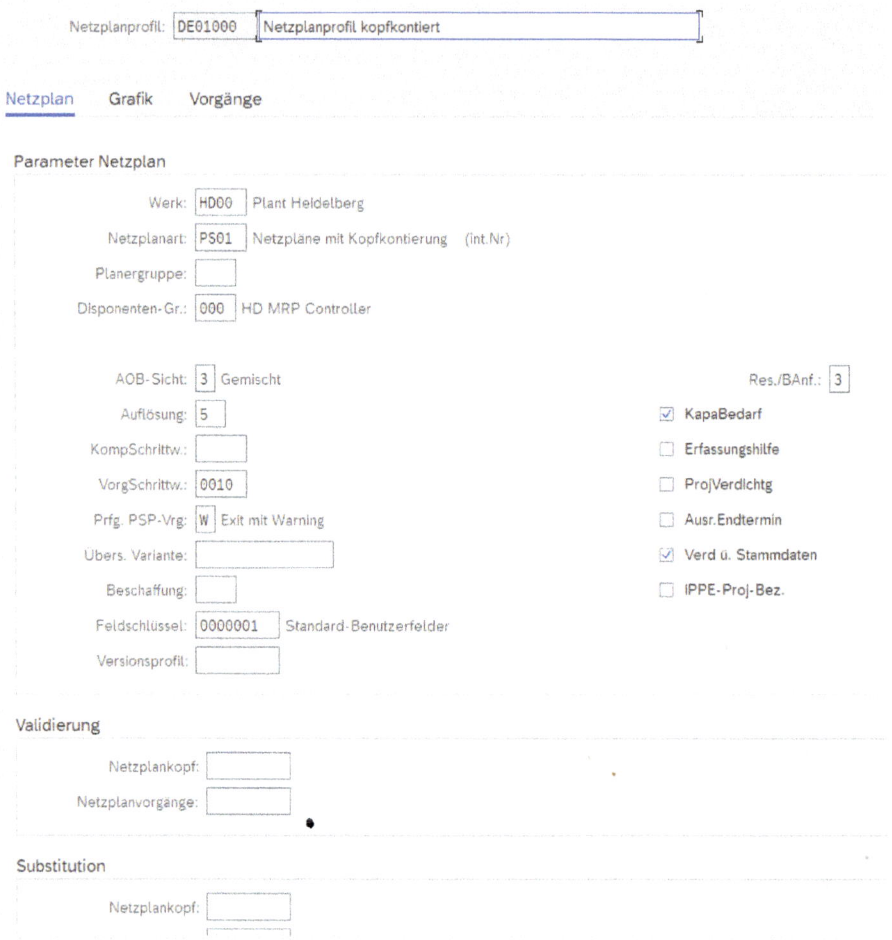

Netzplanprofil: `DE01000` `Netzplanprofil kopfkontiert`

Netzplan   Grafik   Vorgänge

Parameter Netzplan

Werk: `HD00` Plant Heidelberg

Netzplanart: `PS01` Netzpläne mit Kopfkontierung   (int.Nr)

Planergruppe: ` `

Disponenten-Gr.: `000` HD MRP Controller

AOB-Sicht: `3` Gemischt	Res./BAnf.: `3`
Auflösung: `5`	☑ KapaBedarf
KompSchrittw.: ` `	☐ Erfassungshilfe
VorgSchrittw.: `0010`	☐ ProjVerdichtg
Prfg. PSP-Vrg: `W` Exit mit Warning	☐ Ausr.Endtermin
Übers. Variante: ` `	☑ Verd ü. Stammdaten
Beschaffung: ` `	☐ IPPE-Proj.-Bez.
Feldschlüssel: `0000001` Standard-Benutzerfelder	
Versionsprofil: ` `	

Validierung

Netzplankopf: ` `

Netzplanvorgänge: ` `

Substitution

Netzplankopf: ` `

Abb. 3.23: Einstellungen zum Netzplanprofil (Quelle: SAP, eigene Beispieldaten).

Um Netzpläne nutzen zu können, werden Netzplanprofile gepflegt und den Werken, in denen die Netzpläne genutzt werden sollen, zugeordnet. Ähnlich wie beim PSP wird auch ein Netzplanprofil benötigt, das Vorschlagswerte sowie Steuerungsparameter enthält, die für einen Netzplan gelten sollen. Das Netzplanprofil wird unter dem Pfad: PROJEKTSYSTEM → STRUKTUREN → OPERATIVE STRUKTUREN → NETZPLAN → STEUERUNG FÜR NETZPLAN → NETZPLANPROFILE PFLEGEN angelegt. Zu den Einstellungen zählen u. a.:

- Netzplanart: Darunter werden der Nummernkreis zugeordnet (interne oder externe Nummernvergabe), nach welchen Kriterien ein Arbeitsplan selektiert werden

soll und wie die Auftragskosten kalkuliert werden sollen. Über die Netzplanart wird auch bestimmt, ob der Netzplan Kopf-kontiert ist (Die Plan- und Ist-Kosten werden auf der Ebene des Netzplankopfes ausgewertet – oder ob der Netzplan Vorgangs-kontiert ist (Die Plan- und Ist-Kosten werden auf der Ebene des Netzplanvorgangs ausgewertet).
– Anordnungsbeziehungen. Schlüssel, der festlegt, aus welcher Sicht die Anordnungsbeziehungen in den Vorgängen dargestellt werden, aus der Sicht der Vorgänger, der Nachfolger oder gemischt.
– Kapazitätsbedarf: Aktivierung der Zuordnungsmöglichkeit von Ressourcen wie Material und Personal.

Das Kennzeichen für die Vorgangskontierung wird in der Netzplanart gesetzt.

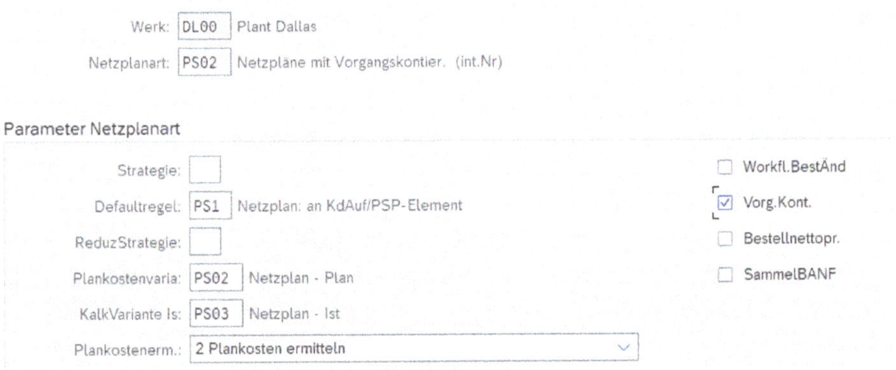

Abb. 3.24: Netzplanart – Kennzeichen Vorgangskontierung (Quelle: SAP, eigene Beispieldaten).

Steuerschlüssel bestimmen das Verhalten von Netzplanvorgängen. Die Abhängigkeit davon ob sie eigenbearbeitet oder fremdbearbeitet sind wird über das Kennzeichen FREMDBEARBEITUNG gesetzt. Im Fall der Eigenbearbeitung wird dem Netzplanvorgang ein Arbeitsplatz zugeordnet, im Fall der Fremdbearbeitung ein Lieferant. Ein Netzplanvorgang kann sowohl Eigen- als auch Fremdbearbeitung beinhalten. SAP liefert standardmäßig fünf Steuerschlüssel für Netzplanvorgänge aus. Wenn beim Anwender ein Änderungswunsch hinsichtlich des Steuerschlüssels besteht, so können die Standardeinträge kopiert werden und die neuen Einträge an die Anforderungen angepasst werden. Die SAP-Originaleinstellungen sollten nicht verändert werden, da diese evtl. später wieder benötigt werden.

Als nächstes muss für ein Werk mindestens ein Disponent angelegt werden. Dies geschieht im Customizing unter: PROJEKTSYSTEM → STRUKTUREN → OPERATIVE STRUKTUREN → NETZPLAN → STEUERUNG FÜR NETZPLÄNE → DISPONENTEN PFLEGEN. Mit dem Disponenten wird eine Person oder eine Gruppe von Personen festgelegt, die für den Netzplan verantwortlich ist. Für den Disponent können Sie im Netz-

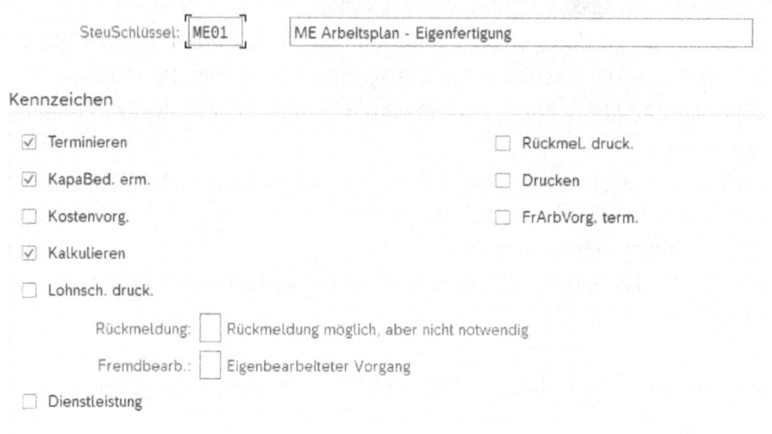

SteuSchlüssel: ME01   ME Arbeitsplan - Eigenfertigung

Kennzeichen

☑ Terminieren   ☐ Rückmel. druck.

☑ KapaBed. erm.   ☐ Drucken

☐ Kostenvorg.   ☐ FrArbVorg. term.

☑ Kalkulieren

☐ Lohnsch. druck.

    Rückmeldung: ☐ Rückmeldung möglich, aber nicht notwendig

    Fremdbearb.: ☐ Eigenbearbeiteter Vorgang

☐ Dienstleistung

Abb. 3.25: Steuerschlüssel zum Netzplanvorgang (Quelle: SAP, eigene Beispieldaten).

plan Berechtigungen vergeben. Außerdem kann für die Rückstandsbearbeitung eine spezielle Person bestimmt werden, die mit einem Mail benachrichtigt wird, wenn ein Wareneingang für ein Fehl-Teil gebucht wurde. Für diese Person ist die Mail-Adresse im Feld *Empfängername* einzutragen.

Wenn Teilnetzpläne eingesetzt werden, muss festgelegt werden, wie die Steuerungsparameter im Netzplan ersetzt werden sollen, falls ein Teilnetz zu einem Vorgang existiert. Es wird z. B. festgelegt, dass für den Parameter PS01 (eigenbearbeitet) der Parameter PS05 (ersetzt durch Teilnetz) eingefügt werden soll. Sofern die Steuerschlüssel verwendet werden, die von SAP standardmäßig bereitgestellt werden, muss kein Eintrag erfolgen. Falls nutzerindividuelle Steuerschlüssel angelegt wurden, müssen die Einstellungen entsprechend überprüft werden.

Die Parameter für Teilnetze im Customizing können unter dem folgenden Pfad erreicht und gepflegt werden: PROJEKTSYSTEM → STRUKTUREN → OPERATIVE STRUKTUREN → NETZPLAN → PARAMETER FÜR TEILNETZPLÄNE FESTLEGEN. Wie in der vorherigen Abbildung dargestellt, muss für jede Kombination aus „Steuerschlüssel für einen übergeordneten Vorgang" und „Steuerschlüssel für Teilnetz" eingetragen werden, welcher Steuerschlüssel im übergeordneten Vorgang den alten ersetzen soll. Die SAP-Standardeinstellung ist hier der Steuerschlüssel PS05, der den übergeordneten Vorgang so steuert, dass dort keine geplante Arbeit und keine Fremdleistungen oder Kosten mehr für die Kalkulation berücksichtigt werden, sondern nur noch die geplanten Kosten aus dem untergeordneten Teilnetz. Der Parameter der Terminübernahme legt fest, ob die Termine aus der frühesten Lage oder die Termine aus der spätesten Lage oder der früheste Start- und späteste Endtermin aus dem Vorgang in das Teilnetz übernommen werden sollen (SAP).

Falls Standardnetze eingesetzt werden, muss für diese ein eigenes Standardnetzprofil angelegt werden. Dieses enthält eine Teilmenge der Parameter für das Netz-

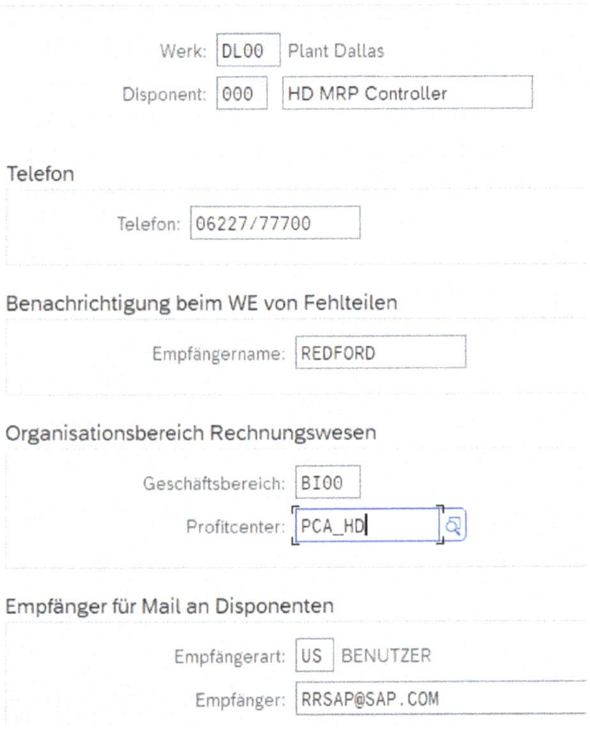

Werk: | DL00 | Plant Dallas

Disponent: | 000 | HD MRP Controller

Telefon

Telefon: | 06227/77700 |

Benachrichtigung beim WE von Fehlteilen

Empfängername: | REDFORD |

Organisationsbereich Rechnungswesen

Geschäftsbereich: | BI00 |

Profitcenter: | PCA_HD|

Empfänger für Mail an Disponenten

Empfängerart: | US | BENUTZER

Empfänger: | RRSAP@SAP.COM |

Abb. 3.26: Disponent anlegen (Quelle: SAP, eigene Beispieldaten).

NPArt Teilnetz: | PS01 | Netzpläne mit Kopfkontierung   (int.Nr)

NPArt ersetzter Vorg: | PS01 | Netzpläne mit Kopfkontierung   (int.Nr)

Steuerungsparameter

SteuSchlüssel: | PS05 | Netzplan - ersetzt durch Teilnetz

Terminübernahme: | 1 | Früheste Lage

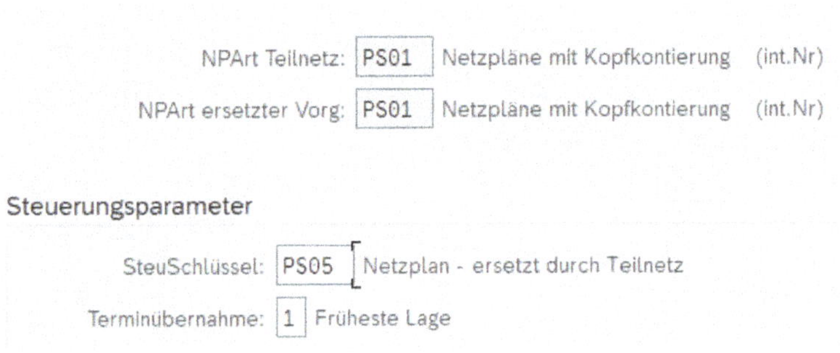

Abb. 3.27: Parameter für Teilnetz überprüfen (Quelle: SAP, eigene Beispieldaten).

planprofil, wie z. B. die organisatorische Vorbelegung sowie die Steuerschlüssel für die Vorgänge. Ein Standardnetz Profil wird im Customizing über PROJEKTSYSTEM → STRUKTUREN → VORLAGEN → STANDARDNETZ PROFILE angelegt.

Wenn ein Netzplan freigegeben wird, kann das System Prüfungen zur Verfügbarkeit von Material, Fertigungshilfsmitteln oder Kapazitäten durchführen und die Freigabe verhindern, sofern die Prüfung fehlgeschlagen ist. Es müssen für jede Auftragsart in der Logistik, also auch für Netzpläne im Customizing unter dem Pfad: PROJEKTSYS-TEM → MATERIAL VERFÜGBARKEITSPRÜFUNG → PRÜFUNGSSTEUERUNG DEFINIE-REN festgelegt werden, welche Prüfungen je Netzplanart und Werk stattfinden sollen.

Da Projekte in aller Regel langfristiger geplant werden als Fertigungsaufträge, ist es ggf. sinnvoll keine Prüfungen durchzuführen, denn zum Zeitpunkt der Freigabe wird beispielsweise gerade erst die Beschaffung von Material in Gang gesetzt.

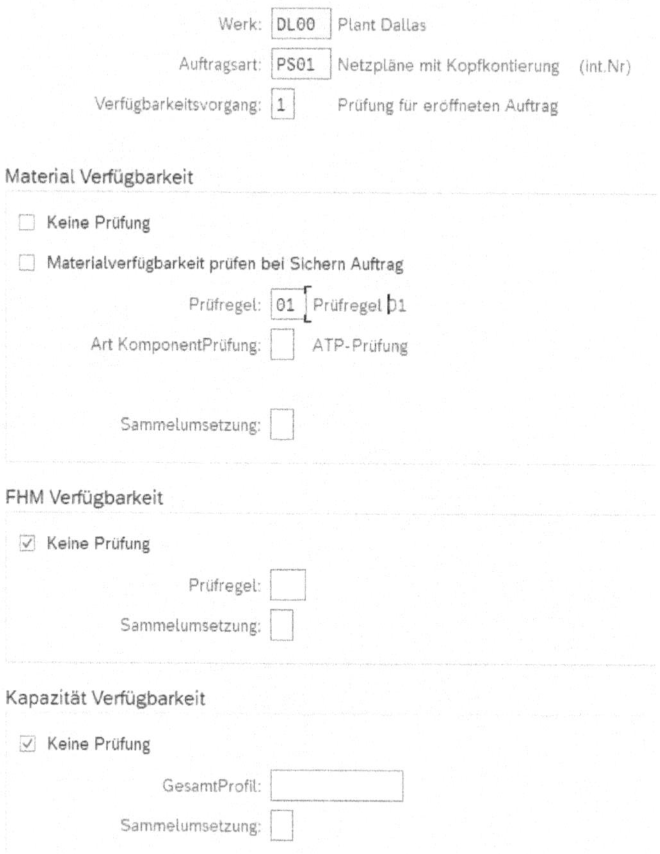

Werk: DL00 Plant Dallas

Auftragsart: PS01 Netzpläne mit Kopfkontierung (int.Nr)

Verfügbarkeitsvorgang: 1 Prüfung für eröffneten Auftrag

Material Verfügbarkeit

☐ Keine Prüfung

☐ Materialverfügbarkeit prüfen bei Sichern Auftrag

Prüfregel: 01 Prüfregel 01

Art KomponentPrüfung: ☐ ATP-Prüfung

Sammelumsetzung: ☐

FHM Verfügbarkeit

☑ Keine Prüfung

Prüfregel: ☐

Sammelumsetzung: ☐

Kapazität Verfügbarkeit

☑ Keine Prüfung

GesamtProfil: ☐

Sammelumsetzung: ☐

Abb. 3.28: Prüfregel für Netzpläne festlegen (Quelle: SAP, eigene Beispieldaten).

3.3 Meilenstein

Meilensteine werden eingesetzt, um ein Ereignis von bestimmter Bedeutung im Projektverlauf, wie z. B. die Fertigstellung eines Teilprojektes oder einer Projektphase zu markieren. Zum einen kann für Meilensteine der Plan- mit dem Ist-Termin verglichen werden, um so z. B. eine Fortschrittsanalyse durchzuführen. Zum anderen können Mei-

lensteine so eingestellt werden, dass bei deren Erreichen automatisch Folgefunktionen angestoßen werden. Meilensteine werden in einem Projekt genutzt, um bestimmte Teilereignisse oder das Erreichen bestimmter Prozessphasen zu kontrollieren. Meilensteine werden im Projektsystem verwendet:
– Für die Fortschrittsanalyse
– Als Freigabemeilensteine
– Zum Auslösen von vordefinierten Funktionen und Workflow-Aufgaben

3.3.1 Zuordnung eines Meilensteins zum Netzplanvorgang

Meilensteine können mit PSP-Elementen und Netzplanvorgängen verknüpft werden und bieten in beiden Fällen unterschiedliche Funktionalitäten an. Die Zuordnung erfolgt im Project Builder. Der Meilenstein kann aus dem Vorlagenbereich zu dem Objekt gezogen werden, dass ihm zugeordnet werden soll (siehe Abb. 2.48).

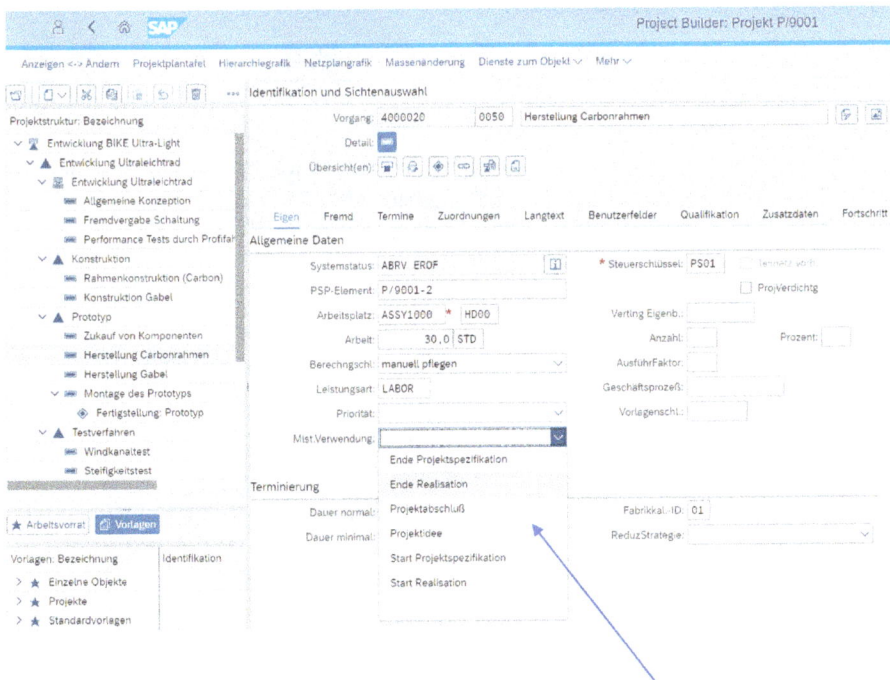

Abb. 3.26: Unterschiedliche Arten von Meilenstein-Verwendungen (eigene Darstellung).

In der vorherigen Abbildung wird die Zuordnung einer Meilensteinverwendung hervorgehoben. Im Customizing der Meilensteine für Projekte wird festgelegt, ob der Meilenstein für die Fortschrittsanalyse oder zur Meilensteintrendanalyse verwendet

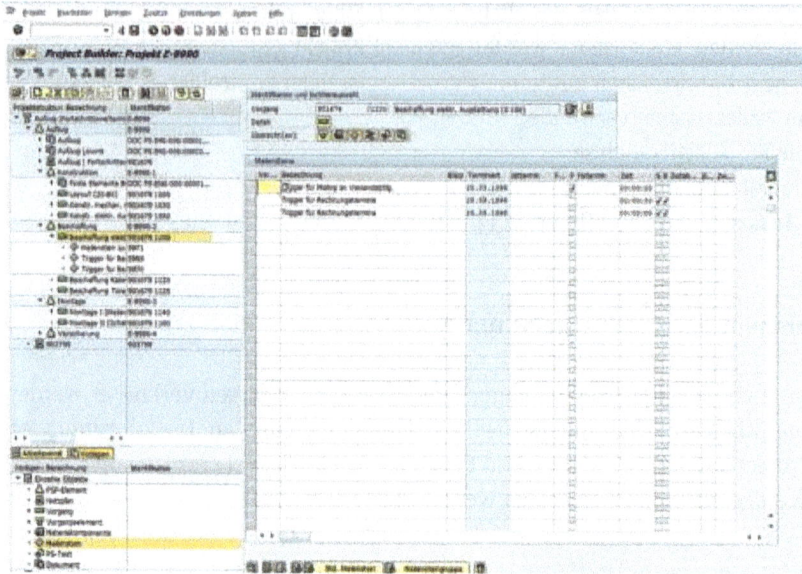

Abb. 3.29: Meilensteinverwendung im Netzplanvorgang (Quelle: SAP, eigene Beispieldaten).

werden soll. Außerdem kann ein Meilenstein mithilfe eines Fakturierungsplanes mit einem Kundenauftrag verknüpft werden. Sobald der Meilenstein erreicht ist und mit einem Ist-Termin verknüpft ist, wird automatisch eine Teilfaktura ausgelöst. Hierzu sind folgende Einstellungen notwendig:

- Aktivierung des Kennzeichens TERMIN VERKBELEG.
- Einpflegen eines Wertes in FAKTPROZENTSATZ, der den zu fakturierenden Prozentsatz der Gesamtrechnung bestimmt.

Wenn ein Meilenstein einem Netzplanvorgang zugeordnet wird, kann dieser zunächst genauso genutzt werden, wie ein Meilenstein, der einem PSP-Element zugeordnet wurde, nämlich zur Fortschrittsanalyse, Meilensteintrendanalyse und zur Meilensteinfakturierung. Darüber hinaus stehen noch weitere Anwendungsmöglichkeiten zur Verfügung.

Wenn der Parameter MEILENST.-FUNKTIONEN aktiviert wird, können beim Erreichen des Meilensteins automatisch Folgefunktionen ausgelöst werden, wie etwa die Freigabe folgender Vorgänge: Einbinden eines Standardnetzes, Anlegen eines Netzplanes, Einbinden eines Teilnetzes oder Starten einer Workflow-Aufgabe. Diese Meilensteinfunktionen können im Reiter „Funktionen" genauer spezifiziert werden.

Die nachfolgende Abbildung zeigt ein Beispiel eines Meilenstein-Vorgangs.

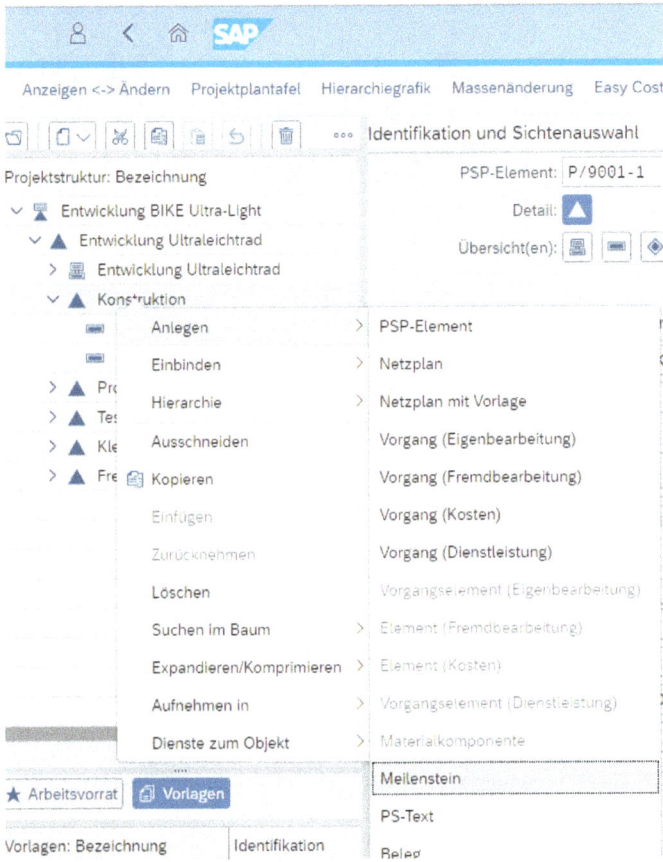

Abb. 3.30: Anlegen eines Meilensteinvorgangs (Quelle: SAP Screenshot).

3.3.2 Customizing-Einstellungen zu Meilensteinen

Im Customizing müssen für Meilensteine so genannte Verwendungen festgelegt werden, die mit Fakturierungsplänen verknüpft werden können, um die Meilensteinfakturierung zu nutzen. Verwendungen sind z. B. die Auslösung von Anzahlungsanforderungen. Gepflegt werden die Einträge zur Meilensteinverwendung im Customizing unter: PROJEKTSYSTEM → STRUKTUREN → OPERATIVE STRUKTUREN → MEILENSTEINE → VERWENDUNG DER MEILENSTEINE FESTLEGEN. Pro Verwendung muss eine Nummer und eine Beschreibung eingegeben werden. Im Beispiel ist die Fakturierungsplanart 01 eingetragen und je einem Termintyp zugeordnet. Ein Termintyp enthält unter anderem Voreinstellungen darüber, ob ein Meilenstein einer Anzahlungsanforderung, eine Teilrechnung oder eine Schlussrechnung auslösen soll.

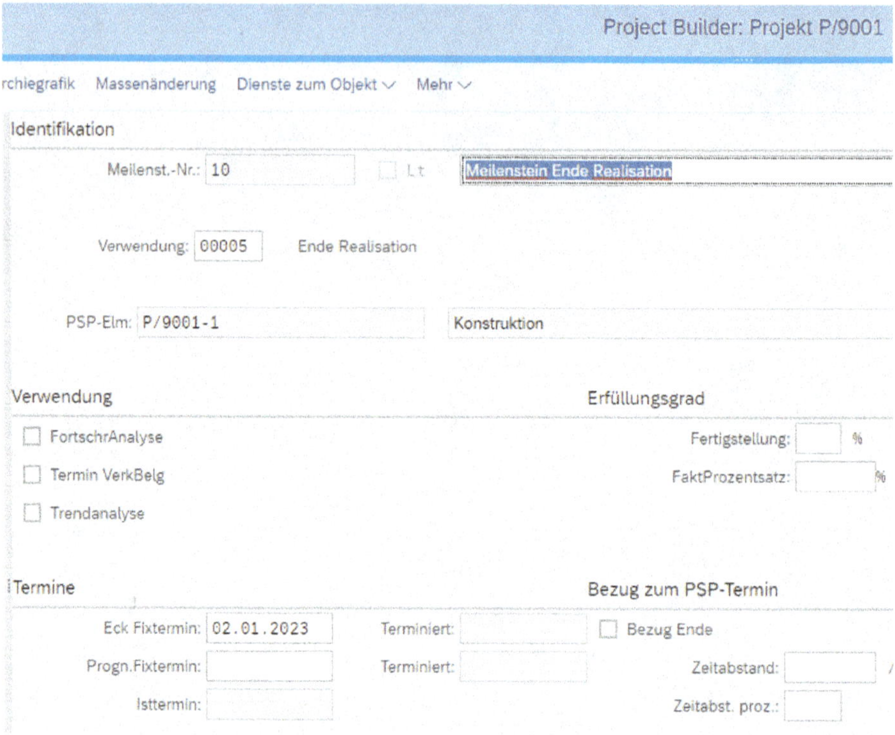

Project Builder: Projekt P/9001

rchiegrafik   Massenänderung   Dienste zum Objekt ∨   Mehr ∨

Identifikation

Meilenst.-Nr.: 10   ☐ Lt   Meilenstein Ende Realisation

Verwendung: 00005   Ende Realisation

PSP-Elm: P/9001-1   Konstruktion

Verwendung   Erfüllungsgrad

☐ FortschrAnalyse   Fertigstellung: %
☐ Termin VerkBelg   FaktProzentsatz: %
☐ Trendanalyse

Termine   Bezug zum PSP-Termin

Eck Fixtermin: 02.01.2023   Terminiert: ☐ Bezug Ende
Progn.Fixtermin: Terminiert: Zeitabstand: /
Isttermin: Zeitabst. proz.:

Abb. 3.31: Meilenstein zum Netzplanvorgang (Quelle: SAP, eigene Inhalte).

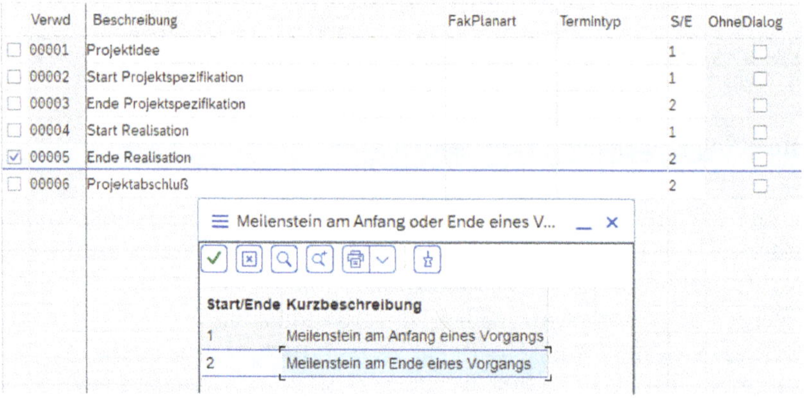

	Verwd	Beschreibung	FakPlanart	Termintyp	S/E	OhneDialog
☐	00001	Projektidee			1	☐
☐	00002	Start Projektspezifikation			1	☐
☐	00003	Ende Projektspezifikation			2	☐
☐	00004	Start Realisation			1	☐
☑	00005	Ende Realisation			2	☐
☐	00006	Projektabschluß			2	☐

☰ Meilenstein am Anfang oder Ende eines V...   _ ✕

Start/Ende Kurzbeschreibung

1   Meilenstein am Anfang eines Vorgangs
2   Meilenstein am Ende eines Vorgangs

Abb. 3.32: Meilenstein – Pflege im Customizing (Quelle: SAP Screenshot).

3.4 Zusammenfassung und Prüfliste für das Anlegen eines Projektes

Mit der Festlegung der Projektstruktur werden grundsätzliche und weitreichende Entscheidungen zur weiteren Abwicklung des Projektes getroffen. Es sollte Klarheit darüber herrschen, welche Informationen zum Projekt für das Controlling benötigt werden, um das Projekt entsprechend strukturieren zu können. Ist die Struktur einmal festgelegt und hat das Projekt begonnen, so ist es schwierig bzw. nicht mehr möglich, nachträgliche Änderungen vorzunehmen.

Der Projektstrukturplan kann nach den folgenden Logiken aufgebaut werden:

Organisatorische Gliederung: Die Projektstruktur orientiert sich an den beteiligten Organisationseinheiten, wie etwa Einkauf, Entwicklung und Produktion. Dies ist vor allem dann sinnvoll, wenn mehrere Abteilungen an einem Projekt beteiligt sind, um den geplanten Aufwand der jeweiligen Organisationseinheiten transparent zu machen.

Produktorientierte Gliederung: In diesem Fall wird die Projektstruktur analog zur Komponentenstruktur des zu fertigenden Produktes aufgebaut. Bei einem Auto entspräche dies zum Beispiel einer Aufteilung in Karosserie, Motor, Getriebe, Innenausstattung usw. Eine solche Vorgehensweise empfiehlt sich bei komplexen Anlagen mit hohem Kapitaleinsatz, um die Kosten der einzelnen Baugruppen transparent planen und buchen zu können.

Phasenorientierte Gliederung: Eine dritte Möglichkeit ist es, das Projekt nach seinem zeitlich-logischen Ablauf zu unterteilen. Das oben verwendete Aufzugbeispiel ist nach den Phasen Konstruktion, Beschaffung, Montage und Versicherung gegliedert. Bei einem IT-Projekt könnte man z. B. die Phasen Analyse, Konzeption und Realisierung wählen. Zum einen erleichtert dies die Terminplanung, zum anderen kann man bei mehreren gleichartigen Projekten eine Tendenz ermitteln, ob bei einem bestimmten Projekt eine gewisse Phase auffällig kostenintensiver war, und entsprechende Rückfragen stellen. Es ist auch möglich, mehr als einen Ansatz in einem Projekt zu verwenden. Beispielsweise könnte auf der ersten Ebene ein phasenorientierter Ansatz und darunter eine organisatorische Gliederung gewählt werden.

Im Weiteren ist zu klären, ob Netzpläne zu verwenden sind. Solange es um Kosten, Erlöse und Cashflow geht, ist es aus Sicht des Controllings nicht entscheidend, ob die Kosten über einen Netzplan oder andere Planungsfunktionen ermittelt werden. Die Stärke von Netzplänen ist, dass sie vor allem komplexe Vorhaben in einen zeitlich-logischen Ablauf gliedern und sie somit transparenter gestalten können. Termine und Kapazitäten werden dabei automatisch über die Terminierung ermittelt.

PSP-Elemente als Kontierungs-, Planungs-bzw. als Fakturierungselemente

In der Regel werden alle PSP-Elemente in Projekten als Kontierungselemente gekennzeichnet. Aus Controlling-Sicht ergibt ein PSP-Element wenig Sinn, wenn nicht darauf gebucht werden kann. In bestimmten Fällen kann es jedoch dennoch sinnvoll sein, z. B. beim Kopf-PSP-Element oder in anderen Hierarchieknoten, das Kennzeichen auszuschalten. Wenn beispielsweise die darunter liegende Struktur nach festen Kriterien aufgeteilt wird, wie zum Beispiel Phasen oder Abteilungen, sollte verhindert werden, dass jemand Kosten auf das Kopfelement bucht, das in diesem Fall ausschließlich der Verdichtung von Informationen dient.

Meilensteine für die Meilensteinfakturierung

Aus Sicht des Controllings sind Meilensteine vor allem in Hinblick auf die Meilensteinfakturierung interessant. Gerade bei langen Projektdauern in den verarbeitenden Wirtschaftszweigen muss häufig der Kunde wegen der hohen Kapitalbindung eine Vorauszahlung leisten. Durch den Einsatz von Meilensteinen kann sichergestellt werden, dass die Anzahlungsanforderung an den Kunden automatisch erstellt wird, ohne dass ein Mitarbeiter aus dem Vertrieb daran erinnert werden muss. Damit wird dann auch sichergestellt, dass die in der Investitionsentscheidung unterstellte Einzahlungsstruktur eingehalten wird.

Hiermit ist in den Grundzügen das Anlegen eines Projektes im Projektsystem (PS) skizziert. In Kapitel 3 wird ein Überblick über den gesamten Investitionsplan im Modul Investitionsmanagement (IM) gegeben.

3.5 Zusammenfassung SAP-Projektsystem

Sowohl große Projekte wie der Bau einer Fabrik als auch kleine Projekte wie die Organisation einer Messe erfordern eine genaue Planung der vielen damit verbundenen Detailaktivitäten. Der Projektmanager hat die Aufgabe, sicherzustellen, dass das Projekt effizient, termingerecht und innerhalb des Budgets ausgeführt wird, was er erreicht, indem er sicherstellt, dass die erforderlichen Ressourcen und Mittel bei Bedarf verfügbar sind. Projekte sind in der Regel Teil der internen Prozesse eines Unternehmens. Um alle Aufgaben bei der Projektausführung steuern zu können, wird eine projektspezifische Organisationsform, die von allen beteiligten Abteilungen gemeinsam genutzt wird. Bevor das Projekt vollständig durchgeführt werden kann, müssen die Projektziele genau beschrieben und die durchzuführenden Projektaktivitäten strukturiert sein. Eine klare, eindeutige Projektstruktur ist die Grundlage für eine erfolgreiche Projektplanung, -überwachung und -steuerung. Durch den hohen Integrationsgrad zwischen dem Projektsystem (PS) und anderen Anwendungskomponenten können Projekte im Rahmen Ihrer normalen betriebswirtschaftlichen Abläufe geplant, ausgeführt und bilanziert werden. Dadurch hat das Projektsystem ständigen Zugriff auf Daten in allen am Projekt beteiligten Abteilungen. Das Projektsystem gewährleistet eine enge und ständige Überwachung aller Aspekte Ihres Projekts.

Einer der ersten Schritte in der Projektplanung besteht darin, die Arbeit in Aufgaben aufzuschlüsseln und eine Hierarchie aufzubauen. Die Kriterien, nach denen die Aufgaben klassifiziert und aufgeteilt werden, variieren je nach Art und Komplexität des Projekts. Im Projektsystem erfolgt die Organisation der Arbeit und der Personen im Projekt mit dem Projektstrukturplan (PSP). Die Planung der Prozesse im Projekt erfolgt über Netzpläne. Einer Projektstruktur können auch mehrere Netzpläne zugeordnet werden, ein Netzplanvorgang eines Netzplans ist allerdings genau einem PSP-Element zugeordnet. Einer der Schritte in der Projektplanung ist die Festlegung der Reihenfolge, in der die Aufgaben ausgeführt werden. In diesem Arbeitsschritt wird festgelegt, welche Aufgaben voneinander abhängig sind und welche Aufgaben zusätzliche Arbeit erfordern oder weiter aufgeteilt werden müssen. Die Projektstruktur mit den PSP-Elementen hat ihren Schwerpunkt im Rechnungswesen. Die PSP-Elemente können kosten- und erlösführend sein. Insbesondere lassen sich PSP-Elemente Kundenauftragspositionen zuordnen. Dadurch werden die Kosten und Erlöse zu der jeweiligen Kundenauftragsposition auf dem PSP-Element kontiert. Start- und End-Termine können zu den PSP-Elementen geplant und im Ist erfasst werden, für eine detaillierte Zeit- und Terminplanung mit den Methoden der Netzplantechnik ist allerdings die Verwendung von Netzplänen erforderlich. Die Netzplanvorgänge haben den Schwerpunkt in der Logistik: Es können Ressourcen wie Personen und Planstellen disponiert werden. Den Netzplanvorgängen lassen sich auch Materialien zuordnen, welche dadurch als Materialbedarf für den Netzplanvorgang disponiert werden.

Ein Arbeitspaket ist eine quantitative und qualitative Beschreibung einer Aktivität, die im Projekt ausgeführt werden soll, z. B. die zu erledigende Arbeit und das zu erreichende Ergebnis für eine klar definierte Aufgabe innerhalb des Projekts. Mit einem Arbeitspaket können die Anforderungen angelegt werden, indem ein PSP-Element oder ein Netzplan-Vorgang verwendet wird. Arbeitspakete können sich auf jeder Ebene des Projektstrukturplans befinden und zeichnen sich durch Folgendes aus: Start- und Endtermine, Texte zur Beschreibung der durchzuführenden Arbeiten, verantwortliche Kostenstellen sowie Kostenstellen, die das Projekt durchführen.

Meilensteine können verwendet werden, um Ereignisse zu verfolgen, die in verschiedenen Phasen eines Projekts auftreten. Jeder Meilenstein entspricht dem Anteil einer Leistung, der in einem Vorgang oder einem PSP-Element erbracht werden soll bzw. erbracht wird. Meilensteine können zum Netzplan-Vorgang und PSP-Element gepflegt werden. Für den Planfertigstellungsgrad berücksichtigt das System folgende Meilensteintermine:

– terminierte Termine für Meilensteine am Vorgang bzw. Vorgangselement
– Fixtermin (Eck- oder Prognosetermin) für Meilensteine am PSP-Element

Das Projektinformationssystem ist ein flexibles, umfassendes Informationssystem, mit dem die Projektdaten überwacht und das Projekt gesteuert werden kann. Es können einzelne Projekte, Teilprojekte oder mehrere Projekte ausgewertet werden. Das System enthält Übersichtsberichte und Berichte mit verschiedenen Detaillierungsgraden. Das Projektinformationssystem ist auf die Anforderungen des Projektmanagements und des normalen Projektpersonals zugeschnitten.

4 SAP Investitions-Management in SAP S/4HANA

Gemäß der Definition des SAP-IM (Investitionsmanagement) sind unter dem Oberbegriff Investitionen alle Maßnahmen zu verstehen, welche die Erträge erst zeitlich versetzt zu den Kosten liefern (also nicht notwendigerweise Investitionen im Sinne des Rechnungswesens), z. B. Forschung und Entwicklung. Eine weitere Definitionskomponente ist, dass es sich um Maßnahmen handeln muss, die aufgrund ihrer Wichtigkeit oder Größe von mehreren Verantwortlichen genehmigt werden müssen. Das SAP-IM ist ein Investitionsprogramm, das eine hierarchische Struktur bzw. Verfahrensweise zur Planung und Verwaltung von Investitionen bereitstellt, nicht aber die eigentlichen Investitionsrechenverfahren, welche die betriebswirtschaftliche Vorteilhaftigkeit von Investitionen bestimmen. Die von SAP-IM abzubildenden Investitionsprozesse bestehen aus den folgenden Teilprozessen: Am Anfang steht der Investitionsbedarf bzw. die Investitions-Idee. Eine Investitions-Idee manifestiert sich im SAP-IM zunächst in einer Maßnahmenanforderung (MANF), wonach im Rahmen der Planung eine Kostenplanung auf der MANF erfolgt, die in verschiedenen Varianten durchgeführt werden kann. Investitionsmaßnahmenanforderungen bedürfen einer Genehmigung, die durch einen Entscheider eventuell auch durch verschiedene Personen bzw. ein Gremium zu erfolgen hat. Danach erfolgt das Erzeugen der Maßnahme aus der Maßnahmenanforderung. Die Maßnahme kann entweder als Innenauftrag oder als ein Projekt aus der MANF mit Übernahme der Planwerte aus der Maßnahmenanforderung angelegt werden. Als weiterer Prozessschritt erfolgt die Budgetierung der Maßnahme. Der Unterschied zwischen Planung und Budgetierung besteht darin, dass die Planung noch nicht genehmigte Plankosten enthält (= > angeforderte Mittel) wogegen die Budgetierung genehmigte Plankosten enthält (= > genehmigte Mittel). Danach erfolgten die Durchführung, Abrechnung und Aktivierung. Während der Durchführung sind Ist-Kosten auf die Maßnahme zu buchen. Es sind periodische Abrechnung durchzuführen und bei Fertigstellung der Maßnahme eine Gesamtabrechnung. Es kann nun die Nutzung der Investitionsmaßnahme erfolgen. Am Ende der Nutzungsdauer erfolgt der Abgang der Anlage, welcher bei einem Verkauf über dem Buchwert zu einem neutralen bzw. sonstigen Ertrag oder zu Entsorgungslogistikaufwand führt. Gegebenenfalls wird eine Re-Investitionen in Erwägung gezogen, die wiederum zu einer Investitionsmaßnahmenanforderung führt. Neben einer Maßnahmenanforderung, einem CO-Innenauftrag und einem PSP-Element kann auch ein Instandhaltungsauftrag (auch IH-Auftrag genannt; angels.: PM-Auftrag), bzw. mit einer Programmposition eines Investitionsprogramms gekoppelt werden. Dies kann als Grundlage des Controllings der (konzernweiten) Instandhaltungskosten eingesetzt werden. Es ist möglich, aus einer Maßnahmenanforderung nicht nur einen CO-Innenauftrag, sondern auch einen Instandhaltungsauftrag zu erzeugen. In der Praxis wird diese Funktionalität selten genutzt. In der Regel werden von den Instandhaltungsverantwortlichen Instandhaltungsaufträge eigenständig angelegt, geplant und mit dem Investitions-Programm

https://doi.org/10.1515/9783110786774-004

verknüpft. Für manche Unternehmen ist es auch interessant (z. B. bei kleineren Investitionen wie dem Bau eines Werkzeugs) den Instandhaltungsauftrag als Investitionsmaßnahme mit automatisch im Hintergrund angelegter Anlage im Bau abzubilden.

Die nachfolgende Abbildung 4.1 zeigt einen Überblick über die Funktionen in SAP IM. Im Fokus steht die Investitions-Maßnahme – Anforderungen und Investitionsprogramme. Die operative Umsetzung der Investitionsprogramme erfolgt bei kleineren Investitionen über Innenaufträge als einfache CO-Objekte. Innenaufträge sind allerdings nur in der On-Premise Version das SAP S/4HANA System als Objekttyp verfügbar, in der Cloud wurden Innenaufträge simplifiziert, da ihre Funktionalität durch Projekte im SAP-Projektsystem vollständig abgebildet ist. Umfangreichere und komplexere Investitionsprogramme werden über Projektstrukturen und logistisch über Netzpläne im SAP-Projektsystem bearbeitet.

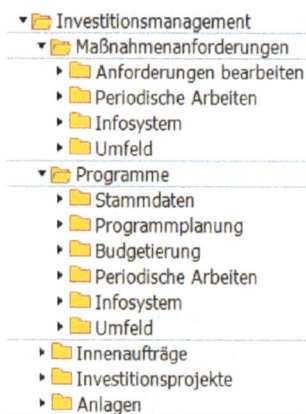

Abb. 4.1: Funktionen des SAP Investitionsmanagements (Quelle: SAP).

Das Investitionsprogramm und die Investitionsmaßnahmen in Gestalt von Innenaufträgen oder Projekten sind durch die Möglichkeit einer integrierten Planung und Budgetierung verknüpft. Die Verfügungen aus Bestellungen, Rechnungen, Eigenleistungen usw. werden auf den Investitionsmaßnahmen gesammelt. Es kann aus Sicht des Investitionsprogramms über diese Werte berichtet werden. Periodisch werden die Istwerte aus den Verfügungen an Empfänger der Kostenrechnung, oder, falls aktivierungspflichtig, an Anlage im Bau abgerechnet. Bei der Fertigstellung der Anlage im Bau erfolgt die Abrechnung an die Endanlage. In der Nutzungsphase können die Instandhaltungskosten der Anlagen überwacht werden, die mit so genannten Equipment-Stammsätzen in der Komponente Instandhaltung (PM) verknüpft sind. Die Komponente SAP-IM *Investitionsmanagement* verfügt über zwei ‚eigene' Objekte: das Investitionsprogramm und die Maßnahmenanforderungen. Die anderen Objekte stammen aus verwandten Komponenten und werden mitbenutzt. Das hat den Vorteil, dass der IM-Prozess schneller eingeführt werden kann, wenn bereits die Komponenten PS, CO, PM und FI-AA im Einsatz sind. Aus den Maßnahmenanforderungen lassen sich die Maßnahmen (Investitionsprojekt / -auftrag) direkt erzeugen. Sowohl Maßnahmen als auch Maßnahmenanforderungen lassen sich nur der untersten Investitions-Programmebene zuordnen. Es ist möglich auf Maßnahmenanforderungen zu planen und diese Planwerte ins Investitionsprogramm zu übernehmen. Wenn die Maßnahmenanforderung genehmigt wurde, können Maßnahmen (Innenaufträge, PSP[99]-Elemente, Instandhaltungsaufträge) daraus erzeugt werden. Die erfassten Planwerte der Maßnahmenanforderungen können übernommen werden (SAP 2022, Seite 8).

4.1 Investitionsprogramm und Maßnahmenanforderung

Die Komponente Investitionsprogramm stellt Funktionen zur Planung und Überwachung von maßnahmenübergreifenden Investitionsbudgets eines Unternehmenskonzerns zur Verfügung. Das Investitionsprogramm ist mit den Komponenten Investitionsmaßnahme und Maßnahmenanforderung integriert. Maßnahmen und Maßnahmenanforderungen können Investitionsprogrammpositionen zugeordnet werden. Durch die Hochrechnung ihrer Planwerte im Investitionsprogramm werden diese Maßnahmen und Mittelanträge in den umfassenden Investitionsplanungsprozess integriert. Über das Investitionsprogramm wird das Budget einer Investitionsmaßnahme gesetzt. Innerhalb der Hierarchie des Investitionsprogramms ist es möglich, die Kosten für Investitionen von unten nach oben zu planen und von oben nach unten zu budgetieren. Es können einzelne Investitionsmaßnahmen nur den untersten Positionen in der Hierarchie (auch Endknoten genannt) zugeordnet werden. Zulässige Maßnahmen sind Innenaufträge, PSP-Elemente und Instandhaltungsaufträge (SAP 2022, Seite 21).

4.1.1 Struktur von Investitionsprogrammen

Der Aufbau des Investitions-Programms wird durch die am Projekt beteiligten Instanzen vorgegeben. Dies können auch einzelne Abteilungen unterschiedlicher Gesellschaften sein. Natürlich können dabei auch Fremdleistungen in Anspruch genommen werden. Somit ergibt sich eine Struktur des Investitionsprogramms entlang der organisatorischen Zuordnung der am Investitionsprojekt beteiligten Instanzen. Das Investitionsprogramm wird als eine grafisch pflegbare Hierarchie von Programmpositionen innerhalb eines Rahmens – der Programmdefinition – dargestellt. Die Investitionsmaßnahmen werden dann mit den untersten Programmpositionen in der Hierarchie verknüpft. Zur Definition der Investitions-Teilprojekte gehören die Zuordnung von Verantwortlichkeit und der Priorität sowie die organisatorische Einbettung der Investition in die Aufbauorgani-

---

99 PSP – Projekt-Strukturplan-Element = Teil einer Projekthierarchie, Teilprojekt.

sation des Unternehmens. Das Investitionsbudget kann als Gesamt-Budget angelegt und auch auf Jahresbudgets verteilt werden.

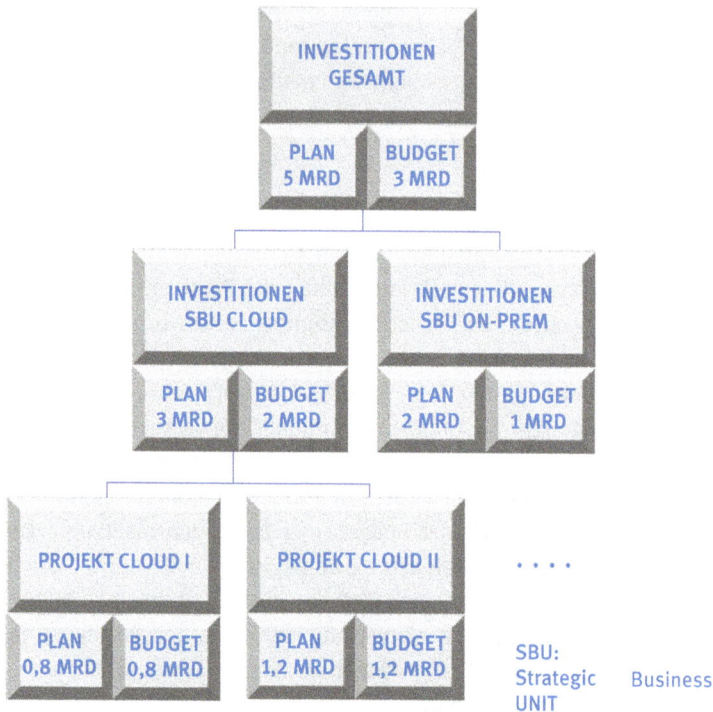

Abb. 4.2: Struktur eines Investitionsprogramms. (Quelle: Eigene Darstellung).

Die Struktur eines Investitionsprogramms bildet in der Regel das Portfolio des Unternehmens ab. Die Struktur des Investitionsprogramms kann auch aus der Kostenstellenhierarchie des Unternehmens erzeugt werden, allerdings ohne eine Verlinkung. Änderungen der Kostenstellenhierarchie führen nicht zu einer Änderung der Investitionsprogrammstruktur. Systemtechnisch ist es möglich, Investitionsprogramme aus System en herunterzuladen, in einem zentralen System zusammenzuführen und damit zu kombinieren.

4.1.2 Maßnahmenanforderung

Unter der Maßnahmenanforderung ist die konkrete Umsetzung des Investitionsprogramms zu verstehen. Die Maßnahmenanforderungen stellen dabei die organisatorische Zuordnung der geplanten Investitionsaktivitäten dar. Dabei können verschiedene Alternativen in Form von Varianten zunächst angedacht und im System dokumentiert werden. Der Investitionswunsch wird durch die Investitionsmaßnahme im System repräsentiert. Die Maßnahmenanforderungen werden geplant und in Bezug auf ihre Wirtschaftlichkeit hin analysiert und ausgewertet. Im Rahmen der Investitionsplanung dienen sie dem frühzeitigen Einbeziehen geplanter Investitionen in die zyklische (jährliche) Investitionsplanung in Form eines Investitionsprogramms. Nach der Entscheidung über die Maßnahme erfolgt dann die Umsetzung in eigene Aufträge und Projekte oder ggf. die Fremdvergabe von Aufträgen. Die nachfolgende Abbildung zeigt eine Maßnahmenanforderung mit 3 verschiedenen Alternativen.

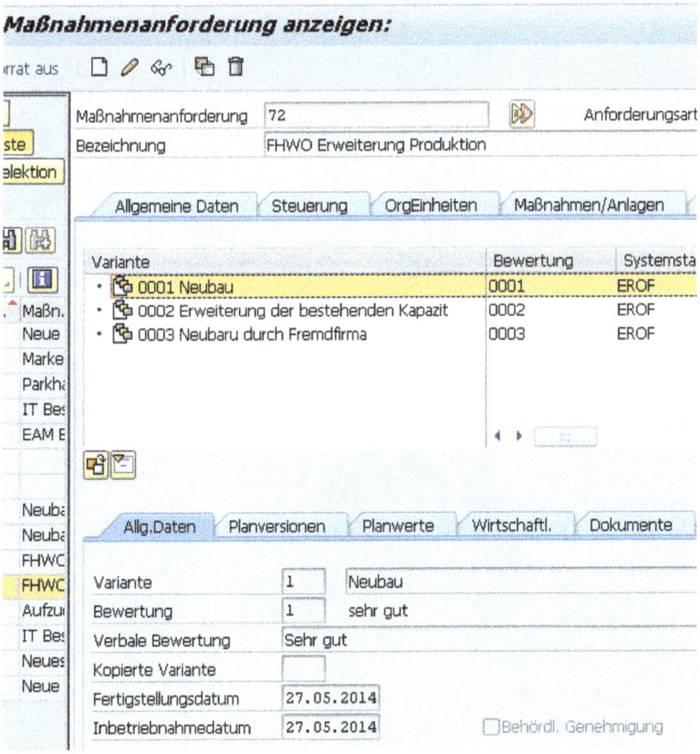

Abb. 4.3: Maßnahmenanforderung – Beispiel. (Quelle: SAP, eigene Beispieldaten).

Je nach geplanter durchführender Einheit ist die Maßnahme organisatorisch einzubetten, insbesondere Kostenstelle, Geschäftsbereich und Profit Center werden hier zugeordnet. Die Maßnahmen sind mit dem Investitionsprogramm zu verknüpfen. Da es sich in der Regel um die Erstellung bzw. Erweiterung einer Anlage handelt, kann die Maßnahme auch mir einer Anlage der Anlagenbuchhaltung verknüpft werden. Das Investitionsvolumen führt dann zu einem Anlagenzugang. Wenn die Kosten an die Anlage im Bau abgerechnet und aktiviert werden.

Über eine Maßnahmenanforderung wird eine Idee für eine Maßnahme (etwa eine Investition oder ein Forschungs- und Entwicklungsprojekt) vorgebracht oder ihre Ausführung angefordert. Hauptsächlich wegen der hohen Kosten muss jede Maßnahme von mindestens einer Organisationseinheit in einem Unternehmen bewertet und genehmigt werden. Dazu erfolgt die Zuordnung der Maßnahmenanforderung zu den anfordernden und verantwortlichen Organisationseinheiten. Die nachfolgende Abbildung 4.4 gibt dafür ein Beispiel. Dabei sind Maßnahmen nicht auf Investitionen beschränkt. Sie können auch Projekte sein, bei denen es in erster Linie um Ausgaben geht. Eine Investitionsmaßnahme kann automatisch aus einer Maßnahmenanforderung angelegt werden. Dazu kann im Customizing festgelegt werden, ob die Maßnahmenanforderung durch die Maßnahme ersetzt oder beibehalten werden soll (SAP 2022, Seite 34).

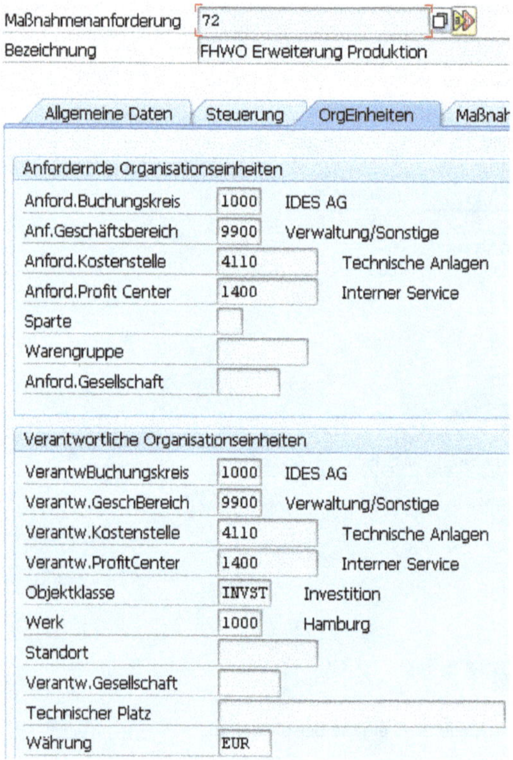

Abb. 4.4: Verknüpfung einer Maßnahmenanforderung (Quelle: SAP, eigene Beispieldaten).

Mit Maßnahmenanforderungs-Varianten können verschiedenen Möglichkeiten zur Realisierung einer Maßnahmenanforderung dargestellt werden. Der Hauptgrund für die Verwendung alternativer Maßnahmenanforderungen ist, dass bestimmte Stammdaten nur für die gesamte Maßnahmenanforderung gepflegt werden können und nicht für jede einzelne Variante. Dies gilt insbesondere für Folgendes: Organisatorische Zuordnungen in den Stammdaten der Maßnahmenanforderung (z. B. die verantwortliche Kostenstelle) und die Zuordnung zu einer Investitionsprogramm-Position.

Die Ur-Alternative ist kein neues Systemobjekt mit speziellen Merkmalen. Es handelt sich um eine normale Maßnahmenanforderung, die den anderen Alternativen in jeder Hinsicht entspricht. Die Ur-Alternative ist also nur eine weitere Alternative, die jedoch zuvor angelegt wurde (SAP 2022, Seite 35).

4.1.3 Bewertung und Genehmigung von Maßnahmenanforderungen

Die Umsetzung der Investitionsmaßnahmen erfolgt über die Genehmigung der Maßnahme-Anforderungen und deren Freigabe. Mit der Investitionsmaßnahme erfolgt die Verwaltung der Investition aus der Sicht des Rechnungswesens. Dabei werden die mit der Investition verbundenen Aufwendungen verbucht. Die Überwachung der Einhaltung der für die Investition vorgegebenen Plankosten erfolgt in den operativen Investitionsobjekten, welche als Innenauftrag oder als Projekt im SAP-System abgebildet werden können. Somit werden die Investitionsmaßnahmen in der Regel für Planung und Überwachung von Sachinvestitionen eingesetzt, die aufgrund ihres Umfanges und/oder des Anteiles an Eigenleistungen nicht als Direktaktivierung in das Anlagevermögen gebucht werden. Da diese Sachinvestitionen spätestens zum Perioden-/Jahresabschluss auch anlagenbuchhalterische Relevanz haben, verfügen sie neben den Kostendaten und Stammdaten des Auftrages bzw. Projektes auch über die Daten einer Anlage im Bau. Die Anlagendaten werden für den Bilanzausweis der aktivierungspflichtigen Investitionsanteile und die Bewertungsparameter für Sonderabschreibungen und Investitionsförderungen während der Bauphase. Daneben können Investitionsmaßnahmen auch für die Abwicklung sonstiger Maßnahmen wie Forschungs- und Entwicklungsprojekte eingesetzt werden. Zunächst erfolgt die Bewertung möglicher Investitionsalternative durch die Entscheidungs-Instanz. Die Investitionsmaßnahme befindet sich noch im Status „eröffnet" und wird nach erfolgter Entscheidung in den Status zur Genehmigung gesetzt.

Als Entscheidungsunterstützung können Wirtschaftlichkeitsberechnungen herangezogen werden. Im SAP-System stehen dazu die Berechnung des Kapitalwerts oder auch die Berechnung eines internen Zinsfußes und der Amortisationsdauer zur Verfügung. Je nach Ergebnis der Wirtschaftlichkeitsberechnungen und deren Vergleich erfolgt die Entscheidung für eine Investitionsalternative. Dazu wird die Maßnahme-Anforderung in den Status „zur Genehmigung" gesetzt. Im vorliegenden Beispiel wird eine Variante, und zwar die Erweiterung der bestehenden Kapazitäten zur Genehmigung ausgewählt. Neben den rein kostenbezogenen Entscheidungskriterien können auch weitere Rahmenbedingungen, z. B. der Investitionsumfang und die damit verbundene Finanzierung (vor dem Hintergrund des Kreditrahmens) und die Amortisationsdauer maßgebend sein. Mit der Freigabe der genehmigten Investitionsmaßnahmen-Anforderungen erfolgt im SAP-System die Generierung der Innenaufträge oder Projekte als konkrete Investitionsmaßnahmen. Die Darstellung von Investitionsmaßnahmen durch Innenaufträge oder Projekte führt dazu, dass der gesamte Funktionsumfang der Systeme CO-OM-OPA

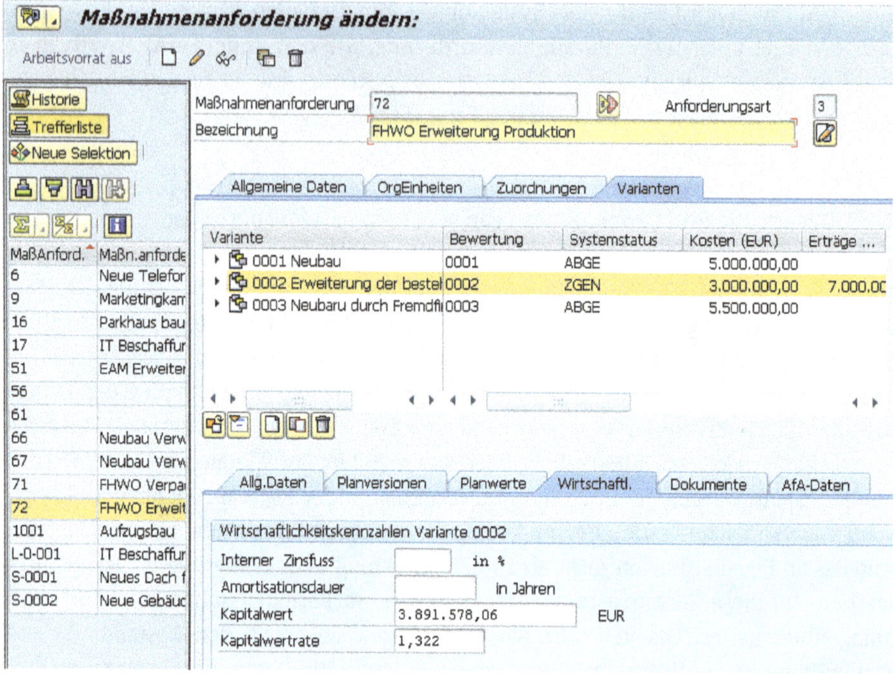

Abb. 4.5: Wirtschaftlichkeitsberechnung einer Maßnahmenanforderung (Quelle: SAP, eigene Beispieldaten).

(CO – Controlling, OM – Overhead Management, OPA – Order + Project Accounting) bzw. von PS (Projektsystem) auch für die Investitionsmaßnahmen zur Verfügung steht. Gemeinkostenaufträge dienen in der Regel der Planung, Sammlung und Abrechnung der Kosten einfacher innerbetrieblicher Aufgaben. Das System ermöglicht es, Gemeinkostenaufträge über ihre gesamte Laufzeit zu verfolgen. Von der Planung und der Buchung sämtlicher Ist-Kosten bis zur endgültigen Abrechnung. Dabei gilt: Die Funktionen zur Stammdatenpflege dienen der Zuordnung Ihrer Gemeinkostenaufträge innerhalb des Unternehmens. Die Statusverwaltung ermöglicht es, die betriebswirtschaftlichen Vorgänge, die auf einem Auftrag ausgeführt werden dürfen, in jeder Phase der Auftragslaufzeit zu steuern. Mit den integrierten Planungsfunktionen können die Kosten einer Maßnahme sowohl vor Auftragsbeginn grob geschätzt als auch später genau kalkuliert werden. Dabei kann zwischen mehreren Planungsansätzen gewählt werden, um die Wirtschaftlichkeit verschiedener Investitionsstrategien zu vergleichen. Über das Berichtswesen können in jeder Phase der Auftragsausführung alle geplanten und verfügten Kosten kontrolliert werden. Projekte sind Aufgaben mit besonderen Merkmalen, da sie in der Regel komplex und einmalig sind, genau definierte Zielvorgaben besitzen, zeitlich begrenzt und kosten- und kapazitätsintensiv sind. Dabei unterliegen die Projekte bestimmten Qualitätsanforderungen, welche für das durchführende Unternehmen in der Regel strategische Bedeutung haben. Projekte sind in der Regel in den betrieblichen Ablauf eines Unternehmens eingebunden. Um alle anfallenden Aufgaben in der Projektrealisierung steuern zu können, wird eine projektspezifische Organisationsform benötigt, die sog. Projekt- oder auch Matrixorganisation. Um ein Projekt in seiner Gesamtheit durchführen zu können, müssen die Projektziele genau beschrieben und die zu erfüllenden Projektleistungen strukturiert werden. Genau hier unterstütz das Investitionsmanagement, da schon im Vorfeld über die Maßnahme-Anforderungen Alternativen bewertet werden können. Zur genehmigten Maßnahme-Anforderung kann nun ein Innenauftrag oder ein Projekt (PSP) angelegt werden. Wie die folgende Abbildung zeigt, erfolgt die Anlage des Innenauftrags direkt aus dem Stammsatz der genehmigten Maßnahme-Anforderung heraus.

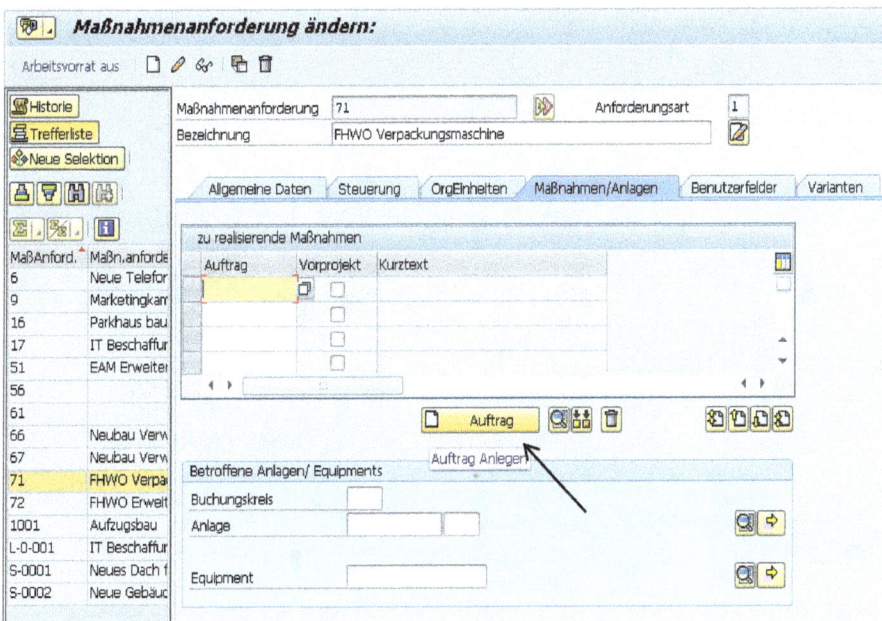

Abb. 4.6: Anlegen eines Innenauftrags zu einer Investitionsmaßnahmenanforderung (Quelle: SAP, eigenes Beispiel).

Das System schlägt eine Auftragsart vor, welche ein sogenanntes Investitionsprofil enthält. Dieses Investitionsprofil der Auftragsart zum Innenauftrag sorgt dafür, dass automatisch eine Anlage im Bau angelegt wird, wenn dies gewünscht ist.

Gleiches gilt für das Anlegen eines Projekts als Investitionsmaßnahme, je nachdem, wie die Maßnahmenart ausgelegt worden ist. Die nachfolgende Abbildung 4.7 zeigt das Anlegen einen Innenauftrags zu einer Investitionsmaßnahme mit der Übernahme der Planwerte. Die nachfolgende Abbildung 4.8 zeigt das Anlegen eines Projekts zu einer Inestitionsmaßnahme, ebenfalls mit Übernahme der Planwerte.

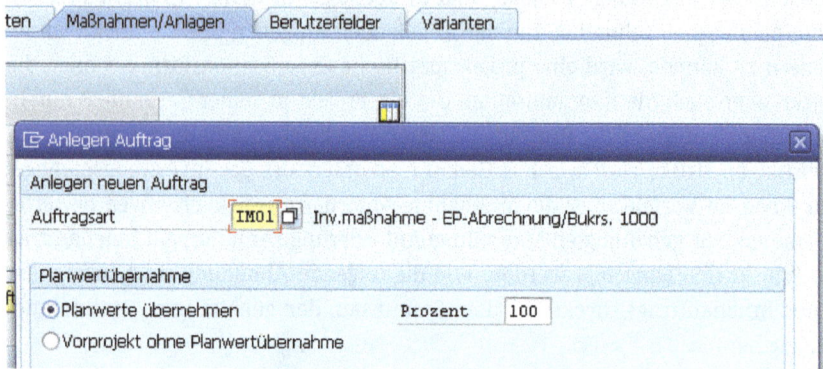

Abb. 4.7: Auftragsart zum Innenauftrag einer Investitionsmaßnahmenanforderung (Quelle: SAP, eigenes Beispiel).

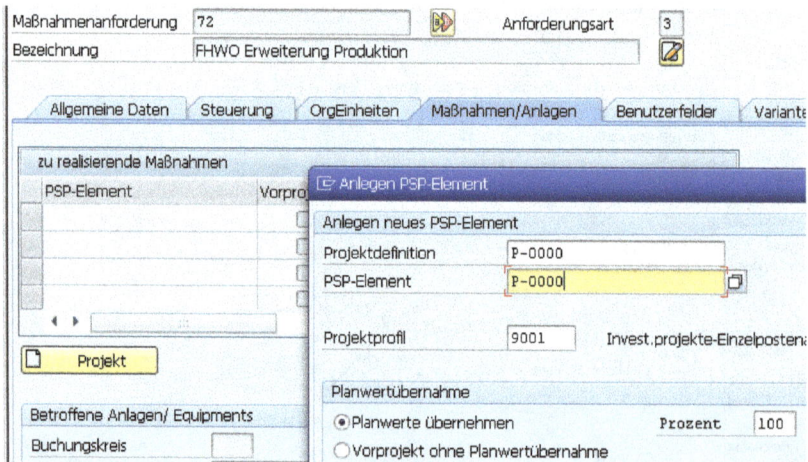

Abb. 4.8: Anlegen eines Projektes zu einer Investitionsmaßnahmenanforderung (Quelle: SAP, eigenes Beispiel).

4.2 Planung und Budgetierung

Planungen können sowohl für Maßnahmenanforderungen als auch für Maßnahmen durchgeführt werden. Die Kostenartenplanung steht nur für Maßnahmen zur Verfügung. Über die Transaktion „Planwerte vorschlagen" werden die Planwerte für Maßnahmen und Maßnahmenanforderungen bis in die oberste Position des Investitionsprogramms zusammengefasst. Maßnahmenanforderungen können durch Maßnahmen ersetzt werden, die Maßnahmenanforderungen können aber auch beibehalten werden. Die Planwerte der Maßnahmenanforderungen können in die Maßnahmen übernommen werden. Maßnahmenanforderungen ermöglichen nur die Planung (Kosten und Erträge), keine Budgetierung. Die Budgetierung erfolgt zu den Maßnahmen (SAP 2022, Seite 51). Zur Planung und Budgetierung stehen die entsprechenden Funktionen für Aufträge bzw. Projekte den Investitionsmaßnahmen zur Verfügung. Als Voraussetzung gilt, dass im Budgetprofil des Auftrages/PSP-Elementes eine Investitionsprogrammart hinterlegt worden ist. Außerdem kann einem Auftrag erst dann ein Gesamtbudget zugeordnet werden, nachdem dem Auftrag/PSP-Element (bzw. übergeordnetem PSP-Element) eine Investitionsprogrammposition zugeordnet wurde. Das Gesamt- und/oder Jahresbudget für Aufträge/PSP-Elemente ist vorher nicht eingabebereit und kann auch nicht bearbeitet werden. Die Budgetierung wird zum Investitions-Programm vorgenommen. Dazu können auch die Planwerte als Budgetwerte übernommen werden. Die Budgetwerte der Positionen eines Investitionsprogramms können auch top-down bearbeitet werden. Damit wird sichergestellt, dass jeweils nicht mehr Budget auf die nächsten unterliegenden Positionen verteilt werden kann, als auf der übergeordneten Position vorhanden ist. Das Budget der Investitionsprogramm-Positionen kann auf die zugeordneten Investitions-Maßnahmen verteilt werden. Die Budgetverteilung von Programmpositionen an zugeordnete Maßnahmen ist allerdings nur möglich ist, wenn in den betroffenen Programmpositionen das Kennzeichen „Budgetverteilung Gesamt" gesetzt ist. Die folgende Abbildung zeigt die Auswahl zur Übernahme der Planwerte als Budgetwerte.

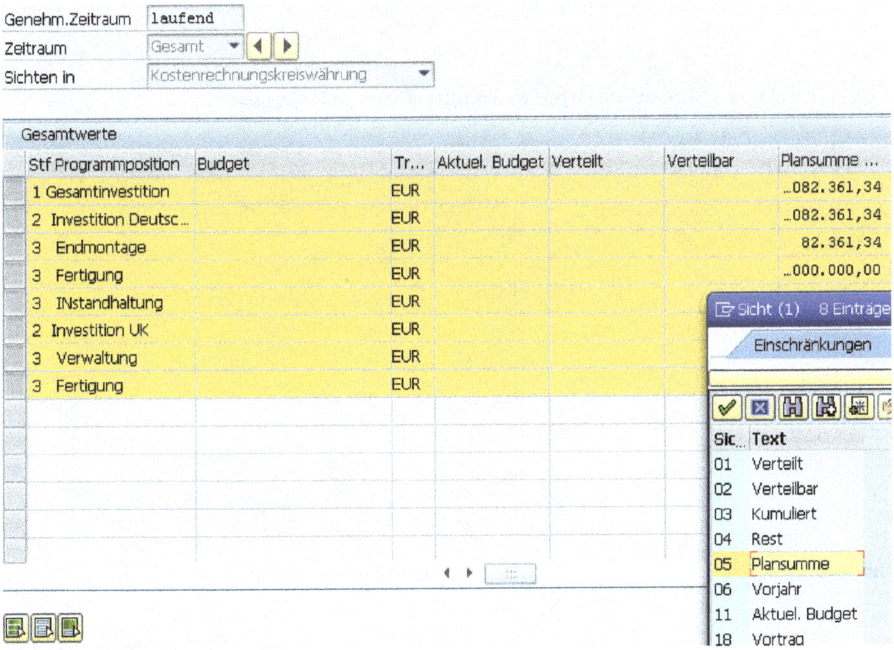

Abb. 4.9: Übernahme der Planwerte als Budgetwerte zum Investitionsprogramm (Quelle: SAP, eigenes Beispiel).

4.2.1 Planung zu Investitionsmaßnahmenanforderungen

Mit Ausnahme der Planung des Ertrags und der Gemeinkosten hat die Planung im Investitionsmanagement mit den Planungsfunktionen in der Kostenstellenrechnung viel gemeinsam. Folgende Detaillierungsgrade sind in der Planung möglich:

– Strukturplanung: Die Kosten der Investitionsmaßnahmen werden ohne Bezug zu Kostenarten gepflegt. Diese Werte sind in der Praxis meistens grobe Schätzungen aus einem frühen Planungsstadium.
– Kostenartenplanung: Die Planung erfolgt zu Kostenarten separat. Dadurch wird die Kostenstruktur für die Investitionsmaßnahme sichtbar.
– Einzelkalkulation: Mit dieser Planungsart können detaillierte Kosten für dieselben Kostenarten geplant werden. Dazu wird in jeder Kalkulationsposition die Ressource, z. B. Material-Nr. und Werk, Kostenstelle und Leistungsart usw. eingegeben. Es erfolgt die Eingabe der Menge, welche mit dem Preis des Materials bzw. der Kostenstellen-Leistung multipliziert wird und somit den Planwert ergibt (SAP 2022, Seite 54).

Bei Verwendung des EASY COST PLANNING (ECP) erfolgt die Planung zu einem sogenannten Kalkulationsmodell. In dem Modell können einerseits Ressourcen wie Kostenstellenleistungen zugeordnet werden, andererseits aber auch Eingabeparameter. Im vorliegenden Beispiel wurden als Parameter die Anzahl an benötigten Verpackungsmaschinen und deren Leistung hinterlegt.

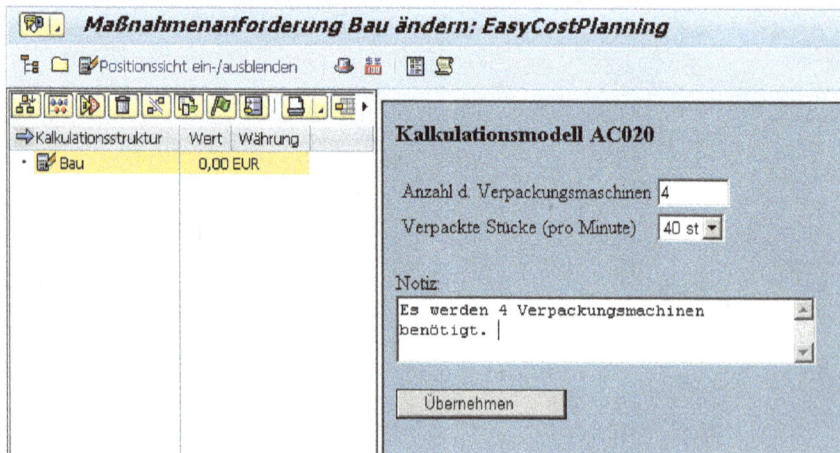

Abb. 4.10: Parameter zu Easy Cost Planning (ECP) (Quelle: SAP, eigenes Beispiel).

Die im Kalkulationsmodell zugeordneten Ressourcen werden dann als Einzelpositionen übernommen. Im vorliegenden Beispiel ist die Anzahl an Verpackungsmaschinen ein Eingabeparameter. Das diesem Eingabeparameter zugeordnete Objekt ist die Material-Nr. der zu beschaffenden Verpackungsmaschine. Die Material-Nr. ist dabei als Bautyp zu verstehen, die konkrete Verpackungsmaschine (4 St.) wird dann als Anlage geführt.

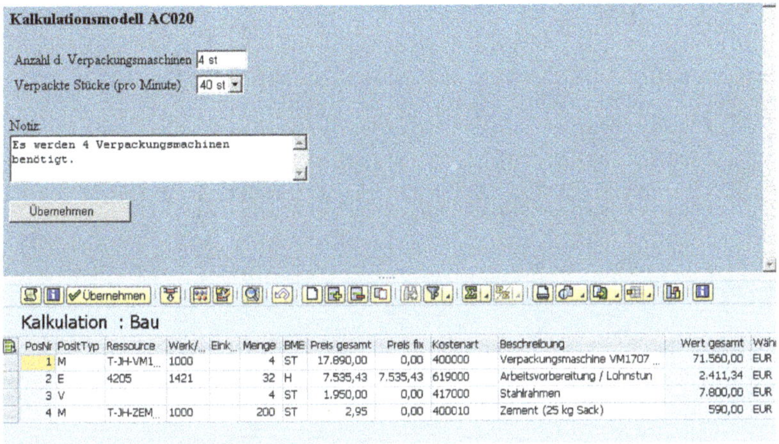

Abb. 4.11: Kalkulation der Kosten mit ECP zu einer Investitionsmaßnahmenanforderung (Quelle: SAP, eigenes Beispiel).

4.2.2 Budgetierung von Investitionsmaßnahmen

Das Budget ist die Basis des Plans. Im Investitionsmanagement können die Planwerte in das Budget kopiert werden und gleichzeitig je nach Bedarf auch eine Anpassung der Planwerte vorgenommen werden. Die Budgetwerte aus dem Programm können auf die zugeordneten Maßnahmen verteilt werden. Mit der Verteilung wird sichergestellt, dass der Gesamtbudgetwert aller Maßnahmen einer Programmposition, welcher die Maßnahmen zugeordnet sind nie übersteigt. Die Plan- und Budgetwerte für die Maßnahmen werden aus den Werten für das Investitionsprogramm separat verwaltet. Die Planwerte für die Maßnahmen können in das Programm hochgerollt werden (von unten nach oben in die oberste Position hinzugefügt). (SAP 2022, Seite 136)

4.2.3 Berechnung finanzwirtschaftlicher Kennzahlen mit Microsoft Excel

Die wirtschaftliche Analyse für Investitionen und die Berechnungen von Kennzahlen zur Investitionsentscheidung kann auch mit Microsoft EXCEL erfolgen. MICROSOFT EXCEL stellt unter dem Namen Finanzmathematik eine Vielzahl von Formeln zur Berechnung von Barwert und internem Zinsfuß zur Verfügung. In EXCEL ist eine Stan-

Abb. 4.12: Gesamt- und Jahreswerte im Investitionsprogramm (Quelle: SAP 2022, eigene Beispieldaten).

dardfunktion zur Berechnung des internen Zinsfußes (IRR) verfügbar. Die folgende Tabelle gibt ein Beispiel für die Berechnung des Kapitalwertes auf der Basis verschiedener angenommener Zinssätze.

Interest Rate [%]	Formel zur Berechnung des Kapitalwertes (NPV)
0	=NPV(B5;C4;D4;E4)+B4
2,5	=NPV(B6;C4;D4;E4)+B4
5	=NPV(B7;C4;D4;E4)+B4
7,5	=NPV(B8;C4;D4;E4)+B4
10	=NPV(B9;C4;D4;E4)+B4

Abb. 4.13: EXCEL-Formel zur Berechnung des Kapitalwertes.

Nun kann in EXCEL mit der Verwendung der Standardfunktion IRR (Internal Rate of Return – interner Zinsfuß) auch die interne Rendite einer Investition berechnet werden. Dazu erfolgt die Definition der Formel: = IRR(B4:E4;10)

Damit ist es möglich, auf der Basis der Kennzahlen – zum Beispiel für den Kapitalwert und die interne Rendite – bei einer Investitionsentscheidung das Datenmaterial

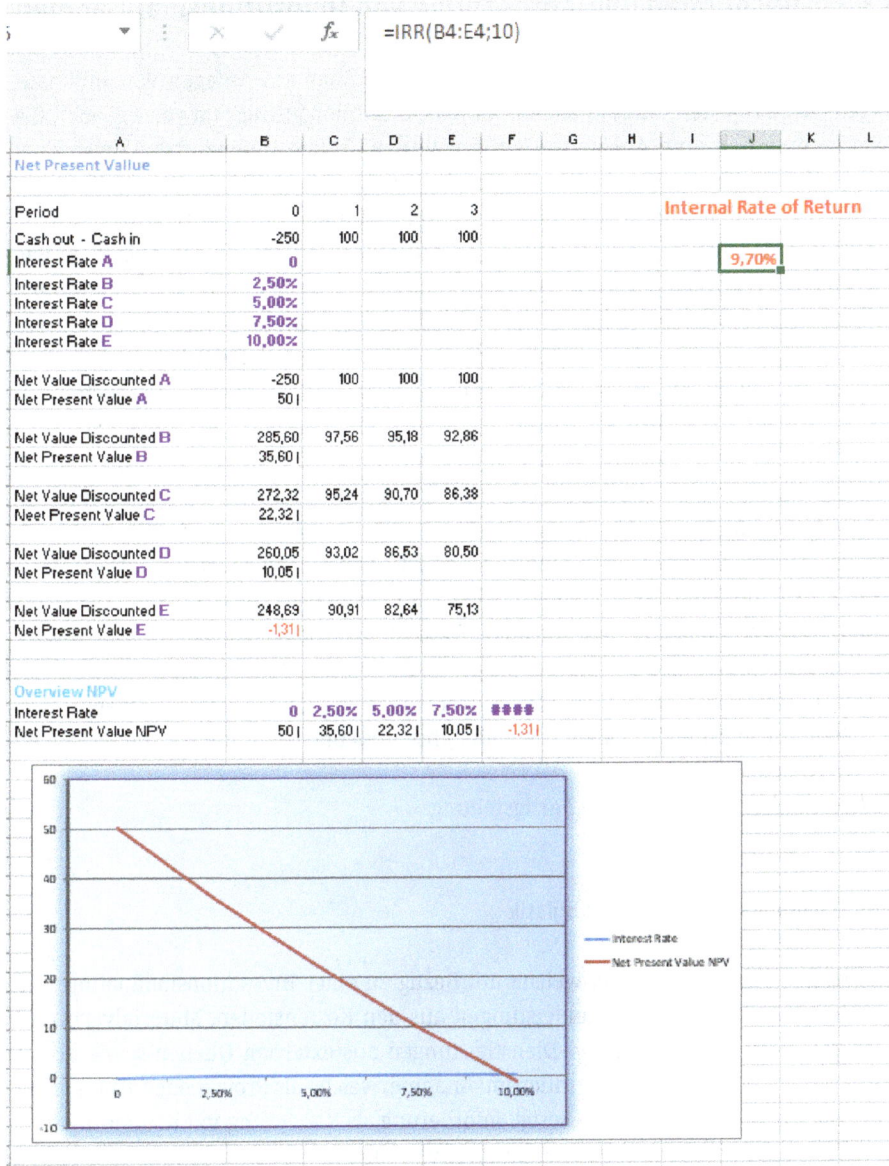

				f_x	=IRR(B4:E4;10)						

A	B	C	D	E	F	G	H	I	J	K	L
Net Present Value											
Period	0	1	2	3				**Internal Rate of Return**			
Cash out - Cash in	-250	100	100	100							
Interest Rate A	0								9,70%		
Interest Rate B	2,50%										
Interest Rate C	5,00%										
Interest Rate D	7,50%										
Interest Rate E	10,00%										
Net Value Discounted A	-250	100	100	100							
Net Present Value A	50										
Net Value Discounted B	285,60	97,56	95,18	92,86							
Net Present Value B	35,60										
Net Value Discounted C	272,32	95,24	90,70	86,38							
Neet Present Value C	22,32										
Net Value Discounted D	260,05	93,02	86,53	80,50							
Net Present Value D	10,05										
Net Value Discounted E	248,69	90,91	82,64	75,13							
Net Present Value E	-1,31										
Overview NPV											
Interest Rate	0	2,50%	5,00%	7,50%	####						
Net Present Value NPV	50	35,60	22,32	10,05	-1,31						

Abb. 4.14: Berechnung des Kapitalwerts mit EXCEL (Quelle: Eigene Darstellung).

von SAP-Projektsystem (PS) oder auch von SAP-Portfolio und Projekt-Management (PPM) nach Excel im Download zu übersenden, Kennzahlen in EXCEL zu berechnen und diese Ergebnisse wiederum per UPLOAD an SAP PS bzw. SAP PPM zu übergeben.

4.3 Ist-Buchungen und Abrechnung von Investitionsmaßnahmen

Die Umsetzung der Investitionsmaßnahme erfolgt über das Anlegen von Innenaufträgen oder Projekten. Das System hat im Falle des Innenauftrags im vorliegenden Beispiel automatisch eine Anlage im Bau angelegt und dem Innenauftrag zugeordnet. Technisch ist dafür ein sogenanntes Investitionsprofil maßgebend, über welches die Anlagenklasse zum automatischen Anlegen der Anlage im Bau mitgegeben wird, sowie die Option der einzelpostengenauen Abrechnung des Innenauftrags an die Anlage im Bau. Der Innenauftrag benötigt jedoch keine Abrechnungsvorschrift. Durch die Zuordnung des Innenauftrags zu der Anlage im Bau kommt die sogenannte Default-Regel zum Tragen, mit der die auf dem Innenauftrag gebuchten Ist-Kosten an die Anlage im Bau abgerechnet werden. Ist die Anlage im Bau (AIB) abgeschlossen, erfolgt die Umbuchung an die zu aktivierende in Betrieb gehende Anlage in der Anlagenbuchhaltung. Für die direkte Verbuchung von Ist-Kosten und Obligos sei an dieser Stelle auf das Kapitel Innenaufträge verwiesen. Ergänzend sei erwähnt, dass es auch möglich ist, Ist-Kosten direkt auf die Anlage im Bau zu buchen, und dabei den Innenauftrag (oder das Projekt) statistisch zu buchen. Bei der Abrechnung von Investitionsmaßnahmen ist es im Allgemeinen erforderlich, die unter Controlling-Aspekten auf einem Objekt gesammelten Kosten auf unterschiedliche Empfänger abzurechnen. Dieser Prozess lässt sich mit Hilfe verschiedener Steuerungsparameter und Abrechnungsvorschriften weitgehend automatisiert durchführen. Grundsätzlich lassen sich hierbei zwei Verarbeitungsarten unterscheiden:

- Periodische Abrechnung zum Periodenabschluss und Gesamtabrechnung/Teilaktivierung der
- Investitionsmaßnahme bei Fertigstellung.

4.3.1 Ist-Buchungen aus der Logistik

Verfügungen sind alle Kosten, welche mit Bezug zu einer Investitionsmaßnahme kontiert werden. Dazu zählen Eigenleistungen aus den Kostenstellen, Materialverbrauch oder der Bezug von Waren und Dienstleistungen aus externen Quellen sowie die Beschaffung von Anlagen. Die Investitionsmaßnahme, welche als Projekt oder als Innenauftrag angelegt wurde wird in der Bestellanforderung als Kontierung mit Kontierungstyp P im Falle eines Projekts und mit Kontierungstyp F im Fall eines Innenauftrags eingetragen. Wenn die Investitionsmaßnahme beim Anlegen der Bestellanforderung noch nicht bekannt oder im System noch nicht vorhanden ist, kann auch die Kontierung U (für „Unbekannt") eingegeben werden. Mit der Kontierung wird der Wert der Bestellanforderung als ein geplantes Obligo zur Investitionsmaßnahme gebucht. Die Kontierung aus der Bestellanforderung wird in die Bestellung übernommen, es ändert sich allerdings der Obligo-Typ. Sowohl Innenauftrag als auch Projekt werden einem Kostenrechnungskreis aber auch einem Buchungskreis zugeordnet. Innerhalt einer Projektstruktur ist der Kostenrechnungskreis eindeutig. Projekte innerhalt einer Projektstruktur können damit nur

Buchungskreisen eines Kostenrechnungskreises zugeordnet sein, anders ausgedrückt, das Projekt endet an der Kostenrechnungskreisgrenze. Das Werk in der Bestellanforderungs- und Bestell-Position muss entsprechend dem Buchungskreis des Auftrags oder des Projektes zugeordnet sein. Eine weitere Voraussetzung für die Kontierung ist:

- Bei Innenaufträgen muss der Status FREIGEGEBEN gesetzt sein
- Bei Projekten muss ebenfalls der Status FREIGEGEBEN und auch das operative Kennzeichen für Kontierung gesetzt sein.

In SAP S/4HANA ist es möglich, im Finanzwesen ein sogenanntes Extension-Ledger anzulegen, in welches Obligos übernommen werden. Dies gilt aber nur für kontierte Bestellpositionen. Damit sind Obligos auch aus FI-Sicht sichtbar. Mit der weiteren Entwicklung des SAP S/4HANA Systems werden weitere Funktionen wie Simulationen zum Extension-Ledger hinzukommen. Mit der Buchung des Wareneingangs zur Bestellung wird das Obligo wieder gegengebucht und der Bestellwert der Position als Ist-Kosten gebucht.

4.3.2 Abrechnung der Investitionsmaßnahme

Die Abrechnung kann als periodische Abrechnung immer am Ende eine Buchungsperiode erfolgen, oder die Abrechnung wird nach Abschluss der Maßnahme als Gesamtabrechnung periodenübergreifend gebucht.

Bei der **periodischen Abrechnung** werden die Ist-Kosten, welche auf einem Auftrag oder einem Projekt angefallen sind, ganz oder teilweise an einen oder mehrere Empfänger weiterverrechnet. Hierbei werden automatisch entsprechende Gegenbuchungen zur Entlastung des Auftrags oder Projektes erzeugt. Die einmal auf einen Auftrag oder Projekt kontierten Belastungsbuchungen bleiben auch nach der Abrechnung an einen Empfänger bestehen und können somit für den Bericht selektiert werden. Die abgerechneten Kosten werden auf dem jeweiligen Empfängerobjekt fortgeschrieben und im Berichtswesen ausgewiesen. Im Einzelnen erfolgt im Rahmen der periodischen Abrechnung:

- die Abrechnung nicht aktivierungspflichtiger Belastungen auf CO-Empfänger wie z. B. Kostenstellen
- die Abrechnung der aktivierungspflichtigen Belastungen auf die zu den Investitionsmaßnahmen zugeordneten Anlagen im Bau.

Die Abrechnung auf CO-Empfänger bezieht sich auf die vollständigen, noch nicht auf Anlage im Bau abgerechneten Belastungen. Auf diese Weise ist es möglich, Belastungen für Controlling-Zwecke auf Investitionsmaßnahmen zu buchen und zu verwalten, die anlagenseitig nicht aktivierungsfähig oder -pflichtig sind (z. B. Gemeinkostenzuschläge). Im selben Arbeitsschritt mit der Abrechnung auf CO-Empfänger erfolgt die Abrechnung auf Anlage im Bau. Die Abrechnung auf Anlage im Bau ist bewertungsbereichsspezifisch definierbar. Die Bewertungsbereiche haben in der Anlagenbuchhaltung die Aufgabe, das

Anlagevermögen für unterschiedliche, betriebswirtschaftliche und rechtliche Zwecke zu bewerten (z. B. handelsrechtlich, steuerrechtlich, kalkulatorisch usw.). Deshalb ist es bei der Abrechnung auf Anlage im Bau möglich, je nach Bewertungszweck unterschiedliche Aktivierungsvorschriften zu berücksichtigen. Nicht-aktivierungspflichtige Anteile (Bewertungsdifferenzen zwischen Bewertungsbereichen) verbucht das System als neutralen Aufwand.

Die **Gesamtabrechnung** erfolgt bei Fertigstellung der Investitionsmaßnahme. Hierbei werden die auf Anlage im Bau abgerechneten Belastungen auf fertige Anlagen umgebucht. Im Korrekturfall ist es auch hier noch möglich, irrtümlich auf Anlage im Bau abgerechnete Belastungen auf Kostenstellen endabzurechnen. Dies ist allerdings nur für Belastungen zulässig, die im laufenden Jahr gebucht wurden. Belastungen aus Vorjahren dürfen nicht mehr auf Kostenstelle abgerechnet werden, da sie bereits in der Bilanz des Vorjahres als Bestand an Anlage im Bau ausgewiesen wurden. Zu beachten ist, dass auch nach einer Gesamtabrechnung noch Zugänge auf die jeweilige Investitionsmaßnahme gebucht werden könnten. Es erfolgt also kein Statuswechsel der Investitionsmaßnahme. Somit sind beliebig viele Gesamtabrechnungen auf derselben Maßnahme möglich.

Ein Investitionsprogramm wird immer zu einem Genehmigungsjahr angelegt. Ist das Genehmigungsjahr beendet, muss ein neues Investitionsprogramm angelegt werden. Dazu werden die Programmstrukturen kopiert, die Maßnahmen und Anforderungen sowie Budgetwerte und Planwerte vorgetragen (vgl. Schneider, B., 2018, Seite 205).

4.4 Zusammenfassung SAP Investitions-Management

Mit dem Investitionsmanagement erfolgt die Planung, Budgetierung, Obligo-Verwaltung und Überwachung der Ist-Kosten für Investitionen. Dies können Investitionen in Forschung und Entwicklung, Projekte und Instandhaltungsprogramme betreffen. Es können Investitionsprogramme für die zyklische Planung und Verwaltung von Investitionsbudgets für mehrere Investitionsmaßnahmen im gesamten Unternehmen angelegt werden. Investitionsmaßnahmen werden verwendet, um die Kostenrechnung und den buchhalterischen Bedarf für einzelne Investitionen gleichzeitig auswerten zu können. Investitionsmaßnahmen werden operativ umgesetzt über die Verwendung von Innenaufträgen (nur in SAP S/4HANA On-Premise), Projekte und Instandhaltungsaufträge. Die geführt, und später auf den Innenaufträgen und Projekten gesammelten Kosten können als Anlagen im Bau aktiviert werden. Bei Fertigstellung werden diese Kosten wie die Anschaffungskosten der Anlage behandelt. Die Darstellung von Investitionsmaßnahmen durch Innenaufträge oder PSP-Elemente hat den Vorteil, dass der gesamte Funktionsumfang der Systeme CO-OM-OPA (Gemeinkostenaufträge) und PS (Projektsystem) auch für Investitionsmaßnahmen zur Verfügung steht. Gemeinkostenaufträge dienen in der Regel der Planung, Sammlung und Abrechnung der Kosten einfacher innerbetrieblicher Aufgaben. Das System ermöglicht es, Gemeinkostenaufträge über ihre ganze Laufzeit auszuwerten – von der Eröffnung über die Planung und Buchung sämtlicher Ist-Kosten bis zur endgültigen Abrechnung. Projekte werden dagegen bei komplexeren Vorhaben mit einem höhen zeitlichen und finanziellen Umfang verwendet. Bei der Entscheidung, ob Aufträge oder Projekte verwendet werden, sollte Folgendes berücksichtigt werden:

- Die hierarchische Strukturierung der kostentragenden Objekte steht nur für Projekte zur Verfügung.
- Aufträge sind immer eindimensional, das heißt es ist zum Beispiel nicht möglich, Budgets innerhalb mehrerer Aufträge strukturiert von oben nach unten zu verteilen.
- Auch die Integration zu Netzplänen und logistischen Funktionen ist nur für Projekte vorgesehen. So sind z. B. Kapazitäts- und Ressourcenplanung auf Aufträgen nicht möglich.

Die Komponente Maßnahmenanforderungen unterstützt den Investitionsprozess in der Phase der Planung und Entscheidung über durchzuführende Investitionen. Ähnlich den Bestellanforderungen und Instandhaltungsmeldungen in der Materialbeschaffung bzw. Instandhaltungsabwicklung haben Maßnahmenanforderungen im Investitionsprozess die Aufgabe, Investitionswünsche, Entwicklungsideen oder sonstige Vorhaben im Stadium vor der etwaigen Realisierung im System zu repräsentieren.

Die Maßnahmenanforderungen können geplant, hinsichtlich ihrer Wirtschaftlichkeit analysiert und ausgewertet werden. Im Rahmen der Investitionsplanung dienen sie dem frühzeitigen Einbeziehen geplanter Investitionen in die zyklische (jährliche) Investitionsplanung in Form eines Investitionsprogramms.

Die Planwerte der Maßnahmenanforderung sind die Grundlage für die Genehmigungsentscheidung zu einer geplanten Investition. Die geplanten Kosten einer Maßnahmenanforderung fließen in die unternehmensweite Investitionsplanung ein und unterstützen die Wirtschaftlichkeitsbetrachtung im Rahmen der zugehörigen Genehmigungsentscheidung. Außerdem bilden Sie die Basis für die Aufstellung eines Investitionsprogramms für ein Unternehmen oder einen Unternehmensbereich.

Für bestimmte Rechnungszwecke oder aufgrund der gesetzlichen Anforderungen in manchen Ländern ist es erforderlich, das in eine Anlage im Bau investierte Kapital mit Zinsen zu belasten. Diese Zinsen sollen dann ganz oder teilweise auf der betroffenen Investitionsmaßnahme aktiviert werden. Deshalb ist es im SAP-System IM möglich, Zinsen automatisch zu berechnen und bewertungsbereichsspezifisch auf die jeweiligen Anlagen im Bau zu aktivieren. Zinsen lassen sich allerdings nur für Investitionsmaßnahmen berechnen, die als Projekte geführt werden (keine Aufträge).

Es stehen Reporting-Werkzeuge zur Verfügung, um Investitionen auf der Grundlage von Plan/Ist-Vergleichen und Kosten über mehrere Perioden hinweg zu analysieren. Das Informationssystem für Investitionsprogramme beinhaltet Recherchen für die Analyse der Plan-, Budget-, und Istwerte von Investitionsprogrammen und den zugehörigen Maßnahmen, um Maßnahmenanforderungen auszuwerten (Auswertungen aus Investitionsprogrammsicht). Außerdem stehen Reports zur Verfügung, die es ermöglichen,

Stammdaten und Planwerte von Maßnahmenanforderungen unabhängig vom Investitionsprogramm auszuwerten (Auswertungen aus Maßnahmenanforderungssicht).

In SAP S/4HANA wird das SAP Investitions-Management (IM) durch das SAP-Portfolio- und Projekt-Management ergänzt (PPM). Mit SAP PPM ist es möglich, die Planung und Auswertung einzelner Investitionsmaßnahmen in das Produkt- und Projekt-Portfolio des Unternehmens auch auf Konzern-Ebenen einzubetten.

Bleibt noch zu ergänzen, dass auch im aktuellen SAP S/4HANA Release 2022 keine sogenannten FIORI-Apps für das Investitions-Management entwickelt worden sind. Daher ist das gesamte Handling im SAP Investitions-Management mit den SAP GUI Transaktionen vorzunehmen (Schneider, B., 2018, S. 228). Allerdings stehen für das SAP-Projektsystem in SAP S/4HANA FIORI-Apps zur Verfügung, welche in den Darstellungen in diesem Buch auch verwendet worden sind. Die Oberfläche im SAP Portfolio- und Projekt-Management wurden mit dem SAP Net Weaver Business Client vorgestellt.

Abbildungsverzeichnis

https://doi.org/10.1515/9783110786774-005

Tabellenverzeichnis

https://doi.org/10.1515/9783110786774-006

Symbolverzeichnis

Symbol	Bezeichnung	Einheit/Dimension
A_0	Anschaffungsauszahlung zum Zeitpunkt t = 0	€ in t = 0 oder €$_0$
AB	Anfangsbetrag	€ in t = 0 oder €
AD_{SG}	Statische Amortisationsdauer bei gleichmäßigen Überschüssen	Jahre
BW	Barwert	€ in t = 0
BW	Bodenwert ohne selbständig nutzbare Teilflächen, (EW-RL), Kap. 1.14	€ in t = 0
BWF	Barwertfaktor	€$_{tn}$ / €$_{1;tn}$
EB_{tn}	Endbetrag zum Zeitpunkt t = tn	€ in t = tn oder €$_{tn}$
ES_0	Einsparungen zum Zeitpunkt t = 0	€ in t = 0 oder €$_0$
EW	Endwert	€ in t = tn oder €$_{tn}$
EW_{nachmG}	Endwert am Jahresende für nachschüssige monatliche Gehaltszahlungen	€ am Ende oder €$_t$
EW_{nach}	Endwert auf Basis nachschüssiger Zahlungen	€ in t = tn oder €$_{tn}$
EW_{vorqS}	Endwert für vorschüssige quartalsweise Serviceeinzahlungen	€ in t = tn oder €$_{tn}$
EW_{vor}	Endwert auf Basis vorschüssiger Zahlungen	€ in t = tn oder €$_{tn}$
EW_{ZZ}	Endwert bei Berücksichtigung von Zahlungszielen	€ in t = tn oder €$_{tn}$
EW-RL	Ertragswertrichtlinie: Richtlinie zur Ermittlung des Ertragswertes Vgl. Kap. 1.14	
€	EURO	€
GK	Gesamtkosten in der Durchschnittsperiode	€/DP
i_{rHJ}	Realzinssatz für ein Halbjahr	%
IZF	Interner Zinsfuß/Zinssatz p. a.	
JU	Jahresumsatz in € zur Jahresmitte bei gleichmäßigem Anfall	€/Pe
KB	Kapitalbindung	€
KF	Kapitalisierungsfaktor (EW-RL) entspr. Barwertfaktor	€$_{tn}$ / €$_{1;tn}$
K_{lfd}	Laufende Kosten in der Durchschnittsperiode	€/DP
KKK	Kalkulatorische Kapitalkosten	€/DP
KW	Kapitalwert	€ in t = 0
KP	Kaufpreis bereinigt, ohne Grunderwerbsteuer, Notargebühren, Makler ua.	€
LZ	Liegenschaftszinssatz, Zinssatz i, prozentual oder dezimal	% oder 10% = 0,1
N /n	Wirtschaftliche Restnutzungsdauer (EW_RL)	Jahre
r_{11}	Interner Zinsfuß der Handlungsmöglichkeit 1, Lösung 1	
r_{HJ}	Halbjahresverzinsung	
RE	Jährlicher Reinertrag (EW-RL: Nettomiete ohne Verwaltung, Instandhaltung, Mietausfallrisiko u. a.)	€
RZ	Regelmäßige Zahlungen in € am Teilperiodenende	€ am Ende
SR	Durchschnittliche statische Rentabilität in einem Jahr	
t	Zeitpunktindex, t = 0,1, ... , tn	
t*	Amortisationszeit in Jahren	Jahre
U_N	Nettoumsatz	€/DP
$ü_t$	Überschuss zum Zeitpunkt t	€ in t t oder €$_t$
WGF	Wiedergewinnungsfaktor	€$_{1;tn}$ / €$_0$
vEw	Vorläufiger Ertragswert (EW-RL)	€
WZ_{JE}	Wert der Zahlung zum Jahresende	€ zum Jahresende
x	Beschäftigung, gemessen in Ausbringungsmengeneinheiten	ME/Pe
x_A	Abgesetzte Menge	ME/Pe
ZB_t	Zukunftsbetrag zum Zeitpunkt t	€ in t oder €$_t$
Z_W	Zahlung bei Wachstum zum Zeitpunkt 1	€$_1$

https://doi.org/10.1515/9783110786774-007

Literatur

[1] Adam, D.: Investitionscontrolling, 3. völlig überarbeitete und wesentlich erweiterte Auflage, Wien 2000.

[2] Albach, H.: Investition und Liquidität, Wiesbaden 1962.

[3] Arbeitskreis „Immaterielle Werte im Rechnungswesen" der Schmalenbach-Gesellschaft für Betriebswirtschaft e. V.: Kategorisierung und bilanzielle Erfassung immaterielle Werte, der Betrieb, 19/2001, S. 989–995.

[4] Atrill, P., McLaney, E.: Management Accounting for Decision Makers, 7th edn., Prentice Hall 2012.

[5] Baldwin, R. H.: How to Assess Investment Proposals, Harvard Business Review 3, 1959, S. 98 ff.

[6] Banks-Grasedyck, D., Oelfin, H., Schwaiger, R., Seemann, V.: Erfolgreiche SAP-Projekte, Bonn 2015.

[7] Becker, H. P.: Investition und Finanzierung: Grundlagen der betrieblichen Finanzwirtschaft, 6. Aufl., Wiesbaden 2013.

[8] Berk, J., DeMarzo, P., Harford, J.: Fundamentals of Corporate Finance, Second Global Edition, Pearson 2012.

[9] Bischoff, B.: Negative Liegenschaftszinssätze in der Immobilienbewertung, Der Immobilienbewerter – Zeitschrift für die Bewertungspraxis 1/2019.

[10] Brealey, R., Myers, S., Marcus, A.: Fundamentals of Corporate Finance, Global Edition, 10. Edition, McGraw-Hill 2020.

[11] Brüning, G.: Annuitätsorientierte Kostenrechnung – Zur Verrechnung kalkulatorischer Kosten am Beispiel der kommunalen Abwasserbeseitigung, ZögU, Band 21, Heft 2, 1998, S. 137–155.

[12] Bruns, W. L.: Accounting for Managers, Text and Cases, 3. Aufl., South-Western-College Pub. 2004.

[13] Däumler, K.-D.: Grundlagen der Investitions- und Wirtschaftlichkeitsrechnung. 12. Aufl., Herne, Berlin 2007.

[14] Deyhle, A.: Controller-Praxis, Führung durch Ziele – Planung – Controlling, Band I-II, 7. Aufl., Gauting/München 1989.

[15] Ertragswertrichtlinie: EW_RL, Bundesministerium für Umwelt, Naturschutz, Bau und Reaktorsicherheit, BAnz AT 04.12.2015B4.

[16] Ewert, R., Wagenhofer, A: Interne Unternehmensrechnung,. 7 überarbeitete Auflage, Berlin er al. 2008.

[17] Fisher, I.: The Theory of Interest, New York 1930.

[18] Franz, M.: Projektmanagement mit SAP Projektsystem, 5. Aufl., Bonn 2017.

[19] Götze, U. (2014): Investitionsrechnung, 7. Aufl., Berlin, Heidelberg, New York 2014.

[20] Grob, H. L.: Investitionsrechnung auf der Grundlage vollständiger Finanzpläne – Vorteilhaftigkeitsanalyse für ein einzelnes Investitionsobjekt, Das Wirtschaftsstudium 1984, S. 16–23.

[21] Grob, H. L.: Einführung in die Investitionsrechnung, 5. Aufl., München 2006.

[22] Gutenberg, E.: Einführung in die Betriebswirtschaft, 1. Aufl., unveränderter Nachdruck, Wiesbaden 1990.

[23] Hax, H.: Investitions- und Finanzplanung mit Hilfe der linearen Programmierung, ZfbF, 16. Jg., 1964, S. 430–446.

[24] Heister, M.: Rentabilitätsanalyse von Investitionen, Ein Beitrag zur Wirtschaftlichkeitsrechnung, Bd. 17 der Beiträge zur betriebswirtschaftlichen Forschung, Hrsg.: E. Gutenberg, W. Hasenack, H. Hax, E. Schäfer, Köln, Opladen 1962.

[25] Hering, T.: Investitionstheorie, 5., überarbeite und erweiterte Auflage, Berlin/Boston 2017.

[26] Hoberg, P.: Investitionseinzelentscheidungen, Ziele, Daten und Verfahren, Münster 1984.

[27] Hoberg, P.: Investitionskriterien unter Berücksichtigung von Kapitalrestriktionen, Der Betrieb 1984, S. 1309–1314.

[28] Hoberg, P.: Investitionsrechnung in der Praxis, In: Controller Magazin, Jg. 27 (3/2002), S. 263–269.

[29] Hoberg, P.: Braucht die Investitionsrechnung einen Habenzinssatz? Controller Magazin, 28. Jg., 6/2003, S. 588–592.

https://doi.org/10.1515/9783110786774-008

[30] Hoberg, P.: Wertorientierung: Kapitalkosten im internen Rechnungswesen – Die Einführung von Bezugszeitpunkt in die Kosten- und Leistungsrechnung, ZfCM 2004, S. 271–279.

[31] Hoberg, P.: Investitionsrechnung in der Praxis – Ansparleistungen für Renten bei Inflation, WiSt – Wirtschaftswissenschaftliches Studium, 33 Jg. (2004), S. 687–692.

[32] Hoberg, P.: Das Problem des richtigen AfA-Ausgangsbetrags. Ein allgemeines Modell zur Inflationserfassung, ZfCM, 49. Jg., H.2, 2005, S. 165–171.

[33] Hoberg, P.: Statistische Investitionsrechnung, in: Wisu 1+2/2007, S. 75–81.

[34] Hoberg, P.: Kalkulationsgrundlagen im strategischen Marketing-Controlling, Controller Magazin 3/2011, S. 58 ff.

[35] Hoberg, P.: RoI Kalkulationen, Wisu, 12/2012, 41. Jg., S. 1591–1597.

[36] Hoberg, P.: Das Renditeparadoxon, Der Betrieb, 66. Jg. (18/2013), S. 945–948.

[37] Hoberg, P.: Investitionsrechnung und Steuerzahlungszeitpunkte, Der Betrieb, Nr. 3/2013, 66. Jg., S. 76–77.

[38] Hoberg, P.: Das Management von Produktgenerationen, Wisu 7/2013, 42. Jg., S. 913–919.

[39] Hoberg, P.: Grenzen der statischen Investitionsrechnung, Wisu 1/2014, 43. Jg., S. 71–77.

[40] Hoberg, P.: Startzeitpunkte in der BWL, Wisu 11/2014, 43. Jg., S. 1337–1342.

[41] Hoberg, P.: Erweiterte Differenzmethode als Entscheidungshilfe in der Investitionsrechnung, Betriebswirtschaft im Blickpunkt, 5/2015, S. 132–144.

[42] Hoberg, P.: Die Kapitalwertrate in der Betriebswirtschaft, Betriebswirtschaft im Blickpunkt, 12/2015, S. 167–172.

[43] Hoberg, P.: Jahresabschlussanalyse: Irreführende Umsatzrenditen, in: Der Betrieb, Nr. 18/2016, 69. Jg. S. 1029–1032.

[44] Hoberg, P.: Fallen beim Internen Zinssatz vermeiden, Betriebswirtschaft im Blickpunkt, 5/2017, S. 215–222.

[45] Hoberg, P.: Controllers Trickkiste: Antizipative Marktanalyse, Controlling Journal 5/2017, S. 30–31.

[46] Hoberg, P.: Einheiten in der Investitionsrechnung, in: WISU, 47. Jg., 4/2018, S. 468–474.

[47] Hoberg, P.: Investitionsrechnung bei Inflation und Steuern, in: Controllingportal online, in: https://www.controllingportal.de/Fachinfo/Investitionsrechnung/Investitionsrechnung-bei-Inflation.html?sphrase_id=21907684, seit 9.2.2018.

[48] Hoberg, P.: Von Total Cost of Ownership (TCO) zu TCOplus, in: https://www.controllingportal.de/Fachinfo/Investitionsrechnung/von-total-cost-of-ownership-tco-zu-tcoplus.html?Sphrase_id=64115430, Abruf: 25.4.2022.

[49] Hoberg, P.: End of Life Management von Marken; in: Der Betrieb, 74. Jahrgang, Heft 17/2021, S. 853–859.

[50] Hoberg, P.: Von Total Cost of Ownership (TCO) zu TCOplus, in: https://www.controllingportal.de/Fachinfo/Investitionsrechnung/von-total-cost-of-ownership-tco-zu-tcoplus.html?sphrase_id=57499347.

[51] Hufenbach, C. : Negative Liegenschaftszinssätze und deren Auswirkung auf Immobilieninvestitionen; Bachelorthesis WS2022/23 Vorgelegt bei S. Wilms, Hochschule Heilbronn, Fakultät Wirtschaft.

[52] Hoberg, P.: Finanzierung eines Immobilienerwerbs als Vermögensanlage: Berechnung der Kreditdauer, in: Betriebswirtschaft im Blickpunkt, 11/2021, S. 298–301.

[53] Hoberg, P.: Vollständige Ermittlung von Einstandspreisen, in: Controlling-Journal 2022, S. 64–73.

[54] Hoberg, P.: Bericht aus der Praxis: Fortgeführte Nullalternative bei Investitionen, in: https://www.controllingportal.de/Fachinfo/Investitionsrechnung/bericht-aus-der-praxis-nullalternative-bei-investitionen.html, 31.3.2022.

[55] Hoberg, P. (2022): Kaufkraftausgleich bei Anlagen und Löhnen, in: Wisu 4/2022, 51. Jg., S. 402–404.

[56] Hölscher, R., Helms, N.: Investition und Finanzierung, 2. Aufl., Berlin/Boston 2018.

[57]   Imiger, S.: Akzeptanz der Investitionsrechnung in der Praxis, Zürich 2009, https://www.acel.ch/PDF/PUB_32_Return_on_Invest.pdf, Abruf 25.2.2017.

[58]   ImmoWertV.: Immobilienwertermittlungsverordnung.

[59]   Kappauf, J., Koch, M., Lauterbach, B.: Logistik mit SAP, 3. Aufl., Bonn 2015.

[60]   Kern, W.: Investitionsrechnung, Stuttgart 1974.

[61]   Kesten, R.: Investitionsrechnung in Fällen und Lösungen, 2. Aufl., Herne 2014.

[62]   Kahneman, D., Thinking, fast and slow, London 2011.

[63]   Kruschwitz, L.: Investitionsrechnung, 14. Aufl., München 2014.

[64]   Krugman, P., Wells, R., Graddy, K.: Essentials of Economics, 2. Edition, New York 2010.

[65]   Lebefromm, U.: Digital Transformation and Business Transactions. Lambert Academic Publishing, Rijeka 2022.

[66]   Lebefromm, U., Vitezić, N.: Production Controlling in the Digital Age. University of Rijeka, Faculty of Economics and Business. Rijeka 2019.

[67]   Lebefromm, U., Luković, Th.: Unternehmens-Controlling. Mit Beispielen aus SAP. Akademiker Verlag, Erfurt, 2017.

[68]   Lebefromm, U., Luković, Th.: Controlling. Konzept und Fälle. Engelsdorfer Verlag. Leipzig 2010.

[69]   Lebefromm, U., Luković, Th.: Controlling – Planom Do Cilja. Dubrovnik 2014.

[70]   Lebefromm, U.: Microeconomic and Macroeconomic Effects of TTIP (Transatlantic Trade and Investment Partnership).Grin, Norderstedt 2015.

[71]   Lebefromm, U.: Management and Controlling in Professional Sports. Design, Organization and Implementation with SAP ONE SPORTS. In: Controlling u sportskom menadžmentu. Split 2023.

[72]   Lebefromm, U.: Predictive Analytics as a tool of controlling in decision making process in the marina industry. In: Scientific Journal of Maritime Research. Rijeka 2021.

[73]   Luković, Th., Lebefromm, U.: Controlling – Koncepcija I slučajevi. Dubrovnik 2009.

[74]   Männel, W.: Rentabilitätsorientiertes Investitionscontrolling nach der Methode des internen Zinssatzes, krp 6/2000, S. 325–341.

[75]   Munzel, M., Munzel, R.: Projektcontrolling mit SAP, Bonn 2009.

[76]   Olfert, K.: Investition, 13. Aufl., Herne 2015.

[77]   Perridon, L., Steiner, M., Rathgeber, A.: Finanzwirtschaft der Unternehmung, 16. Aufl., München 2012.

[78]   Peters, G.: Die Rentabilität von Realinvestitionen, KRP 1972, S. 13–18.

[79]   Poggensee, K.: Investitionsrechnung – Grundlagen – Aufgaben – Lösungen, 3. Aufl., Wiesbaden 2015.

[80]   Reimers, F.: Teilprobleme bei der Ermittlung kalkulatorischer Zinsen, krp Sonderheft /97, S. 55–62.

[81]   Rohr T.: Strafzinsen für Miethäuser und die Akzeptanz negativer Zinsen, FCH Consult 12/2020.

[82]   SAP AG (Hrsg.): Projektmanagement mit SAP Portfolio and Project Management, unveröffentlichte Seminarunterlage, Walldorf, 2020.

[83]   SAP SE: Business Processes in SAP Portfoliomanagement and Projekt Management. Unveröffentlichte Seminarunterlage, Walldorf, 2020.

[84]   SAP SE: Geschäftsprozesse im Investitionsmanagement. Unveröffentlichte Seminarunterlage, Walldorf 2022.

[85]   Schneider, D.: Entscheidungsrelevante fixe Kosten, Abschreibungen und Zinsen zur Substanzerhaltung – Zwei Beispiele von „Betriebsblindheit", Der Betrieb 1984, S. 2521–2528.

[86]   Schneider, D.: Investition, Finanzierung und Besteuerung, 7. Aufl., Wiesbaden 1992.

[87]   Schneider, D.: Betriebswirtschaftslehre, Band 1: Grundlagen, 2. verb. und ergänzte Auflage 1995.

[88]   Schneider, D.: Betriebswirtschaftslehre, Band 2: Rechnungswesen, 2. vollständig überarbeitete und erweiterte Auflage 1997.

[89]   Schneider, R.: Investitionsmanagement mit SAP – inklusive Neuerungen in SAP S/4HANA. Espresso Tutorials. 2. Aufl. 2018, Gleichen.

[90]   Soosaimuthu, Josef-Alexander: SAP Enterprise Portfolio and Project Management. A Guide to Implement, Integrate and Deploy EPPM Solutions. Apress, Sydney, 2022.

[91] Varnholt, N. T., Hoberg, P. (Hrsg.): Bilanzoptimierung für das Rating, 2. Auflage, Stuttgart 2014.

[92] Varnholt, N. T.: Ein Rating- und Risikocontrollingprozess für den kleineren Mittelstand, Die Rolle des Controllers im Mittelstand, Hrsg.: Lingnau, V., Lohmar-Köln 2008, S. 270–291.

[93] Varnholt, N., Lebefromm, U., Hoberg, P.: Controlling – Betriebswirtschaftliche Grundlagen und Anwendung mit SAP® ERP®, München 2012.

[94] Varnholt, N., Hoberg, P., Gerhards, R., Wilms, S., Lebefromm, U.: Operatives Controlling und Kostenrechnung – Betriebswirtschaftliche Grundlagen und Anwendung mit SAP S4/HANA, 3. Auflage, Berlin/Boston 2020.

[95] Varnholt, N. T., Vogelgesang, Pott u. a. (Hrsg.): Bundesverband Mittelständische Wirtschaft, Arbeitskreis Basel III, Berlin 2010.

[96] Vohra, R., Krishnamurthi, L.: Principles of Pricing – An analytical approach, Cambridge 2012.

[97] Weber, J., Schäfer, U.: Einführung in das Controlling, 13. Aufl., Stuttgart 2001.

[98] Wöhe, G., Döring, U., Brösel, U.: Einführung in die allgemeine Betriebswirtschaftslehre, 27. überarbeitete und aktualisierte Auflage, München 2020.

[99] Zischg, K.: Investitionsrechnung in erwerbswirtschaftlichen Unternehmen – Eine empirisch explorative Studie, 2., durchgesehene Auflage, Wien 2018.

Stichwortverzeichnis

https://doi.org/10.1515/9783110786774-009

www.ingramcontent.com/pod-product-compliance
Lightning Source LLC
Chambersburg PA
CBHW081048220326

41598CB00038B/7029